OEUVRES COMPLÈTES

DE

SHAKESPEARE

TRADUITES

PAR ÉMILE MONTÉGUT

TOME CINQUIÈME

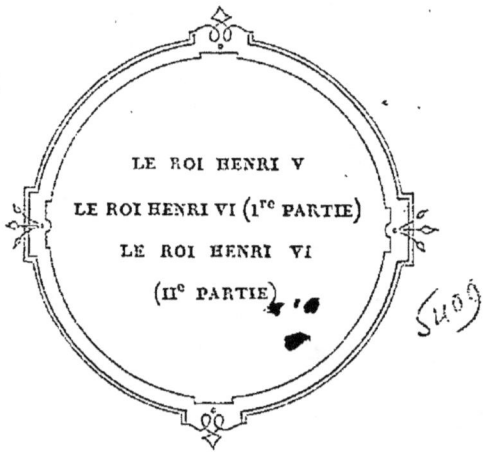

LE ROI HENRI V

LE ROI HENRI VI (1ʳᵉ PARTIE)

LE ROI HENRI VI (IIᵉ PARTIE)

PARIS

LIBRAIRIE DE L. HACHETTE ET Cⁱᵉ

BOULEVARD SAINT-GERMAIN, N° 77

—

1869

OEUVRES COMPLÈTES
DE
SHAKESPEARE

OEUVRES COMPLÈTES
DE
SHAKESPEARE

TRADUITES

PAR ÉMILE MONTÉGUT

TOME CINQUIÈME

LE ROI HENRI V
LE ROI HENRI VI (1re PARTIE)
LE ROI HENRI VI
(IIe PARTIE)

PARIS
LIBRAIRIE DE L. HACHETTE ET Cie
BOULEVARD SAINT-GERMAIN, N° 77

—

1869
Tous droits réservés

LE
ROI HENRI V

DATE DE LA PREMIÈRE ÉDITION, 1600; DATE PROBABLE
DE LA REPRÉSENTATION, FIN DE 1599.

AVERTISSEMENT.

Une allusion très-directe à l'expédition du comte d'Essex en Irlande, dans le prologue du cinquième acte, expédition qui eut lieu en 1599, donne la date de la composition de ce drame, dont la première édition est de 1600.

Pour ce drame comme pour les deux *Henri IV*, Shakespeare s'est servi de la vieille parade populaire intitulée *Les faméuses victoires de Henri V*. Il serait cependant plus juste de dire qu'il a eu simplement cette rapsodie présente à la pensée, car c'est à peine s'il y a pris, comme pour les deux *Henri IV*, même des indications de scènes et de situations. S'il est pour le critique une expiation des péchés d'enthousiasme et de plaisir poétique que lui fait commettre l'étude de Shakespeare, c'est bien la lecture de la plupart des sources où il a puisé. Nous avons lu par esprit d'exactitude ce vieux drame, et nous ne pouvons que conseiller à tous ceux qui s'occuperont après nous de Shakespeare, de se dispenser d'ouvrir cette ineptie dialoguée. Il ne se peut rien voir de plus stupide. Bottom et ses camarades se mettant en frais d'intelligence pour accoucher d'un drame héroïque enfanteraient quelque chose de pareil. En vérité, cette production nous rappelle, trait pour trait, certaines pièces que nous avons vu représenter dans notre enfance, par les artisans ou les écoliers de notre ville natale. On appelait cela jouer la comédie bourgeoise, et nous ne sommes pas bien sûrs, nous qui écrivons, de n'avoir pas rempli une ou deux fois un personnage dans quelqu'une de ces jolies représentations dramatiques. Ces élucubrations n'ont pas été recueillies, et c'est vraiment injuste, car si leurs auteurs n'avaient pas beaucoup plus d'esprit que le dramaturge des *Fameuses victoires de Henri V*, à coup sûr ils n'en avaient pas moins. Ce vieux drame me rappelle aussi certaines pièces que j'ai vu composer et représenter à cette même époque de mon enfance par un vagabond parisien, bien inconnu de tous les modernes habitants de la capitale, et qui pourtant a créé un type populaire durable, véritable incarnation de la révolution de Juillet. Cet homme qui, si j'ai bonne mémoire, se nommait Leclaire, était doué d'un talent singulier pour rendre par le jeu de sa physionomie les expressions les plus diverses des passions et des sentiments. Leclaire donnait des représentations populaires en plein vent, dans les faubourgs de Paris, et ce fut là qu'un soir, entre quatre chandelles, s'inspirant du souvenir d'un petit bossu révolutionnaire qu'il avait observé jurant, sacrant et vociférant dans les groupes populaires, il créa le type célèbre de Mayeux. Ambitieux comme tous les artistes, Leclaire ne se contentait pas de ce talent réel de mime et de grimacier, il voulait y joindre celui de l'auteur dramatique. A l'époque où nous l'avons vu, il parcourait la province avec un équilibriste incomparable du nom de Graffina, et croyant donner plus d'intérêt à leurs représentations communes, il s'échinait à mettre en drames les batailles de la République, du Consulat et de l'Empire. Ah! les jolis drames, et quels remarquables propos tenaient l'empereur et ses maréchaux! Eh bien, ces productions étaient juste de la même force que ces *Fameuses victoires de Henri V*, qui ont traversé trois siècles pour venir jusqu'à nous. Ô vanité de la gloire! Le temps nous a privés de la moitié des ouvrages des deux antiquités, les plus belles œuvres périssent dans cette mer des années, comme des naufragés épuisés par la nage périssent avant d'avoir atteint le rivage, et voilà une platitude qui a traversé trois siècles, et qui maintenant, protégée par le grand nom de Shakespeare, auquel elle se trouve par hasard accolée, et par les soins des érudits qui ont la rage de tout recueillir, alors qu'il faudrait broyer et mettre en pâte la moitié des legs du passé, va durer jusqu'à la consommation des temps! Voilà ce qui peut s'appeler une mystification!

Henri V dédaigné, on ne sait pourquoi, par la plupart des critiques est tout simplement une des plus rares et des plus belles productions de Shakespeare. Quelques-uns moins dédaigneux ne condamnent que le cinquième acte qu'ils trouvent froid et dénué d'intérêt, mais nous à qui ces jugements ont toujours donné envie de relire la fable de La Fontaine contre *les gens qui ont le goût difficile*, nous déclarons sans hésitation que de tous points, et du commencement à la fin, la pièce nous paraît un chef-d'œuvre, et comme inspiration, et comme composition, et comme peinture des caractères, et comme pénétration et exactitude historiques. Tâchez, s'il se peut, en lisant cette pièce d'oublier que vous êtes Français, et que la victoire que Shakespeare y ressuscite avec tant de fierté anglaise est une des plus honteuses défaites de notre passé, et dites si *le Roi Henri V* n'est pas un des plus magnifiques poëmes nationaux que l'amour de la patrie ait jamais inspiré à un poëte. Ô force du génie et victoire presque aussi grande que celle que le poëte nous a montrée! nous partageons son enthousiasme et son orgueil, tout comme si cette bataille avait été gagnée par nous. C'est que présenté par Shakespeare, le héros d'Azincourt appartient non plus à une des provinces du genre humain, mais à l'humanité tout entière, et qu'il est fait pour arracher l'admiration de tout homme sensible à ce qui est noble et grand. Comme il est sympathique, à cette heure suprême d'Azincourt, lorsqu'avec sa petite armée de neuf mille hommes, exténués de fatigues et de maladies, il s'apprête à attaquer les soixante mille (quelques-uns disent les cent mille) hommes, assemblés par la chevalerie française tout entière. La scène où Shakespeare nous le présente à ce moment redoutable est une des plus grandes qu'il y ait chez aucun poëte. C'est un vrai héros qui nous est montré, avec tous les sentiments que les héros n'ont pas toujours; mais c'est un héros sans échasses, sans panache et sans oripeaux, et qui ne nous en touche que davantage pour cela. Jamais le théâtre ne représenta un roi qui fût moins un roi de théâtre. Au milieu du péril, Henri conserve toute sa gaieté d'âme d'autrefois, il fait des niches, il cause avec les simples soldats de son armée. Henri justifie la vérité de la maxime chrétienne, c'est la foi qui sauve; car il n'est que foi. Si le bon sens, la logique et le calcul des probabilités avaient toujours raison, la défaite de Henri serait certaine; car il a mis sa confiance en Dieu dont le secours est incertain, en son propre courage que le vulgaire en pareil cas appellerait témérité, et en ses soldats qui ne composent qu'une ombre d'armée; mais sa foi est ferme, et il triomphe. Une des plus nobles nuances que nous puissions admirer dans le sentiment du patriotisme se découvre à notre admiration dans cette confiance que Henri a mise en des soldats exténués; il repousse loin de lui l'évidence et le sens commun, et se refuse à admettre que ses compatriotes puissent jamais être battus. Et qu'il est royal, lorsqu'après sa conversation avec ses soldats, il tombe à genoux et invoque le secours de Dieu ! « *Nous devons tout porter !* » s'écrie-t-il : mot admirable que ce *Nous*, par lequel le roi sépare ceux de sa condition de la commune humanité, non cette fois par un vain mouvement d'orgueil, mais par un juste sentiment de l'effroyable responsabilité que font peser sur lui et ses semblables des devoirs qui sont inconnus aux autres hommes.

Ce drame se tient aussi près de l'histoire que peut le faire une œuvre poétique; tout l'esprit du règne de Henri est là dedans pour qui sait bien lire. Par exemple, tous les lecteurs se doutent-ils que la conversation des deux évêques qui ouvre le drame, est l'introduction la plus légitime, la plus logique, la plus naturelle à un drame ayant pour objet le règne de Henri V. Cette conversation est la clef du règne de Henri tout entier, et elle est placée en tête du drame exactement comme une clef est placée dans la serrure d'une porte qui ouvre un appartement. C'est dans la politique du clergé anglais qu'il faut en effet chercher (après la soif de gloire du souverain toutefois) le secret du règne de Henri V. Ce fut Chichele, archevêque de Cantorbéry, qui donna à l'ambition de Henri la légitimité de la consécration religieuse, l'autorité du droit, qui ouvrit à son vol la latitude et l'espace. Henri ne demandait qu'à être soufflé, Chichele fut le souffleur, et c'est à lui plus qu'à personne que revient l'honneur fatal pour nous d'avoir décidé la campagne qui nous fit subir la honte d'Azincourt et la honte plus grande encore du traité de Troyes. Nous avons vu Henri IV mourant conseiller à son fils d'occuper les esprits d'affaires extérieures et militaires, afin de les détourner de l'envie de contrôler son pouvoir. Chichele et le clergé anglais avaient, en conseillant cette campagne, un motif de nature analogue. Une réforme ecclésiastique était pendante en Angleterre depuis le règne d'Édouard III. Si le prince noir avait vécu, peut-être cette réforme eût-elle été accomplie; mais au lieu du prince noir, ce fut Richard II qui gouverna, et sous son règne la révolte des Lollards, partisans de Wicleff, en effrayant tous les éléments conservateurs de l'État, fit mettre en oubli pour un temps tout essai de réforme. Sous le règne de Henri IV, ces projets reparurent, mais Bolingbroke n'était pas libre de les accomplir. Sa position était trop mal assurée pour qu'il osât rien contre l'Église.

D'ailleurs il devait sa reconnaissance à une moitié de son clergé, et sa politique était de chercher à gagner l'autre. En effet, lors des événements qui portèrent Bolingbroke au trône, on vit le clergé anglais se diviser ; les uns, mécontents de la politique incertaine de Richard à l'endroit des Wycleffites, et partageant les griefs généraux du pays, se prononcèrent pour l'usurpateur ; les autres, à l'imitation de cet évêque de Carlisle que nous avons vu exposer dans *Richard II* les doctrines de la légitimité, se prononcèrent contre tout changement de personne et d'ordre de succession. Cependant, malgré cette impuissance de Henri IV, différents bills qui taxaient lourdement les propriétés ecclésiastiques avaient été sur le point de passer sous son règne. Aussi, dès le début du règne de Henri V, ces projets de réforme furent-ils remis sur le tapis, et ce fut pour en détourner l'attention, que Chichele, âme en cette circonstance du clergé d'Angleterre, conseilla au roi Henri la campagne de France, et lui fournit les prétextes et les sophismes de droit politique dont il avait besoin pour l'entreprendre.

Henri écouta volontiers l'archevêque, non-seulement par politique, mais par sentiment religieux ; car il était sincèrement attaché à l'Église et réellement pieux. Sur ce point de la religion, il n'eut ni les libres sentiments de son grand-père Jean de Gand, ni l'hypocrisie politique de son père Bolingbroke. Il fut strictement orthodoxe, sans penchant aucun pour aucune nouveauté. Les discours que lui prête Shakespeare sur ce sujet sont strictement conformes à ce que nous savons de ses sentiments. Cet esprit religieux naissait en grande partie du remords bizarre et noble que l'usurpation de Bolingbroke ne cessa de lui faire éprouver. Nous avons vu la nuance de mépris qu'il en ressentait pour son père, et quand il fut roi pour son compte, il eut peur que l'expiation ne s'arrêtât pas à son prédécesseur, mais qu'elle retombât sur lui et les siens. Pour détourner la colère de Dieu, il institua une sorte de culte à la mémoire de Richard. Tout n'était pas bizarrerie dans ces craintes; il y avait une profonde intuition des redoutables effets de l'injustice. La malédiction de Dieu, comme apaisée par les prières du héros, sauta en effet une génération; mais alors elle consuma, jusqu'au dernier homme, la maison de Lancastre, par l'effroyable incendie de la guerre des deux roses.

J'ai dit que les critiques les plus indulgents pour *Henri V* faisaient cependant exception pour la dernière scène qu'ils trouvent longue et froide. J'ai peine, je l'avoue, à comprendre ce jugement, car cette scène est une des preuves de l'art prodigieux de composition que possédait Shakespeare. De même que la conversation des évêques est placée en tête du drame avec intention, parce qu'elle est la clef véritable qui nous ouvre le règne de Henri, de même la conversation du roi avec Catherine de France nous résume sous une forme concentrée tous les traits épars du caractère que Shakespeare nous a détaillés, un par un, pendant trois longs drames : cette conversation est le couronnement et la conclusion du cycle de pièces où figure le vainqueur d'Azincourt; elle est comme la synthèse suprême après une longue analyse. Là nous le voyons tout entier avec sa brusquerie de soldat, ses paroles qui, selon l'expression de Georges Chastelain, *tranchaient comme rasoir*, sa mâle jovialité; et quoique Falstaff soit bien et dûment mort et enterré depuis longtemps, nous retrouvons cependant dans cette conversation la trace funeste qu'a laissée ce limaçon sur le caractère du roi. Rien ne se donne, tout se paye, disait Napoléon avec son sentiment profond des lois par lesquelles se gouverne l'humanité; nous ajoutons : rien ne se perd, tout se transforme, et cette conversation en est une preuve. Henri, héros, grand roi, vainqueur d'Azincourt, il nous semble, en écoutant vos discours, qu'il y a dans votre nature une dose par trop forte de *masculinité*, que la forme de votre caractère est plus nette qu'avenante, que vous avez plus de franchise que de grâce, et plus de vaillance que de politesse! Où donc avez-vous pris cette brusquerie de soudard, et qui a pu vous donner d'assez mauvaises leçons de savoir vivre pour vous persuader qu'on gagnait le cœur d'une femme et d'une princesse en lui tendant la main et en lui disant *tópe là*, comme font les marchands de bœufs aux foires? Ce n'est pas en vain que vous avez été jadis proclamé roi des bons garçons par les buveurs d'Eastcheap, que vous avez fait assaut d'engueulements avec Falstaff et consorts ; voilà que les traces de ces désordres se laissent lire dans vos paroles, et prédisent le genre d'expiation que vous aurez à subir. Henri, vous avez trop mangé de congres au fenouil avec Poins, vous avez trop fait de Scroop votre camarade de lit, pour être aimé de Catherine. Ah! qu'elles sont pleines de raison, sous leur forme saugrenue et leur jargon populaire, les paroles de ce charretier que nous entendons dialoguer avec son compère dans cette auberge de Rochester où vous faisiez les préparatifs de vos exploits de grande route : « Si on fait de l'eau dans sa cheminée, cela vous engendre des puces comme un étang. » Ces désordres ont laissé des traces sur votre âme ; n'en ont-ils pas aussi laissé dans votre nature physique ? En jetant votre gourme, êtes-vous sûr de n'avoir pas jeté bien des précieuses semences ? Vous vous vantez de pouvoir faire avec Catherine un enfant à moitié anglais, à moitié français, qui réunira les qualités des deux nations et qui *s'en ira à Constantinople tirer le grand Turc par la barbe* : ah ! devant ces paroles, où respire toute la vaillance mâle et joviale de votre âme, celui qui aurait l'intuition de l'avenir sentirait les larmes sourdre dans son cœur ; car cet enfant espéré, ce sera le faible Henri VI, qui des qualités de son père n'aura que la piété, qui ne tirera la barbe à personne, mais dont la barbe au contraire sera tirée par tout le monde.

Nous sommes vraiment étonné du jugement des critiques sur cette scène, surtout lorsque ces critiques ont, comme M. Guizot, la connaissance profonde de l'histoire. Est-ce que le savant écrivain n'a pas remarqué combien cette scène est finement prophétique, et par quels anneaux subtils et invisibles Shakespeare a su réunir le passé au présent, et le présent à l'avenir? En voyant Catherine si froide devant son royal fiancé, répondant monosyllabiquement comme une victime résignée et une enfant obéissante, nous sentons bien que son cœur n'est pas engagé, et que tout ce que Henri a conquis d'elle, c'est sa personne physique. Mais sera-t-elle toujours aussi froide pour tout le monde, que nous la voyons froide pour Henri? Oh que nenni, et elles se réaliseront à la lettre ces paroles égrillardes que prononce à son sujet le duc de Bourgogne : « Quand les filles sont dans leur été et qu'elles ont chaud, elles sont comme les mouches à l'époque de la Saint-Barthélemy, aveugles quoiqu'elles aient leurs yeux, et alors elles souffrent qu'on les pelote, ce dont auparavant elles ne pouvaient supporter la pensée. » Owen Tudor, le petit gentilhomme gallois, en fera, dans des temps qui ne sont pas bien éloignés, l'heureuse expérience. Cette froide Catherine de France, qu'il ne tiendrait qu'à nous de prendre pour une poupée bien apprise, est le vengeur véritable de l'usurpation de Bolingbroke, et l'axe sur lequel va tourner désormais l'histoire entière d'Angleterre ; elle porte dans son sein la mort d'une dynastie et la naissance d'une autre dynastie. D'un mariage sans amour, va naître un enfant froidement conçu, en qui s'engloutiront la fortune et l'existence des Lancastre, et des faveurs de l'amour va surgir la race royale des impérieux Tudors qui hériteront de toute la gloire que Henri V s'était promise pour ce fils qui devait aller à Constantinople tirer le grand Turc par la barbe.

Nous avons déjà remarqué plusieurs fois, surtout à l'occasion de *Mesure pour mesure* et du *Conte d'hiver*, que Shakespeare généreux comme la nature, donnait le plus alors que le moins pouvait largement suffire. D'ordinaire, il a coutume, un sujet une fois choisi, de réunir autour de ce sujet tout ce qui peut représenter le monde où son drame s'agite. Ainsi *Mesure pour mesure*, par exemple, étant un sujet de nature judiciaire, Shakespeare s'en est autorisé pour tracer au complet une large peinture du monde des tribunaux et des prisons. Magistrats, sergents de police, gibier de tribunaux correctionnels, prisonniers, geôliers, bourreaux, aumôniers des prisons, nul type n'y manque. Dans le quatrième acte du *Conte d'hiver*, il a fait de même pour les mœurs rustiques. Mais nulle part, mieux que dans *Henri V*, il n'a rempli ces conditions difficiles que sa grande imagination aimait à s'imposer. *Henri V* étant une histoire héroïque, un récit dramatisé de batailles et de combats, Shakespeare en a pris occasion de nous montrer au grand complet le monde de la caserne, du corps de garde et du bivac, avec ses passions particulières, la manière de raisonner de chacun des groupes qui le composent, et ce qui est plus fort encore, avec les diverses individualités nationales dont se composait une armée anglaise à cette époque. Voici l'officier général, noblement soumis aux lois du sort et aux volontés de Dieu, qui, du sommet du commandement où il est placé, ayant une vue claire des lois des choses, ne songe ni à s'étonner ni à se plaindre, si sa valeur a mauvaise chance ; voici l'officier de grade inférieur, celui qui songe avant tout à l'avancement et qui demanderait l'*annuaire*, si l'*annuaire militaire* était déjà inventé, critique hargneux des mesures auxquelles on lui demande simplement d'obéir, et qui refait les plans de bataille de ses chefs pour prouver qu'une bataille perdue ne l'aurait pas été si on avait pris son avis, et qu'une bataille gagnée l'aurait été mieux encore, si elle avait été livrée par lui ; voici le simple soldat, être passif qui doit se battre pour une cause qu'il ne comprend pas, et qui n'a d'autres ressources que le recours en Dieu ; et d'autre part, voici les types nationaux, provinciaux de l'armée anglaise d'alors: Fluellen le Gallois, Macmorris l'Irlandais, Jamy l'Écossais, Gower l'Anglais, tous dessinés avec le soin le plus minutieux. Aucune individualité n'y manque enfin, pas même le soldat maraudeur et le traînard d'arrière-garde, le *zéphyr* des compagnies de discipline et le gibier de salle de police, personnages dignement représentés par nos vieilles connaissances Pistol et Bardolph, et par leur camarade Nym. L'enfant de troupe y est aussi sous les traits du page de feu Falstaff. Non-seulement nous comptons, jusqu'au dernier, tous les types dont se compose le monde des armées, mais nous les voyons tour à tour dans les différentes actions qui se rapportent à l'art militaire et à la vie des camps. Nous assistons à un siège, à un assaut, à un campement de nuit, à une marche forcée à travers champs, à un passage de fleuve, à une bataille rangée et à ses suites. Ces tableaux de la vie guerrière ne sont pas moins nombreux que les types militaires, et types et tableaux pris ensemble, font de *Henri V* la peinture la plus vaste et la plus complète qui ait encore été tracée du monde de la guerre.

PERSONNAGES DU DRAME.

Le roi HENRI V.
Le duc de GLOCESTER, } frères du roi.
Le duc de BEDFORD,
Le duc d'EXETER, oncle du roi.
Le duc d'YORK, cousin du roi.
Le comte de SALISBURY.
Le comte de WESTMORELAND.
Le comte de WARWICK.
L'archevêque de CANTERBURY.
L'évêque d'ÉLY.
Le comte de CAMBRIDGE,
Lord SCROOP, } conspirateurs contre le roi.
Sir THOMAS GREY,
Sir THOMAS ERPINGHAM,
GOWER,
FLUELLEN, } officiers dans l'armée du roi.
MACMORRIS,
JAMY,
BATES,
COURT, } soldats.
WILLIAMS,
PISTOL.
NYM.
BARDOLPH.
Le page.
Un héraut.
Un personnage faisant office du chœur.

CHARLES VI, roi de France.
LOUIS, dauphin.
Le duc de BOURGOGNE.
Le duc d'ORLÉANS.
Le duc de BOURBON.
LE CONNÉTABLE DE FRANCE.
RAMBURES, } seigneurs français.
GRANDPRÉ,
MONTJOIE, héraut français.
Le gouverneur d'Harfleur.
Ambassadeurs français auprès du roi d'Angleterre.

ISABELLE, reine de France.
CATHERINE, fille de CHARLES et d'ISABELLE.
ALICE, dame de compagnie de CATHERINE.
MISTRESS QUICKLY, femme de PISTOL, tavernière.

Lords et Ladies, Officiers, Soldats anglais et français, Messagers et Suivants.

Scène.—En Angleterre, pendant la première partie du drame; puis en France.

LE
ROI HENRI V.

ACTE I.

Entre LE CHŒUR.

LE CHŒUR. — Oh! que n'ai-je une muse de feu pour escalader le ciel le plus resplendissant de l'invention! que n'ai-je un royaume pour théâtre, des princes pour acteurs, et des monarques pour spectateurs de la scène sublime! Alors, apparaissant sous ses traits véritables, le belliqueux Harry se présenterait avec la démarche de Mars, et l'on verrait, accouplés comme des limiers, la famine, la guerre et l'incendie, se coucher à ses pieds pour obtenir de l'emploi. Mais vous tous, nobles spectateurs, pardonnez au génie sans flamme qui a osé porter sur ces indignes tréteaux un si grand sujet. Cette arène de combats de coqs peut-elle contenir les vastes champs de la France? Pouvons-nous faire entrer dans ce cirque de bois[1], seulement les casques qui épouvantèrent le ciel à Azincourt? O pardonnez, puisqu'une figure réduite doit vous représenter un million dans un si petit espace, et permettez que nous comptions sur les forces de votre imagination mise en mouvement, pour être les chiffres multiplicateurs de ce grand nombre. Supposez qu'au dedans de cette ceinture de murailles sont renfermées deux puissantes monarchies dont le périlleux et étroit océan sépare les fronts qui se menacent et se disposent à se heurter. Que vos pensées suppléent à notre impuissance ; multipliez un homme en mille, et créez une armée imaginaire. Lorsque nous vous parlerons de chevaux, supposez que vous les voyez imprimant leurs sabots impérieux sur la molle terre ; car ce sont vos imaginations qui doivent aujourd'hui parer nos rois, les transporter ici et là, enjamber les époques, entasser dans une heure les événements de nombreuses années, années dont je vous prie de m'accepter comme le remplaçant en cette histoire, moi le chœur, qui viens ici en manière de prologue, solliciter votre aimable patience et vous demander d'écouter gracieusement et de juger indulgemment notre drame. (*Sort le chœur.*)

SCÈNE PREMIÈRE.

LONDRES. — Un appartement dans le palais.

Entrent L'ARCHEVÊQUE DE CANTERBURY
et L'ÉVÊQUE D'ÉLY.

L'ARCHEVÊQUE DE CANTERBURY. — Milord, je vous l'affirme ; ce même bill qui, dans la onzième année du règne du dernier roi, fut sur le point de passer à notre détriment, et aurait en effet passé si les disputes et les inquiétudes de cette époque ne l'avaient enlevé à la discussion, est de nouveau remis sur le tapis.

L'ÉVÊQUE D'ÉLY. — Mais, Milord, comment y résisterons-nous maintenant ?

L'ARCHEVÊQUE DE CANTERBURY. — Il faut y réfléchir. Si ce bill passe contre nous, nous perdons la meilleure moitié de nos possessions ; car il nous dépouillerait de toutes les terres temporelles que des hommes pieux ont, par testament, données à l'Église. En effet, la taxe peut être évaluée ainsi : charge d'entretenir pour le service du roi, quinz comtes, quinze cents chevaliers, et six mille deux cents bons écuyers; charge d'entretenir cent maisons de charité bien fournies, pour le soulagement des pauvres, des vieillards, des infirmes et des indigents incapables de travail corporel; en outre, pour les coffres du roi, un subside de mille livres par an : telle est la substance du bill.

L'évêque d'Ély. — Voilà une bonne lampée.

L'archevêque de Canterbury. — Une lampée qui avalerait la coupe avec son contenu.

L'évêque d'Ély. — Mais quel moyen d'empêcher cela?

L'archevêque de Canterbury. — Le roi est plein de bienveillance et de nobles ménagements.

L'évêque d'Ély. — Et c'est un sincère ami de la sainte Église.

L'archevêque de Canterbury. — Ce n'est pas là ce que promettaient les errements de sa jeunesse. Son père n'eut pas plutôt rendu le souffle, que sa folie, comme touchée de la mort, sembla mourir aussi : oui, à cet instant même, la circonspection apparut pareille à un ange, chassa hors de lui l'Adam pécheur, et laissa son corps comme un paradis fait pour servir de séjour et d'enveloppe à de célestes esprits. Jamais il ne se vit un sage aussi soudainement créé; jamais réforme ne vint d'un flot si subit et d'un cours si direct, nettoyer les vices; jamais la dépravation aux têtes d'hydre ne fut plus vite et d'un coup plus net chassée de sa demeure que chez ce roi.

L'évêque d'Ély. — Nous sommes heureux de ce changement.

L'archevêque de Canterbury. — Entendez-le raisonner de théologie, et, transporté d'admiration, vous sentirez au plus profond du cœur le regret que le jeune prince ne soit pas prélat : écoutez-le discuter les affaires de l'État, vous direz que cela a fait l'objet de ses continuelles études : écoutez-le discourir de guerre, c'est une bataille terrible qui vous est rendue en musique : mettez-le sur n'importe quel chapitre de la politique, il vous en dénouera le nœud gordien aussi facilement que sa jarretière : si bien que, lorsqu'il parle, l'air, comme contenu dans sa liberté, cesse de s'agiter, et qu'une muette admiration se met en embuscade dans les oreilles de ses auditeurs, afin de dérober ses sentences aussi douces que le miel. Il semblerait que le principe de ces connaissances théoriques dût être cherché dans la pratique active de la vie, mais alors on se demande avec étonnement où Sa Grâce a pu en faire moisson, puisque ses penchants le portaient vers de vains amusements, que ses compagnons étaient illettrés, grossiers et vides, que ses heures étaient remplies par des débauches, des banquets et des divertissements, et qu'on ne le vit jamais étudier, jamais se renfermer, ni discontinuer de fréquenter les lieux publics et les compagnies populaires.

L'ÉVÊQUE D'ÉLY. — La fraise croît sous l'ortie, et les fruits les plus savoureux croissent et mûrissent mieux dans le voisinage des fruits de plus basse espèce : c'est ainsi que le prince a caché sous le voile de l'étourderie sa faculté de réfléchir qui, sans doute, a crû à la manière du gazon d'été, lequel pousse plus rapidement pendant la nuit, d'une manière invisible, mais par le fait d'une puissance latente de croissance.

L'ARCHEVÊQUE DE CANTERBURY. — Cela doit être ainsi : car l'âge des miracles est passé et nous sommes obligés d'admettre que c'est par des moyens naturels que les choses se perfectionnent.

L'ÉVÊQUE D'ÉLY. — Mais, mon bon Lord, que pouvons-nous faire pour mitiger ce bill que les Communes sont en train de passer? Sa Majesté penche-t-elle ou non en sa faveur?

L'ARCHEVÊQUE DE CANTERBURY. — Il semble indifférent, ou plutôt il incline plus de notre côté qu'il ne caresse ceux qui font ces démonstrations contre nous; car j'ai fait à Sa Majesté, au nom de notre convocation ecclésiastique, et en raison des affaires relatives à la France et actuellement pendantes, affaires sur lesquelles je me suis ouvert amplement à Sa Grâce, — l'offre de lui donner une plus grande somme que n'en donna jamais à aucune époque le clergé à ses prédécesseurs.

L'évêque d'Ély. — Et comment a-t-il paru recevoir cette offre, Milord?

L'archevêque de Canterbury. — Sa Majesté a paru favorablement l'accepter, sauf que je n'ai pas eu assez de temps pour lui exposer (comme je me suis aperçu que Sa Grâce en aurait été désireuse) l'évidence de ses titres d'héritier légitime sur certains duchés en particulier, et sur la couronne de France en général, titres qui lui viennent d'Édouard, son arrière-grand-père.

L'évêque d'Ély. — Quel est l'incident fâcheux qui est venu rompre votre entretien?

L'archevêque de Canterbury. — L'ambassadeur de France, à ce moment même, sollicitait audience : et voici l'heure, je crois, fixée pour sa réception. Est-il quatre heures?

L'évêque d'Ély. — Oui.

L'archevêque de Canterbury. — Alors rentrons pour connaître le sujet de son ambassade, que je pourrais énoncer avant que le Français en ait dit un mot, tant je la devine bien.

L'évêque d'Ély. — Je vous accompagnerai; je brûle de la connaître. (*Ils sortent.*)

SCÈNE II.

Londres. — Un appartement dans le palais.

Entrent le roi HENRI, GLOCESTER, BEDFORD, EXETER, WARWICK, WESTMORELAND *et les gens de leur suite.*

Le roi Henri. — Où est mon gracieux Lord de Canterbury?

Exeter[2]. — Il n'est pas en présence de Votre Majesté.

Le roi Henri. — Envoyez-le chercher, mon bon oncle.

Westmoreland. — Introduirons-nous l'ambassadeur, mon Suzerain?

Le roi Henri. — Pas encore, mon cousin; avant de l'entendre, nous voudrions être éclairé sur plusieurs points d'importance, concernant notre personne et la France, lesquels tourmentent nos pensées.

Entrent L'ARCHEVÊQUE DE CANTERBURY
et L'ÉVÊQUE D'ÉLY.

L'ARCHEVÊQUE DE CANTERBURY. — Que Dieu et ses anges gardent votre trône sacré et vous permettent de l'occuper longtemps !

LE ROI HENRI. — Nous vous remercions sincèrement. Mon savant Lord, nous vous prions de nous expliquer justement et religieusement, si cette loi salique qu'ils ont en France nous exclut ou non de nos prétentions. A Dieu ne plaise, mon cher et fidèle Lord, que vous arrangiez, torturiez, faussiez votre érudition, ni que vous imposiez à votre intelligence une subtile opération de sophiste pour nous découvrir des titres douteux, dont la légitimité ne porterait pas historiquement la couleur de la vérité ; car Dieu sait combien de gens maintenant en santé auront à répandre leur sang pour maintenir la justice de l'entreprise à laquelle Votre Révérence va nous décider. Ainsi faites bien attention à la manière dont vous allez engager notre personne, à la manière dont vous allez réveiller notre épée de guerre sommeillante : nous vous en supplions, au nom de Dieu, prenez garde ; car jamais deux tels royaumes n'ont lutté sans une grande effusion de sang, sang dont chaque goutte innocente est un soupir, une plainte cruelle contre celui dont les torts ont aiguisé les glaives qui font si rapidement une telle moisson d'existences. Parlez, Milord, sous l'influence de cette adjuration, car nous recevrons, accepterons et croirons du plus profond de notre cœur, ce que vous direz, comme sortant aussi pur de votre conscience que l'âme sort pure de péché du baptême.

L'ARCHEVÊQUE DE CANTERBURY. — Alors, écoutez-moi, mon gracieux Souverain, ainsi que vous, pairs, qui devez à ce trône impérial vos existences, votre fidélité et vos services[3]. Il n'y a d'autre exclusion contre les prétentions

ACTE I, SCENE II.

de Votre Altesse sur la France, que celle-ci, qu'ils attribuent à Pharamond : « *in terram salicam mulieres ne succedant;* nulle femme n'héritera dans la terre salique. » Cette terre salique, les Français prétendent faussement qu'elle est le royaume de France, et non moins faussement ils attribuent à Pharamond cette loi et cette exclusion des femmes. Pourtant leurs propres auteurs affirment loyalement que la terre salique se trouve en Allemagne, entre les fleuves de l'Elbe et de la Sala, où Charles le Grand, après avoir subjugué les Saxons, laissa derrière lui une colonie de Français : ceux-ci ayant pris en dédain les femmes de Germanie, pour certaines mœurs déshonnêtes, établirent alors cette loi, c'est-à-dire, décrétèrent qu'aucune femme n'hériterait sur la terre salique; terre salique, dis-je, qui est entre l'Elbe et la Sala, et qu'aujourd'hui en Allemagne on appelle Misnie. Il est donc de toute évidence que la loi salique ne fut jamais rédigée pour le royaume de France; et que d'ailleurs les Français ne possédèrent la loi salique que quatre cent vingt ans après le décès du roi Pharamond, faussement supposé l'auteur de cette loi, lequel Pharamond mourut en l'an quatre cent vingt-six de notre rédemption, et ce fut en l'an huit cent cinq que Charles le Grand subjugua les Saxons, et établit les Français au delà du fleuve de la Sala. En outre, leurs écrivains nous disent que le roi Pépin, qui déposa Childéric, réclama la couronne de France en qualité d'héritier général comme descendant de Blithilde, fille du roi Clotaire. Semblablement, Hugues Capet, qui usurpa la couronne sur Charles, duc de Lorraine, seul héritier mâle de la ligne directe et de la souche de Charles le Grand, afin de dorer son titre de quelque apparence de vérité (quoique en vérité pure ce titre fût nul et faux), se présenta comme l'héritier de Madame Lingare, fille de Carloman [4], qui était fils de l'empereur Louis, lequel Louis était le fils de Charles le Grand. Également le roi Louis X.[5], qui était l'unique héritier de l'usurpateur Capet, ne put porter la couronne de France sans inquiétudes de conscience, avant d'avoir bien établi que la belle reine Isabelle, sa grand'mère, descendait en ligne directe de Madame Ermengare, fille de Charles, le susdit duc de Lorraine, et que par son mariage, elle avait rattaché la ligne de Charles le Grand à la couronne de France. En sorte qu'il est clair, comme est clair le soleil d'été, que le titre du roi Pépin, la réclamation d'Hugues Capet, la satisfaction de conscience du roi Louis, tirent des femmes leurs droits et leur origine. C'est là le cas de tous les rois de France jusqu'à ce jour, bien qu'ils mettent en avant cette loi salique pour nier les droits que Votre Altesse tient des femmes, et qu'ils préfèrent s'embrouiller dans un filet plutôt que d'avouer ouvertement la fausseté des titres qu'ils ont usurpés sur vous et vos progéniteurs [6].

Le roi Henri. — Puis-je, en droit et en conscience, faire cette réclamation ?

L'archevêque de Canterbury. — Oui, ou que le péché en retombe sur ma tête, redouté Souverain ! car il est écrit dans le livre des Nombres : « Lorsque le fils meurt, que l'héritage descende à la fille. » Gracieux Seigneur, tenez-vous ferme à vos droits; déployez votre étendard sanglant; retournez votre tête vers vos nobles ancêtres; allez, mon redouté Souverain, à la tombe de votre bisaïeul qui vous a transmis ses droits ; invoquez son âme guerrière et celle de votre grand-oncle, Édouard le prince Noir, qui, sur la terre française, joua cette tragédie où il défit les forces entières de la France, tandis que son très-puissant père, du haut d'une colline, souriait en regardant son lionceau étanchant sa soif dans le sang de la noblesse française. O les nobles Anglais, qui pouvaient, avec une moitié de leurs forces, tenir tête à tout ce qui faisait l'orgueil de la France, tandis que l'autre moitié restait en riant à l'écart, inerte et sans prendre part à l'action !

L'évêque d'Ély. — Réveillez la mémoire de ces morts vaillants et que votre bras puissant renouvelle leurs exploits : vous êtes leur héritier, vous êtes assis sur leur trône; le sang et le courage qui les renommaient courent dans vos veines, et mon trois fois puissant Suzerain est, dès le début même du mai de sa jeunesse, mûr déjà pour les exploits et les grandes entreprises.

Exeter. — Les rois vos frères, monarques de la terre, s'attendent tous à vous voir vous élancer, comme ont fait les anciens lions de votre race.

Westmoreland. — Ils savent que Votre Grâce a bon droit, ressources et puissance, et en effet, Votre Altesse a tout cela; jamais roi d'Angleterre n'eut des nobles plus riches et de plus loyaux sujets, car leurs cœurs devançant leurs corps qu'ils ont laissés ici, en Angleterre, ont déjà dressé pavillon dans les campagnes de France.

L'archevêque de Canterbury. — Oh! que leurs corps suivent leurs cœurs, mon cher Suzerain, pour faire triompher votre droit par le fer, le glaive et le feu : pour venir en aide à cette entreprise, nous, hommes de l'Église, nous fournirons à Votre Altesse une somme si considérable que le clergé, à aucune époque, n'en a présenté une pareille à aucun de vos prédécesseurs.

Le roi Henri. — Nous ne devons pas seulement nous armer pour envahir les Français, mais prendre nos mesures pour nous défendre contre les Écossais qui viendront fondre sur nous avec tout avantage.

L'archevêque de Canterbury. — Les habitants des Marches, mon gracieux Souverain, seront un rempart suffisant pour défendre l'intérieur de notre pays contre les pillards de la frontière.

Le roi Henri. — Nous ne voulons pas parler seulement des coureurs de pillage, nous avons en pensée les sentiments fonciers des Écossais eux-mêmes qui ont toujours été pour nous d'embarrassants voisins; car nous lisons que mon arrière-grand-père ne se rendait jamais avec toutes ses forces en France, sans que les Écossais se précipitassent sur son royaume laissé sans défense, comme la marée se précipite par la brèche d'une digue avec sa force la plus irrésistible et la plus torrentueuse, éprouvant les campagnes sans défense par de chaudes attaques, entourant de siéges désastreux les châteaux et les villes, en sorte que l'Angleterre, quand elle a été dégarnie de défense, a tressailli et tremblé, grâce à ce mauvais voisinage.

L'archevêque de Canterbury. — Elle a eu plus de peur que de mal, mon Suzerain; car écoutez-la seulement se raconter elle-même : lorsque toute sa chevalerie était en France, qu'elle était une veuve en deuil de sa noblesse, non-seulement elle se défendit elle-même fort bien, mais elle prit et lia comme une bête fauve le roi des Écossais qu'elle envoya en France, afin de parer de rois prisonniers la gloire du roi Édouard, et de rendre nos chroniques aussi riches en exploits que le fond limoneux de la mer est riche en vaisseaux naufragés et en sommes incalculables.

Westmoreland. — Cependant il y a un vieux dicton très-vrai :

« Si tu veux la France conquérir,
Avec l'Écosse il faut d'abord finir : »

car pendant que l'aigle anglais sort pour chercher sa proie, la belette écossaise se glisse vers son nid laissé sans garde et suce ses œufs royaux, jouant le rôle de la souris en l'absence du chat, et gaspillant et détruisant plus qu'elle ne mange.

Exeter. — Il s'ensuit donc que le chat doit rester au logis ? ce n'est cependant guère nécessaire, puisque nous avons des serrures pour garantir nos mobiliers, et de petites trappes pour prendre les petits voleurs. Tandis que la main armée combat au dehors, la tête se défend au logis; car le gouvernement, quoique divisé en parties, les unes hautes, les autres basses, les autres plus basses, forme un tout qui s'harmonise dans un ensemble étroit et naturel, comme la musique.

L'archevêque de Canterbury. — C'est pourquoi le ciel divise le gouvernement de l'homme entre diverses fonctions, mettant son activité en un perpétuel mouvement, et à cette activité l'obéissance est fixée comme but et fin : car ainsi travaillent les abeilles, créatures qui, par une loi de leur nature, enseignent aux populations des royaumes les règles de l'ordre. Elles ont un roi et des officiers de divers grades; les unes, comme des magistrats, font régner l'ordre à l'intérieur; d'autres, comme des marchands, s'aventurent à faire commerce à l'extérieur; d'autres, armées de leurs aiguillons, comme des soldats, pillent les trésors des fleurs veloutées de l'été, et avec une marche joyeuse rapportent leur butin à la tente royale de leur empereur, qui, tout affairé dans sa majesté, surveille les maçons harmonieux qui bâtissent des toits d'or, les citoyens sérieux qui pétrissent leur miel, les pauvres artisans portefaix qui entassent leurs pesants fardeaux devant l'étroite porte, et le juge au regard sévère qui, avec son bourdonnement morose, livre aux pâles exécuteurs le retardataire paresseux et somnolent. Je conclus de là que lorsque plusieurs choses ont un rapport direct avec un même point central, chacune peut l'atteindre par des voies toutes contraires : ainsi plusieurs flèches lancées de diverses directions vont au même but ; ainsi se rejoignent dans une même ville de nombreuses rues; ainsi plusieurs frais courants se rencontrent dans une même mer salée; ainsi plusieurs lignes se rencontrent au centre d'un cadran ; ainsi mille actions une fois sur pied peuvent aboutir à une même fin, et être poussées toutes de front sans se nuire mutuellement. En France donc, mon Suzerain. Divisez en quatre parties votre heureuse Angleterre, emmenez-en un quart avec vous en France, et vous ferez trembler tout le pays des Gaules. Si nous, à l'intérieur, avec trois fois le même nombre, nous ne pouvons défendre nos portes du chien qui les assiége, puissions-nous être turlupinés, et notre nation perdre son renom d'énergie et de politique.

Le roi Henri. — Appelez les messagers envoyés par le Dauphin. (*Sort une personne de l'assistance.*) Maintenant, nous sommes pleinement résolu, et par le secours de Dieu, et le vôtre à vous, nobles nerfs de notre puissance, puisque la France est à nous, nous la courberons sous notre obéissance, ou nous la briserons en pièces. Ou bien nous trônerons, les gouvernant dans un large et vaste empire, sur la France et sur tous ses duchés qui sont presque des royaumes, ou bien nous déposerons ces os dans une urne indigne, sans sépulcre, sans monument qui rappelle notre souvenir : ou bien notre histoire parlera à pleine voix de nos actes, ou bien notre tombeau, pareil à un muet Turc, n'aura qu'une bouche sans langue et ne sera pas même honoré d'une épitaphe de cire.

Entrent LES AMBASSADEURS DE FRANCE.

LE ROI HENRI. — Maintenant nous sommes tout prêt à connaître le bon plaisir de notre beau cousin le Dauphin ; car nous apprenons que cette ambassade vient de sa part et non de celle du roi.

PREMIER AMBASSADEUR. — Plairait-il à Votre Majesté de nous donner permission de rapporter ce dont nous sommes chargés, ou bien, épargnant nos paroles, vous montrerons-nous immédiatement la pensée du Dauphin et le but de notre ambassade?

LE ROI HENRI. — Nous ne sommes pas un tyran, mais un roi chrétien, dont le maître, le Christ, lie les passions aussi étroitement que nos malfaiteurs sont liés dans nos prisons : par conséquent dites-nous avec une simplicité franche et sans détours la pensée du Dauphin.

PREMIER AMBASSADEUR. — Voici, en peu de mots, quelle elle est. Votre Altesse a récemment envoyé en France, pour réclamer certains duchés en vertu des titres de votre grand prédécesseur, le roi Édouard III ; en réponse à cette réclamation, le prince notre maître dit que vous vous ressentez encore trop de votre jeunesse, et vous invite à réfléchir qu'il n'y a pas en France de territoire qu'on puisse conquérir en dansant lestement une gaillarde[7] : vous ne sauriez faire vos galas dans ces duchés. Il vous envoie donc comme un cadeau plus conforme à vos inclinations, le trésor contenu dans ce tonnelet, et en retour, il désire que les duchés que vous réclamez n'entendent plus parler de vous. Telles sont les paroles du Dauphin.

LE ROI HENRI. — Quel est ce trésor, mon oncle?

Exéter. — Des balles de paume, mon Suzerain.

Le roi Henri. — Nous sommes charmé que le Dauphin soit si plaisant avec nous ; nous vous remercions pour son présent et pour vos peines. Lorsque nous aurons marié nos raquettes à ces balles, nous jouerons en France une partie qui, avec la grâce de Dieu, gagnera l'enjeu de la couronne de son père. Dites-lui qu'il a engagé partie avec un tel joueur, que toutes les cours de France seront troublées de ses chasses. Nous comprenons fort bien le reproche qu'il nous adresse sur notre jeunesse que nous avons passée dans les folies et sans mesurer l'usage que nous en faisions. Nous n'avons jamais apprécié ce pauvre trône d'Angleterre ; aussi, vivant éloigné de lui, nous nous sommes adonné à une licence barbare, car il est ordinaire que les hommes soient d'autant plus joyeux qu'ils sont plus loin de chez eux. Mais dites au Dauphin que je saurai tenir mon rang, paraître en roi, et donner pleines voiles à ma grandeur lorsque je monterai sur mon trône de France : c'est pour cela que j'ai mis de côté ma majesté et que j'ai travaillé ici comme un pauvre journalier ; mais je m'élèverai là-bas avec une si pleine lumière, que j'éblouirai les yeux de toute la France, et que le Dauphin, en nous contemplant, en sera aveuglé. Et dites aussi à ce prince plaisant, que sa moquerie a changé ses balles en boulets de pierre [8], et que son âme restera chargée douloureusement de la vengeance dévastatrice qui volera sur leurs ailes ; car sa moquerie moquera bien des veuves de leurs chers maris, bien des mères de leurs fils, bien des châteaux de leurs remparts, et il en est qui sont encore à engendrer et à naître qui auront sujet de maudire le mépris du Dauphin. Mais tout cela est remis à la volonté de Dieu, auquel j'en appelle, et au nom duquel, informez-en le Dauphin, je vais me mettre en marche, pour me venger comme je pourrai, et pour lever mon bras armé du bon droit en faveur d'une cause sacrée. Là-dessus, partez en paix, et dites au Dauphin que sa plaisanterie paraîtra d'un goût bien fade lorsqu'elle fera pleurer des milliers d'hommes plus qu'elle

ne les aura fait rire. Conduisez-les sous sûre escorte.
— Portez-vous bien. (*Sortent les ambassadeurs.*)

EXETER. — Voilà un gai message.

LE ROI HENRI. — Nous espérons en faire rougir de honte celui qui l'a envoyé. Ainsi, Milords, ne perdons pas un seul des heureux moments qui peuvent hâter notre expédition, car toutes nos pensées, sauf celles qui appartiennent à Dieu, lesquelles passent avant nos affaires, sont maintenant pour la France. Par conséquent, que toutes nos mesures pour ces guerres soient bien vite prises, et qu'on pense à toutes les choses qui peuvent, avec une raisonnable diligence, ajouter des plumes à nos ailes; car nous le déclarons devant Dieu, nous fouetterons ce Dauphin à la porte de son père. Que chacun emploie donc tous ses efforts pour que cette noble entreprise soit mise en train. (*Ils sortent.*)

ACTE II.

Entre LE CHŒUR.

LE CHŒUR. — Maintenant toute la jeunesse d'Angleterre est en feu, et les habits de soie des fêtes sont déposés dans la garde-robe; maintenant les armuriers font fortune, et le sentiment de l'honneur règne seul dans tous les cœurs. Chacun vend son pâturage pour acheter un cheval; tous suivent avec des talons ailés, comme autant de Mercures anglais, ce miroir de tous les rois chrétiens; car maintenant l'Espérance est dans l'air tenant une épée chargée, de la poignée à la pointe, des couronnes impériales, des couronnes de ducs et de barons qui sont promises à Harry et à ses compagnons. Les Français, avertis par des informations certaines de ces terribles préparatifs, tremblent de crainte et cherchent par les moyens d'une politique pâle de panique à faire échouer les projets anglais. O Angleterre, dont le territoire est le modèle de ta grandeur intime, toi pareille à un petit corps porteur d'un cœur puissant, quels exploits parmi ceux que l'honneur te conseillerait n'accomplirais-tu pas, si tous tes enfants avaient pour toi tendresse et piété filiale! Mais vois ton crime! La France a trouvé en toi une nichée de cœurs creux qu'elle remplit des écus de la trahison: trois hommes corrompus, le premier, Richard, comte de Cambridge; le second, Henri, lord Scroop de Masham; le troisième, Sir Thomas Grey, chevalier de Northumberland, ont, pour un *salaire* d'or français, — *ô sale or* en vérité [1], — tramé une conspiration avec la France tremblante, et par leurs mains (si l'enfer et la trahison tiennent leurs promesses), ce modèle des rois doit mourir à Southampton, avant de s'embarquer pour la France. Allongez votre patience, et nous abrégerons la lenteur des distances: devancez l'action. La somme est payée; les traîtres se sont concertés; le roi est parti de Londres, et la scène, Messieurs, est maintenant transportée à Southampton. C'est là qu'est à cette heure notre théâtre, et c'est là que vous êtes; de là, nous vous transporterons en France et nous vous en ramènerons en toute sécurité, en ayant soin d'apaiser par un charme l'étroit canal pour qu'il vous donne un agréable voyage; car autant qu'il sera en notre pouvoir, nous ne voulons pas que notre drame donne le mal de mer à un seul estomac. Mais c'est seulement lorsque le roi y sera arrivé, et pas avant, que nous transporterons notre scène à Southampton. (*Sort le Chœur.*)

SCÈNE PREMIÈRE.

Londres. — Devant la taverne de la Tête-de-Sanglier, dans Eastcheap.

Entrent, en se rencontrant, NYM *et* BARDOLPH.

Bardolph. — Heureuse rencontre, caporal Nym.

Nym. — Bonjour, lieutenant Bardolph.

Bardolph. — Êtes-vous encore amis, l'enseigne Pistol et vous?

Nym. — Pour ma part, je ne m'en soucie pas: je parle peu, mais quand l'occasion s'en présentera, on échangera des sourires; mais il en sera ce qui pourra. Je n'aime pas à me battre, mais je saurai ouvrir l'œil et tenir mon épée: c'est une épée toute simple, mais qu'est-ce que cela fait? elle peut embrocher un fromage et garder le froid aussi bien que l'épée d'un autre : et voilà tout.

Bardolph. — Je vous donnerai un déjeuner pour vous faire faire votre paix, et nous serons trois frères jurés dans la campagne de France [2] : consentez à cela, mon bon caporal Nym.

Nym. — Sur ma foi, je vivrai aussi longtemps que je pourrai, voilà qui est certain, et lorsque je ne pourrai plus vivre, je ferai de mon mieux : voilà ma résolution, voilà le chemin que je suivrai.

Bardolph. — Il est certain, caporal, qu'il est marié à Nell Quickly, et certainement elle vous a fait tort, car vous lui étiez fiancé.

Nym. — Je ne puis rien dire; les choses peuvent être comme il leur plaît: les gens peuvent dormir et garder leur cou avec eux pendant ce temps-là, et il y en a qui disent que les couteaux coupent. Cela peut être comme cela veut : quoique la patience soit une jument fatiguée, elle peut cependant ouvrir sa tranchée. Cela peut avoir des conclusions; mais bon, je ne saurais en rien dire.

Bardolph. — Voici venir l'enseigne Pistol et sa femme: mon bon caporal, soyez patient.

ACTE II, SCÈNE I.

Entrent PISTOL *et* L'HÔTESSE.

BARDOLPH. — Eh bien, comment va mon hôte Pistol?

PISTOL. — M'appelles-tu hôte, vil chien? par cette main, je jure que je méprise maintenant cette qualification, et ma Nell ne tiendra plus d'auberge à l'avenir.

L'HÔTESSE. — Non, sur ma foi, je n'en tiendrai pas davantage; car nous ne pouvons loger et nourrir douze ou quatorze dames vivant honnêtement à la pointe de leurs aiguilles, sans qu'on s'imagine sur-le-champ que nous tenons un bordel. (*Nym tire son épée.*) Merci de nous, notre Dame! est-ce qu'il ne tire pas son épée? maintenant nous allons voir commettre un *adultère* volontaire et un meurtre.

BARDOLPH. — Mon bon lieutenant, mon bon caporal, pas de querelle ici.

NYM. — Pouah!

PISTOL. — Pouah pour toi, chien d'Islande! roquet d'Islande aux oreilles pointues[3]!

L'HÔTESSE. — Mon bon caporal Nym, montre ta valeur et rengaine ton épée.

NYM. — Voulez-vous que nous allions à deux pas? je voudrais vous avoir *solus*. (*Il rengaine son épée.*)

PISTOL. — *Solus*[4], parfait chien! ô vile vipère! je te jette ton *solus* à ta face très-merveilleuse, je te fais rentrer ton *solus* dans tes dents et ta gorge, et dans tes maudits poumons, et dans ton ventre, pardi, et qui plus est, dans ta sale bouche! je te fais rentrer ton *solus* dans tes boyaux, car la colère me monte, et la crête de Pistol se dresse, et la fusillade va s'ensuivre.

NYM. — Je ne suis pas Barbason[5]; vous ne pouvez pas m'exorciser. J'ai une démangeaison de vous rosser convenablement bien. Si vous parlez gras avec moi, Pistol, je saurai vous récurer avec ma rapière, de la belle manière. Si vous voulez venir à l'écart, je vous chatouillerais la bedaine, de la bonne manière, comme je sais le faire, et voilà la *façon* de la chose.

PISTOL. — O vil vantard et damné furieux individu!

la tombe bâille et la mort délirante s'approche : expire donc. (*Pistol et Nym dégainent.*)

BARDOLPH. — Écoutez, écoutez ce que je dis : à celui qui frappe le premier coup, je lui enfonce mon épée jusqu'à la garde, aussi vrai que je suis un soldat. (*Il dégaine.*)

PISTOL. — Voilà un serment d'une grande valeur ; devant lui la fureur doit s'abattre. Donne-moi ta menotte, donne-moi ta patte de devant : ton courage est très-considérable.

NYM. — Je te couperai la gorge une fois ou l'autre d'une belle manière : voilà la *façon* de la chose.

PISTOL. — *Coupe le gorge* [6] *!* est-ce là le mot ? Je te défie derechef. O chien de Crète [7], penses-tu me prendre ma femme ? Non, va à l'hôpital, et retire-moi du compartiment des malades infâmes ta connaissance mendiante de la famille de Cressida [8], qui s'appelle Doll Tearsheet, et épouse-la : j'ai et je garderai la *quondam* Quickly, car elle est unique au monde, et *pauca* [9], c'est assez. Va.

Entre LE PAGE.

LE PAGE. — Mon hôte Pistol, il vous faut venir près de mon maître, et vous aussi, hôtesse ; il est très-malade et voudrait se coucher. Mon bon Bardolph, mets ton nez entre ses draps, et fais-lui l'office d'une bassinoire. Sur ma foi, il est très-malade.

BARDOLPH. — Arrière, coquin !

L'HÔTESSE. — Sur ma foi, il donnera aux corbeaux un *pudding* quelqu'un de ces jours : le roi lui a brisé le cœur. Mon bon époux, venez immédiatement au logis. (*Sortent l'Hôtesse et le Page.*)

BARDOLPH. — Allons, vais-je faire de vous deux amis ? Nous devons partir ensemble pour la France : pourquoi serions-nous les uns les autres à couteaux tirés ?

PISTOL. — Que les flots débordent et que les démons hurlent après leur proie !

NYM. — Vous me payerez les huit shillings que je vous ai gagnés sur pari ?

Pistol. — Bas est l'esclave qui paye.

Nym. — Je veux cet argent maintenant ; voilà la *façon* de la chose.

Pistol. — Il en sera ce que la vaillance décidera : pousse ta botte. (*Pistol et Nym dégainent.*)

Bardolph. — Par cette épée, celui qui fait la première passe, je le tuerai ; par cette épée, je le tuerai.

Pistol. — Une épée vaut un serment, et les serments doivent être respectés.

Bardolph. — Caporal Nym, si tu veux faire la paix, fais la paix ; si tu ne veux pas, alors sois aussi en guerre avec moi. Je t'en prie, rengaine.

Nym. — Aurai-je mes huit shillings que je vous ai gagnés sur pari ?

Pistol. — Tu auras un *noble*, et payé immédiatement [10] ; et je te donnerai également à boire, et nous serons unis par l'amitié et la fraternité. Je vivrai pour Nym, et Nym vivra pour moi ; n'est-ce pas là de la justice ? car je serai cantinier à l'armée, et les profits abonderont. Donne-moi ta main.

Nym. — Aurai-je mon *noble ?*

Pistol. — En bon argent comptant.

Nym. — Bon, alors, c'est la *façon* de la chose.

Rentre L'HÔTESSE.

L'hôtesse. — Si jamais vous êtes né des femmes, venez vivement voir Sir John. O le pauvre cœur ! il tremble tellement d'une fièvre chaude *tierce quarte* [11] que c'est très-lamentable à contempler. Mes doux amis, venez le voir.

Nym. — Le roi a éprouvé le chevalier de vilaine *façon ;* voilà le fin mot de la chose.

Pistol. — Nym, tu as dit vrai ; son cœur est fracturé et *corroyé.*

Nym. — Le roi est un bon roi ; mais il en est ce qu'il en est ; il dépasse un peu trop les *façons* et les bornes.

Pistol. — Plaignons le chevalier, car, mes petits agneaux, nous ferons fortune. (*Ils sortent.*)

v — 3

SCÈNE II.

Southampton. — La chambre du conseil royal.

Entrent EXETER, BEDFORD *et* WESTMORELAND.

Bedford. — Sur le saint nom de Dieu, Sa Grâce est hardie de se confier à ces traîtres.

Exeter. — Ils seront arrêtés sous peu.

Westmoreland. — Avec quel calme et quelle égalité d'âme ils se conduisent! on jurerait que dans leurs cœurs trône l'obéissance couronnée par la fidélité et la constante loyauté.

Bedford. — Le roi a connaissance de toutes leurs démarches par des moyens d'interception dont ils ne se doutent pas.

Exeter. — Oui, mais l'homme qui était son compagnon de lit[12], celui qu'il avait accablé, rassasié de gracieuses faveurs, dire que pour une bourse étrangère, il a pu vendre ainsi la vie de son souverain à la mort et à la trahison !

Les trompettes sonnent. Entrent le roi HENRI, SCROOP, CAMBRIDGE[13], GREY, lords *et gens de la suite.*

Le roi Henri. — Le vent est bon maintenant, et nous allons nous embarquer. Milord de Cambridge, et vous, mon cher Lord de Masham, et vous, mon gentil chevalier, donnez-nous vos avis : ne pensez-vous pas que les troupes que nous emmenons avec nous s'ouvriront passage à travers les forces de la France, exécutant et remplissant ainsi le but pour lequel nous les avons assemblées ?

Scroop. — N'en doutez pas, mon Suzerain, si chacun fait de son mieux.

Le roi Henri. — Je ne doute pas de ce dernier point, car nous sommes bien persuadés que nous n'emmenons pas d'ici un seul homme dont le cœur ne batte en bel unisson avec le nôtre, et que nous n'en laissons pas un seul derrière nous qui ne souhaite que le succès et la conquête marchent à nos côtés.

Cambridge. — Jamais monarque ne fut plus craint et aimé que Votre Majesté : il n'est pas, je crois, un seul sujet qui se repose avec un cœur mécontent ou inquiet sous la douce ombre de votre gouvernement.

Grey. — C'est bien vrai : ceux qui étaient les ennemis de votre père ont changé leur fiel en miel, et vous servent avec des cœurs faits de dévouement et de zèle.

Le roi Henri. — Aussi avons-nous grande cause d'être reconnaissant, et nous oublierions plutôt l'usage de notre main que nous ne voudrions oublier de nous acquitter envers le mérite et les services, selon leur valeur et leur importance.

Scroop. — Aussi le zèle travaillera-t-il avec des nerfs d'acier, et le labeur cherchera-t-il la réparation de ses forces dans l'espérance, afin de rendre à Votre Grâce de continuels services.

Le roi Henri. — Nous n'attendons pas moins. Oncle d'Exeter, élargissez l'homme qu'on a mis en prison hier pour avoir raillé notre personne : nous réfléchissons qu'il avait été poussé à cette offense par l'excès du vin ; à présent qu'il est revenu à lui, nous lui pardonnons.

Scroop. — C'est là de la clémence, mais c'est trop de confiance ; faites-le punir, mon Souverain, de crainte que par suite de cette tolérance, son exemple n'engendre d'autres offenseurs de sa sorte.

Le roi Henri. — Oh! soyons cependant miséricordieux.

Cambridge. — Votre Altesse peut se montrer miséricordieuse et punir néanmoins.

Grey. — Sire, vous lui montrez assez de clémence, si vous lui laissez la vie après lui avoir fait tâter d'une solide correction.

Le roi Henri. — Hélas ! votre trop d'amour et de souci pour moi est une terrible prière contre ce pauvre misérable. Si nous ne fermons pas les yeux devant de petites fautes résultant d'intempérance, avec quelle largeur ne nous faudra-t-il pas les ouvrir, lorsque apparaîtront devant nous des crimes capitaux, bien et dûment mâchés, avalés et digérés? Cependant nous ferons élargir cet homme, quoique Cambridge, Scroop et Grey, dans leur affectueux souci et leur tendre sollicitude pour notre personne, eussent voulu qu'il fût puni. Et maintenant, à nos affaires françaises : quels sont les commissaires récemment nommés?

Cambridge. — Je suis un d'eux, Monseigneur ; Votre Altesse m'a donné l'ordre de venir demander ma commission aujourd'hui.

Scroop. — C'est ce que vous m'avez ordonné aussi, mon Suzerain.

Grey. — Et à moi aussi, mon royal Souverain.

Le roi Henri. — Alors, voici la vôtre, Richard, comte de Cambridge ; voici la vôtre, lord Scroop de Masham, et celle-là est la vôtre, Sire chevalier Grey de Northumberland : lisez-les, et connaissez que je connais vos mérites. Milord de Westmoreland, et vous, mon oncle Exeter, nous nous embarquerons ce soir. Eh bien! qu'est-ce à dire, Messieurs? Que lisez-vous dans ces papiers, pour que vos visages perdent à ce point leur couleur? Voyez, vous autres, comme ils changent! leurs joues sont comme du papier blanc. Eh bien! que lisez-vous là pour que votre sang se soit si vite effrayé et se soit à ce point enfui de vos joues?

Cambridge. — Je confesse ma faute, et je me remets à la clémence de Votre Altesse.

Grey *et* Scroop *ensemble*. — A laquelle nous faisons tous appel.

Le roi Henri. — La clémence, qui était vivante en nous, il n'y a qu'un instant, est maintenant, par vos propres conseils, étouffée et tuée : vous ne devriez pas par pudeur parler de clémence, car vos propres réflexions de tout à l'heure se retournent contre vous, comme des chiens contre leur maître, pour vous déchirer. Mes princes et mes nobles pairs, contemplez ces monstres anglais! Milord de Cambridge, ici présent, — vous savez combien notre affection était prompte à le combler de toutes les dignités qui s'accordaient avec son rang; et cet homme, pour quelques méchants écus français, a méchamment conspiré avec la France, et il est entré dans ses trames au point de jurer de nous tuer ici, à Southampton, serment qu'a fait aussi ce chevalier, qui ne nous était pas moins obligé que Cambridge. Mais que dirai-je de toi, Lord Scroop? créature cruelle, ingrate, sauvage et inhumaine! Tu tenais la clef de tous mes secrets, tu connaissais le fond même de mon âme, tu aurais presque pu me monnayer en pièces d'or, si tu avais voulu m'utiliser à ton profit sous cette forme: est-il possible qu'un salaire étranger ait pu tirer de toi une étincelle de malice assez vive pour m'échauder seulement le doigt? Cela est si étrange, que quoique la vérité de ce fait soit aussi facile à distinguer que le blanc est facile à distinguer du noir, mon œil peut à peine y croire. La trahison et le meurtre ont toujours marché de compagnie, comme deux diables attelés au même joug pour un même dessein, et l'œuvre qu'ils poursuivent criminellement leur est si naturelle qu'elle n'excite aucune exclamation de surprise: mais toi, il t'était exceptionnellement réservé de soulever l'étonnement devant la trahison et le meurtre. Quel que soit le rusé démon qui a si bien opéré en toi, il doit avoir gagné dans l'enfer la réputation d'excellence. Les autres démons qui suggèrent la trahison, rapetassent et ravaudent la damnation, avec des pièces, des morceaux, des chiffons de couleur, qui ont au moins un semblant d'honnêteté; mais celui qui t'a manœuvré, t'a ordonné de te lever, ne t'a donné aucune raison pour te prouver qu'il était de ton devoir d'être traître, sauf l'honneur de te décorer de ce nom de traître. Si ce même démon qui t'a ainsi dupé parcourait le monde entier avec son allure de lion, il pourrait retourner ensuite au sein du vaste Tartare et dire aux légions infernales: « Je n'ai jamais conquis une âme aussi aisément que celle de cet Anglais. » Oh! de quels soupçons tu as empoisonné la douceur de la confiance! Les hommes semblent-ils dévoués? c'est ce que tu paraissais. Semblent-ils graves et éclairés ? c'est ce que tu paraissais. Sortent-ils d'une noble famille ? c'est d'une telle racine que tu sortais. Semblent-ils religieux ? c'est ce que tu paraissais. Semblent-ils d'habitudes frugales, exempts de passions grossières, de folle joie ou de colère, rassis de caractère et ne se laissant pas aller aux mouvements du sang, remplis et ornés de perfections rehaussées par la modestie, ne se servant de leurs yeux qu'en se servant en même temps de leurs oreilles, et ne se confiant aux uns et aux autres qu'après mûr jugement ? toi aussi, tu semblais un tel homme et aussi noblement partagé. Aussi ta chute laissera-t-elle une sorte de souillure qui entachera d'un certain soupçon l'homme le plus parfait et le mieux doué. Je te donnerai mes larmes ; car ta révolte me fait l'effet d'une seconde chute de l'homme. Leurs crimes sont évidents : arrêtez-les pour qu'ils en répondent devant la loi, et que Dieu leur pardonne leurs machinations !

Exeter. — Je t'arrête comme coupable de haute trahison, toi qui réponds au nom de Richard, comte de Cambridge. Je t'arrête comme coupable de haute trahison, toi qui réponds au nom de Henri, Lord Scroop de Masham. Je t'arrête comme coupable de haute trahison, toi qui réponds au nom de Thomas Grey, chevalier de Northumberland.

Scroop. — C'est justement que Dieu a découvert nos desseins, et je regrette plus ma faute que ma mort, ma faute que je supplie Votre Altesse de me pardonner, quoique mon corps en paye le prix.

Cambridge. — Pour moi, ce n'est pas l'or de la France qui m'a séduit, quoique je l'aie accepté comme une occasion d'accomplir plus vite ce que je méditais : mais Dieu soit béni pour m'avoir prévenu, ce dont je me réjouirai de tout mon cœur, au milieu des souffrances, en suppliant Dieu et vous de me pardonner.

Grey. — Jamais fidèle sujet ne se réjouit davantage à la découverte d'une très-dangereuse trahison, que je ne me réjouis à cette heure d'avoir été empêché dans une entreprise damnée. Pardonnez à ma faute, mais non à ma vie, mon Souverain.

Le roi Henri. — Dieu vous acquitte dans sa clémence ! Écoutez votre sentence. Vous avez conspiré contre notre personne royale, vous vous êtes alliés avec un ennemi déclaré, et vous avez reçu de ses coffres le salaire d'or de notre mort; par ce fait, vous auriez condamné votre roi au meurtre, ses princes et ses pairs à la servitude, ses sujets à l'oppression et au mépris, et son royaume entier à la désolation. Pour ce qui regarde notre personne, nous ne cherchons point de vengeance; mais quant à notre royaume, dont vous avez cherché la ruine, notre devoir est de veiller à sa sûreté, et c'est pourquoi nous vous livrons à ses lois. Partez donc d'ici, pauvres misérables criminels, pour aller à la mort : que Dieu, dans sa clémence, vous donne la patience de supporter l'agonie de cette mort, et en même temps, qu'il vous inspire le sincère repentir de toutes vos criminelles offenses. Emmenez-les d'ici. (*Sortent les conspirateurs sous garde.*) Maintenant, Lords, partons pour la France; cette entreprise sera glorieuse, et pour vous, et pour nous. Nous ne doutons pas que cette guerre ne soit belle et heureuse, puisque Dieu a si gracieusement révélé cette dangereuse trahison, qui rampait sur notre chemin pour nous arrêter à nos débuts. Nous ne doutons pas maintenant que tous les obstacles ne soient aplanis sur notre chemin : donc, en avant, mes chers compatriotes; remettons notre puissance entre les mains de Dieu, et mettons-nous immédiatement en route pour notre expédition. En mer, et joyeusement; avancez les étendards de guerre : il n'y a plus de roi d'Angleterre, s'il n'est en même temps roi de France. (*Ils sortent.*)

SCÈNE III.

Londres. — La taverne de la Tête-de-Sanglier dans Eastcheap.

Entrent PISTOL, L'HÔTESSE, NYM, BARDOLPH
et LE PAGE.

L'HÔTESSE. — Je t'en prie, mon doux miel d'époux, laisse-moi te conduire jusqu'à Staines.

PISTOL. — Non, car mon cœur viril se déchire. Bardolph, de l'entrain; Nym, réveille ta verve vantarde; page, hérisse ton courage; car Falstaff est mort, et, par conséquent, nous devons gémir.

BARDOLPH. — Que ne suis-je où il est, où qu'il soit, dans le ciel ou bien dans l'enfer!

L'HÔTESSE. — Non, à coup sûr, il n'est pas dans l'enfer; il est dans le sein d'Arthur, si jamais homme alla dans le sein d'Arthur. Il a fait une belle fin et il est parti comme partirait un enfant dans sa robe baptismale [14]; il est parti juste entre midi et une heure, juste au moment où la marée commençait à descendre [15] : car, lorsque je le vis remuer ses draps, jouer avec des fleurs et sourire à ses bouts de doigt, je compris qu'il n'y avait plus qu'une route pour lui; car son nez était aussi effilé qu'une plume, et il bavardait de campagnes vertes [16]. « Allons, Sir John, lui dis-je, allons, mon homme, ayez bon courage. » Là-dessus, il cria tout haut : « Dieu, Dieu, Dieu! » trois ou quatre fois. Alors, moi, pour le rassurer, je lui conseillai de ne pas penser à Dieu; j'espérais qu'il n'y avait pas encore nécessité de le troubler de ces pensées-là. Alors il m'ordonna de mettre d'autres couvertures sur ses pieds : je mis ma main dans le lit et je les touchai; ils étaient aussi froids qu'une pierre : alors je touchai ses genoux, et puis je touchai plus haut, et puis plus haut, et tout était aussi froid qu'une pierre.

NYM. — On dit qu'il demanda du Xérès.

L'HÔTESSE. — Oui, cela il le fit.

BARDOLPH. — Et des femmes.

L'HÔTESSE. — Non, cela il ne le fit pas.

LE PAGE. — Si, il le fit; et il dit qu'elles étaient des diables incarnés.

L'HÔTESSE. — Il n'avait jamais pu souffrir la *carnation*; c'est une couleur qu'il n'aimait pas.

LE PAGE. — Il disait une fois que le diable l'emporterait à cause des femmes.

L'HÔTESSE. — En effet, il lui est arrivé de quelque peu malmener les femmes; mais alors il souffrait de ses rhumatismes, et il parlait de la prostituée de Babylone.

LE PAGE. — Ne vous rappelez-vous pas qu'il vit une mouche collée sur le nez de Bardolph, et qu'il dit que c'était une âme noire qui brûlait dans l'enfer?

BARDOLPH. — Bon, le bois qui entretenait ce feu est parti : ce sont là toutes les richesses que j'ai amassées à son service.

NYM. — Filons-nous? le roi sera parti de Southampton.

PISTOL. — Allons, partons. Mon amour, donne-moi tes lèvres. Veille à mes bijoux et à mes meubles : prends la prudence pour guide; que ta devise soit : « consommez et payez; » ne te fie à personne, car les serments sont un feu de paille, la bonne foi des hommes est une feuille d'hostie, et le vrai chien de garde, ma bonne poulette, s'appelle *serre à double clef*; par conséquent, prends *caveto*[17] pour ton conseiller. Allons, essuie les globes de tes yeux. Compagnons d'armes, en France; et là, mes enfants, comme des sangsues, suçons, suçons, suçons jusqu'au sang!

LE PAGE. — C'est une mauvaise nourriture, à ce qu'on dit.

PISTOL. — Touchez sa douce bouche, et puis partons.

BARDOLPH, *embrassant l'hôtesse*. — Adieu, hôtesse.

NYM. — Je ne puis t'embrasser, voilà la *façon* de la chose; mais adieu.

PISTOL. — Montre ton talent de ménagère; tiens tout bien serré, je te le recommande.

L'HÔTESSE. — Porte-toi bien; adieu. (*Ils sortent.*)

SCÈNE IV.

En France. — Un appartement dans le palais du roi de France.

Fanfares. Entrent le roi CHARLES *avec sa suite,* LE DAUPHIN, le duc de BOURGOGNE, LE CONNÉTABLE *et autres.*

Le roi Charles. — Ainsi les Anglais arrivent sur nous avec tout ce qu'ils ont de forces, et il est plus qu'important que nous leur répondions royalement par notre défense : par conséquent, les ducs de Brétagne et de Berry, de Brabant et d'Orléans, partiront en toute diligence, et vous les accompagnerez, prince Dauphin, pour remplir nos places de guerre d'hommes courageux, et les renforcer de nouveaux moyens de défense; car Angleterre s'avance sur nous avec une rapidité aussi terrible que la rapidité des eaux à l'appel d'un gouffre. Il nous convient d'être aussi prévoyants que nous autorise à l'être la crainte puisée dans les leçons que l'Anglais fatal et dédaigné a récemment laissées dans nos campagnes.

Le Dauphin. — Mon très-redouté père, il est en effet très-convenable que nous armions contre l'ennemi, car même lorsque la guerre n'est pas menaçante, et qu'il n'y a aucune querelle connue en question, un royaume ne doit jamais se laisser assez émousser par la paix, pour se dispenser de maintenir ses défenses, d'assembler ses milices, de prendre toutes ses précautions, et d'agir enfin comme si la guerre était sous le vent. Je dis donc qu'il est convenable que nous allions tous visiter les parties faibles et malades de la France, mais nous pouvons faire cela sans montrer plus de crainte que si nous entendions dire que l'Angleterre est occupée à danser une mauresque de la Pentecôte : car, mon bon Suzerain, elle est gouvernée par un roi si léger, son sceptre est tenu d'une façon si fantasque par un jeune homme si vain, si extravagant, si frivole, si capricieux, qu'elle ne peut inspirer la crainte.

Le connétable. — Oh! chut, prince Dauphin! vous vous méprenez beaucoup sur ce roi : que Votre Grâce questionne les ambassadeurs qui lui ont été récemment envoyés, et ils vous diront avec quel grand air il a écouté leur ambassade, comme il est bien fourni de nobles conseillers, comme il est modéré dans la discussion, et en même temps quelle constance terrible il montre une fois ses résolutions prises, et vous reconnaîtrez alors que ses extravagances passées n'étaient que le masque du Romain Brutus couvrant la discrétion d'un manteau de folie [18], comme les jardiniers cachent sous des ordures ces plantes même qui pousseront les premières et qui seront les plus délicates.

Le dauphin. — Bon, il n'en est pas comme vous le dites, Monseigneur le grand connétable ; mais quelque chose que nous pensions, peu importe : en cas de défense, il vaut mieux supposer l'ennemi plus fort qu'il ne paraît ; de cette façon on prend mieux ses moyens de défense, car une prévoyance trop légère et trop indolente vous fait ressembler à un avare qui gâte son habit pour épargner un peu de drap.

Le roi Charles. — Croyons que le roi Harry est fort, et vous, princes, armez-vous solidement pour lui résister. Ses pères se sont engraissés à nos dépens, et il descend de cette race sanglante qui nous a poursuivis dans nos sentiers familiers : témoin notre trop mémorable honte, lorsque la bataille de Crécy fut fatalement livrée, et que tous nos princes furent capturés par les mains de cet homme au nom sinistre, Édouard, le noir prince de Galles, tandis que son père le montagnard [19], debout sur une colline, tout droit, la tête couronnée par le soleil d'or, contemplait son héroïque rejeton, et souriait de le voir mutiler l'œuvre de la nature, et effacer les effigies qui avaient été frappées depuis vingt ans par Dieu et des pères français. Celui-là est un rejeton de cette race victorieuse : craignons sa grandeur native et la destinée de sa famille.

Entre un messager.

Le messager. — Des ambassadeurs de Harry, roi d'Angleterre, sollicitent leur admission auprès de Votre Majesté.

Le roi Charles. — Nous leur accorderons une audience immédiate. Allez et amenez-les. (*Sortent le messager et quelques Seigneurs.*) Vous voyez, mes amis, que cette chasse est chaudement poursuivie.

Le dauphin. — Retournez la tête et arrêtez la poursuite; car les chiens poltrons prodiguent d'autant plus leurs aboiements qu'ils voient courir plus vite devant eux ce qu'ils ont l'air de menacer. Mon bon Souverain, arrêtez court les Anglais, et montrez-leur de quelle monarchie vous êtes le chef; l'estime de soi, mon Suzerain, n'est pas un si vil péché que la dépréciation de soi.

Rentrent les seigneurs *avec* EXETER *et sa suite*.

Le roi Charles. — Vous venez de la part de notre frère d'Angleterre?

Exeter. — De sa part, et voici les compliments qu'il fait présenter à Votre Majesté. Il vous ordonne, au nom du Dieu tout-puissant, de vous dépouiller et de faire abandon de ces gloires empruntées qui, de par le don du ciel, et la loi de la nature et des nations, appartiennent à lui et à ses héritiers, c'est-à-dire du diadème, et de toutes ces nombreuses et puissantes dignités que la coutume et le temps ont attachées à cette couronne de France. Pour que vous sachiez bien que sa réclamation n'est ni équivoque, ni mal fondée, ni tirée des paperasses vermoulues des jours depuis longtemps évanouis, ni ramassée dans la poussière de l'antique oubli, il vous envoie cette mémorable généalogie, vraiment démonstrative dans toutes ses branches. (*Il lui remet un papier.*) Il désire que vous parcouriez cet arbre généalogique, et lorsque vous aurez reconnu qu'il descend directement du plus fameux de ses fameux ancêtres, Édouard III, il vous ordonne de résigner votre couronne et votre royaume, illégalement usurpés sur lui, qui en est le véritable possesseur par droit de naissance.

Le roi Charles. — Ou autrement, qu'adviendra-t-il ?

Exeter. — Une contrainte sanglante ; car, quand bien même vous cacheriez la couronne dans vos cœurs, il irait l'en arracher : aussi vient-il au milieu d'une furieuse tempête, escorté du tonnerre et du tremblement de terre, comme un Jupiter, afin de vous contraindre, si vous n'accordez pas satisfaction à sa demande. Il vous ordonne, par les saintes entrailles du Seigneur, de rendre la couronne, et d'avoir pitié des pauvres âmes devant lesquelles cette guerre affamée ouvre déjà ses vastes mâchoires ; et il fait retomber sur votre tête la responsabilité des larmes des veuves, des cris des orphelins, du sang des morts, des gémissements des filles, qui pleureront les maris, les pères et les fiancés qui seront engloutis dans cette querelle. Voilà sa réclamation, sa menace et tout mon message, à moins cependant que le Dauphin, que je suis expressément chargé de complimenter aussi, ne soit présent.

Le roi Charles. — Pour ce qui est de nous, nous considérerons plus à loisir sa réclamation : demain vous porterez à notre frère d'Angleterre notre réponse définitive.

Le Dauphin. — Pour ce qui est du Dauphin, c'est moi qui tiens ici sa place : que lui envoie Angleterre ?

Exeter. — Dédain et défi ; il ne vous juge digne que de mince estime, de mépris, où de tel autre sentiment par lequel peut, sans s'abaisser, vous apprécier le puissant prince qui vous envoie ce message. Ainsi parle mon roi ; et si Son Altesse, votre père, n'adoucit pas, par l'octroi général de toutes ses demandes, l'amertume de la raillerie que vous lui avez adressée, il vous appellera à lui en donner une si chaude réparation, que les caves et les voûtes souterraines de la France gronderont votre faute, et vous retourneront votre moquerie avec l'écho de ses canons.

Le Dauphin. — Dites-lui que si mon père lui rend une

réponse favorable, c'est contre ma volonté, car tout ce que je désire, c'est une querelle avec Angleterre; c'est à cette fin que je lui ai envoyé ces balles de Paris, comme un cadeau assorti à sa jeunesse et à sa frivolité.

Exeter. — Il fera trembler en punition de cette insulte votre Louvre parisien, fût-il la maîtresse cour de la puissante Europe; et soyez assurés que vous trouverez une différence, — la même que nous, ses sujets, nous avons découverte avec admiration, — entre les promesses de ses vertes années, et les qualités dont il fait preuve aujourd'hui : maintenant il pèse le temps jusqu'à la plus petite seconde, et cela, vos propres pertes vous l'apprendront, s'il reste en France.

Le roi Charles. — Demain vous connaîtrez à fond nos intentions.

Exeter. — Dépêchez-nous avec toute rapidité, de crainte que notre roi ne vienne s'informer en personne de la cause de notre retard; car il est déjà débarqué dans ce pays.

Le roi Charles. — Vous serez bientôt dépêché avec de belles conditions : une nuit, c'est un petit répit, et un bien court délai, pour répondre à des matières de cette importance. (*Fanfares. Ils sortent.*)

ACTE III.

Entre LE CHOEUR.

Le choeur. — C'est ainsi que sur l'aile de l'imagination, notre scène rapide court avec une célérité qui n'est pas moindre que celle de la pensée. Supposez que vous avez vu le roi accompagné de ses forces embarquer sa royauté sur la jetée de Southampton, et les étendards de soie de sa noble flotte faire office d'éventails pour le jeune Phœbus. Faites appel à vos imaginations, et voyez par leur secours les mousses grimpant aux cordages de chanvre; entendez le sifflet aigu qui commande à des sons confus; contemplez les voiles de toile gonflées par le vent qui se colle invisible sur elles, poussant les vastes navires, à travers la mer sillonnée, au devant des lames menaçantes qu'ils étreignent. O tâchez de penser que vous êtes sur le rivage et que vous contemplez une ville dansant sur les vagues inconstantes; car tel est le spectacle que présente cette flotte majestueuse dirigeant sa course vers Harfleur. Suivez-la, suivez-la! accrochez vos esprits aux timons de ces navires, et laissez là votre Angleterre, silencieuse comme la nuit profonde, gardée par des grands-pères, des enfants et des vieilles femmes, des êtres humains qui ont dépassé ou qui n'ont pas encore atteint l'âge de la séve et de la puissance; car quel est celui dont le menton vient de s'enrichir de son premier poil qui n'ait pas voulu suivre en France cette fleur, ce choix de cavaliers? Faites travailler, faites travailler vos pensées, et contemplez un siége : voyez les canons sur leurs affûts, ouvrant leurs bouches fatales devant Harfleur ceint de remparts. Supposez que l'ambassadeur des Français est revenu, et a dit à Henri que le roi lui offre sa fille Catherine, et avec elle, comme douaire, quelques misérables et insignifiants duchés. L'offre n'est pas agréée, et l'agile canonnier touche maintenant de sa mèche les diaboliques canons, (*Alarmes. Décharges d'artillerie.*) et tout croule devant eux. Continuez d'être complaisants, et complétez notre drame par la pensée.

(*Sort le chœur.*)

SCÈNE PREMIÈRE.

En France. — Devant Harfleur.

Entrent le roi HENRI, EXETER, BEDFORD, GLO-CESTER *et* des soldats *avec des échelles pour l'escalade.*

Le roi Henri. — Une fois encore, une fois encore à la brèche, mes chers amis, ou bien tapissons jusqu'à leur faîte les remparts de nos morts anglais! Dans la paix, rien ne convient à l'homme autant que la modestie tranquille et l'humilité : mais lorsque la tempête de la guerre souffle à nos oreilles, il nous faut alors imiter l'action du tigre; roidir nos nerfs, faire appel à notre sang, déguiser la belle nature sous un masque de rage aux traits cruels : donc, prêtez à vos yeux un terrible regard, qu'ils guettent à travers les sabords de la tête comme des canons d'airain; que les sourcils les dominent aussi terriblement qu'un rocher miné domine et surplombe sa base rongée que lave l'océan sauvage et dévastateur. Allons, montrez les dents et ouvrez les narines toutes grandes; retenez votre souffle et bandez tous vos esprits à leur plus haute puissance! En avant, en avant, très-nobles Anglais qui avez dans vos veines le sang de pères qui ont fait leurs preuves dans la guerre! de pères qui, pareils à autant d'Alexandres, ont combattu dans ces régions depuis le matin jusqu'au soir, et n'ont rengainé leurs épées que lorsqu'ils n'avaient plus à les employer! Ne déshonorez pas vos mères; attestez que ce sont bien ceux que vous appeliez pères, qui vous ont engendrés! Servez de modèles aujourd'hui aux hommes d'un sang moins noble, et apprenez-leur comment on se bat! Et vous, braves *Yeomen*, dont les membres furent fabriqués en Angleterre, montrez-nous ici la vigueur des contrées qui vous nourrissent; forcez-nous à jurer que vous êtes dignes de votre race, ce dont je ne doute pas, car il n'est pas un seul de vous, de si petite et si humble condition qu'il soit, dont les yeux n'étincellent d'une noble flamme. Je vous vois dans l'attitude des lévriers tenus en laisse, frémissants au moment d'être lâchés. Le gibier est lancé : écoutez votre courage, et, dans cet assaut, que votre cri soit : « Dieu pour Harry! Angleterre et saint Georges! » (*Ils sortent. Alarmes; le canon tonne.*)

SCÈNE II.

Devant HARFLEUR.

Des troupes passent sur le théâtre; puis entrent NYM, BARDOLPH, PISTOL *et* LE PAGE.

BARDOLPH. — Sus, sus, sus, sus, sus! à la brèche, à la brèche!

NYM. — Je t'en prie, caporal, arrête; les gourmades sont trop chaudes, et, pour ma part, je n'ai pas une vie de rechange : la *façon* de cette affaire est trop chaude, et voilà la vraie chanson de l'affaire.

PISTOL. — La chanson est des plus justes, car les *affaires* abondent :

> Les coups vont et viennent;
> Les vassaux de Dieu s'affaissent et meurent;
> Et l'épée et le bouclier,
> Dans les champs sanglants,
> Conquièrent une renommée immortelle.

LE PAGE. — Que ne suis-je dans un cabaret de Londres! je donnerais toute ma renommée pour un pot d'*ale* et ma sécurité.

PISTOL. — Et pour ce qui est de moi :

> Si mes vœux pouvaient être exaucés,
> Je ne manquerais pas d'accomplir mon projet,
> Et là-bas je volerais.

Le page. —

Aussi certainement, mais non aussi honnétement,
Que l'oiseau qui chante sur le buisson.

Entre FLUELLEN.

Fluellen. — Sang de *Tieu!* A la *prèche*, chiens! filez vite, couyons[1]! (*Il les chasse devant lui.*)

Pistol. — Sois compatissant, grand capitaine, pour des hommes faits d'argile! modère ta rage, modère ta rage héroïque! Modère ta rage, grand capitaine! Mon beau coq, modère ta rage! Emploie la mansuétude, mon doux poulet!

Nym. — Voilà de bonnes *façons* de paroles! mais les *façons* de paroles dont Votre Honneur se sert sont mauvaises, elles. (*Sortent Nym, Pistol et Bardolph, suivis par Fluellen.*)

Le page. — Tout jeune que je suis, j'ai observé ces trois fanfarons; je ne suis qu'un enfant pour eux trois, mais quand bien même tous les trois me serviraient, je ne réussirais pas à tirer des trois mon domestique, car, en vérité, trois pareils grotesques ne font pas la somme d'un homme. Pour Bardolph, il a le cœur blanc et la face rouge, ce qui fait qu'il a l'aspect terrible, mais qu'il ne se bat pas. Quant à Pistol, il a une langue homicide et une épée paisible, ce qui fait qu'il tue des paroles et qu'il conserve ses armes intactes. Pour ce qui est de Nym, il a entendu dire que les hommes qui parlent peu sont les plus braves, en sorte qu'il dédaigne de dire ses prières, de peur qu'on ne le prenne pour un lâche; mais ses rares mauvaises paroles vont de compagnie avec d'aussi rares bonnes actions, car il n'a jamais brisé d'autre tête que la sienne, et cela c'était contre un poteau, un jour qu'il était ivre. Ils volent n'importe quoi et appellent cela faire du commerce. Bardolph a volé un étui de luth, l'a porté douze lieues, et l'a vendu pour trois demi-pence. Nym et Bardolph sont frères jurés en filouterie; à Calais, ils ont volé une pelle à feu, et j'ai bien reconnu, au vol de cet ustensile de ménage, qu'ils étaient hommes à supporter le feu des affronts². Ils auraient voulu que je devinsse aussi familier avec les poches des gens que le sont leurs gants ou leurs mouchoirs; mais cela serait tout à fait contraire à ma dignité d'homme, si je prenais dans une autre poche pour mettre dans la mienne; car c'est tout simplement empocher des méfaits. Il faut que je les laisse et que je cherche un meilleur service; leur vilenie est trop lourde pour mon faible estomac, et il faut absolument que je la vomisse. (*Il sort.*)

Rentre FLUELLEN, *suivi par* GOWER.

GOWER. — Capitaine Fluellen, il vous faut venir immédiatement aux mines : le duc de Glocester voudrait vous parler.

FLUELLEN. — Aux mines! dites au duc qu'il n'est pas si *pon* que cela d'aller aux mines . car, voyez-vous, les mines ne sont pas selon les règles de la guerre; les concavités n'en sont pas suffisantes; car, voyez-vous, l'*atversaire* (vous pouvez soutenir cela devant le duc, voyez-vous,) a *greusé* pour son compte quatre mètres de contre-mines en dessous : par *Chésus*, je crois qu'il va nous faire *zauter* tous, si on ne *tonne* pas de meilleurs ordres.

GOWER. — Le duc de Glocester, à qui la direction du siége a été remise, est entièrement dirigé par un Irlandais, un très-vaillant gentilhomme, ma foi.

FLUELLEN. — C'est le capitaine Macmorris, n'est-ce pas?

GOWER. — Je crois que c'est son nom.

FLUELLEN. — Par *Chésus*, c'est un âne s'il en est un au monde; je le lui prouverai à sa barbe : il n'a pas plus de connaissances de la vraie stratégie de la guerre, voyez-vous, de la stratégie romaine, qu'un chien caniche.

GOWER. — Le voici qui vient, et, avec lui, le capitaine écossais, le capitaine Jamy.

FLUELLEN. — Le capitaine Jamy est un gentilhomme merveilleusement *faleureux*, c'est certain, et que je puis déclarer, d'après la connaissance que j'ai de sa manœuvre, très-actif et très-instruit des anciennes guerres ; il vous soutiendra ses opinions aussi bien que militaire qui soit au monde, sur les disciplines des anciennes guerres des Romains, par *Chésus!*

Entrent MACMORRIS *et* JAMY.

Jamy. — Je vous dis *bunjur*, capitaine Fluellen[3].

Fluellen. — Bonjour à Votre Honneur, mon *pon* capitaine Jamy.

Gower. — Eh bien, capitaine Macmorris, avez-vous quitté les mines? les pionniers ont-ils abandonné leur ouvrage?

Macmorris. — *Z'est* mal fait, par le *Chrisht*, là: l'ouvrage *z'est* abandonné : la trompette sonne la retraite. Sur ma main et l'âme de mon père, l'ouvrage *z'est* mal fait : *z'il* est abandonné. Le *Chrisht* me sauve! j'aurais voulu faire sauter la ville en une heure, là. O *z'est* mal fait, *z'est* mal fait ; sur ma main, *z'est* mal fait!

Fluellen. — Capitaine Macmorris, je vous *conchure* maintenant de *m'accorter* quelques discussions avec vous, portant et roulant en partie sur les stratégies de la guerre, des guerres romaines, voyez-vous, en matière de thèse et de communication amicale, voyez-vous ; en partie pour confirmer mon opinion, et en partie pour la satisfaction de mon esprit, touchant la direction de la stratégie militaire, voyez-vous; voilà la chose.

Jamy. — Cela *sara vrament bun*, en *bunne foué*, mes *buns* capitaines, puis je vous ferai mes objections, si j'en trouve l'occasion, avec votre *bunne* permission ; oui, pardi, je le *farai*.

Macmorris. — Ce n'est pas le moment de discourir ; *Chrisht* me sauve! La journée *z'est* chaude, le temps *z'est* chaud, l'affaire *z'est* chaude, et les rois et les ducs sont bouillants ; *ze n'est* pas le moment de discourir. La ville *z'est* assiégée, et la trompette nous appelle à la brèche, et nous sommes là à parler et à ne rien faire, par le *Chrisht!* *Z'est* une honte pour nous tous : Dieu me sauve, *z'est* une honte de rester là tranquille ; *z'est* une honte, sur ma main. *Z'il* y a des gorges à couper et de l'ouvrage à faire, et *z'il* n'y a rien de fait : *Chrisht* me sauve, là.

JAMY. — Par la messe, avant que ces yeux *de moi* se laissent aller au *summeil*, je ferai un *bun* service ou je *restarai* sur le carreau ; ou je mourrai et je payerai de ma *parsonne* aussi *valorosement* que je pourrai ; cela je le ferai assurément, voilà le *brief* et le long de l'affaire. Pardi, j'aurais *bian voluntiers* entendu un peu de discussion entre vous *deusse*.

FLUELLEN. — Capitaine Macmorris, je pense, voyez-vous, sauf votre correction, qu'il n'y en a pas beaucoup de votre nation....

MACMORRIS. — De ma nation! qu'est-ce que *z'est* que ça, ma nation? qu'est-ce que ça, ma nation? Qui parle de ma nation ? *Z'est*-il un scélérat, et un bâtard, et un drôle, et une canaille?

FLUELLEN. — Voyez-vous, si vous prenez les choses autrement qu'on ne les entend, capitaine Macmorris, par aventure, je penserai que vous n'usez pas avec moi de l'affabilité qu'en bonne discrétion, voyez-vous, vous devriez avoir envers un homme qui vous vaut, et par son expérience de la guerre, et par sa descendance de famille, et par d'autres particularités.

MACMORRIS. — Je ne sache pas que vous me valiez en rien : aussi, *Chrisht* me sauve ! je vais vous faire sauter la tête.

GOWER. — Messieurs, vous vous méprenez tous deux.

JAMY. — *Aoh!* c'est un vilain malentendu. (*On sonne un pourparler.*)

GOWER. — La ville demande un pourparler.

FLUELLEN. — Capitaine Macmorris, lorsque nous aurons un meilleur moment, voyez-vous, j'aurai *l'hardiesse* de vous dire que je connais les stratégies de la guerre ; et voilà tout. (*Ils sortent.*)

SCÈNE III.

Devant les portes d'Harfleur.

Le gouverneur d'Harfleur *et quelques* citoyens *paraissent sur les remparts; au pied sont les troupes anglaises. Entre* le roi HENRI *avec sa suite.*

Le roi Henri. — Que décide à cette heure le gouverneur de la ville? Voici le dernier pourparler que nous accorderons : par conséquent, rendez-vous à notre merci, ou bien, comme des hommes qui sont fiers de leur propre destruction, défiez nos pires rigueurs : car, aussi vrai que je suis un soldat, le nom qui, dans mon opinion, me convient le mieux, si je recommence la canonnade, je ne laisserai pas Harfleur, à demi démolie déjà, avant qu'elle ne soit ensevelie sous les cendres. Je fermerai toutes les portes de la clémence, et le soldat, ivre de carnage, au cœur dur et sans pitié, aura pour massacrer, une liberté, une latitude de conscience large comme l'enfer, et fauchera comme le gazon vos belles et fraîches vierges et vos enfants en fleur. Que m'importe donc, si la guerre impie, habillée de flammes, comme le prince des démons, au teint noir de poudre, accomplit tous les actes cruels de la ruine et de la désolation? Que m'importe, à moi, si vous-mêmes êtes cause que vos jeunes filles tombent sous les mains du viol ardent et brutal? Quelles rênes peuvent retenir la licence scélérate, lorsqu'elle descend la pente de sa course effrénée? nous pourrions aussi inutilement prodiguer nos vains commandements aux soldats acharnés au pillage, qu'envoyer à Léviathan l'ordre de venir à terre. C'est pourquoi, gens d'Harfleur, prenez pitié de votre ville et de votre peuple, pendant que mes soldats obéissent encore à mes ordres, pendant que le vent frais et modéré de la clémence détourne encore les nuages impurs et contagieux du meurtre acharné, du pillage et de l'infamie. Si vous refusez, eh bien! attendez-vous à voir dans un moment le soldat, aveugle et sanglant, saisir d'une main brutale les chevelures de vos filles qui jetteront des cris perçants; à voir vos pères pris par leurs barbes blanches, et leurs têtes respectables brisées contre les murailles; à voir vos enfants nus embrochés dans des piques, tandis que les mères folles briseront les nuages de leurs hurlements confus, comme firent les femmes de la Judée, devant les sanglants chasseurs de massacre d'Hérode. Que répondez-vous? Voulez-vous céder et éviter ces extrémités, ou bien, en vous rendant coupables de vous défendre, vous laisser ainsi détruire?

Le gouverneur. — Nos espérances ont pris fin aujourd'hui : le Dauphin, dont nous avions imploré le secours, nous fait répondre que ses forces ne sont pas encore prêtes pour faire lever un si formidable siége. Par conséquent, grand roi, nous remettons à ta douce clémence notre ville et nos existences : entre par nos portes, et dispose de nous et des nôtres; car nous ne pouvons nous défendre plus longtemps.

Le roi Henri. — Ouvrez vos portes. Venez, mon oncle Exeter : allez, et entrez dans Harfleur; restez-y et fortifiez-la solidement contre les Français; usez de clémence avec tous les habitants. Quant à nous, mon cher oncle, l'hiver s'approchant et les maladies augmentant parmi nos soldats, nous nous retirerons à Calais. Cette nuit nous serons votre hôte dans Harfleur; demain nous nous mettrons en marche. (*Fanfares. Le roi entre dans la ville.*)

SCÈNE IV.

Rouen. — Un appartement dans le palais.

Entrent CATHERINE *et* ALICE (*a*).

Catherine. — *Alice, tu as été en Angleterre, et tu parles bien le langage.*

(*a*) Toute cette scène est en mauvais français dans l'original.

ALICE. — *Un peu, Madame.*

CATHERINE. — *Je te prie, m'enseignez; il faut que j'apprenne à parler. Comment appelez-vous la main en anglais?*

ALICE. — *La main! elle est appelée* de hand.

CATHERINE. — *De* hand. *Et les doigts?*

ALICE. — *Les doigts? ma foi, j'oublie les doigts; mais je me souviendrai. Les doigts, je pense qu'ils sont appelés* de fingres; *oui,* de fingres.

CATHERINE. — *La main, de* hand; *les doigts, de* fingres. *Je pense que je suis le bon écolier. J'ai gagné deux mots d'anglais vitement. Comment appelez-vous les ongles?*

ALICE. — *Les ongles? les appelons* de nails.

CATHERINE. — *De* nails. *Écoutez; dites-moi si je parle bien; de* hand, *de* fingres *et de* nails.

ALICE. — *C'est bien dit, Madame; il est fort bon anglais.*

CATHERINE. — *Dites-moi l'anglais pour le bras.*

ALICE. — *De* arm, *Madame.*

CATHERINE. — *Et le coude?*

ALICE. — *De* elbow.

CATHERINE. — *De* elbow. *Je m'en fais la répétition de tous les mots que vous m'avez appris dès à présent.*

ALICE. — *Il est trop difficile, Madame, comme je pense.*

CATHERINE. — *Excusez-moi, Alice, écoutez: de* hand, *de* fingres, *de* nails, *de* arm *et de* bilbow.

ALICE. — *De* elbow, *madame.*

CATHERINE. — *O Seigneur Dieu, je m'en oublie, de* elbow. *Comment appelez-vous le col?*

ALICE. — *De* neck, *Madame.*

CATHERINE. — *De* nick. *Et le menton?*

ALICE. — *De* chin.

CATHERINE. — *De* sin. *Le col, de* nick, *le menton, de* sin.

ALICE. — *Oui. Sauf votre honneur, en vérité, vous prononcez les mots aussi droit que les natifs d'Angleterre.*

CATHERINE. — *Je ne doute point d'apprendre par la grâce de Dieu, et en peu de temps.*

ALICE. — *N'avez-vous pas déjà oublié ce que je vous ai enseigné?*

CATHERINE. — *Non, je réciterai à vous promptement.* De hand, de fingres, de mails.

ALICE. — De nails, *Madame.*

CATHERINE. — De nails, de arm, de ilbow.

ALICE. — *Sauf Votre Honneur*, de elbow.

CATHERINE. — *Ainsi, dis-je;* de elbow, de nick et de sin. *Comment appelez-vous le pied et la robe?*

ALICE. — De foot, *Madame*, et de coun.

CATHERINE. — De foot et de coun! *O Seigneur Dieu! ce sont mots de son mauvais, corruptible, gros et impudique, et non pour les Dames d'honneur d'user : je ne voudrais prononcer ces mots devant les Seigneurs de France pour tout le monde. Il faut* de foot et de coun, *néanmoins. Je réciterai une autre fois ma leçon ensemble :* de hand, de fingres, de nails, de arm, de elbow, de nick, de sin, de foot, de coun.

ALICE. — *Excellent, Madame!*

CATHERINE. — *C'est assez pour une fois; allons-nous à dîner.* (*Elles sortent.*)

SCÈNE V.

ROUEN. — Un autre appartement dans le palais.

Entrent LE ROI CHARLES, LE DAUPHIN, LE DUC DE BOURBON, LE CONNÉTABLE, *et autres*.

LE ROI CHARLES. — Il est certain qu'il a passé la rivière de la Somme.

LE CONNÉTABLE. — Et si nous ne le combattons pas, Monseigneur, renonçons à vivre en France; partons tous, et cédons nos vignobles à un peuple barbare.

LE DAUPHIN. — *O Dieu vivant*[4]*!* quelques boutures sorties de nous, superflu de la richesse de nos pères, nos propres rejetons, posés sur un tronc stérile et sauvage, vont-ils donc s'élancer si soudainement jusqu'aux nuages, et dominer de la tête ceux qui les ont greffés?

Le duc de Bourbon. — Des Normands, tout simplement des bâtards normands, des bâtards normands! *Mort de ma vie!* s'ils continuent leur marche sans être combattus, je vendrai mon duché pour acheter un marécage et une ferme boueuse dans cette île d'Albion, reléguée dans un coin du monde.

Le connétable. — *Dieu des batailles!* où ont-ils pris cette vaillance? Leur climat n'est-il pas brumeux, âpre et sombre, et le soleil pâle qui l'éclaire comme par dépit ne tue-t-il pas leurs fruits par ses regards de mauvaise humeur? Est-ce que leur jus d'herbes, tisane bonne pour des rosses éreintées, leur breuvage d'orge, peut infuser à leur sang froid une aussi vaillante chaleur? Et notre sang si vif, à nous, émoustillé par le vin, va-t-il paraître gelé? Oh! pour l'honneur de notre terre, ne restons pas là à pendre, comme des guirlandes de glaçons autour des toits de nos maisons, tandis qu'un peuple plus gelé sue à flots une vaillante jeunesse sur nos riches campagnes, que nous pouvons dire pauvres seulement par leurs maîtres naturels.

Le dauphin. — Par la foi et l'honneur, nos Dames se moquent de nous; elles nous disent nettement que notre vaillance est sur les dents, et qu'elles offriront leurs corps à l'ardeur des jeunes Anglais pour approvisionner la France de vaillants bâtards.

Le duc de Bourbon. — Elles nous renvoient aux écoles de danse d'Angleterre pour y apprendre les voltes aux grands sauts et les courantes rapides [5], en disant que toute notre grâce est dans nos seuls talons et que nous sommes de très-lestes fuyards.

Le roi Charles. — Où est Montjoie, le héraut? faites-le partir d'ici en toute hâte, et qu'il aille présenter à Angleterre notre défi tranchant. Debout, princes! et marchez au combat avec un sentiment d'honneur mieux aiguisé encore que vos épées. Charles d'Albret, grand connétable de France; vous, ducs d'Orléans, de Bourbon et de Berry, d'Alençon, de Brabant, de Bar et de Bourgogne; Jacques Châtillon, Rambures, Vaudémont, Beaumont, Roussi, Grandpré, Fauconberg, Foix, Lestrales, Bouciquault, Charolois, grands ducs, puissants princes, barons, seigneurs et chevaliers, vous qui êtes grands par vos titres, épargnez-vous aujourd'hui de grandes hontes. Arrêtez Harry d'Angleterre qui balaye notre pays avec des pennons teints dans le sang d'Harfleur : précipitez-vous sur son armée comme fait la neige fondue dans la vallée, lorsque les Alpes crachent et déchargent leurs humeurs sur ses profondeurs vassales : tombez sur lui, vos forces vous le permettent, et amenez-nous-le prisonnier à Rouen sur un char de captivité.

LE CONNÉTABLE. — Voilà le langage de la grandeur. Je suis désolé que ses forces soient si peu nombreuses, ses soldats malades et affamés dans leur marche; car je suis sûr que, lorsqu'il verra notre armée, il laissera tomber son cœur dans l'abîme de la crainte, et que, pour tout exploit, il nous offrira sa rançon.

LE ROI CHARLES. — En conséquence, Seigneur connétable, dépêchez en toute hâte Montjoie; qu'il dise à Angleterre que nous lui envoyons demander quelle rançon il consent à donner. Prince Dauphin, vous resterez avec nous à Rouen.

LE DAUPHIN. — Non, j'en conjure Votre Majesté.

LE ROI CHARLES. — Résignez-vous, car vous resterez avec nous. Maintenant, en avant, Seigneur connétable, et vous tous aussi, princes, et rapportez-nous bien vite la nouvelle de la défaite d'Angleterre. (*Ils sortent.*)

SCÈNE VI.

Le camp anglais en PICARDIE.

Entrent de divers côtés GOWER *et* FLUELLEN.

GOWER. — Quelles nouvelles, capitaine Fluellen? venez-vous du pont?

Fluellen. — Je vous assure qu'il se *commet* de très-fameux services au *bont*.

Gower. — Le duc d'Exeter est-il en sécurité?

Fluellen. — Le duc d'Exeter est aussi magnanime qu'Agamemnon, et c'est un homme que j'aime et honore de toute mon âme, de tout mon cœur, de tout mon devoir, de toutes mes forces, de toutes mes ressources, et de tout ce qui est moi enfin : il n'est pas *plessé* le moins du monde, *Tieu* en soit loué et *péni* ; mais il garde le *bont* très-vaillamment, et avec une excellente discipline. Il y a là, au *bont*, un enseigne que, sur ma conscience, je regarde comme aussi vaillant que Marc-Antoine, et c'est un homme qui n'a aucune réputation au monde ; mais je l'ai vu faire un vaillant service.

Gower. — Comment l'appelez-vous ?

Fluellen. — On l'appelle l'enseigne Pistol.

Gower. — Je ne le connais pas.

Fluellen. — Voici l'homme.

Entre PISTOL.

Pistol. — Capitaine, je te conjure de me faire une faveur. Le duc d'Exeter t'aime beaucoup.

Fluellen. — Oui, j'en *pénis Tieu*, et j'ai mérité quelque affection de sa part.

Pistol. — Bardolph, un soldat, ferme et solide de cœur, et d'une vigoureuse vaillance, a, par le pouvoir de la cruelle destinée et de la roue furieusement inconstante de la capricieuse Fortune, cette déesse aveugle qui se tient debout sur la meule tournant sans repos....

Fluellen. — *Afec* votre permission, enseigne Pistol, la Fortune est peinte *afeugle*, avec un bandeau devant les yeux pour vous signifier que la Fortune est *afeugle*, et elle est peinte aussi avec une roue, pour vous signifier, ce qui est la morale de la chose, qu'elle est changeante et inconstante, qu'elle n'est que versatilité et variation ; et son pied, voyez-vous, est fixé sur une pierre sphérique qui roule, et roule, et roule ; en bonne vérité, le poëte en fait une très-excellente description : la Fortune, voyez-vous, est une excellente morale.

Pistol. — La fortune est l'ennemie de Bardolph et fronce le sourcil contre lui; car il a volé une patène ou *pax*, et doit être pendu pour ce fait. Une mort maudite! Faites que la potence soit dressée pour des chiens, que notre homme s'en aille libre, et qu'aucune cravate de chanvre ne suffoque la flûte de son gosier; Exeter a rendu vraiment la sentence de mort pour une *pax* de peu de prix[6]. En conséquence, va lui parler; le duc écoutera ta voix; ne laisse pas couper la trame vitale de Bardolph par le tranchant d'une corde d'un sou et de l'opprobre vil; parle pour sa vie, capitaine, et je t'en serai reconnaissant.

Fluellen. — Enseigne Pistol, je comprends en partie votre pensée.

Pistol. — Eh bien, alors, réjouis-t'en.

Fluellen. — Certainement, enseigne, ce n'est pas là une chose à s'en réjouir : car, voyez-vous, s'il était mon *vrère*, je désirerais que le duc usât de son *pon* plaisir et le fît exécuter; car la discipline doit être observée.

Pistol. — Meurs et sois damné! je fais la figue à ton amitié[7]!

Fluellen. — C'est *pien*.

Pistol. — La figue d'Espagne!

Fluellen. — *Barfait.* (*Sort Pistol.*)

Gower. — Parbleu, c'est un effronté et fieffé drôle; je me le rappelle parfaitement maintenant, c'est un maquereau, un coupe-bourse.

Fluellen. — Je vous assure qu'il proférait au *bont* les plus *praves* paroles que vous puissiez *voir* dans vos plus *peaux* jours. Mais c'est très-*pien*; ce qu'il m'a dit, c'est *pien*, je vous le garantis, quand une occasion s'en présentera.

Gower. — Parbleu, c'est un filou, un sot, un coquin, qui va et vient maintenant dans nos guerres, pour se donner des airs, à son retour à Londres, sous ses habits de soldat. Et des gaillards pareils vous sont très-instruits des noms des officiers supérieurs, et ils vous apprennent par cœur les endroits où les affaires se sont passées; c'était à tel ou tel rempart, à telle brèche, à tel convoi; ils savent quels sont ceux qui se sont tirés bravement d'affaire, quels furent tués, quels déshonorés, comment l'ennemi était posté, et tout cela ils vous le débitent en perfection dans le langage même de la guerre qu'ils ornent de serments de nouvelle fabrique. L'effet que peuvent produire parmi des pots écumants et des esprits qui fermentent d'ale, une barbe coupée à l'imitation de celle du général [8], et un vieil uniforme rapporté du camp, est étonnant à penser. Il vous faut apprendre à reconnaître ces scandales de notre temps, ou bien vous courriez risque de grandement vous méprendre.

Fluellen. — Je vais vous dire ma pensée, capitaine Gower. Je m'aperçois qu'il n'est pas l'homme qu'il voudrait faire croire qu'il est : si je découvre un trou dans son habit, je lui dirai mon opinion. (*Le tambour bat.*) Écoutez, le roi vient, et je dois lui parler des affaires du *bont*.

Entrent LE ROI HENRI, GLOCESTER *et des soldats.*

Fluellen. — *Tieu pénisse* Votre Majesté!

Le roi Henri. — Quelles nouvelles, Fluellen? viens-tu du pont?

Fluellen. — Oui, plaise à Votre Majesté. Le duc d'Exeter a très-vaillamment défendu le *bont* : le Français est parti, voyez-vous, et nous avons un heureux et *prave* passage : pardi, *l'atversaire* était en possession du *bont*; mais il a été forcé de se retirer, et le duc d'Exeter est maître du *bont* : je puis dire à Votre Majesté que le duc est un homme *prave*.

Le roi Henri. — Combien d'hommes avez-vous perdus, Fluellen?

Fluellen. — La *perdition* de *l'atversaire* a été très-grande, raisonnablement grande : pardi, pour ma part, je crois que le duc n'a pas perdu un homme, sauf un seul qui doit être exécuté pour avoir volé dans une église, un certain Bardolph, si Votre Majesté connaît l'homme : sa figure est toute bubons, pustules, boutons et flammes de feu, et ses lèvres font l'office de soufflet à son nez qui est comme un charbon de feu, quelquefois *pleu* et quelquefois rouge ; mais son nez est exécuté et son feu est' éteint.

Le roi Henri. — Nous voudrions que tous les délinquants de son espèce fussent pendus, et nous donnons ordre exprès que, dans nos marches à travers le pays, on n'enlève rien par violence des villages, qu'on ne prenne rien sans le payer, qu'aucun Français ne soit insulté ou maltraité par un langage dédaigneux ; car lorsque la douceur et la cruauté jouent ensemble la partie d'un royaume, c'est le plus doux des joueurs qui est le plus prompt gagnant.

Fanfare de trompette. Entre MONTJOIE [9].

Montjoie. — Vous reconnaissez qui je suis à mon habit ?

Le roi Henri. — Eh bien, je reconnais qui tu es : que dois-je apprendre de toi ?

Montjoie. — La résolution de mon maître.

Le roi Henri. — Expose-la.

Montjoie. — Voici comment parle mon roi. Dis à Henri d'Angleterre que tout mort que nous paraissions, nous ne faisions que sommeiller ; la prudence est un meilleur soldat que la témérité. Dis-lui que nous aurions pu le repousser d'Harfleur ; mais que nous n'avons pas jugé bon de châtier une offense avant qu'elle ne fût au comble : maintenant c'est à notre tour de parler et notre voix est celle de l'autorité. Angleterre se repentira de sa folie, découvrira sa faiblesse, et admirera notre patience. Ordonne-lui, en conséquence, de songer à sa rançon, rançon sous laquelle fléchirait son infimité, s'il nous fallait la proportionner aux pertes que nous avons supportées, aux sujets qui nous ont été enlevés, aux affronts qu'il nous a fallu avaler. Pour balancer nos pertes, son trésor est trop pauvre ; tout son royaume réuni ne compenserait pas ce qui a été répandu de notre sang, et pour ce qui est de l'affront qui nous est fait, sa propre personne, s'agenouillant à nos pieds, ne nous offrirait qu'une faible et indigne satisfaction. A ces paroles, ajoute notre défi, et dis-lui, pour conclusion, qu'il a trahi ses compagnons dont la condamnation est prononcée. Ici s'arrêtent les paroles de mon roi et maître ; ici finit mon message.

Le roi Henri. — Quel est ton nom? je connais ta qualité.

Montjoie. — Montjoie.

Le roi Henri. — Tu remplis fort bien ton office. Retourne-t'en, et dis à ton roi que je ne le cherche pas maintenant, mais que je désirerais marcher sur Calais sans obstacles ; car, pour dire la vérité, (quoiqu'il ne soit pas sage d'en avouer si long à un ennemi qui a pour lui la ruse et l'avantage de l'occasion,) mes hommes sont très-affaiblis par la maladie ; mon armée a diminué, et le petit nombre de soldats que je possède ne vaut presque pas mieux que le nombre équivalent de Français, et cependant, lorsqu'ils étaient en santé, je te le dis, héraut, je croyais voir marcher trois Français sur une seule paire de jambes anglaises. Cependant, pardonnez-moi, mon Dieu, de me vanter ainsi! c'est cet air de votre France qui a soufflé en moi ce vice ; je dois m'en repentir. Va donc, et dis à ton maître que je suis ici ; ma rançon est ce corps frêle et sans valeur, mon armée n'est qu'une garde faible et minée par la maladie ; et cependant, je le jure par Dieu, dis-lui que nous marcherons, quand bien même France lui-même et tout autre voisin de la même force que lui, nous barreraient la route. Voici pour ta peine, Montjoie. Va, recommande à ton maître de bien réfléchir : si on nous laisse passer, nous passerons ; si on nous fait obstacle, nous changerons la couleur brune de votre terre par le rouge de votre sang, et là-dessus, Montjoie, portez-vous bien. Le résumé de notre réponse consiste simplement en ceci : nous ne voudrions pas chercher une bataille dans l'état où nous sommes ; mais même dans l'état où nous sommes, nous vous le disons, nous ne l'éviterons pas : dites cela à votre maître.

Montjoie. — Je lui rapporterai ces paroles. Mes remerciments à Votre Altesse. (*Il sort.*)

Glocester. — J'espère qu'ils ne tomberont pas sur nous maintenant.

Le roi Henri. — Nous sommes dans les mains de Dieu, frère, et non dans les leurs. Marchons vers le pont; la nuit commence à tomber à cette heure : nous camperons au delà de la rivière, et demain nous ordonnerons la marche en avant. (*Ils sortent.*)

SCÈNE VII.

Le camp français près d'Azincourt.

Entrent LE CONNÉTABLE DE FRANCE, RAMBURES, le duc D'ORLÉANS, LE DAUPHIN *et autres*.

Le connétable. — Bah! j'ai la meilleure armure du monde! Je voudrais qu'il fût jour!

Le duc d'Orléans. — Vous avez une excellente armure; mais payez à mon cheval la louange qui lui est due.

Le connétable. — C'est le meilleur cheval qu'il y ait en Europe.

Le duc d'Orléans. — Est-ce que le matin ne viendra jamais?

Le dauphin. — Monseigneur d'Orléans, et Monseigneur le grand connétable, vous parlez de cheval et d'armure...

Le duc d'Orléans. — Vous êtes aussi bien partagé sous le rapport de ces deux choses que prince au monde.

Le dauphin. — Que cette nuit est longue! — Je ne changerais mon cheval contre aucun autre ne marchant que sur quatre pieds. *Ça ha! Le cheval volant*, le Pégase, *qui a les narines de feu*[10]! il bondit de terre, comme si ses flancs étaient des balles de cuir! Lorsque je le monte, je plane, je suis un faucon : il trotte dans l'air; la terre chante lorsqu'il la touche; la vile corne de son sabot est plus musicale que la flûte d'Hermès.

Le duc d'Orléans. — Il est de la couleur de la muscade.

Le dauphin. — Et il a la chaleur du gingembre. C'est

une monture pour Persée : il n'est qu'air et feu, et les lourds éléments de la terre et de l'eau ne se montrent en lui que dans la tranquillité patiente avec laquelle il se laisse monter par son cavalier : celui-là est vraiment un cheval, et toutes les autres montures peuvent être appelées des bêtes.

Le connétable. — C'est vrai, Monseigneur, c'est un cheval excellent et parfait de tous points.

Le dauphin. — C'est le prince des palefrois ; son hennissement est comme le commandement d'un monarque, et son allure arrache l'hommage.

Le duc d'Orléans. — Assez, cousin.

Le dauphin. — Parbleu, il n'aurait pas d'esprit, celui qui ne pourrait, depuis le lever de l'alouette jusqu'au coucher de l'agneau, chanter toutes sortes de louanges variées sur mon cheval. C'est un sujet inépuisable comme la mer ; changez tous les grains de sable du rivage en autant de langues éloquentes, et mon cheval sera pour elles toutes un thème suffisant : c'est un sujet digne d'occuper les raisonnements d'un souverain, et d'être monté par le souverain d'un souverain, digne que tous les peuples du monde, connus et inconnus, mettent de côté leurs occupations particulières pour l'admirer. J'ai une fois écrit un sonnet à sa louange qui commençait ainsi : « *Merveille de la nature....* »

Le duc d'Orléans. — J'ai entendu un sonnet en l'honneur de la maîtresse de quelqu'un qui commençait ainsi.

Le dauphin. — Alors ses auteurs avaient imité celui que j'avais composé pour mon coursier ; car mon cheval est ma maîtresse.

Le duc d'Orléans. — Alors votre maîtresse porte bien.

Le dauphin. — Moi seul, oui ; ce qui est le mérite particulier et la perfection reconnue d'une bonne maîtresse.

Le connétable. — Certes, car il m'a semblé qu'hier votre maîtresse vous secouait joliment le dos.

Le dauphin. — C'est peut-être ce qu'a fait aussi la vôtre.

Le connétable. — La mienne n'était pas bridée.

Le dauphin. — Oh bien alors, elle était sans doute

ACTE III, SCÈNE VII. 67

vieille et douce, et vous galopiez comme un Kerne d'Irlande, sans haut-de-chausses et en caleçons collants[11].

Le connétable. — Vous avez un bon jugement en équitation.

Le dauphin. — En ce cas, laissez-vous instruire par moi : ceux qui chevauchent ainsi et qui ne se tiennent pas adroitement, tombent dans de sales fondrières ; j'aime mieux mon cheval pour maîtresse.

Le connétable. — J'aimerais autant avoir ma maîtresse pour jument.

Le dauphin. — Je te dis, connétable, que ma maîtresse porte ses propres crins.

Le connétable. — Je pourrais aussi exactement me vanter de cela, si j'avais une truie pour maîtresse.

Le dauphin. — *Le chien est retourné à son propre vomissement, et la truie lavée au bourbier :* tu te sers de tout.

Le connétable. — Cependant je ne me sers pas de mon cheval pour maîtresse, ni d'aucun proverbe du genre du vôtre, et aussi mal à propos.

Rambures. — Monseigneur le connétable, sont-ce des étoiles ou des soleils qui sont sur l'armure que j'ai vue ce soir sous votre tente ?

Le connétable. — Des étoiles, Monseigneur.

Le dauphin. — Quelques-unes d'entre elles tomberont demain, je l'espère.

Le connétable. — Et cependant mon ciel n'en aura aucune qui lui manque.

Le dauphin. — C'est possible, car vous en portez beaucoup de superflues, et il serait plus honorable que quelques-unes en fussent retranchées.

Le connétable. — Absolument comme votre cheval porte vos louanges ; il trotterait aussi bien si quelques-unes de vos exagérations étaient démontées.

Le dauphin. — Que ne suis-je capable de le charger de ce qu'il mérite ! — Il ne sera donc jamais jour ? Je trotterai demain un mile, et mon chemin sera pavé de têtes anglaises.

Le connétable. — Je n'en dirai pas autant, de crainte

d'être obligé de tourner la tête à mon chemin : mais je voudrais qu'il fût jour, car je désirerais vivement frotter les oreilles aux Anglais.

RAMBURES. — Qui veut se hasarder à parier avec moi pour vingt prisonniers ?

LE CONNÉTABLE. — Il faut d'abord vous hasarder vous-même avant de les avoir.

LE DAUPHIN. — Il est minuit, je vais aller m'armer. (*Il sort.*)

LE DUC D'ORLÉANS. — Le Dauphin soupire après le matin.

RAMBURES. — Il aspire à manger de l'Anglais.

LE CONNÉTABLE. — Je crois bien qu'il pourra manger tous ceux qu'il tuera.

LE DUC D'ORLÉANS. — Par la blanche main de ma Dame, c'est un vaillant prince.

LE CONNÉTABLE. — Jurez par son pied, afin qu'elle puisse écraser le serment.

LE DUC D'ORLÉANS. — Il est tout simplement le plus actif gentilhomme de France.

LE CONNÉTABLE. — L'agitation est de l'activité, et il est toujours à s'agiter.

LE DUC D'ORLÉANS. — Je n'ai jamais entendu dire qu'il ait fait de mal.

LE CONNÉTABLE. — Et il n'en fera aucun demain ; il continuera à conserver cette bonne réputation.

LE DUC D'ORLÉANS. — Je le connais pour vaillant.

LE CONNÉTABLE. — C'est ce que m'a dit quelqu'un qui le connaît mieux que vous ne le connaissez.

LE DUC D'ORLÉANS. — Quel est ce quelqu'un ?

LE CONNÉTABLE. — Parbleu, c'est lui-même qui me l'a dit, et il ajoutait qu'il s'inquiétait peu qu'on le sût.

LE DUC D'ORLÉANS. — Il n'a pas besoin de s'en inquiéter en effet ; ce n'est pas chez lui une vertu cachée.

LE CONNÉTABLE. — Si, par ma foi, Monsieur : jamais personne ne la vit que son laquais : c'est une vertu encapuchonnée, et lorsqu'elle se montre, c'est pour s'enfuir à tire-d'ailes.

Le duc d'Orléans. — « Mauvais vouloir ne parla jamais bien. »

Le connétable. — Je compléterai ce proverbe par celui-ci : « Il y a de la flatterie dans l'amitié. »

Le duc d'Orléans. — Et je corrigerai celui-là par cet autre : « Donnez au diable son dû. »

Le connétable. — Très-bien appliqué : votre ami tient la place du diable. Je vise à l'œil même de votre proverbe par un « Peste soit du diable ! »

Le duc d'Orléans. — Vous êtes le plus fort de nous en proverbes, et vous vérifiez étonnamment celui-ci : « la flèche du sot est vite lancée. »

Le connétable. — Votre trait a passé par-dessus ma tête.

Le duc d'Orléans. — Ce n'est pas la première fois qu'on vous passe par-dessus la tête.

Entre un messager.

Le messager. — Monseigneur le grand connétable, les Anglais sont à quinze cents pas de vos tentes.

Le connétable. — Qui a mesuré la distance?

Le messager. — Le Seigneur Grandpré.

Le connétable. — Un vaillant et très-expert gentilhomme. Que n'est-il jour! Hélas, pauvre Harry d'Angleterre! il ne soupire pas après l'aurore autant que nous.

Le duc d'Orléans. — Quel absurde et téméraire garçon est ce roi d'Angleterre, de venir s'égarer à ce point avec ses compagnons à cervelle obtuse dans des lieux qu'il ne connaît pas!

Le connétable. — Si les Anglais avaient la moindre finesse, ils s'enfuiraient.

Le duc d'Orléans. — Mais ils en manquent; car si leur tête avait la moindre armure d'intelligence, ils ne porteraient jamais des casques aussi pesants.

Rambures. — Cette île d'Angleterre nourrit de très-vaillantes créatures; leurs dogues sont d'un courage incomparable.

Le duc d'Orléans. — Sots mâtins qui viennent se jeter

en aveugles dans la gueule d'un ours russe pour se faire broyer comme des pommes pourries! Vous pourriez tout aussi bien dire : c'est une vaillante puce qui ose prendre son déjeuner sur la lèvre d'un lion.

Le connétable. — Juste, juste ; ces hommes tiennent des dogues par leur attaque robuste et brutale, et ils laissent leur esprit à leurs femmes : donnez-leur de grandes tranches de bœuf, du fer et de l'acier, ils vont manger comme des loups, et se battre comme des diables.

Le duc d'Orléans. — Oui, mais ces Anglais-ci sont singulièrement à court de bœuf.

Le connétable. — En ce cas, nous verrons demain qu'ils auraient du cœur pour manger, mais qu'ils n'en auront pas pour se battre. Maintenant, il est temps de nous armer ; voyons, quelle heure est-il ?

Le duc d'Orléans. — Il est maintenant deux heures : eh bien! voyez-vous, à dix heures, chacun de nous sera maître de cent Anglais. (*Ils sortent.*)

ACTE IV.

Entre LE CHŒUR.

Le chœur. — Maintenant, figurez-vous cette heure où les murmures discrètement errants et les ténèbres épaisses remplissent le large vaisseau de l'univers. D'un camp à l'autre, à travers le sein de brouillard de la nuit, résonne si distinctement le bourdonnement de chaque armée, que les sentinelles à leurs postes entendent presque les secrets chuchotements qui s'échangent entre leurs gardes respectives. Les feux répondent aux feux, et à travers leurs pâles flammes, chaque armée distingue la silhouette d'ombre de l'autre. Les coursiers défient les coursiers par les sonores et audacieux hennissements dont ils percent l'oreille sourde de la nuit, et dans les tentes, les armuriers achevant la toilette d'acier des chevaliers, donnent un avertissement terrible des préparatifs qui se font, par le bruit de leurs marteaux actifs qui ferment les charnières des armures[1]. Les coqs chantent dans la campagne, les horloges sonnent, et nomment la troisième heure du matin endormi. Fiers de leur nombre, et sûrs d'eux-mêmes, les Français, confiants et joyeux à l'excès, jouent aux dés les Anglais qu'ils tiennent à bas prix, et gourmandent cette impotente nuit à la marche tardive, qui, pareille à une hideuse et sale sorcière, se traîne si ennuyeusement d'un pas boiteux. Les pauvres Anglais condamnés, pareils à des victimes destinées au sacrifice, sont assis avec résignation autour de leurs feux de garde, et ruminent intérieurement le danger que le matin va découvrir. Leur triste pantomime, bien d'accord avec leurs longues joues maigres et leurs uniformes usés, les fait apparaître au clair de la lune comme autant d'horribles fantômes. Oh! que celui qui contemple maintenant le royal capitaine de cette bande ruinée, allant de poste en poste, de tente en tente, crie : louange et gloire à lui! car il parcourt les rangs, et visite toute son armée, donne le bonjour à ses soldats avec un modeste sourire, et les appelle frères, amis et compatriotes. On dirait à voir sa face royale qu'il ignore quelle redoutable armée l'environne; et cette face ne s'est pas davantage laissée pâlir par les fatigues et la veille prolongée toute cette nuit, car il a le teint frais, et il domine la lassitude, par une apparence de joie et une majesté pleine de douceur; aussi chacun de ces pauvres diables, auparavant pâle et souffrant, puise le courage dans ses yeux. Son œil libéral comme le soleil, fait largesse à tous de sa lumière qui fond le froid de la crainte. Nobles et bourgeois, contemplez cette petite esquisse, dessinée avec le faible talent dont nous sommes capables, de Harry pendant cette nuit : puis notre scène volera au champ de bataille, où nous courrons grand risque (ô quel dommage!) de fort mal honorer le nom d'Azincourt, avec nos quatre ou cinq mauvais fleurets ébréchés, maladroitement engagés dans un combat ridicule. Cependant, asseyez-vous et regardez, en vous figurant la réalité des choses d'après la parodie de leur représentation. (*Sort le Chœur.*)

SCÈNE PREMIÈRE.

En France. — Le camp anglais à Azincourt.

Entrent le roi HENRI, BEDFORD *et* GLOCESTER.

Le roi Henri. — Glocester, il est vrai que nous sommes en grand danger ; plus grand, en conséquence, doit être notre courage. Bonjour, mon frère Bedford. Dieu tout-puissant ! Il y a dans les choses mauvaises une essence du bien, si les hommes étaient assez observateurs pour savoir l'en tirer ; en effet, nos mauvais voisins nous font lever de bonne heure, ce qui est à la fois d'un bon régime et d'une bonne conduite : en outre, ils sont nos consciences extérieures et nos prédicateurs à nous tous, en nous avertissant de nous préparer de bonne grâce à notre fin. C'est ainsi que nous pouvons tirer du miel de mauvaises herbes, et arracher une morale au diable lui-même.

Entre ERPINGHAM.

Le roi Henri. — Bonjour, mon bon vieux Sir Thomas Erpingham : un bon doux oreiller vaudrait mieux pour cette bonne tête blanche qu'une dure motte de ce gazon de France.

Erpingham. — Non pas, mon Suzerain : ce logement me plaît bien davantage, puisqu'il me permet de dire : Je suis couché comme un roi.

Le roi Henri. — Il est bon pour les hommes d'aimer leurs peines présentes ; un tel spectacle donne à l'âme contentement, et lorsque l'âme est une fois ranimée, il est

ACTE IV, SCÈNE I.

inévitable que les organes, quelque morts et défunts qu'ils fussent auparavant, ne parviennent à secouer leur sommeil léthargique, et n'agissent avec une peau nouvelle et une nouvelle légèreté. Prête-moi ton manteau, Sir Thomas. Mes deux frères, recommandez-moi aux princes dans notre camp; souhaitez-leur le bonjour de ma part, et exprimez-leur mon désir de les voir dans quelques instants venir tous me retrouver à mon pavillon.

Glocester. — Nous ferons votre commission, mon Suzerain. (*Sortent Glocester et Bedford.*)

Erpingham. — Accompagnerai-je Votre Grâce?

Le roi Henri. — Non, mon bon chevalier; allez avec mes frères auprès de Milords d'Angleterre : j'ai besoin de m'entretenir avec mon âme un instant, et par conséquent je ne voudrais pas d'autre compagnie.

Erpingham. — Le Dieu du ciel te bénisse, noble Harry! (*Il sort.*)

Le roi Henri. — Merci, vieux cœur! tes paroles donnent joie.

Entre PISTOL.

Pistol. — *Qui va là?*

Le roi Henri. — Un ami.

Pistol. — Explique-toi; es-tu un officier? ou bien es-tu un homme bas, populaire et vulgaire?

Le roi Henri. — Je suis un gentilhomme d'une compagnie.

Pistol. — Brandis-tu la puissante pique?

Le roi Henri. — Précisément. Qui êtes-vous?

Pistol. — Un aussi bon gentilhomme que l'empereur.

Le roi Henri. — Alors vous valez mieux que le roi.

Pistol. — Le roi est un bon enfant, un cœur d'or, un bon vivant, un fils de la gloire; il est de bons parents, très-vaillant du poignet : j'embrasse son soulier boueux, et j'aime l'aimable Sacripant de toutes les fibres de mon cœur. Quel est ton nom?

Le roi Henri. — Harry *Le roy*.

Pistol. — *Le Roy !* un nom de Cornouailles : es-tu du régiment de Cornouailles?

Le roi Henri. — Non, je suis un Gallois.

Pistol. — Connais-tu Fluellen?

Le roi Henri. — Oui.

Pistol. — Dis-lui que je lui casserai son poireau sur la tête, le jour de la Saint-David.

Le roi Henri. — Prenez garde, ce jour-là, de ne pas porter votre poignard au chapeau, de crainte qu'il ne le casse sur votre tête, à vous.

Pistol. — Es-tu son ami?

Le roi Henri. — Oui, et son parent aussi.

Pistol. — Figue pour toi, alors !

Le roi Henri. — Je vous remercie : Dieu soit avec vous !

Pistol. — Mon nom est Pistol. (*Il sort.*)

Le roi Henri. — Il s'accorde à merveille avec votre ardeur martiale. (*Il se retire à l'écart.*)

Entrent de côtés opposés FLUELLEN *et* GOWER.

Gower. — Capitaine Fluellen !

Fluellen. — Là ! au nom de *Cheshu*-Christ, parlez plus bas. C'est le plus grand étonnement dans le monde *universel*, lorsque les vraies et anciennes *prérogatifes* et lois de la guerre ne sont pas observées : si vous voulez prendre seulement la peine d'examiner les guerres de Pompée le Grand, vous découvrirez, je vous le déclare, qu'il n'y avait pas de bavardage ni d'enfantillage dans le camp de Pompée : je vous déclare que vous verrez que les cérémonies de la guerre, et les précautions de la guerre, et les formes de la guerre, et le régime de la guerre, et la discrétion de la guerre, étaient tout autrement.

Gower. — Parbleu, l'ennemi parle assez haut; vous l'entendez toute la nuit.

Fluellen. — Si l'ennemi est un âne, et un sot, et un fat bavard, pensez-vous qu'il convienne pour cela, voyez-vous, que nous soyons des ânes, des sots et des fats bavards ; le pensez-vous, en conscience ?

Gower. — Je parlerai plus bas.

Fluellen. — Faites cela, je vous en prie, et je vous en *conchure*. (*Sortent Gower et Fluellen.*)

Le roi Henri. — Quoiqu'il paraisse un peu de l'ancienne école, il y a beaucoup de prudence et de valeur chez ce Gallois.

Entrent BATES, COURT *et* WILLIAMS.

Court. — Frère John Bates, n'est-ce pas le matin qui pointe là-bas ?

Bates. — Je crois que oui ; mais nous n'avons pas grande cause de désirer l'approche du jour.

Williams. — Nous voyons là-bas le commencement du jour, mais je crois bien que nous n'en verrons pas la fin. Qui va là ?

Le roi Henri. — Un ami.

Williams. — Sous quel capitaine servez-vous ?

Le roi Henri. — Sous Sir Thomas Erpingham.

Williams. — Un bon vieux commandant, et un très-humain gentilhomme : dites-moi, je vous prie, que pense-t-il de notre situation ?

Le roi Henri. — Il nous regarde comme des gens qui sont ensablés, et qui s'attendent à être balayés par la prochaine marée.

Bates. — Il n'a pas déclaré son opinion au roi ?

Le roi Henri. — Non, et il n'était pas convenable qu'il la lui eût déclarée. En effet, je vous le dis, je crois que le roi n'est qu'un homme comme moi : la violette sent bon pour lui, et ainsi fait-elle pour moi ; la lumière l'éclaire, et ainsi fait-elle pour moi ; tous ses sens obéissent à des conditions qui ne sont qu'humaines ; toute son étiquette une fois dépouillée, dans sa nudité, il n'est qu'un homme, et quoique ses sentiments soient plus haut montés que les nôtres, lorsqu'ils descendent, ils descendent de la même aile ; par conséquent, lorsqu'il voit comme nous une raison de craindre, ses craintes ont incontestablement la même nature que les nôtres : cependant, en bonne raison, personne ne doit lui montrer la moindre apparence de crainte, de peur que lui, à son tour, en laissant voir ses craintes, ne décourage son armée.

Bates. — Il peut montrer au dehors tout le courage qu'il voudra ; mais je crois, qu'aussi vrai que voilà une froide nuit, il voudrait bien être dans la Tamise jusqu'au cou ; et je voudrais qu'il y fût, et moi avec lui, à tout hasard, pourvu que nous fussions partis d'ici.

Le roi Henri. — Par ma foi, je vous dirai mon opinion intime sur le roi ; je crois qu'il ne désirerait pas être ailleurs que là où il est.

Bates. — Alors je voudrais qu'il fût ici tout seul ; car il serait bien sûr d'être racheté, et la vie de plus d'un pauvre homme serait épargnée.

Le roi Henri. — J'ose dire que vous ne l'aimez pas assez peu pour souhaiter qu'il fût seul ici ; vous dites sans doute cela pour éprouver les sentiments des autres : il me semble que je ne mourrais nulle part avec plus de joie que dans la compagnie du roi ; car sa cause est juste et sa querelle honorable.

Williams. — C'est plus que nous n'en savons.

Bates. — Oui, et plus que nous ne devons chercher à en savoir ; car nous en savons assez si nous savons que nous sommes les sujets du roi : si sa cause est mauvaise, l'obéissance que nous devons au roi nous absout de tout crime.

Williams. — Mais si sa cause n'est pas bonne, le roi aura lui-même un lourd compte à rendre, lorsque ces jambes, ces bras, ces têtes, enlevés dans la bataille, se remettront en place au jour du jugement, et crieront tous : « Nous mourûmes en un tel lieu, quelques-uns en jurant, d'autres en appelant un chirurgien, d'autres en pleurant sur leurs femmes laissées pauvres derrière eux ; ceux-ci en se lamentant sur leurs dettes non payées, ceux-là sur leurs enfants abandonnés sans appui. Je crains qu'il n'y en ait peu de ceux qui meurent dans une bataille qui meurent bien ; car comment pourraient-ils prendre la moindre disposition selon la charité, lorsqu'ils ne pensent qu'au sang? et alors si ces hommes ne meurent pas bien, ce sera une terrible affaire pour le roi qui les aura conduits à la mort; car désobéir au roi serait contre tous les devoirs de la soumission.

Le roi Henri. — Ainsi donc, si un fils, qui est envoyé par son père pour faire le commerce à l'étranger, se conduit criminellement sur mer, sa scélératesse, d'après votre raisonnement, devrait être imputée à son père : ou bien, si un serviteur, transportant sur l'ordre de son maître une somme d'argent, est assailli par des voleurs, et meurt chargé d'iniquités qu'il n'a pas purgées, vous appelleriez l'affaire du maître la cause de la perdition du serviteur. Mais il n'en est pas ainsi, le roi ne peut répondre de l'état particulier dans lequel meurent ses soldats, pas plus que le père et le maître ne sont responsables de l'état dans lequel meurent fils et serviteur; car ils ne demandent pas leur mort, ils demandent leurs services. En outre, il n'est pas de roi, quelque sans tache que soit sa cause, qui, s'il en vient à l'arbitrage des épées, puisse la faire décider par des soldats qui soient tous sans tache; quelques-uns, sont par aventure coupables de meurtre prémédité et effectué; d'autres, d'avoir trompé des vierges en brisant leurs serments; d'autres, d'avoir pris la guerre pour refuge, après avoir ensanglanté le noble sein de la paix par le pillage et le vol. Maintenant, si ces gens ont eu l'adresse de narguer la loi et de se soustraire à la punition qui leur était due, quoiqu'ils aient pu échapper aux mains des hommes, ils n'ont pas d'ailes pour fuir la vengeance de Dieu: la guerre est son sergent; la guerre est sa vengeance; de telle sorte que ces hommes se trouvent punis par la querelle du roi, des infractions qu'ils avaient commises auparavant contre les lois du roi : ils ont sauvé leur vie là où ils craignaient la mort, et ils périssent là où ils se croyaient en sûreté. Donc, s'ils meurent sans préparation, le roi n'est pas plus coupable de leur damnation, qu'il n'était coupable auparavant des crimes pour lesquels ils sont alors visités par la justice divine. L'obéissance de tout sujet appartient au roi, mais tout sujet est maître de sa propre âme. Par conséquent, tout soldat dans la guerre doit faire ce que fait tout malade dans son lit, laver sa conscience de toute souillure : s'il meurt dans ces conditions, la mort est pour lui un avantage ; et s'il ne meurt pas, le temps passé à cette préparation sera un temps heureusement perdu : et pour celui qui échappera, ce ne sera pas un péché de penser que c'est l'offre volontaire qu'il a faite à Dieu de sa personne qui lui a permis de survivre à ce jour, pour reconnaître sa grandeur et pour enseigner aux autres comment ils doivent se préparer.

WILLIAMS. — Il est certain que les péchés de tout homme qui meurt mal doivent retomber sur sa tête et que le roi n'a pas à en répondre.

BATES. — Je ne désire pas qu'il réponde pour moi, et cependant je me propose de combattre vigoureusement pour lui.

LE ROI HENRI. — J'ai moi-même entendu le roi dire qu'il ne voudrait pas être racheté.

WILLIAMS. — Oui, il a dit cela pour nous faire combattre de bon cœur ; mais lorsque nous aurons la gorge coupée, il sera racheté, lui, et nous n'en vaudrons pas mieux.

LE ROI HENRI. — Si je vis assez pour voir cela, je ne me fierai jamais plus dans la suite à sa parole.

WILLIAMS. — Par la messe, voilà qui s'appelle le bien punir ! Le pauvre déplaisir d'un pauvre particulier est quelque chose d'aussi périlleux contre un monarque que la décharge d'un vieux fusil ! vous pourriez aussi bien essayer de changer le soleil en glace en éventant sa face avec une plume de paon. *Vous ne vous fierez plus ensuite à sa parole !* allons, c'est vraiment une sotte parole.

LE ROI HENRI. — Votre reproche est un peu trop sans façons : je serais irrité contre vous, si le moment était plus propice.

WILLIAMS. — Que ce soit une querelle entre nous, si vous survivez.

ACTE IV, SCÈNE I.

Le roi Henri. — Je l'accepte.

Williams. — Comment te reconnaîtrai-je?

Le roi Henri. — Donne-moi un gage, et je le porterai à mon bonnet; plus tard, si tu as l'audace de le reconnaître, j'en ferai ma querelle.

Williams. — Voici mon gant ; donne-moi un des tiens.

Le roi Henri. — Voilà.

Williams. — Je porterai moi aussi celui-là à mon chapeau ; demain, une fois passé, s'il t'arrive jamais de t'approcher de moi et de me dire, *c'est mon gant*, par cette main, je t'appliquerai un soufflet sur la joue.

Le roi Henri. — Si je vis assez pour voir pareille chose, je t'en demanderai raison.

Williams. — Tu aimerais autant être pendu que de m'en demander raison.

Le roi Henri. — C'est bon, je le ferai, quand bien même je te trouverais dans la compagnie du roi.

Williams. — Tiens ta parole : porte-toi bien.

Bates. — Soyez amis, imbéciles d'Anglais, soyez amis; nous avons bien assez de nos querelles françaises, si vous pouvez dire comment nous nous en tirerons.

Le roi Henri. — En vérité, les Français peuvent parier vingt écus français contre un qu'ils nous battront, car ils portent les *écus* sur les épaules ; mais rogner des écus français n'est pas une trahison pour un Anglais, et demain le roi lui-même se fera rogneur de cette monnaie-là². (*Sortent les soldats.*) *Que cela retombe sur le roi!* nos existences, nos âmes, nos dettes, nos femmes en larmes, nos enfants, nos péchés, que le roi soit responsable de tout cela ! Il faut que *Nous* répondions de tout. O dure condition, sœur jumelle de la grandeur ! il faut être soumis aux propos de tout imbécile dont la capacité de sentir ne va pas au delà du sentiment de ses propres souffrances! De quelle paix infinie, jouissance des simples particuliers, les rois ne sont-ils pas privés ? et que possèdent les rois, que ne possèdent aussi les simples particuliers, si ce n'est le cérémonial, le perpétuel cérémonial ? Et qu'es-tu, idole du cérémonial ? quelle sorte de Dieu es-tu, toi qui souffres plus des douleurs humaines que n'en souffrent tes adorateurs? où sont tes revenus? où sont tes profits? O cérémonial, montre-moi seulement ta valeur véritable! qu'est-ce que tu as qui te rende digne d'adoration? Y a-t-il en toi autre chose qu'une situation, une condition, une forme, qui créent chez les autres hommes le respect et la crainte? Tu apportes moins de bonheur, puisque tu engendres la crainte, que n'en possèdent ceux qui craignent. Que bois-tu trop souvent, en place du doux hommage, si ce n'est la flatterie empoisonnée? O puissante grandeur, sois malade, et puis ordonne à ton cérémonial de te guérir! Penses-tu que la fièvre brûlante s'en ira sous le vent de titres soufflés par l'adulation? Cédera-t-elle la place devant les génuflexions et les profondes révérences? Pourrais-tu, en même temps que tu commandes au genou du mendiant, commander aussi à sa santé? Non, ô rêve orgueilleux, qui joues si subtilement avec le repos des rois; je suis un roi qui te connais bien, et je sais que ni le chrême de l'onction, ni le sceptre, ni le globe, ni l'épée, ni la masse, ni la couronne impériale, ni la robe tissue d'or et de perles, ni le titre pompeux qui précède le roi, ni le trône sur lequel il s'assied, ni ces flots de splendeurs qui baignent les hauts rivages de ce monde, je sais, dis-je, ô trois fois pompeux cérémonial, que rien de tout cela, déposé dans la couche d'un roi, ne peut le faire dormir aussi profondément que le misérable esclave qui, le corps rempli et l'âme vide, s'en va prendre son repos, rassasié du pain gagné par sa misère. Jamais celui-là ne contemple l'horrible nuit, enfant de l'enfer; mais depuis le lever jusqu'au coucher du soleil, il sue comme un esclave sous l'œil de Phœbus, et puis sommeille toute la nuit dans les Champs-Élysées; quand le jour vient à la suite de l'aurore, il se lève, et aide Hypérion à atteler son coursier; et ainsi fait-il chaque jour tout le long de l'année, et ainsi se dirige-t-il avec un travail profitable vers son tombeau : sauf le cérémonial, un tel pauvre diable, qui consacre ses journées au travail et passe

ACTE IV, SCÈNE I.

ses nuits dans le sommeil, a certes l'avantage et la supériorité sur un roi. Le serf, membre d'une société en paix, jouit de cette paix ; mais son opaque cervelle se doute peu des veilles qu'il en a coûté au roi pour maintenir cette paix, dont il goûte mieux que le roi, lui paysan, les douces heures.

Entre ERPINGHAM.

ERPINGHAM. — Monseigneur, vos nobles, jaloux de votre absence, vous cherchent à travers votre camp.

LE ROI HENRI. — Mon bon vieux chevalier, rassemble-les tous dans ma tente : j'y serai avant toi.

ERPINGHAM. — Je vais le faire, Monseigneur. (*Il sort.*)

LE ROI HENRI. — O Dieu des batailles ! fais d'acier les cœurs de mes soldats ; écarte d'eux la crainte ; enlève-leur en ce moment la faculté de compter, si le nombre de leurs ennemis doit leur faire perdre courage. O Seigneur, ne te souviens pas aujourd'hui, — oh non, pas aujourd'hui ! — de la faute que fit mon père en usurpant la couronne ! J'ai fait enterrer de nouveau le corps de Richard, et j'ai versé sur lui plus de larmes de contrition que la violence n'en fit sortir de gouttes de sang. J'entretiens toute l'année cinq cents pauvres qui, deux fois par jour, lèvent vers le ciel leurs vieilles mains pour implorer le pardon du sang versé, et j'ai bâti deux chapelles, où des prêtres solennels et graves chantent perpétuellement pour l'âme de Richard. Je ferai davantage, quoique tout ce que je puis faire ne soit d'aucune valeur, puisque ma pénitence vient encore s'ajouter à tout cela pour implorer le pardon [3].

Entre GLOCESTER.

GLOCESTER. — Mon Suzerain !

LE ROI HENRI. — La voix de mon frère Glocester ? — Oui, je connais l'objet de ton message : je pars avec toi. Le jour, mes amis, et toutes choses m'appellent.

(*Ils sortent.*)

SCÈNE II.

Le camp français.

Entrent LE DAUPHIN, LE DUC D'ORLÉANS, RAMBURES *et autres*.

LE DUC D'ORLÉANS. — Voilà le soleil qui dore nos armures; debout, Messeigneurs!

LE DAUPHIN. — *Montez a cheval!* Mon cheval! *Varlet, lacquay!* hé!

LE DUC D'ORLÉANS. — O vaillant courage!

LE DAUPHIN. — *Via! les eaux et la terre.*

LE DUC D'ORLÉANS. — *Rien puis? l'air et le feu*[1].

LE DAUPHIN. — *Ciel!* cousin d'Orléans.

Entre LE CONNÉTABLE.

LE DAUPHIN. — Eh bien, Monseigneur le Connétable!

LE CONNÉTABLE. — Écoutez, comme nos coursiers hennissent, réclamant leur service immédiat!

LE DAUPHIN. — Montez-les et faites-leur aux flancs de fortes incisions, pour que leur sang bouillant vole aux yeux des Anglais et les aveugle du trop-plein de leur courage. Ah!

RAMBURES. — Comment! vous voulez qu'ils pleurent le sang de nos chevaux? comment alors reconnaîtrons-nous leurs larmes naturelles?

Entre UN MESSAGER.

LE MESSAGER. — Pairs de France, les Anglais sont rangés en bataille.

LE CONNÉTABLE. — A cheval, vaillants princes! à cheval immédiatement! jetez seulement les yeux sur leur pauvre bande affamée là-bas, et le rayonnement de votre apparition suffira pour pomper leurs âmes, et pour ne laisser d'eux que des écorces et des cosses d'hommes. Il n'y a pas là assez d'ouvrage pour tous nos bras; leurs veines épuisées contiennent à peine assez de sang pour faire une tache sur l'acier de tous les poignards que nos braves Français dégaineront aujourd'hui, et seront forcés de rengainer faute de gibier. Soufflons seulement sur eux, et la vapeur de notre vaillance va les renverser. Il est positif de toute façon, Messeigneurs, que le superflu de nos valets et de nos manants qui fourmille avec une inutile agitation autour de nos bataillons, suffirait pour purger cette plaine d'un aussi méprisable ennemi, quand bien même nous resterions oisifs à bavarder au pied de cette montagne : mais cela notre honneur ne le permet pas. Que vous dirai-je? Faisons un tout petit, tout petit mouvement, et tout est fini. Que la trompette sonne donc la charge et que retentisse la fanfare, car notre approche va répandre une telle terreur sur le champ de bataille, que les Anglais vont se coucher de crainte et se rendre.

Entre GRANDPRÉ.

GRANDPRÉ. — Pourquoi attendez-vous si longtemps, Messeigneurs de France? Ces charognes insulaires qui n'ont plus que les os, sont là-bas faisant le plus vilain effet sur cette plaine et sous cette clarté du matin. Leurs étendards déchirés sont piteusement déployés, et notre air en passant les agite avec mépris. Le robuste Mars semble avoir fait banqueroute dans leur armée affamée, et ose à peine hasarder un regard à travers un casque rouillé. Leurs cavaliers ressemblent à des figures de candélabres qui portent des torchères [5] : leurs pauvres rosses dont les peaux et les flancs tombent, dont les yeux pâles et éteints suintent la chassie, dont les bouches pâles mâchent lourdement leur double mors sali de l'herbe qu'elles ont broyée, restent inertes et sans mouvement; et leurs exécuteurs, ces coquins de corbeaux, volent au-dessus d'eux, impatients de leur heure. Aucune description ne pourrait trouver de mots pour exprimer la vie propre à cette armée, tant cette vie ressemble à l'absence de vie.

LE CONNÉTABLE. — Ils ont dit leurs prières et ils attendent la mort.

Le Dauphin. — Leur envoyons-nous des vivres et des uniformes neufs, et des fourrages pour leurs chevaux à jeun, avant de les combattre ?

Le Connétable. — Je n'attends plus que mon guidon ; mais en avant, au combat ! je vais prendre la bannière d'un trompette pour ne pas attendre. Allons, allons, en avant ! Le soleil est déjà haut et nous perdons nos heures. (*Ils sortent.*)

SCÈNE III.

Le camp anglais.

Entrent l'armée anglaise, GLOCESTER, BEDFORD, EXETER, SALISBURY, *et* WESTMORELAND.

Glocester. — Où est le roi ?

Bedford. — Le roi est monté à cheval en personne pour se rendre compte de leur armée.

Westmoreland. — Ils ont bien soixante mille soldats au moins[6].

Exeter. — C'est cinq contre un ; en outre, ils sont tout frais.

Salisbury. — Que le bras de Dieu combatte avec nous! c'est une terrible inégalité. Dieu soit avec vous tous, princes! je m'en vais à mon poste. Si nous ne devons plus nous rencontrer que dans le ciel, eh bien! mon noble Lord de Bedford, mon cher Lord de Glocester, mon bon Lord d'Exeter, et vous, mon bien-aimé parent, je vous dis gaiement adieu, à vous tous, guerriers !

Bedford. — Adieu, mon bon Salisbury, et bonne chance !

Exeter. — Adieu, mon cher Lord ; combats vaillamment aujourd'hui : et cependant je te fais tort en t'adressant cette recommandation, car tu es pétri du plus franc et du plus ferme courage. (*Sort Salisbury.*)

Bedford. — Il est aussi plein de valeur que de bonté ; il est princier dans ces deux choses.

Westmoreland. — Oh! si nous avions tout à l'heure ici seulement dix mille de ces Anglais qui chôment aujourd'hui!

Entre le roi HENRI.

Le roi Henri. — Qui donc exprime ce vœu? mon cousin Westmoreland? Non, mon beau cousin : si nous sommes marqués pour mourir, notre pays n'a pas besoin de perdre plus d'hommes que nous ne sommes; et si nous devons vivre, moins nous serons, plus grande sera pour chacun de nous sa part d'honneur. Volonté de Dieu! ne souhaite pas un homme de plus, je t'en prie. Par Jupiter, je ne suis pas affamé d'or, et je m'inquiète peu qu'on vive à mes dépens; je regrette peu que d'autres usent mes vêtements; ces choses extérieures ne font pas partie de mes désirs : mais si convoiter l'honneur est un péché, je suis l'âme la plus pécheresse qui existe. Non ma foi, mon cousin, ne souhaite pas un Anglais de plus. Paix de Dieu! je ne voudrais pas, pour la meilleure de mes espérances, m'exposer à perdre un si grand honneur, qu'un homme de plus pourrait peut-être partager avec moi. Oh! ne souhaite pas un homme de plus! Proclame plutôt à travers mon armée, Westmoreland, que celui-là peut partir qui ne porte pas de cœur au combat; on lui donnera son passe-port et on mettra dans sa bourse des écus pour son voyage; nous ne voudrions pas mourir dans la compagnie d'un homme qui craindrait de mourir en notre compagnie. Ce jour est appelé le jour de la Saint-Crépin; celui qui survivra à ce jour, et retournera sain et sauf dans ses foyers, se dressera sur ses orteils lorsque ce jour sera nommé, et se sentira soulevé au-dessus de lui-même à ce nom de Saint-Crépin[7]. Celui qui survivra à ce jour et arrivera à la vieillesse, chaque année, à la veille de cette fête, invitera ses amis et leur dira : demain est la Saint-Crépin. Alors il retroussera sa manche, montrera ses blessures, et dira : j'ai reçu ces blessures le jour de la Saint-Crépin. Les vieillards oublient; cependant celui-là aura tout oublié, qu'il se rappellera encore avec bonheur les exploits qu'il aura accomplis en ce jour. Et alors nos noms seront familiers dans leurs bouches, comme les noms de leurs familles : le roi Harry, Bedford et Exeter, Warwick et Talbot, Salisbury et Glocester, seront ressuscités par leur vivant souvenir et salués à coupes débordantes. Le brave homme apprendra cette histoire à son fils, et de ce jour jusqu'à la fin du monde, la fête des Saints Crépin et Crépinien ne reviendra jamais, sans qu'avec lui notre souvenir ne soit rappelé, le souvenir de notre petite armée, de notre heureuse petite armée, de notre bande de frères; car celui qui répand aujourd'hui son sang avec moi, sera mon frère; quelque vil qu'il soit, cette journée ennoblira sa condition [8], et les gentilshommes qui sont maintenant au lit en Angleterre se regarderont comme maudits de n'avoir pas été ici, et tiendront leur noblesse à bon marché, lorsqu'ils entendront parler un de ceux qui auront combattu avec nous le jour de Saint-Crépin.

Rentre SALISBURY.

SALISBURY. — Mon souverain Seigneur, préparez-vous bien vite; les Français sont rangés en bel ordre de bataille et vont nous charger sans délai.

LE ROI HENRI. — Tout est prêt, si nos cœurs sont prêts aussi.

WESTMORELAND. — Périsse l'homme dont le cœur recule maintenant!

LE ROI HENRI. — Tu ne désires plus de nouveaux renforts d'Angleterre, cousin?

WESTMORELAND. — Volonté de Dieu, mon Suzerain, je voudrais que vous et moi nous fussions seuls, sans plus de forces, pour combattre cette royale bataille!

LE ROI HENRI. — Parbleu! tu viens de retrancher cinq mille hommes des dix mille que tu souhaitais, ce qui me plaît mieux que de t'entendre nous en souhaiter un seul. Vous connaissez vos postes : Dieu soit avec vous tous!

ACTE IV, SCÈNE III.

Fanfares. Entre MONTJOIE.

MONTJOIE. — Une fois encore, je viens pour savoir de toi, roi Harry, si tu consens à cette heure à composer pour ta rançon, avant ta défaite très-sûre; car tu es si certainement près du gouffre, que tu ne peux manquer d'être englouti. En outre, dans sa pitié, le connétable désire que tu rappelles tes compagnons à la pénitence, afin que leurs âmes puissent s'échapper avec paix et douceur de ces plaines, où leurs pauvres corps, à eux misérables, doivent tomber et pourrir.

LE ROI HENRI. — Qui t'envoie maintenant?

MONTJOIE. — Le connétable de France.

LE ROI HENRI. — Rapporte-leur, je t'en prie, ma première réponse ; recommande-leur de m'achever, et puis de vendre mes os. Bon Dieu ! pourquoi se moquent-ils ainsi de pauvres diables? L'homme qui autrefois vendit la peau du lion pendant que la bête vivait, fut tué en la chassant. Beaucoup des nôtres, je n'en doute pas, trouveront des tombeaux dans leurs pays, et sur ces tombeaux des témoignages de bronze immortaliseront leur ouvrage de ce jour[9]. Quant à ceux qui laisseront leurs os vaillants en France, mourant comme des hommes, ils auront aussi leur renommée, quoique ensevelis dans vos charniers; car le soleil viendra leur y faire fête, et emportera leur gloire au ciel en vapeurs, en laissant leurs parties terrestres pour infecter votre climat et pour y engendrer la peste par leurs exhalaisons[10]. Voyez quelle puissante valeur il y a chez nos Anglais, puisque après leur mort, pareille au ricochet d'un boulet, elle peut faire une seconde œuvre de destruction, et tuer par un rebondissement mortel. Permettez-moi de parler avec orgueil : dites au connétable que nous ne sommes que des guerriers pour les jours de travail : les couleurs et les dorures de nos uniformes se sont toutes ternies pendant nos marches pénibles sous la pluie, à travers ces campagnes; il n'y a pas dans toute notre armée un seul brin de plume, bonne preuve, je l'espère, que nous ne nous enfuirons pas; le temps nous a fait une toilette déguenillée, mais par la messe, nos cœurs sont en belle tenue, et mes pauvres soldats me disent qu'avant la nuit ils auront de plus frais habits, ou bien qu'ils déchireront les gais vêtements neufs sur les échines des Français, et les mettront hors d'état de servir. S'ils font cela, — et ils le feront, s'il plaît à Dieu, — ma rançon sera bientôt levée. Héraut, épargne-toi tes peines; ne viens plus m'entretenir de rançon, gentil héraut; ils n'en auront point d'autre que mon propre corps, et s'ils l'ont dans l'état où je compte le leur laisser, il leur servira à peu de chose; dis cela au connétable.

Montjoie. — Je le lui dirai, roi Henri. Là-dessus, adieu : tu n'entendras jamais plus un héraut te parler. (*Il sort.*)

Le roi Henri. — Je crains que tu ne viennes une fois encore m'entretenir de rançon.

Entre le duc d'York [11].

Le duc d'York. — Monseigneur, je vous supplie très-humblement à genoux de me donner le commandement de l'avant-garde.

Le roi Henri. — Prends-le, brave York. Maintenant, soldats, en avant, et toi, mon Dieu, dispose de ce jour à ta volonté! (*Ils sortent.*)

SCÈNE IV.

Le champ de bataille.

Alarmes; escarmouches. Entrent PISTOL, un soldat français *et* le page.

Pistol. — Rends-toi, chien!

Le soldat français. — *Je pense que vous êtes le gentilhomme de bonne qualité* (a).

(a). Toute la partie du dialogue que nous soulignons est en mauvais français dans l'original.

Pistol. — *Qualité! calité;* explique-moi ça; es-tu un gentilhomme? Quel est ton nom? Parle!

Le soldat français. — *O Seigneur Dieu!*

Pistol. — *O signieur Dew* doit être un gentilhomme. Fais bien attention à mes paroles, *O signieur Dew,* et tiens-les en mémoire. *O signieur Dew,* tu meurs de la pointe de ma colichemarde [12], à moins, *O signieur,* que tu ne me donnes une belle rançon.

Le soldat français. — *Oh! prennez miséricorde! ayez pitié de moy!*

Pistol. — Un *moy* d'or n'est pas assez [13]; je veux quarante *moys,* ou je tirerai ta rançon de ta gorge en gouttes de sang rouge.

Le soldat français. — *Est-il impossible d'échapper la force de ton bras?*

Pistol. — *Brass* [14]! du cuivre, chien! damné bouc libertin des montagnes, tu m'offres du cuivre?

Le soldat français. — *O pardonnez-moy!*

Pistol. — Que me dis-tu là? est-ce que tu me promets une *tonne de moys?* Viens ici, enfant; demande en français à cet esclave quel est son nom.

Le page. — *Escoutez: comment êtes-vous appelé?*

Le soldat français. — *Monsieur Lefer.*

Le page. — Il dit que son nom est M. Fer.

Pistol. — M. Fer! je le ferrerai, je le ferraillerai, et je le frotterai; dis-lui ça en français.

Le page. — Je ne sais pas les mots français pour dire ferrer, ferrailler et frotter.

Pistol. — Ordonne-lui de se préparer; car je vais lui couper la gorge.

Le soldat français. — *Que dit-il, Monsieur?*

Le page. — *Il me commande de vous dire que vous faites vous prest; car ce soldat icy est disposé tout à cette heure de couper votre gorge.*

Pistol. — *Oui, coupe le gorge, par ma foi, pesant;* à moins que tu ne me donnes des écus, de beaux écus, tu vas être mutilé par cette mienne épée.

Le soldat français. — *Oh, je vous supplie, pour l'amour*

de Dieu, me pardonner! Je suis le gentilhomme de bonne maison : gardez ma vie, et je vous donnerai deux cents écus.

Pistol. — Quelles sont ses paroles?

Le page. — Il vous prie d'épargner sa vie : il est gentilhomme de bonne maison, et, pour sa rançon il vous donnera deux cents écus.

Pistol. — Dis-lui que ma furie s'abattra, et que je prendrai les écus.

Le soldat français. — *Petit Monsieur, que dit-il?*

Le page. — *Encore qu'il est contre son jurement de pardonner aucun prisonnier ; néanmoins pour les écus que vous l'avez promis, il est content de vous donner la liberté, le franchisement.*

Le soldat français. — *Sur mes genoux, je vous donne mille remercîments ; et je m'estime heureux que je suis tombé entre les mains d'un chevalier, je pense, le plus brave, vaillant, et très-distingué Seigneur d'Angleterre.*

Pistol. — Traduis-moi cela, enfant.

Le page. — Il vous présente à genoux mille remercîments, et il s'estime heureux d'être tombé entre les mains d'un homme qui, pense-t-il, est le plus brave, le plus valeureux, et le plus digne Seigneur d'Angleterre.

Pistol. — Quoique je sois un buveur de sang, je veux montrer quelque clémence. Suis-moi. (*Il sort.*)

Le page. — *Suivez vous le grand capitaine.* (*Sort le soldat français.*) Je n'ai jamais vu une aussi forte voix sortir d'une poitrine aussi vide de courage; mais le proverbe est vrai : « le vase vide est le plus sonore. » Bardolph et Nym avaient dix fois plus de courage que ce diable hurleur de vieille comédie dont chacun peut rogner les ongles avec un poignard de bois [15], et ils sont tous deux pendus, et celui-là le serait, s'il avait le courage de commettre un vol sans prendre ses précautions. Il faut que je reste avec les laquais, avec le bagage de notre camp : les Français pourraient faire un fameux butin à nos dépens s'ils savaient l'état des choses, car il n'y a que des enfants pour garder nos bagages. (*Il sort.*)

SCÈNE V.

Une autre partie du champ de bataille.

Alarmes. Entrent LE DAUPHIN, LE CONNÉTABLE, LE DUC D'ORLÉANS, LE DUC DE BOURBON, RAMBURES *et autres*.

LE CONNÉTABLE. — *Oh diable !*

LE DUC D'ORLÉANS. — *O Seigneur, le jour est perdu ! tout est perdu*[16] !

LE DAUPHIN. — *Mort de ma vie !* tout est perdu, tout ! L'opprobre et la honte éternelle s'abattent en ricanant sur nos panaches. *O meschante fortune !* (*Courte alarme.*) Ne fuyez pas.

LE CONNÉTABLE. — Parbleu, tous nos rangs sont rompus.

LE DAUPHIN. — O honte éternelle ! poignardons-nous de nos mains. Sont-ce là les misérables que nous avons joués aux dés ?

LE DUC D'ORLÉANS. — Est-ce là le roi à qui nous avons envoyé demander rançon ?

LE DUC DE BOURBON. — Honte, éternelle honte, rien que honte ! Mourons avec honneur en revenant une fois encore à la charge, et que celui qui refuse de suivre maintenant Bourbon, parte d'ici et aille, comme un vil maquereau, garder chapeau en main, la porte de la chambre, pendant que sa plus belle fille sera souillée par un manant aussi peu noble que mon chien !

LE CONNÉTABLE. — Le désordre qui nous a ruinés, nous favorise maintenant ; allons en masse offrir nos vies à ces Anglais, ou bien mourons avec gloire !

LE DUC D'ORLÉANS. — Nous sommes encore assez d'hommes sur ce champ de bataille pour étouffer les Anglais, entre nos rangs, s'il était possible d'espérer un peu d'ordre.

LE DUC DE BOURBON. — Que le diable emporte l'ordre à cette heure ! je me jette au plus épais de la bataille ; faisons notre vie courte, sans cela la honte sera trop longue ! (*Ils sortent.*)

SCÈNE VI.

Une autre partie du champ de bataille.

Alarmes. Entrent LE ROI HENRI *avec des troupes,* EXETER, *et autres.*

LE ROI HENRI. — Nous avons bien travaillé, mes trois fois vaillants compatriotes; mais tout n'est pas fini, les Français tiennent encore le champ de bataille.

EXETER. — Le duc d'York se recommande à Votre Majesté.

LE ROI HENRI. — Vit-il, mon bon oncle? Trois fois, dans la durée de cette heure, je l'ai vu tomber, et trois fois se relever pour revenir au combat; du casque à l'éperon, il était tout sanglant.

EXETER. — C'est dans cette même parure qu'il est maintenant couché, engraissant la plaine, le brave soldat, et à son côté sanglant le noble comte de Suffolk, son camarade en blessures d'honneur, est aussi couché. Suffolk est mort le premier, et York, tout tailladé, vient à lui à la place où il gisait baigné dans son sang, et lui caresse la barbe; il embrasse les blessures qui ouvraient leurs bouches sanglantes sur son visage et crie tout haut: « Attends, mon cher cousin Suffolk! mon âme tiendra compagnie à la tienne dans le ciel; attends, douce âme, attends que la mienne prenne son vol; nous partirons ensemble, comme nous avons ensemble gardé notre chevalerie sur ce champ glorieux et bien disputé! » Sur ces mots, je me suis approché et j'ai essayé de ranimer son courage: il m'a regardé en souriant, m'a tendu la main, et, avec une faible étreinte, il m'a dit: « Cher Milord, recommandez mes services à mon Souverain. » Là-dessus, il s'est retourné, a jeté son bras blessé sur le cou de Suffolk et a baisé ses lèvres, et, ainsi marié à la mort, il a scellé de son sang le testament d'une amitié noblement finissante. La gentille et douce manière de cette action m'a fait monter ces eaux que j'aurais voulu retenir; mais je n'ai pas eu pour cela assez de l'homme en moi, et toute ma mère est venue dans mes yeux et m'a livré aux larmes.

Le roi Henri. — Je ne vous blâme pas, car en vous écoutant, je suis obligé de lutter avec le brouillard qui s'étend sur mes yeux; sans cela il se dissoudrait en pleurs. (*Alarme.*) Mais écoutez, qu'est-ce que c'est que cette alarme? les Français ont rallié leurs hommes épars : en ce cas, que tout soldat tue son prisonnier; donnez cet ordre dans toute l'armée[17]. (*Ils sortent.*)

SCÈNE VII.

Une autre partie du champ de bataille.

Alarmes. — *Entrent* FLUELLEN *et* GOWER.

Fluellen. — Tuer les pages et le *pagage!* c'est expressément contre la loi des armes : c'est le fait de la plus fieffée scéleratesse qui se *buisse* rencontrer; en votre conscience, n'êtes-vous pas de cet avis?

Gower. — Il est certain qu'il n'y a pas un seul page de vivant, et ceux qui ont commis ce massacre sont les lâches gredins qui avaient fui le champ de bataille : en outre, ils ont brûlé et emporté tout ce qui se trouvait dans la tente du roi; c'est pourquoi le roi a très-justement ordonné que chaque soldat coupât la gorge à son prisonnier. Oh! c'est un brave roi !

Fluellen. — Oui, il est né à Monmouth, capitaine Gower : comment appelez-vous la ville où naquit Alexandre le Gros?

Gower. — Alexandre le Grand.

Fluellen. — Parbleu, je vous prie de me dire si gros n'est pas la même chose que grand. Le gros, ou le grand, ou le puissant, ou le gigantesque, ou le magnanime, tout cela revient absolument au même, sauf qu'il y a dans la phrase quelques légères variations.

Gower. — Je crois qu'Alexandre le Grand était né en Macédoine ; son père était appelé Philippe de Macédoine, s'il m'en souvient bien.

Fluellen. — Je crois en effet que c'est en Macédoine qu'Alexandre est né. Je vous dis, capitaine, que si vous regardez dans les cartes du monde, vous trouverez, je vous l'assure, en comparant la Macédoine et Monmouth, que les situations, voyez-vous, sont absolument semblables. Il y a une rivière en Macédoine, et il y a aussi une rivière à Monmouth ; on l'appelle Wye à Monmouth ; mais le nom de l'autre rivière m'est sorti de la *tzervelle* : mais cela ne fait rien, cela se ressemble comme un de mes doigts ressemble à l'autre, et il y a des saumons dans toutes les deux. Si vous observez bien la vie d'Alexandre, vous trouverez que la vie de Harry de Monmouth s'accorde passablement bien avec elle ; car il y a des ressemblances en toutes choses. Alexandre, *Ticu* le sait, et vous le savez, dans ses rages, et ses furies, et ses emportements, et ses colères, et ses humeurs, et ses déplaisirs, et ses indignations, et aussi parce que sa *tzervelle* était un peu brouillée par l'ivresse, eh bien, voyez-vous, dans ses rasades et son courroux, il tua le plus *ger* de ses amis, Clytus.

Gower. — Notre roi ne lui ressemble pas en cela ; il n'a jamais tué aucun de ses amis.

Fluellen. — Cela n'est pas bien, faites-y attention, de m'arrêter les mots dans la bouche, avant que j'aie fini et complété ce que j'avais à dire. Je ne parle que par similitudes et comparaisons : de même qu'Alexandre tua son ami Clytus étant ivre et sans connaissance, ainsi Harry Monmouth étant de sang-froid et en pleine raison, congédia le gros chevalier à la grosse bedaine : il était plein de plaisanteries, de facéties, de drôleries, et de moqueries ; j'ai oublié son nom.

Gower. — Sir John Falstaff.

Fluellen. — C'est lui-même ; je vous dis qu'il est né à Monmouth de *praves* hommes.

Gower. — Voici venir Sa Majesté.

ACTE IV, SCENE VII.

Alarme. — *Entrent* LE ROI HENRI *avec une partie de ses forces;* WARWICK, GLOCESTER, EXETER *et autres.*

LE ROI HENRI. — Je n'avais pas été en colère depuis mon arrivée en France, jusqu'à ce moment. Héraut, prends une trompette ; galope jusqu'à ces cavaliers qui sont là-bas sur cette colline ; ordonne-leur de descendre s'ils veulent combattre avec nous, ou bien de vider les lieux ; ils offensent notre vue. S'ils ne veulent faire ni l'une ni l'autre chose, nous irons les trouver et nous les ferons décamper plus rapides que les cailloux lancés par les anciennes frondes assyriennes : en outre, nous égorgerons ceux que nous tenons, et pas un de ceux que nous prendrons n'éprouvera notre clémence : va, et dis-leur cela.

EXETER. — Voici venir le héraut de France, mon Suzerain.

GLOCESTER. — Son regard est plus humble qu'il ne l'était d'habitude.

Entre MONTJOIE.

LE ROI HENRI. — Eh bien, héraut, qu'est-ce que cela signifie? ne sais-tu pas que j'ai engagé mes os pour ma rançon? viens-tu encore me demander rançon?

MONTJOIE. — Non, grand roi : je viens vers toi solliciter ta charité de nous accorder la permission de parcourir ce champ de carnage pour reconnaître nos morts afin de les ensevelir, pour trier nos nobles d'entre nos simples soldats ; car beaucoup de nos princes, — ô malheureux jour ! — sont trempés et noyés dans un sang mercenaire, tandis que de leur côté nos morts vulgaires baignent leurs membres de paysans dans du sang de princes ; leurs coursiers blessés s'agitent ayant du sang jusqu'au fanon, et frappant de leurs sabots ferrés contre leurs maîtres morts, avec une rage sauvage, les tuent ainsi deux fois. O grand roi, donnez-nous permission de parcourir ce champ en toute sécurité et de disposer de leurs cadavres.

Le roi Henri. — Je te le dis sincèrement, héraut, je ne sais pas si la journée est ou n'est pas à nous ; car de nombreux détachements de vos cavaliers se montrent et galopent encore sur le champ de bataille.

Montjoie. — La journée vous appartient.

Le roi Henri. — 'Dieu en soit loué et non notre force ! Comment s'appelle ce château qui s'élève ici près ?

Montjoie. — On l'appelle Azincourt.

Le roi Henri. — Alors nous appellerons cette bataille, la bataille d'Azincourt, livrée le jour des Saints Crépin et Crépinien.

Fluellen. — Votre grand-père de fameuse mémoire, plaise à Votre Majesté, ainsi que votre grand-oncle Édouard, le noir prince de Galles, ainsi que je l'ai lu dans les chroniques, livrèrent une très-*prave pataille*, ici, en France.

Le roi Henri. — Oui, Fluellen.

Fluellen. — Votre Majesté dit très-vrai : si Votre Majesté se le rappelle, les Gallois firent un *pon* service dans un jardin où poussaient des poireaux, en portant des poireaux à leurs chapeaux de Monmouth[18], ce qui, Votre Majesté le sait, est aujourd'hui un signe d'honorable service : et je crois que Votre Majesté ne dédaigne pas de porter un poireau le jour de la Saint-*Tavid*.

Le roi Henri. — Je le porte comme un souvenir d'honneur ; car je suis Gallois, vous savez, mon bon compatriote.

Fluellen. — Toute l'eau de la Wye ne suffirait pas à laver de votre corps le sang gallois de Votre Majesté, je puis vous dire cela : *Tieu* le *pénisse* et le préserve aussi longtemps qu'il plaira à sa grâce et à sa majesté aussi !

Le roi Henri. — Merci, mon bon compatriote.

Fluellen. — Je suis le compatriote de Votre Majesté ; le sache qui voudra, peu m'importe par *Chesu :* je le confesserai au monde entier. Je n'ai pas à craindre d'être honteux de Votre Majesté, louanges en soient à *Tieu*, tant que Votre Majesté restera honnête homme.

Le roi Henri. — 'Dieu me conserve tel ! — Nos hérauts, allez avec lui, et rapportez-nous le compte exact des morts des deux côtés. (*Sortent Montjoie et d'autres.*) Appelez-moi ce camarade qui est là-bas. (*Il désigne Williams.*)

Exeter. — Soldat, il vous faut venir devant le roi.

Le roi Henri. — Soldat, pourquoi portes-tu ce gant à ton chapeau?

Williams. — N'en déplaise à Votre Majesté, c'est le gage d'un homme avec lequel je dois me battre, s'il est vivant.

Le roi Henri. — Un Anglais?

Williams. — N'en déplaise à Votre Majesté, un gredin, qui m'a querellé la nuit dernière : s'il est vivant et qu'il ose reconnaître ce gant, j'ai juré de lui donner une giffle sur l'oreille; ou bien si je puis voir mon gant à son chapeau (qu'il a juré, sur son honneur de soldat, de porter, s'il était vivant), je le lui enlèverai rondement.

Le roi Henri. — Qu'en pensez-vous, capitaine Fluellen? Est-il convenable que ce soldat tienne son serment?

Fluellen. — S'il ne le fait pas, sur ma conscience, c'est un couard et un coquin, n'en déplaise à Votre Majesté.

Le roi Henri. — Il se peut que son ennemi soit un gentilhomme de haut grade, qui ne puisse pas faire raison à un homme de sa condition.

Fluellen. — Quand il serait un aussi bon gentilhomme que le *Tiable*, que Lucifer et *Péelzebuth*, il est nécessaire, voyez-vous, Majesté, qu'il garde son vœu et son serment. S'il se parjurait, voyez-vous bien, sa réputation serait celle du plus fieffé coquin et du plus grand goujat qui ait jamais posé son soulier noir sur la terre et les terrains de *Tieu*, en conscience, là.

Le roi Henri. — Alors, maraud, garde ton serment lorsque tu rencontreras le camarade.

Williams. — Ainsi ferai-je, mon Suzerain, si je vis.

Le roi Henri. — Sous qui sers-tu?

Williams. — Sous le capitaine Gower, mon Suzerain.

Fluellen. — Gower est un *pon* capitaine, est *pien* érudit et *pien* lettré dans les choses de la guerre.

Le roi Henri. — Dis-lui de venir me trouver, soldat.

Williams. — J'y vais, mon Suzerain. (*Il sort.*)

Le roi Henri. — Avance ici, Fluellen ; attache cette faveur à ton chapeau, et porte-la pour moi : lorsque nous sommes tombés, Alençon et moi [19], j'ai enlevé ce gant de son heaume : si quelqu'un le reconnaît, c'est un ami d'Alençon et un ennemi de notre personne : si tu rencontres un tel individu, arrête-le, si tu m'aimes.

Fluellen. — Votre Grâce me fait un aussi grand honneur qu'en puissent désirer les cœurs de ses sujets. Je voudrais *pien* voir l'homme n'ayant que deux jambes qui se trouvera offensé de ce gant, voilà tout : mais je voudrais le voir une fois ; plaise à *Tieu* dans sa grâce que je le voie.

Le roi Henri. — Connais-tu Gower ?

Fluellen. — C'est mon cher ami, ne vous en déplaise.

Le roi Henri. — Je t'en prie, cherche-le et amène-le sous ma tente.

Fluellen. — Je vais aller le chercher. (*Il sort.*)

Le roi Henri. — Milord de Warwick, et vous, mon frère Glocester, serrez de près Fluellen aux talons : le gant que je lui ai donné à porter en guise de faveur, pourrait bien lui valoir une giffle sur l'oreille ; c'est celui du soldat ; je devrais, pour être fidèle à ma promesse, le porter moi-même. Suivez-le, cousin Warwick : si le soldat le frappait (et je juge, d'après son air résolu, qu'il est capable de tenir sa parole), il peut en résulter quelque malheur subit ; car je connais Fluellen pour vaillant, vif comme la poudre lorsqu'il est pris de colère, et capable de rendre rapidement l'injure qui lui serait faite : suivez-le et veillez à ce qu'il n'arrive entre eux aucun accident. Venez avec moi, mon oncle d'Exeter. (*Ils sortent.*)

SCÈNE VIII.

Devant le pavillon du ROI HENRI.

Entrent GOWER *et* WILLIAMS.

WILLIAMS. — Je vous garantis que c'est pour vous faire chevalier, capitaine.

Entre FLUELLEN.

FLUELLEN. — Par la volonté de *Tieu* et son *pon* plaisir, capitaine, je vous prie de *pien* vite courir maintenant auprès du roi : il y a peut-être plus de *pien* pour vous dans l'air que vous ne sauriez en rêver.

WILLIAMS. — Monsieur, connaissez-vous ce gant?

FLUELLEN. — Si je connais ce gant? je sais que ce gant est un gant.

WILLIAMS. — Je le connais, moi, et voilà comment je le réclame. (*Il le frappe.*)

FLUELLEN. — Sangdieu! voilà un traître fieffé, s'il en est dans le monde *universel*, ou en France, ou en Angleterre!

GOWER. — Qu'est-ce à dire, Monsieur? scélérat que vous êtes!

WILLIAMS. — Pensez-vous que je veuille me parjurer?

FLUELLEN. — Reculez-vous, capitaine Gower; je vais lui payer sa trahison en coups, je vous en réponds.

WILLIAMS. — Je ne suis pas un traître.

FLUELLEN. — Tu en as menti par la gorge. Je vous l'ordonne au nom de Sa Majesté, arrêtez-le; c'est un ami du duc d'Alençon.

Entrent WARWICK *et* GLOCESTER.

WARWICK. — Eh bien! eh bien! qu'y a-t-il?

FLUELLEN. — Milord de Warwick, voici mise en lumière, voyez-vous, et *Tieu* en soit loué! la plus contagieuse trahison que vous puissiez voir dans votre vie. Voici Sa Majesté.

Entrent LE ROI HENRI *et* EXETER.

LE ROI HENRI. — Eh bien ! qu'y a-t-il ?

FLUELLEN. — Mon Suzerain, c'est un scélérat et un traître, qui, voyez-vous, Majesté, a frappé le gant que Votre Altesse avait enlevé du heaume d'Alençon.

WILLIAMS. — Mon Suzerain, c'était mon gant ; voici le pareil, et celui avec qui j'ai fait échange, m'avait promis de le porter à son chapeau, et moi j'avais promis de le frapper s'il le faisait : j'ai rencontré cet homme avec mon gant à son chapeau, et j'ai été aussi bon que ma parole.

FLUELLEN. — Votre Majesté entend à cette heure (sauf le respect dû à Votre Majesté) quelle fieffée canaille de drôle mendiant et pouilleux cela fait. Votre Majesté, je l'espère, me sera *breuve*, témoin et attestation, que c'est bien là le gant d'Alençon que Votre Majesté m'a donné tout à l'heure, en bonne conscience.

LE ROI HENRI. — Donne-moi ton gant, soldat ; regarde, voici le pareil. C'est moi, en vérité, que tu avais promis de frapper, et tu m'as adressé de très-cruelles injures.

FLUELLEN. — Plaise à Votre Majesté, son cou doit répondre de cela, s'il existe au monde une loi martiale.

LE ROI HENRI. — De quelle manière peux-tu me donner satisfaction ?

WILLIAMS. — Toutes les offenses viennent du cœur, mon Suzerain ; et il n'est jamais rien sorti du mien qui ait pu offenser Votre Majesté.

LE ROI HENRI. — C'est notre personne même que tu as injuriée.

WILLIAMS. — Votre Majesté ne s'est pas présentée comme elle-même : vous m'avez paru un homme ordinaire ; la faute en est à la nuit, à vos vêtements et à votre familiarité ; ce que Votre Altesse a pu souffrir sous cette forme, je vous prie de le considérer comme votre faute et non comme la mienne ; car si vous aviez été ce que je

ACTE IV, SCÈNE VIII.

vous croyais, il n'y aurait pas eu offense. Par conséquent, je conjure Votre Altesse de me pardonner.

Le roi Henri. — Allons, mon oncle Exeter, remplissez ce gant d'écus et donnez-le à ce camarade. Prends-le, camarade, et porte-le à ton chapeau en signe d'honneur, jusqu'à ce que je te provoque à son sujet. Donnez-lui les écus; quant à vous, capitaine, il vous faut absolument faire la paix avec lui.

Fluellen. — Par ce jour et cette lumière, le camarade a passablement de cœur au ventre. Tenez, voici douze *pence* pour vous, et je vous prie de servir *Tieu*, et de vous tenir hors des querelles, et des bagarres, et des bisbilles, et des dissensions, et je vous le déclare, c'est le meilleur pour vous.

Williams. — Je ne veux pas de votre argent.

Fluellen. — C'est de bon cœur; je vous le dis, cela vous servira pour faire raccommoder vos souliers. Voyons, pourquoi faites-vous tant le fier? vos souliers ne sont déjà pas si *pons* : c'est un *pon* shilling, je vous le déclare; s'il ne l'est pas, je vous le changerai.

Entre un héraut anglais.

Le roi Henri. — Eh bien, héraut, les morts sont-ils comptés?

Le héraut. — Voici le chiffre des Français tués. (*Il remet un papier au roi.*)

Le roi Henri. — Quels sont nos prisonniers de marque, mon oncle?

Exeter. — Charles, duc d'Orléans, neveu du roi; Jean, duc de Bourbon, et le Seigneur de Boucicault; plus un chiffre rond de quinze cents autres seigneurs, barons, chevaliers et écuyers, sans compter les prisonniers vulgaires.

Le roi Henri. — Cette note me parle de dix mille Français qui sont couchés sur le champ de bataille. Dans ce nombre de morts se trouvent cent vingt-six princes et nobles portant bannière; il faut ajouter à cette liste, huit mille quatre cents chevaliers, écuyers et vaillants gentilshommes, dont cinq cents avaient été faits chevaliers hier seulement : si bien que, sur les dix mille qu'ils ont perdus, il n'y a que seize cents mercenaires ; le reste se compose de princes, de barons, de seigneurs, de chevaliers, d'écuyers, et de gentilshommes de sang et de qualité. Voici les noms de ceux de leurs nobles qui sont morts : Charles d'Albret, grand connétable de France ; Jacques de Châtillon, amiral de France ; le chef des arbalétriers, le Seigneur de Rambures ; le grand maître de France, le brave Sire Guichard Dauphin ; Jean, duc d'Alençon ; Antoine, duc de Brabant, frère du duc de Bourgogne ; Édouard, duc de Bar : parmi les vaillants comtes, Grandpré et Roussi, Fauconberg et Foix, Beaumont et Marle, Vaudemont et Lestrales. Voilà une royale assemblée de morts ! Où est le chiffre de nos morts anglais ? (*Le héraut lui présente un autre papier.*) Édouard, duc d'York, le comte de Suffolk, Sir Richard Ketly, David Gam, écuyer [20] : nul autre de nom ; pour tout le reste, un chiffre de vingt-cinq seulement. O Dieu, ton bras combattait ici ; c'est à ton bras seul, et non à nous, que nous devons tout attribuer ! Quand donc, sans stratagème aucun, par le fait du simple choc et du jeu naturel du combat, a-t-on jamais vu perte si grande d'un côté et si petite de l'autre ? Prends-en la gloire, ô mon Dieu, car elle n'appartient pas à d'autre qu'à toi !

Exeter. — C'est merveilleux !

Le roi Henri. — Allons, marchons en procession vers le village, et qu'on fasse proclamer à travers notre armée, qu'il y a peine de mort pour quiconque se vantera de cette victoire, et cherchera à retirer à Dieu une gloire qui n'appartient qu'à lui seul.

Fluellen. — Plaise à Votre Majesté, ne serait-il pas légitime de proclamer le chiffre des morts ?

Le roi Henri. — Oui, capitaine, mais en reconnaissant que Dieu a combattu pour nous.

Fluellen. — Oui, sur ma conscience, il nous a fait grand *pien*.

Le roi Henri. — Accomplissons toutes les cérémonies saintes ; qu'on fasse chanter un *Non nobis* et un *Te Deum* [21] ;

que les morts soient charitablement mis en terre : puis à Calais, et de là en Angleterre, où n'arrivèrent jamais de France gens plus heureux. (*Ils sortent.*)

ACTE V.

Entre LE CHOEUR.

Le choeur. — Que ceux qui n'ont pas lu l'histoire me permettent de les en instruire ; et quant à ceux qui l'ont lue, je les prie humblement d'excuser cet abrégé du temps, des chiffres et de la succession historique des événements, qui ne peuvent être ici présentés dans leur vaste et vivante réalité. Maintenant nous transportons le roi à Calais : accordez qu'il y est arrivé ; contemplez-l'y, puis prenez-le sur vos pensées ailées, et faites-lui traverser la mer. Regardez, la plage anglaise borde les flots d'une palissade d'hommes, de femmes, d'enfants, dont les applaudissements et les acclamations étouffent la profonde voix de la mer, qui, comme une trompette gigantesque, précède le roi et semble lui préparer le chemin[1]. Faisons-le débarquer et regardons-le solennellement installé à Londres. La pensée va d'un pas si rapide, que cela à peine dit, vous pouvez l'imaginer à Blackheath, où ses Lords ont désiré qu'on fît porter son heaume fendu et son épée tordue devant lui, pendant son passage à travers les rues de la ville ; il s'y est opposé, étant exempt de vanité et de glorieux orgueil personnel, rapportant à Dieu tous ses trophées, tous ses triomphes, toutes ses gloires. Maintenant, dans la forge active et l'atelier de votre pensée, regardez comme Londres verse à flots ses citoyens ; le maire et tous ses confrères, dans leur plus solennel costume, pareils aux sénateurs de l'antique Rome, avec les plébéiens grouillant à leurs talons, sortent et vont chercher leur César pour le recevoir. Ainsi, pour choisir un exemple moins haut, mais qui nous touche au cœur, serait reçu aujourd'hui (et le jour peut venir où il le sera), le général[2] de notre gracieuse souveraine, revenant d'Irlande et apportant la rébellion embrochée dans son épée. Combien d'hommes quitteraient la cité paisible pour lui souhaiter la bienvenue ! Or, plus grande encore, — plus grand étant le sujet de joie, — est cette foule qui se porte au-devant de Harry. Maintenant, après l'avoir installé à Londres, où l'accablement douloureux des Français lui permet de rester, — l'empereur[3] intervenant d'ailleurs par amitié pour France, afin d'établir la paix entre eux, — omettons tous les faits de quelque nature qu'ils soient qui se passent jusqu'au retour de Harry en France. C'est là que nous le ramenons, et moi j'ai représenté l'intérim en vous rappelant ce qui s'est passé. Pardonnez cet abrégé, et que vos yeux, suivant la direction de vos pensées, regardent immédiatement vers la France. (*Sort le chœur.*)

SCÈNE PREMIÈRE.

En France. — Un corps de garde anglais.

Entrent FLUELLEN *et* GOWER.

Gower. — Parbleu, c'est juste ; mais pourquoi portez-vous votre poireau aujourd'hui ? le jour de la Saint-David est passé.

Fluellen. — Il y a en toutes choses des occasions et des causes de pourquoi et de parce que. Je veux vous le dire, comme à mon ami, capitaine Gower ; ce drôle, cette canaille, ce galeux, ce mendiant, ce pouilleux de Pistol, que vous, et moi, et tout le monde, connaissons pour n'être qu'un garçon sans aucun mérite, voyez-vous, il est venu hier à moi, m'apportant du pain et du sel, voyez-

ACTE V, SCÈNE I.

vous, et me commandant de manger mon poireau : c'était dans un endroit où je ne pouvais pas engager de dispute ; mais j'aurai *l'hardiesse* de le porter à mon chapeau jusqu'à ce que je le revoie encore une fois, et alors je lui dirai quelque chose de mes intentions.

GOWER. — Parbleu, le voici qui vient en faisant la roue comme un dindon.

FLUELLEN. — Je m'inquiète peu de ses roues et de ses dindons.

Entre PISTOL.

FLUELLEN. — *Tieu* vous *pénisse*, enseigne Pistol ! drôle pouilleux, teigneux, *Tieu* vous *pénisse !*

PISTOL. — Ah ! es-tu un habitant de Bedlam ? as-tu soif de me voir déployer la toile fatale de la Parque, vil Troyen ? Arrière ! l'odeur du poireau me fait trouver mal.

FLUELLEN. — Je désire de tout mon cœur, drôle teigneux, pouilleux, qu'à ma prière, à ma demande, à ma requête, vous mangiez ce poireau, voyez-vous ; c'est précisément, voyez-vous, parce que vous ne l'aimez pas, et que votre goût, votre appétit et votre digestion ne s'accordent pas avec lui, que je désire que vous le mangiez.

PISTOL. — Pas pour Cadwallader et tous ses boucs [4].

FLUELLEN. — Voici un bouc pour vous. (*Il le frappe.*) Voulez-vous être assez *pon* pour manger cela, drôle galeux ?

PISTOL. — Vil Troyen, tu mourras.

FLUELLEN. — Vous dites très-vrai, drôle galeux, je mourrai quand il plaira à *Tieu*. En attendant, je désire que vous viviez pour manger vos victuailles ; tenez, voilà de la sauce pour elles. Vous m'avez appelé hier un *squire* de montagnes ; mais je m'en vais vous faire aujourd'hui *squire* des plates terres. (*Il le frappe.*) Je vous en prie, mordez-y ; si vous pouvez vous moquer d'un poireau, vous pouvez bien manger un poireau.

GOWER. — Assez, capitaine, vous l'avez abasourdi.

FLUELLEN. — Je dis que je lui ferai manger une partie de mon poireau, ou bien je calotterai sa caboche pendant quatre jours. Mordez, je vous *brie;* c'est très-*pon* pour vos fraîches blessures et pour votre figure écarlate de faquin.

Pistol. — Mordrai-je?

Fluellen. — Oui, certainement, et incontestablement, et hors de question et d'ambiguïtés aussi.

Pistol. — Par ce poireau, je me vengerai très-horriblement; je mange, je mange, mais je jure....

Fluellen. — Mangez, je vous *brie :* voulez-vous un peu plus de sauce à votre poireau? le poireau n'est pas assez long pour jurer dessus.

Pistol. — Fais taire ton bâton; tu vois que je mange.

Fluellen. — Grand *pien* vous fasse; je vous adresse ce vœu de tout cœur, drôle galeux. Mais, je vous en *brie,* n'en jetez rien; la peau est *ponne* pour votre caboche bâtonnée. Quand vous aurez par la suite l'occasion de voir des poireaux, moquez-vous d'eux : voilà tout.

Pistol. — Bon.

Fluellen. — Oui, les poireaux sont *pons :* tenez, voici un *groat* pour guérir votre caboche.

Pistol. — A moi, un *groat!*

Fluellen. — Oui, vraiment, et en vérité vous le prendrez, ou je tirerai de ma poche un autre poireau que vous mangerez.

Pistol. — Je prends ton *groat* avec l'espoir de me venger.

Fluellen. — Si je vous dois quelque chose, je vous le payerai en bâtons; vous deviendrez marchand de fagots, et vous n'achèterez de moi que des bâtons. *Tieu* soit avec vous, et vous garde, et guérisse votre caboche! (*Il sort.*)

Pistol. — Tout l'enfer retentira de cela.

Gower. — Allons donc, vous êtes un lâche coquin de faux brave. Osez-vous vous moquer d'une ancienne tradition, qui a pris son origine dans une action d'honneur et qui a été continuée comme trophée d'une valeur passée, vous qui n'osez soutenir aucune de vos paroles par vos actes? Je vous ai vu railler et gouailler ce gentilhomme deux ou trois fois. Vous vous imaginiez que parce qu'il ne savait pas parler l'anglais avec sa prononciation native, il ne pourrait manier un gourdin anglais : vous avez appris qu'il en était autrement ; que désormais donc une correction galloise vous enseigne de bonnes manières anglaises. Portez-vous bien. (*Il sort.*)

Pistol. — Est-ce que la fortune veut me faire maintenant mauvaise mine ? J'ai reçu la nouvelle que ma Nell est morte à l'hôpital de la maladie de la France, et voilà maintenant mon refuge tout à fait fermé de ce côté-là. Je deviens vieux, et l'honneur a été tiré à coups de bâton de mes membres fatigués. Bon, je me ferai maquereau et m'exercerai quelque peu à couper les bourses d'une main adroite. Je vais *m'envoler* en Angleterre, et là je *volerai :* je mettrai des emplâtres sur ces cicatrices, et je jurerai que je les ai gagnées dans les guerres de France.

(*Il sort.*)

SCÈNE II.

Troyes en Champagne. — Un appartement dans le palais du roi de France.

Entrent d'un côté le roi HENRI, BEDFORD, GLOCESTER, EXETER, WARWICK, WESTMORELAND, *et autres* lords ; *de l'autre côté,* le roi CHARLES, la reine ISABELLE, la princesse CATHERINE, le duc de BOURGOGNE *et sa suite*, des seigneurs, des dames, *etc.*

Le roi Henri. — Paix à cette assemblée, d'autant mieux que c'est pour la paix que nous nous sommes réunis ! Salut et bonheur à notre frère et à notre sœur de France : joie et réalisation des meilleurs vœux pour notre très-belle et royale cousine, Catherine ; nous vous saluons aussi, vous, duc de Bourgogne, comme une branche et un membre de cette royauté, vous par qui cette grande assemblée est réunie ; et vous, princes et pairs de France, santé à vous tous !

Le roi Charles. — Nous sommes très-joyeux de con-

templer votre visage, notre très-digne frère d'Angleterre;
vous êtes le très-bienvenu ; bienvenus aussi, vous tous,
princes anglais.

La reine Isabelle. — Frère d'Angleterre, que l'issue
de cette bonne journée et de cette gracieuse réunion soit
aussi heureuse que nous sommes maintenant joyeuse
de contempler vos yeux, vos yeux qui jusqu'à présent ont
lancé contre les Français qui les ont rencontrés dans leur
courroux, les mortels projectiles des meurtriers basilics [5] :
nous sommes heureuse d'espérer que le poison de ces regards a perdu sa vertu, et que cette journée changera
en sentiments affectueux tous griefs et querelles.

Le roi Henri. — C'est pour répondre *Amen* à ces vœux
que nous sommes ici.

La reine Isabelle. — Je vous salue tous, princes anglais.

Le duc de Bourgogne. — Mes devoirs à tous deux,
grands rois de France et d'Angleterre, avec une égale
affection! Vos Altesses me sont, toutes les deux, les meilleurs témoins que, pour amener cette conférence et cette
royale entrevue entre vos majestés souveraines, je n'ai
épargné ni les ressources de mon esprit, ni mes peines,
ni mes plus grands efforts. Puisque mon entreprise a si
bien réussi, que vous voilà réunis face contre face, les
yeux sur les yeux, ne me rebutez pas si j'ose demander,
devant cette royale assemblée, quels sont l'obstacle et
l'empêchement qui s'opposent à ce que la paix, chère
nourrice des arts, de l'abondance et des joyeuses naissances, aujourd'hui nue, pauvre et mutilée, relève son
aimable visage dans notre fertile France, le plus beau
jardin du monde? Hélas! voilà trop longtemps qu'elle est
chassée de notre France, et que tous ses instruments de
richesse gisent entassés, faisant se corrompre ainsi
sa propre fertilité. Sa vigne, cette gaie consolatrice du
cœur, meurt sans être taillée : ses haies, autrefois bien
tressées, pareilles à des prisonniers dont la chevelure
a crû dans un désordre sauvage, poussent maintenant
des brindilles entremêlées ; dans ses champs laissés en jachère croissent l'ivraie, la ciguë, et la tenace fumeterre,

tandis que se rouillent les socs qui auraient dû déraciner toutes ces mauvaises herbes : la prairie à surface plane où fleurissaient si joliment la primevère tachetée, la pimprenelle et le trèfle vert, la faulx manquant, devient fertile à rebours, enfante avec stérilité, et ne foisonne plus que d'odieuses rhubarbes, de chardons épineux, de ciguë, de glouterons, perdant ainsi à la fois sa beauté et son utilité. Et de même que nos vignobles, nos champs, nos prairies et nos haies, retournent à l'état sauvage par suite de l'abandon où ils sont tombés, ainsi nos familles, nous-mêmes et nos enfants, nous avons désappris, ou, faute de temps, nous n'apprenons plus les sciences qui seraient profitables à notre pays ; mais, — ainsi qu'il arrive aux soldats qui ne pensent qu'au carnage, — comme des sauvages, nous contractons toutes sortes d'habitudes monstrueuses, blasphèmes, regards farouches, costume débraillé. C'est pour nous ramener à notre état premier que vous êtes assemblés, et mon discours a pour but de vous prier de me dire quel obstacle s'oppose à ce que l'aimable paix expulse ces accidents nuisibles et nous ramène la bénédiction de ses faveurs antérieures.

Le roi Henri. — Duc de Bourgogne, si vous désirez la paix, dont l'absence donne force aux vices que vous avez cités, vous pouvez l'acheter, cette paix, en accordant complète satisfaction à toutes nos justes demandes, dont vous avez entre les mains, brièvement rédigées, et la teneur générale, et les conditions particulières.

Le duc de Bourgogne. — Le roi les a entendues, et il n'y a pas encore répondu.

Le roi Henri. — Eh bien donc, la paix que vous réclamez avec tant d'insistance, dépend de vous.

Le roi Charles. — Je n'ai encore fait que parcourir ces articles d'un œil rapide : s'il plaît à Votre Grâce de désigner quelques-uns des membres de votre conseil pour conférer une fois encore avec nous, nous les examinerons de nouveau avec plus de soin, et nous vous donnerons immédiatement notre agrément et notre réponse définitive.

Le roi Henri. — Nous y consentons, mon frère. Allez, mon oncle Exeter, — et vous, mon frère Clarence, — et vous, mon frère Glocester, — et vous, Warwick, — et Huntington, — allez avec le roi ; nous vous donnons libre pouvoir de ratifier, d'expliquer ou de modifier, selon que vos sagesses le jugeront avantageux pour notre dignité, toutes les conditions comprises ou non dans nos demandes, et nous souscrirons à vos décisions. Ma très-belle sœur, voulez-vous aller avec les princes, ou rester ici avec nous ?

La reine Isabelle. — Notre gracieux frère, j'irai avec eux : peut-être la voix d'une femme rendra-t-elle quelque service, dans le cas où l'on appuierait avec trop d'insistance sur certains articles.

Le roi Henri. — Laissez cependant notre cousine Catherine ici, avec nous : elle est notre principale demande, et la première en tête de toutes.

La reine Isabelle. — Elle en a pleine permission.

(*Tous sortent, excepté le roi Henri, Catherine, et Alice.*)

Le roi Henri. — Belle et très-belle Catherine, voudriez-vous faire à un soldat la grâce de lui enseigner des paroles qui soient dignes de pénétrer dans l'oreille d'une Dame et de plaider auprès de son gentil cœur la cause de son amour ?

Catherine. — Votre Majesté se moquera de moi ; je ne sais pas parler votre anglais.

Le roi Henri. — O belle Catherine, si vous voulez m'aimer solidement avec votre cœur français, je serai heureux de vous entendre confesser votre amour en langue anglaise incorrecte. *Do you like me*, Catherine ?

Catherine. — *Pardonnez-moy*, je ne puis dire ce que c'est que *like me*[6].

Le roi Henri. — Un ange est *like* vous, Catherine, c'est-à-dire que vous êtes comme un ange.

Catherine. — *Que dit-il ? que je suis semblable à les anges ?*

Alice. — *Ouy, vraiment, sauf Votre Grâce, ainsi dit-il.*

ACTE V, SCÈNE II.

Le roi Henri. — Je l'ai dit, chère Catherine, et je ne rougis pas de l'affirmer.

Catherine. — *Oh, bon Dieu! les langues des hommes sont pleines de tromperies.*

Le roi Henri. — Que dit-elle, belle demoiselle? que les langues des hommes sont pleines de tromperies?

Alice. — *Ouy; que les langues de hommes est être pleines de tromperies; c'est cela de la princesse.*

Le roi Henri. — La princesse est celle qui parle le mieux anglais de vous deux. Sur ma foi, Catherine, ma galanterie est juste d'accord avec ton intelligence de notre langue. Je suis heureux que tu ne saches pas mieux parler l'anglais, car si tu l'entendais mieux, tu trouverais en moi un roi si simple que tu penserais que j'ai vendu ma ferme pour acheter ma couronne. Je ne sais pas me faufiler en amour par quatre chemins, et toute ma science consiste à vous dire directement, je vous aime : si vous insistez dans vos réponses plus loin qu'un, — *est-ce bien vrai?* vous me mettez au pied du mur. Donnez-moi votre réponse; faites cela, ma foi; là-dessus, frappons-nous dans la main et concluons l'affaire. Qu'en dites-vous, Dame?

Catherine. — *Sauf votre honneur, moi entendre bien.*

Le roi Henri. — Parbleu, si vous exigiez que je fisse des vers ou que je dansasse pour vous plaire, Catherine, vous me désarçonneriez; car pour une de ces deux choses, je n'ai ni les mots ni la mesure, et pour l'autre, je n'ai ni mesure, ni force, et cependant j'ai une force d'une raisonnable mesure. Si je pouvais conquérir une dame au cheval fondu, ou en sautant en selle avec mon armure sur le dos, je puis dire, sans courir risque d'être taxé d'une grande vanterie, que j'aurais bientôt attrapé une femme : ou bien s'il me fallait boxer pour ma bien-aimée, ou faire caracoler mon cheval pour obtenir son amour, je pourrais m'acquitter de la première de ces conditions comme un boucher, ou me tenir en selle comme un saltimbanque, sans broncher. Mais, Catherine, je ne sais pas faire les yeux doux, ni me répandre en éloquence, et je ne mets aucune adresse dans mes protestations; je ne connais que de bons serments, bien francs, que je ne fais que lorsque nécessité il y a, et que la nécessité ne peut me contraindre à violer. Si tu peux goûter un compagnon de ce caractère-là, Catherine, un compagnon dont la face ne vaut plus la peine d'être brûlée du soleil, qui ne regarde jamais dans son miroir pour l'amour de quoi que ce soit qu'il y puisse voir, eh bien alors, que ton œil soit ton cuisinier. Je te parle en franc soldat : si tu peux m'aimer pour cette qualité, prends-moi; sinon, si je te dis que je mourrai, je te dirai vrai, mais d'amour pour toi, non par le Seigneur; et cependant je t'aime vraiment. Tant que tu vivras, chère Catherine, choisis un époux d'une constance simple, d'une constance à l'état de lingot et qui ne soit pas monnayée; car il remplira forcément ses devoirs envers toi, précisément parce qu'il n'aura pas le moyen de faire sa cour ailleurs[7] : quant à ces compères aux langages infiniment variés qui s'insinuent par la rime dans les faveurs des dames, ils s'en font bientôt chasser par la raison. Parbleu, un parleur n'est qu'un babillard; une pièce de vers n'est qu'une ballade. Une bonne jambe se fatiguera ; un dos robuste se courbera ; une barbe noire deviendra blanche; une tête bouclée deviendra chauve; un œil saillant deviendra creux; mais un bon cœur, Catherine, est le soleil et la lune; ou plutôt le soleil et non la lune; car sa lumière est rayonnante, et il ne change jamais, mais garde son cours invariable. Si tu veux un tel homme, prends-moi : en me prenant, prends un soldat; en prenant un soldat, prends un roi. Eh bien, que réponds-tu à mon amour? Parle, ma belle, et donne-moi, je t'en prie, une bonne réponse.

CATHERINE. — Est-il possible que je puisse aimer *le* ennemi de la France?

LE ROI HENRI. — Non, il n'est pas possible que vous aimiez l'ennemi de la France, Catherine : mais si vous m'aimiez, vous aimeriez l'ami de la France; car j'aime tant la France que je ne veux pas perdre un seul de ses villages; je la veux toute à moi : et lorsque la France

ACTE V, SCÈNE II.

sera mienne, Catherine, et que je serai vôtre, alors la France sera vôtre, et vous serez mienne.

CATHERINE. — Je ne puis dire ce que *cela est*.

LE ROI HENRI. — Non, Catherine? je vais te le dire en français; ce qui fera que les mots, j'en suis sûr, vont me rester suspendus à la langue comme une nouvelle mariée se suspend au cou de son mari, c'est-à-dire de manière à pouvoir à peine s'en détacher. *Quand j'ai la possession de France et que vous avez la possession de moi...*, voyons un peu, comment dire maintenant? Saint Denys, venez-moi en aide! *donc vostre est France et vous êtes mienne*. Il me serait aussi facile de conquérir le royaume, Catherine, que de parler davantage en français : je ne te procurerai jamais aucune émotion en français, si ce n'est celle de te faire rire.

CATHERINE. — *Sauf votre honneur, le français que vous parlez est meilleur que l'anglais, lequel je parle*.

LE ROI HENRI. — Non, ma foi, il ne l'est pas, Catherine; mais il faut avouer que la manière dont tu parles ma langue, et celle dont je parle la tienne, peuvent marcher de pair pour leur très-sincère fausseté. Mais, Catherine, comprends-tu assez d'anglais pour entendre cette phrase : peux-tu m'aimer?

CATHERINE. — Je ne puis le dire.

LE ROI HENRI. — Quelqu'une des personnes de votre voisinage peut-il le dire, Catherine? je le leur demanderai. Allons, je sais que tu m'aimes, et ce soir, lorsque vous vous retirerez dans votre cabinet de toilette, vous questionnerez cette demoiselle sur ma personne, et je sais, Catherine, que vous dénigrerez devant elle, celles de ces qualités que vous aimez en moi ; mais, ma bonne Catherine, moquez-vous de moi avec indulgence, d'autant mieux, gentille princesse, que je vous aime cruellement. Si jamais tu es à moi, Catherine, comme j'ai en moi la foi parfaite que tu le seras, je t'aurai conquise par la guerre, et tu ne pourras par conséquent manquer de devenir une nourrice de bons soldats. Ne pourrions-nous, toi et moi entre saint Denys et saint Georges, faire un enfant, à moitié français, à moitié anglais, qui s'en ira à Constantinople, et prendra le Turc par la barbe[8]? Ne pourrions-nous le faire? qu'en dis-tu, ma belle fleur de lis?

CATHERINE. — Je ne sais pas cela.

LE ROI HENRI. — Non, c'est plus tard que tu le sauras, maintenant il suffit de promettre. Promettez donc maintenant, Catherine, que vous mettrez tous vos efforts à faire la moitié française d'un pareil enfant; pour ce qui est de ma moitié anglaise, acceptez la parole d'un roi et d'un garçon. *Que répondez-vous, la plus belle Catherine du monde, mon très-chère et divine déesse?*

CATHERINE. — *Votre Majesté have fausse français assez, pour tromper la plus sage demoiselle qui soit en France.*

LE ROI HENRI. — Oh! fi maintenant de mon mauvais français! Sur mon honneur, en bon anglais, je t'aime, Catherine. Je n'oserais engager ce même honneur pour assurer que tu m'aimes, cependant mon sang commence à me flatter de cette assurance, malgré le pauvre effet de mon peu tentant visage. Malédiction sur l'ambition de mon père! il pensait à la guerre civile lorsqu'il m'engendra; aussi fus-je créé avec cet extérieur peu avenant, avec cet aspect de fer, si bien que lorsque j'en viens à faire la cour aux dames, je les effraye. Mais sur ma foi, Catherine, plus je deviendrai vieux, plus je paraîtrai à mon avantage : ma consolation est que le vieil âge, ce méchant démolisseur de la beauté, fera peu de ravages sur mon visage. Si tu m'épouses, tu m'épouses au pire moment; mais si tu dois te faire à moi, tu t'y feras de mieux en mieux : ainsi réponds-moi, ma très-belle Catherine, veux-tu de moi? Chassez vos rougeurs de vierge, avouez les pensées de votre cœur avec les regards d'une impératrice, prenez-moi par la main, et dites : Harry d'Angleterre, je suis à toi : et tu n'auras pas plus tôt béni mon oreille de ce mot que je te répondrai tout haut : l'Angleterre est tienne, l'Irlande est tienne, la France est tienne, et Henri Plantagenet est tien, et quoique je lui dise cela en face, à cet Henri, s'il n'est pas l'égal des meilleurs rois, tu trouveras en lui le meilleur roi des bons garçons. Allons, répondez-moi en musique désaccordée, car ta voix est musique, et ton anglais est en désaccord; par conséquent, Catherine, reine des reines, ouvre-moi ton âme en anglais désaccordé; veux-tu de moi?

Catherine. — Il en sera comme il plaira au *roi mon père*.

Le roi Henri. — Parbleu! cela lui plaira parfaitement, Catherine; cela lui plaira, Catherine.

Catherine. — Alors, cela me contentera aussi.

Le roi Henri. — Là-dessus, je baise votre main, et je vous appelle ma reine.

Catherine. — *Laissez, mon Seigneur, laissez, laissez; je ne veux point que vous abaissiez votre grandeur en baisant la main d'une votre indigne serviteur : excusez-moi, je vous supplie, mon très-puissant Seigneur.*

Le roi Henri. — Alors je vais baiser vos lèvres, Catherine.

Catherine. — *Les Dames et Demoiselles pour être baisées devant leurs nôces, il n'est pas la coutume de France.*

Le roi Henri. — Madame, mon interprète, que dit-elle?

Alice. — Que ce n'est pas la coutume *pour les Ladies* de France; je ne sais pas comment se dit *baiser* en anglais.

Le roi Henri. — *To kiss.*

Alice. — Votre Majesté *entendre* mieux *que moy*.

Le roi Henri. — Ce n'est pas la coutume des demoiselles de France d'être baisées avant d'être mariées, a-t-elle voulu dire?

Alice. — *Ouy, vraiment.*

Le roi Henri. — O Catherine, les coutumes scrupuleuses ont la courtoisie de céder aux grands rois. Chère Catherine, vous et moi, nous ne pouvons nous renfermer dans les étroites limites de la mode d'un pays : c'est nous qui faisons les manières, Catherine, et la liberté qui suit nécessairement nos conditions ferme la bouche à tous les censeurs, comme je m'en vais fermer la vôtre pour m'avoir refusé un baiser, en m'opposant la prude coutume de votre pays : donc résignez-vous et cédez. (*Il l'embrasse.*) Vous avez de la sorcellerie dans vos lèvres, Catherine ; il y a plus d'éloquence dans un de leurs attouchements sucrés que dans toutes les langues réunies du conseil de France, et elles persuaderaient Harry d'Angleterre plus vite qu'une pétition générale de tous les monarques. Voici venir votre père.

Rentrent LE ROI *et* LA REINE DE FRANCE, LE DUC DE BOURGOGNE, BEDFORD, GLOCESTER, EXETER, WARWICK, WESTMORELAND, *et autres.*

LE DUC DE BOURGOGNE. — Dieu protége Votre Majesté ! Mon royal cousin, apprenez-vous l'anglais à notre princesse ?

LE ROI HENRI. — J'aurais voulu lui apprendre, mon beau cousin, combien mon amour pour elle est parfait, et cela est du bon anglais.

LE DUC DE BOURGOGNE. — Est-ce qu'elle n'a pas de dispositions ?

LE ROI HENRI. — Notre langue est rude, cousin, et mon caractère n'est pas doucereux, si bien que n'ayant pour moi ni la voix, ni le cœur de ceux qui savent flatter, je ne puis réussir à si bien conjurer en elle l'esprit de l'amour, qu'il consente à se montrer sous ses traits véritables.

LE DUC DE BOURGOGNE. — Pardonnez-moi la franchise de ma gaieté dans la réponse que je vais vous donner. Si vous voulez faire sur elle des conjurations, il vous faut faire un cercle : si vous évoquez l'amour sous sa vraie figure, il apparaîtra nu et aveugle. Pouvez-vous la blâmer, elle, une fille dont les joues sont encore rosées du vermillon virginal de la pudeur, si elle refuse qu'on évoque un enfant nu et aveugle hors d'elle-même mise à nu et y voyant clair ? Ce serait là, Monseigneur, une condition à laquelle une vierge trouverait dur de souscrire.

LE ROI HENRI. — Cependant elles ferment les yeux et cèdent, quand l'amour est aveugle et pousse ferme.

Le duc de Bourgogne. — Elles sont alors excusables, Monseigneur, car elles ne voient pas ce qu'elles font.

Le roi Henri. — Alors, mon bon Seigneur, apprenez à votre cousine à consentir en fermant les yeux.

Le duc de Bourgogne. — Je fermerai les yeux pour l'inviter à consentir, Monseigneur, si vous voulez lui enseigner à comprendre ma pensée ; car les filles, quand elles sont dans leur été et qu'elles ont chaud, sont comme les mouches à l'époque de la Saint-Barthélemy, aveugles quoiqu'elles aient leurs yeux, et alors elles souffrent qu'on les pelote, ce dont auparavant elles ne pouvaient supporter la pensée.

Le roi Henri. — Le sens de cela c'est que je dois attendre le temps et la chaleur de l'été ; alors, je finirai par attraper la mouche, c'est-à-dire votre cousine, et elle sera aveugle aussi.

Le duc de Bourgogne. — Comme l'est l'amour devant ce qu'il aime, Monseigneur.

Le roi Henri. — C'est vrai, et quelques-uns d'entre vous peuvent remercier l'amour pour mon aveuglement, qui m'empêche de voir plus d'une belle ville française, à cause d'une belle vierge française qui se trouve devant mon chemin.

Le roi Charles. — Si, Monseigneur, vous les voyez en perspective ; ce sont des cités bien représentées par une fille ; car elles sont toutes entourées de murailles vierges que la guerre n'a jamais entamées.

Le roi Henri. — Catherine sera-t-elle ma femme ?

Le roi Charles. — Oui, si cela vous plaît.

Le roi Henri. — J'en suis content ; de la sorte les villes vierges dont vous parlez pourront l'accompagner : en sorte que la vierge qui se trouvait sur le chemin de mon désir, sera la route qui me mènera à l'accomplissement de ma volonté.

Le roi Charles. — Nous avons consenti à toutes les propositions raisonnables.

Le roi Henri. — En est-il ainsi, Milords d'Angleterre ?

Westmoreland. — Le roi a concédé tous les articles ; d'abord sa fille, puis tout le reste dans toute la rigueur des termes.

Exeter. — Seulement il n'a pas encore souscrit à l'article où vous demandez que le roi de France, lorsqu'il aura occasion d'écrire pour octroi d'office, nomme Votre Altesse sous cette forme et avec cette addition en langue française : *Notre très-cher fils, Henri, roi d'Angleterre, héritier de France*, ou bien, ainsi, en latin, *Præclarissimus[9] filius noster, Henricus, rex Angliæ et hæres Franciæ*.

Le roi Charles. — Et je n'ai pas non plus refusé cet article, frère ; mais à votre requête, je l'accorderai.

Le roi Henri. — Alors je vous prie, au nom de l'amour et d'une chère alliance, de laisser cet article aller rejoindre les autres, et pour conclure, donnez-moi votre fille.

Le roi Charles. — Prenez-la, mon beau fils, et engendrez-moi de son sang une postérité, afin que les royaumes rivaux de France et d'Angleterre, dont les rivages même sont pâles de l'envie qu'ils portent au bonheur l'un de l'autre, puissent voir cesser leur haine ; et puisse cette chère union implanter si bien dans leurs cœurs adoucis des sentiments de bon voisinage et de foi chrétienne que la guerre ne puisse jamais tirer son épée sanglante entre l'Angleterre et la belle France.

Tous *ensemble*. — *Amen !*

Le roi Henri. — Maintenant, soyez la bienvenue, Catherine ; et vous tous, soyez-moi témoins que je l'embrasse ici comme ma reine souveraine. (*Fanfares.*)

La reine Isabelle. — Que Dieu, le meilleur arrangeur des mariages, fonde vos cœurs en un seul, vos royaumes en un seul ! Que, de même que l'homme et la femme ne font qu'un par l'amour, il y ait entre vos royaumes un tel mariage ; que les mauvais offices et les cruelles jalousies, qui souvent troublent le lit des heureuses unions, ne puissent jamais se glisser dans le pacte que concluent les deux pays, pour rompre le lien de leur alliance intime ; puissent les Anglais recevoir les Français comme des Anglais, les Français recevoir les Anglais comme des Français, et que Dieu réponde *amen* à ce vœu !

Tous *ensemble.* — *Amen !*

Le roi Henri. — Préparons-nous pour notre mariage, auquel jour, Monseigneur de Bourgogne, nous prendrons votre serment et ceux de tous les pairs, pour la sûreté de nos alliances. Ce jour-là je prêterai serment à Catherine, et vous me prêterez serment à moi, et puissent ces serments être bien et heureusement gardés des deux parts !
(*Ils sortent.*)

Entre LE CHOEUR.

Le choeur. — C'est jusqu'à ce point que d'une plume grossière et bien inhabile, notre auteur a péniblement conduit cette histoire, confinant dans un petit espace des hommes puissants, mutilant par ses bonds la pleine carrière de leur gloire. C'est une petite période, mais dans cette petite période brilla grandement cette étoile de l'Angleterre : la Fortune fit son épée ; par cette épée, le plus beau jardin du monde fut conquis, et il en laissa son fils maître souverain. Henri le Sixième, couronné dans ses langes d'enfant, roi de France et d'Angleterre, succéda à ce roi ; sous lui tant de mains s'employèrent au gouvernement, qu'elles perdirent la France et firent saigner l'Angleterre ; spectacle que notre théâtre vous a souvent montré : en reconnaissance de ces peintures, veuillent vos indulgentes imaginations agréer celle-là. (*Sort le Chœur.*)

COMMENTAIRE.

ACTE I.

1. *Within this wooden* O; mot à mot, dans cet O de bois. Shakespeare a plusieurs fois employé la lettre majuscule O, pour désigner les objets circulaires. Dans un passage du *Songe d'une Nuit d'été*, un des amants égarés dans la forêt appelle les étoiles, les *O de flammes du ciel*, expression que nous avons rendue par rondelles enflammées, comme ici nous la rendons par cirque.

2. Le duc d'Exeter, Thomas Beaufort, oncle du roi, était le dernier frère du roi Henri IV, étant fils de Jean de Gand et de Catherine Swinford. Les Beaufort tenaient donc d'aussi près que possible au sang royal, et ils avaient pour la maison de Lancastre quelque chose des sentiments qu'Edmond, le fils bâtard, a dans *le Roi Lear*, pour Edgard, le fils légitime. Le lecteur, dans les drames suivants, rencontrera souvent les membres de cette famille des Beaufort, le cardinal, Somerset, etc....

3. Ce discours a été en grande partie emprunté textuellement par Shakespeare à Hollinshed.

4. Le Charles dont il s'agit ici est Charles le Chauve, fils de Louis le Débonnaire, fils de Charlemagne. Quelle est cette dame Lingare dont Hugues Capet se serait réclamé? Charles le Chauve n'eut qu'une fille, Judith, qui fut mariée, et selon d'autres, seulement fiancée, au roi saxon Éthelwulf, et qui après la mort de ce dernier, fut épousée par Baldwin (Baudoin) le forestier, comte de Flandres par la suite. En outre, on ne trouve dans notre histoire aucun personnage portant le nom de Lingare. M. Staunton conjecture que Lingare pourrait bien être ici pour Luitgarde, arrière-petite-fille de cette Judith, laquelle épousa un comte Wichman, dont on ne sait rien, et il fait remarquer que c'était aussi le nom de la cinquième femme de Charlemagne. Ce personnage doit donc être tenu pour apocryphe.

5. Ce n'est pas Louis X, c'est Louis IX qui était le petit-fils de la reine Isabelle.

6. Il est certain que l'interprétation anglaise de la loi salique était historiquement mieux fondée que l'interprétation française, et que la terre salique dont les femmes étaient exclues n'a jamais pu signifier le royaume de France; mais cette interprétation ne rendait pas plus légitimes les prétentions de Henri V.

7. Nous avons déjà rencontré plusieurs fois, notamment dans *le Soir des Rois*, le nom de cette danse, dont le caractère était d'une telle vivacité qu'il justifie les vanteries de Messire André à propos des cabrioles qu'il se pique d'y exécuter. On y sautait beaucoup, semble-t-il, et aussi haut qu'on pouvait; car un vieux poëte, sir John Davies, la décrit comme une danse « dont l'âme est impatiente d'avoir demeure sur la terre. »

8. On sait que primitivement les boulets renvoyés par les canons étaient des boulets de pierre. Un historien de l'armée anglaise, Grose, nous a conservé le chiffre de la provision de ces boulets de pierre emportés par Henri V pour sa campagne de France. Il en emporta 7000, ainsi qu'il ressort d'un ordre écrit adressé au clerc de l'artillerie, et à John Bonet tailleur de pierre aux carrières de Maidstone. Ainsi que le fait remarquer M. Staunton, ces boulets devaient être fort légers, puisque cette provision considérable était transportée par mer; mais en 1453, lors du siége de Constantinople, Mahomet II employa des boulets de pierre qui ne pesaient pas moins de 1200 livres; on ne pouvait, à cause de leur volume, en lancer plus de quatre par jour. L'anecdote des balles de paume envoyées à Henri par le Dauphin a été mise en doute par Hume; mais elle est attestée par les historiens anglais antérieurs, Hall et Hollinshed, et comme elle est bien d'accord avec les mœurs du temps, avec le caractère du Dauphin, avec le genre d'impertinences que les aristocraties aiment à s'adresser, avec la nature française enfin, nous ne voyons aucune bonne raison pour la mettre sérieusement en question.

ACTE II.

1. Il y a ici dans le texte un calembour intraduisible qui porte sur la quasi ressemblance des mots *gilt*, dorure, et *guilt*, culpabilité.

2. A l'origine de la chevalerie, c'était souvent la coutume entre deux chefs d'associer leurs fortunes, de faire en commun leurs expéditions et de s'en partager ensuite les bénéfices. Ceux qui s'unissaient ainsi étaient nommés *frères jurés, fratres jurati*. Ainsi lors de l'expédition de Guillaume le Bâtard, deux des Normands de son armée, Robert de Oily et Roger d'Ivery (Ivry), étaient frères jurés, et le premier, après la conquête, partagea ses honneurs et profits avec son frère d'armes. C'est cette coutume chevaleresque dont ce grotesque Bardolph propose l'initiative à ses frères en crapule. (MALONE. *Observations supplémentaires.*)

3. *Iceland* ou *Island dog*. C'était une variété d'épagneuls ou plutôt de chiens barbets, car ils sont décrits avec des oreilles velues et avec une

toison si longue et si frisée, qu'on ne leur voyait ni le museau, ni le corps. La mode n'a pas beaucoup changé comme on le voit, et il serait facile de trouver nombre de dames qui, parmi leurs animaux favoris, comptent de pareilles hideuses petites bêtes.

4. *Solus*, seul. Pistol prend ce mot pour une injure.

5. Nous avons déjà vu, dans *les Joyeuses Commères de Windsor*, que ce démon, *Barbason* ou *Barbatos*, est un grand comte de Lucifer, une manière de sagittaire, et qu'il a sous ses ordres trente légions diaboliques. Le jargon théâtral de Pistol embrouille la cervelle de Nym, autant que son *solus* a irrité son adversaire, et il prend ses mots ronflants pour des paroles de conjuration qu'il lui adresse, tout comme s'il était un démon et non pas le pauvre caporal Nym.

6. *Coupe la gorge*, en français dans l'original.

7. *Chien de Crète*. Nous avons déjà rencontré, dans *le Songe d'une Nuit d'été*, la mention de ce genre de chiens renommés pour la beauté de leur race. Pistol, qui se sert au hasard des mots grandiloquents qu'il a retenus, fait donc un compliment à Nym, au lieu de lui adresser une injure comme c'est son intention.

8. Allusion à la fin lamentable de Cressida, qui, après avoir été infidèle à Troïlus, fut abandonnée par Diomède, devint une mendiante lépreuse et chercha sa vie sur les grandes routes.

9. *Quondam*, antérieurement; celle qui était Mistress Quickly avant d'être Mistress Pistol.

10. Le *noble* ne valait que six shillings et huit pence, et Nym réclame huit shillings. C'est donc un shilling seize pence que Pistol escamote à l'innocent Nym, qui se laisse éblouir par la manière magnifique dont Pistol le vole en lui proposant majestueusement un noble. Cette escroquerie emphatique est bien dans le caractère de Pistol, ainsi qu'on l'a finement remarqué. (*Note de l'édition* Peter *et* Galpin.) Il a l'air d'accorder plus qu'on ne lui demande, et il accorde moins en réalité. Un débiteur français à qui on réclamerait six francs, et qui répondrait majestueusement: « Comment donc, tu auras bien mieux, tu auras un écu, » ferait exactement ce que fait Pistol.

11. La fièvre tierce ne revient, ainsi que son nom l'indique, que tous les trois jours; mais Mistress Quickly, ignorant la signification des mots, embrouille en une seule toutes les variétés de la fièvre.

12. Lord Scroop, dit Hollinshed, était en telle faveur auprès du roi qu'il avait l'honneur d'être son camarade de lit. C'était autrefois une coutume parmi la noblesse de choisir un camarade de lit parmi les amis préférés. Il existe une lettre du sixième comte de Northumberland, adressée à Thomas Arundel, qui commence ainsi : « Camarade de lit, après mes très-cordiales recommandations, etc., etc. » Cette singulière et choquante coutume se prolongea jusque vers le milieu du dix-septième siècle, sinon plus tard. Cromwell, pendant la guerre civile, obtint de nombreux renseignements, par le moyen des petites gens qui lui servaient de camarades de lit. (Malone et Steevens.)

13. Richard, comte de Cambridge, était le fils cadet d'Edmond Lan-

gley, duc d'York, cinquième fils d'Édouard III, et par conséquent le frère de cet Aumerle que nous avons vu conspirer contre Bolingbroke, à l'avénement de ce dernier au trône. On voit que l'esprit de trahison était dans la famille. Il fut le père de ce Richard Plantagenêt, créé duc d'York par Henri VI, que nous verrons jouer un rôle si funeste, et qui ensanglanta l'Angleterre en soulevant la guerre des deux Roses. Le comte de Cambridge, selon Hollinshed, n'était nullement aux gages de la France : mais il aima mieux se laisser accuser de cette sale trahison que de révéler la véritable nature de son complot, laquelle ne consistait en rien moins qu'à placer sur le trône son beau-frère, Edmond Mortimer, comte des Marches, comme héritier de Lionel, duc de Clarence, troisième fils d'Édouard III. Il se tut sur ses véritables desseins pour sauver Edmond Mortimer et ses enfants. Nous verrons, dans la première partie de *Henri VI*, Shakespeare confirmer cette opinion d'Hollinshed en faisant avouer à Edmond Mortimer que le véritable crime de Richard, comte de Cambridge, était bien d'avoir voulu l'élever au trône.

14. *Chrisom*, voile du chrême; nous dirions robe baptismale, quoique cette expression ne soit pas la traduction exacte du mot *chrisom*. Le *chrisom* était un voile qu'on plaçait sur la tête de l'enfant et qu'il portait pendant sept jours après le baptême. Après la réformation, la cérémonie du chrême fut abolie, mais l'usage du *chrisom* continua; l'enfant portait le voile baptismal jusqu'à la purification de la mère selon les rites de l'Église. S'il mourait avant cette dernière cérémonie, il était enseveli dans son *chrisom* en guise de linceul. (*Note de l'édition* STAUNTON.)

15. C'est une très-ancienne opinion que cite Mead, dans son livre *de Imperio solis*, que personne ne mourait qu'à la descente de la marée. Mead cite cette opinion comme s'il y croyait; mais elle est réfutée par la moitié des morts de Londres. Elle était très-commune au temps de Shakespeare. (JOHNSON.) Le livre du docteur Mead est de 1704; ainsi, au commencement du dix-huitième siècle, un savant homme croyait encore à cette erreur que l'on trouve dans l'*Histoire naturelle* de Pline, lequel s'appuie sur l'autorité d'Aristote en la corrigeant, et en appliquant à l'homme seul, les effets de cette influence que le philosophe grec étendait selon lui à tous les êtres vivants.

16. Dans une des notes qui accompagnent sa traduction de Shakespeare, M. Guizot a cité cette très-curieuse description des symptômes précurseurs de la mort, par Von Swieten : « *Manus antè faciem attollere, muscas quasi venari manus operá, flocos carpere de vestibus, vel pariete.* » Ce sont exactement les symptômes décrits par Mistress Quickly. C'est un de ces détails innombrables qui montrent jusqu'à quel point d'exactitude Shakespeare a poussé l'observation de la nature.

17. *Caveto*, prends garde.

18. Allusion à la folie simulée de Junius Brutus pour échapper à la tyrannie de Tarquin le Superbe.

19. Édouard III est ici désigné sous le nom de montagnard, parce qu'il était le fils d'Édouard II, surnommé de Caernarvon, né parmi les montagnes du pays de Galles, et le premier héritier présomptif de la couronne

qui ait porté le nom de prince de Galles. Nous avons déjà vu, au premier acte de cette pièce, l'archevêque de Canterbury faire allusion à l'événement que rappelle ici le roi de France. A la bataille de Crécy, le roi Édouard s'était placé sur une colline. Le comte de Northampton vint lui demander secours. Alors le roi lui ayant demandé si son fils, le prince noir, était mort, et ayant reçu la réponse qu'il était vivant, mais très-menacé : « Allez, et dites-leur qu'ils ne m'envoient plus demander, dit le roi, tant que mon fils sera vivant, car je veux que l'honneur de la journée lui appartienne. »

ACTE III.

1. *Cullions.* C'est le *coglione* italien, et notre mot populaire *couyon.*
2. *Carry coals*, porter des charbons, était une expression courante au temps de Shakespeare pour dire empocher des affronts, ou comme nous dirions aujourd'hui, avaler des couleuvres.
3. Nous avons fait de notre mieux pour rendre, par des incorrections populaires françaises, les incorrections aussi diverses que leurs nationalités, galloise, écossaise, et irlandaise, de Fluellen, Jamy, et Macmorris. — A propos du personnage de Fluellen, M. Staunton fait remarquer que ce nom n'est que la prononciation galloise de Lluellyn.
4. Cette exclamation et les autres en lettres italiques de cette scène sont en français dans l'original.
5. La *volte* était une danse d'origine italienne, qui semble avoir ressemblé à la *polka* ou encore à la danse nommée *scottish.* La *courante,* que nous avons vue mentionnée plusieurs fois déjà, était une danse remarquable par la rapidité des évolutions du danseur. Selon le vieux poëte que nous avons cité dans une note précédente, Sir John Davies, auteur d'un poëme intitulé *Orchestra*, dans la *volte* les pieds des danseurs battent un anapeste; dans la *courante,* ils mesurent à la fois trois dactyles. Grâce à cet ingénieux détail, les personnes qui sont au courant des mystères de la métrique peuvent très-facilement se faire une idée du mouvement légèrement saccadé de la *volte,* et des mouvements rapides de la *courante.*
6. Faut-il lire *pix* ou *pax*, ciboire ou patène? les chroniqueurs parlent en effet de l'exécution d'un soldat qui avait volé un ciboire. La patène est une plaque de métal (en or généralement) que l'on présente au baiser des fidèles dans certaines cérémonies religieuses de l'Église catholique, notamment à l'offrande. C'est la cérémonie symbolique de l'ancien baiser chrétien des frères, qui semble avoir été conservée jusqu'au treizième siècle, et qui prit alors cette nouvelle forme. La coutume de la patène survécut à la réformation anglicane, car elle est recommandée par les commissaires ecclésiastiques du roi Édouard VI, successeur de Henri VIII. Quant aux ciboires, ils étaient souvent en très-vil métal, ordinairement en cuivre; Henri VIII, voulant faire cesser cette indécence, ordonna qu'on en fît faire un certain nombre à ses frais,

d'une valeur de quatre livres. Ce fait explique comment Pistol peut dire que Bardolph va être pendu pour une *pax* (ou *pix*) de peu de prix.

7. Nous avons déjà donné, dans une note de la seconde partie du *Roi Henri IV*, l'origine de cette expression *faire la figue*.

8. Autrefois les professions et conditions diverses se distinguaient par la différence de la coupe de la barbe ; il y avait la *barbe d'évêque*, la *barbe de juge*, la *barbe de soldat*, la *barbe de citoyen* et même la *barbe de bouffon*. La barbe du soldat était soit la *barbe en forme de bêche*, soit la *barbe à pointe* ou *à stylet*. Lord Southampton, l'ami et le protecteur de Shakespeare, portait la *barbe en forme de bêche*, Lord Essex la portait *à pointe de stylet*. Une très-curieuse ballade, citée par Malone et intitulée *Le Prince d'amour* (1600), décrit ces différentes formes de barbes. Voici quelques-unes des descriptions de ce document rhythmé :

> Maintenant des barbes il y a
> Une telle variété,
> Des modes telle est la foule,
> Qu'il est très-difficile
> De traiter de la barbe
> Quand bien même on en dirait très-long.

> La barbe en stylet,
> Oh, elle me fait peur,
> Tant sa pointe est aiguë ;
> Car celui qui place
> Un poignard sur sa face,
> Que porte-il dans son fourreau.

> La barbe du soldat
> Figure dans cette foule
> Sous la forme d'une bêche ;
> Avec cette barbe il doit faire
> Trembler ses ennemis,
> En les faisant penser que leur tombe est creusée.

9. On croit que l'usage parmi les personnes de la haute noblesse d'avoir à leur service des hérauts, ou rois d'armes, est antérieur, en Angleterre, au règne d'Édouard III, époque à laquelle leurs fonctions acquirent une grande importance. Les hérauts des nobles et ceux des rois portaient un costume particulier, orné des couleurs et des blasons de leurs maîtres, et outre leurs salaires réguliers, recevaient aux grandes cérémonies (couronnements, tournois, créations de pairs, intronisations de prélats, grandes fêtes de l'Église, baptêmes, funérailles, etc.) des gratifications considérables, ce qui explique la largesse que nous voyons Henri V faire à Montjoie dans cette scène.

10. Tous les mots soulignés dans cette scène sont en français dans l'original.

11. *Les Kernes*, fantassins d'Irlande. Ils portaient d'ordinaire les jambes nues à la manière des *Highlanders;* cependant ils avaient aussi

des caleçons collant exactement sur la peau, en sorte que cette nudité n'était souvent qu'apparente, comme celle de nos saltimbanques revêtus de maillots couleur de chair.

ACTE IV.

1. Avant la bataille, les chevaliers faisaient réparer leurs armures par des forgerons, chargés de veiller aux désastres de leurs toilettes de fer, comme de nos jours, dans certaines maisons, des couturières sont chargées de réparer sur l'heure les accrocs que les danses ou la cohue peuvent faire subir aux toilettes de dames, dans les bals et réunions.

2. Plaisanterie qui porte sur le double sens de *crown*, couronne, qui signifie à la fois couronne royale, couronne de blason, et qui est le nom d'une monnaie anglaise.

3. Henri V, ainsi que nous l'avons vu dans les drames consacrés au règne de son père, avait toujours considéré la déposition de Richard II comme un crime politique. Pour expier ce crime de son père il fit, dès le début de son règne, transporter le corps de Richard en grande pompe à Westminster, où il fut enterré avec sa première femme, Anne, princesse allemande, fille de l'empereur Charles IV. Quatre flambeaux brûlaient jour et nuit devant son tombeau, et des messes des morts étaient dites deux fois par semaine. Cependant la piété de Henri envers Richard ne doit pas être exagérée : la tombe de Westminster avait été érigée du vivant de Richard et par ses soins; la réparation de Henri consista, comme on le voit, à le mettre en possession du sépulcre qu'il avait lui-même élevé. Quant aux deux chapelles dont parle Henri dans ce passage, elles étaient situées sur les deux rives opposées de la Tamise, près du manoir royal de Sheen, aujourd'hui Richmond; la première se nommait *Bethléem* et était desservie par les moines chartreux; la seconde se nommait *Sion* et était desservie par des religieux des deux sexes, de l'ordre de sainte Brigitte, la sainte nouvellement canonisée du fameux Concile de Constance, et qui, en sa qualité de Norvégienne, devait être chère à toutes les nations germaniques.

4. Tous les mots soulignés dans cette scène sont en français dans l'original. Quant à l'exclamation *via* que nous avons rencontrée souvent, c'était une expression du vocabulaire des chasseurs au faucon.

5. Les candélabres de cette époque, comme les torchères et candélabres de la nôtre, avaient souvent la forme de figures humaines.

6. Le chiffre de l'armée française semble avoir été un peu moindre que le chiffre donné ici par Shakespeare. Il est à peu près certain que l'armée française était trois fois plus considérable que l'armée anglaise. L'armée de Henri était d'environ 15,000 hommes; l'armée française était donc de 45 à 50,000 hommes. Mais telle est la vanité nationale, que les chroniqueurs anglais ont cru devoir diminuer l'armée de Henri, et enfler outre mesure l'armée française. Selon Hollinshed, l'armée française était de 60,000 hommes, plus la cavalerie, ce qui donne un chiffre de 100,000

hommes. D'autres disent 150,000, juste les armées de Napoléon I**er**. Hardinge et Walsingham enfin prétendent que l'armée de Henri était réduite à 9000 hommes. Cependant il ne faut pas oublier que notre chroniqueur Moustrelet donne pour l'armée française le chiffre de 100,000 hommes, et que toute la chevalerie de France était là.

7. La bataille d'Azincourt fut livrée le jour des saints Crépin et Crépinien, 25 octobre 1415, et quoique ces bons saints aient bien mal protégé ce jour-là la terre où ils voulurent vivre humblement et recevoir le martyre, il n'est pas hors de propos de donner sur eux quelques détails. Crépin et Crépinien, de noble naissance romaine selon la légende, vinrent en France, avec les saints Quentin, Faustin et Victorin, pour prêcher la foi du Christ. Arrivés dans les Gaules, ils choisirent pour séjour de leurs prédications la ville de Soissons, et gagnèrent leur vie humblement en faisant des souliers pour les païens qu'ils cherchaient à convertir. Il est inutile de demander s'ils étaient habiles et exacts ouvriers; aussi l'excellence de leurs chaussures fit-elle affluer à leur boutique les païens, parmi lesquels ils firent de nombreux convertis. Mais le gouverneur romain de la ville découvrit un jour qu'ils étaient chrétiens et les fit décapiter. La date de leur martyre est placée aux calendes de novembre, à peu près en l'an 287.

8. Henri V défendit à toute personne, sauf celles qui en avaient le droit ou qui y étaient autorisées, de porter la cotte d'armes; mais il fit une exception pour ceux qui avaient combattu à Azincourt. En outre, ils avaient droit à des sièges et places d'honneur à toutes les fêtes et réunions publiques. (TOLLET.)

9. On voit encore, dans l'église de Sawbridgeworth, dans le Herefordshire, l'effigie gravée sur cuivre d'un des héros d'Azincourt, John Leventhorp, mort en 1433. (STAUNTON.)

10. Ce passage a été rapproché par quelques commentateurs d'un passage analogue de Lucain, au livre VII de la *Pharsale*. Est-ce là que ce prétendu ignorant a pris l'idée de cette partie du discours de Henri?

11. Le duc d'York de cette pièce est Édouard, fils d'Edmond Langley, le même qui figure dans *Richard II* sous le nom d'Aumerle.

12. Mot à mot, *tu meurs de la pointe de mon renard, point of my fox*. Cette expression, pour désigner une épée, tirait son origine du renard qu'Andrea Ferrara et d'autres armuriers étrangers imprimaient comme leur marque de fabrication sur les lames des épées sorties de leurs ateliers.

13. Calembour roulant sur la ressemblance du mot français *moi* et d'une abréviation populaire du nom d'une monnaie portugaise, le *moidore*, valant environ vingt-sept shillings.

14. Calembour roulant sur la ressemblance du mot français *bras* et du mot anglais *brass*, qui signifie cuivre.

15. Nous avons déjà vu bien des fois, et notamment dans *le Soir des Rois*, que le Vice des anciennes moralités, à l'exemple de notre Polichinelle, battait le diable et lui rognait les ongles avec un poignard de bois.

17. Toutes les phrases en italiques dans cette scène sont en mauvais français dans l'original.

18. Cet acte de cruauté est malheureusement historique et provint d'une erreur occasionnée par une de ces confusions qui sont inséparables d'une bataille. Trois fuyards français, dont les noms ont été conservés, les capitaines Robinet de Borneville, Rifflart de Clamas, et Isambert d'Azincourt, ayant appris que les bagages des Anglais n'étaient que faiblement gardés, se précipitèrent sur les tentes et les pavillons de Henri pour les piller. Alors Henri, qui regardait la journée comme finie, croyant que les cris qu'il entendait signifiaient que l'armée française se reformait et faisait une nouvelle attaque, eut un accès de terreur mêlé de colère, et ordonna sans réflexion que ses soldats tuassent leurs prisonniers. Les capitaines coupables de cette sotte attaque furent mis en prison, et auraient perdu la vie, dit Hollinshed, si le Dauphin avait vécu plus longtemps.

19. Monmouth était alors très-renommé pour sa fabrication de chapeaux. Ces chapeaux de Monmouth étaient surtout portés par les soldats.

20. Fait historique. Le roi eut un combat avec Alençon qui le jeta à terre; mais il se releva, et tua deux de ses hommes. Alençon fut tué par les gens du roi, contrairement au désir de Henri qui voulait lui sauver la vie.

21. Ce simple gentilhomme avait sauvé la vie du roi pendant la bataille. Avant l'engagement, il avait été envoyé en éclaireur pour reconnaître les forces de l'ennemi, et il était revenu avec cette réponse où se résume vraiment le courage désespéré qui nous fit battre à Azincourt. Il avait vu que les forces françaises étaient infiniment supérieures aux forces anglaises, et voici comment il donna cette information : « Sous votre bon plaisir, mon Suzerain, ils sont assez nombreux pour être tués, assez nombreux pour être faits prisonniers, et assez nombreux pour être mis en fuite. »

22. Fait historique. Vers quatre heures de l'après-midi, dit Hollinshed, le roi rassembla son armée et ordonna à ses chapelains d'entonner le psaume *In exitu Israel de Egypto*, et quand on fut arrivé à ce verset *non nobis, Domine* (ce n'est pas à nous, Seigneur), verset si applicable au succès que les Anglais venaient de remporter, il fit mettre tous ses soldats à genoux, puis il donna ordre d'entonner le *Te Deum*.

ACTE V.

1. *Whiffler*. C'était le nom d'une sorte d'huissier armé d'une verge, qui précédait les grands personnages pour leur faire ouvrir le chemin à travers les foules; mais il est plus probable cependant que ce mot désigne les fifres qui anciennement précédaient les régiments en marche.

2. Le comte d'Essex qui était encore le favori d'Élisabeth et était alors occupé aux guerres d'Irlande.

3. Cet empereur était Sigismond, parent de Henri par alliance.

4. Personnage probable de quelqu'une de ces pièces de théâtre dont les lambeaux emphatiques décorent le langage de Pistol.

5. Le basilic était à la fois le nom d'une pièce d'artillerie et celui d'un animal fabuleux qui tuait par ses regards.

6. Toutes les phrases en italiques dans cette scène sont en mauvais français dans l'original.

7. Conseil prophétique et dont profita Catherine, comme le prouva, après la mort de Henri, son amour pour Owen Tudor.

8. Shakespeare a commis ici un léger anachronisme. Les Turcs n'occupaient pas Constantinople en 1415, puisque cette ville ne fut prise qu'en 1453; mais cet anachronisme est vraiment bien léger, car dès cette époque, et même bien avant, les Turcs campaient perpétuellement devant Constantinople, et ils étaient déjà la terreur de l'Europe. Est-il besoin de rappeler les luttes dont l'Asie Mineure et l'Europe orientale étaient le théâtre, le règne de Bajazet *l'éclair*, la croisade malheureuse des princes chrétiens contre lui, les deux batailles de Nicopolis, l'invasion de Tamerlan et l'effroyable bataille d'Ancyre?

9. Le texte original du traité de Troyes porte en effet *præcarissimus*, ce qui est la traduction latine exacte de *très-cher*, et non pas *præclarissimus*, qui signifie *très-illustre*. Ici Shakespeare a répété une faute commise par Hollinshed et les autres historiens antérieurs.

LE
ROI HENRI VI

IMPRIMÉ POUR LA PREMIÈRE FOIS DANS L'ÉDITION DE 1623.
DATE PROBABLE DE LA REPRÉSENTATION 1591.

AVERTISSEMENT.

« Henri le sixième, couronné dans ses langes d'enfant, roi de France et d'Angleterre, succéda à ce roi; sous lui tant de mains s'employèrent au gouvernement qu'elles perdirent la France et firent saigner l'Angleterre; *spectacle que notre théâtre vous a souvent présenté.* En reconnaissance de ces peintures, veuillent vos indulgentes imaginations agréer celle-là. » Cette phrase, la dernière du *Roi Henri V*, nous apprend que les spectateurs anglais étaient déjà familiers avec le tableau des troubles et des malheurs qui remplissent le règne de Henri VI. En effet, la trilogie qui porte le nom du *Roi Henri VI*, et qui devrait chronologiquement être placée après *Henri V*, a tout au contraire précédé ce drame, et nous force à redescendre jusqu'aux années d'apprentissage du poëte.

Les trois drames de *Henri VI* furent imprimés pour la première fois dans l'édition in-folio donnée en 1623 par Heminge et Condell. Toutefois, en 1619 il avait été publié une édition des deux derniers drames par le libraire Pavier. Le texte de ces deux pièces est à peu de chose près celui des pièces qui figurent dans l'édition de 1623. Mais pour ce qui concerne la première partie de cette trilogie, il n'en existe aucune édition connue avant celle de 1623.

Un grand débat qui n'est pas encore clos s'est élevé

entre les critiques et les commentateurs pour savoir si ces trois drames étaient l'œuvre de Shakespeare. Malone dit non ; un critique moderne, M. Knight, dit oui avec une insistance digne quelquefois d'une cause moins douteuse. Quant à nous, si le lecteur nous demandait notre opinion sur ce sujet, nous répondrions que la paternité de Shakespeare est improbable pour le premier de ces trois drames, incontestable pour le second, et légèrement douteuse pour le troisième.

La première édition connue de ce premier *Henri VI* est donc celle de 1623. Quelle est la date de la représentation? Nous ne pouvons la rapporter qu'à l'année 1591 ou aux années immédiatement antérieures, car nous apprenons par le *Journal d'Henslowe* qu'il se jouait à cette date sur le théâtre de *la Rose* une pièce de ce nom avec grand succès. Que ce drame fût le même que celui dont la paternité est disputée à Shakespeare, il n'est pas permis d'en douter; car un passage d'un pamphlet de Nash, intitulé « *Pierre sans le sou, sa supplique au diable* (1592), » nous apprend que Talbot était le personnage important et en quelque sorte central du drame. « Combien, dit Nash, le brave Talbot, terreur des Français, ne se serait-il pas réjoui, s'il avait pu apprendre que deux cents ans après qu'il serait endormi dans la tombe, il triompherait encore sur le théâtre, et que ses os seraient embaumés à nouveau par les larmes (versées à plusieurs reprises) de dix mille spectateurs au moins qui, dans le tragédien chargé de représenter sa personne, s'imaginent le voir saignant d'une blessure fraîchement reçue. » Ainsi le drame de 1591 est bien celui qui figure dans l'œuvre complète de Shakespeare sous le nom de *la première partie du roi Henri VI* ; il ne peut y avoir le moindre doute à cet égard.

Maintenant cette pièce est-elle de Shakespeare? Que Shakespeare y ait mis la main d'une manière ou d'une autre, soit par voie de collaboration, soit par travail de révision, cela est incontestable. Nous défions bien qu'on nous montre un autre poëte contemporain capable d'écrire la scène du début, où les princes d'Angleterre se lamentent autour du catafalque de Henri V, scène pleine de grandeur et de solennité, qui rappelle sans trop de désavantage quelques-unes des situations du drame grec. La scène de la dispute entre Plantagenêt et Somerset, dans le jardin du Temple, scène qui trahit chez son auteur une profonde connaissance du genre d'orgueil propre aux aristocraties, n'est pas non plus l'œuvre d'un auteur vulgaire. Enfin les scènes où nous sont présentés le touchant combat d'honneur entre Talbot et son fils, et les morts des deux héros, honoreraient tout poëte. Nous ne pouvons donc que répéter le mot de Johnson à propos des *Deux gentilshommes de Vérone*, et dire de ces scènes « si ce n'est pas Shakespeare qui en est l'auteur, qu'on nous nomme celui qui a pu les produire, car il était encore plus facile à Shakespeare de rester au-dessous de lui-même, qu'il n'était facile à tout autre poëte de s'élever jusqu'à ses plus faibles inspirations. »

Ces scènes sont donc bien de sa main, mais certainement la pièce elle-même ne lui appartient pas, car le style en est en complet désaccord avec celui des autres pièces de sa jeunesse, *Les deux gentilshommes de Vérone*, *La comédie des Méprises*, etc., etc. Dès le début de sa carrière Shakespeare se laisse reconnaître à son style éclatant de métaphores, surchargé de fleurs et d'images. Certes il y a une grande distance entre les œuvres de sa première jeunesse et celles de sa maturité, mais il n'y a entre elles aucun fossé, aucun abîme, et le style des *Deux gentilshommes de Vérone* est le même qui successivement et infatigablement châtié, perfectionné, servira d'enveloppe à *Macbeth* et à *Othello*. Le style de la première partie de *Henri VI*, au contraire, sauf celui des scènes pour lesquelles nous avons établi une exception, est singulièrement peu chargé d'images et de métaphores. C'est une sorte de prose versifiée, facile, courante, précipitée, relativement très-limpide, allant droit son chemin, avec une vivacité d'allure bien différente de l'allure rêveuse du génie de Shakespeare. Que ce style soit nettement prosaïque, cela est incontestable ; mais qu'il soit mauvais, comme ont cru devoir le prétendre certains critiques, pour mieux établir que la pièce n'était pas de Shakespeare, cela est entièrement faux. Ce style, quoique prosaïque, n'est nullement dépourvu d'agrément, à tout le moins a-t-il le mérite d'une réelle simplicité, et quant à la pièce en elle-même, sans être un chef-d'œuvre, elle se laisse lire avec intérêt. Elle n'est pas de Shakespeare, d'accord ; mais à coup sûr son auteur était homme d'esprit et de talent. On a mis différents noms sur cette pièce outre celui de Shakespeare, ceux de Marlowe, de Robert Greene, de Peele, etc. S'il faut encore nous prononcer sur cette question délicate que des Anglais seuls devraient être en mesure de bien juger, nous dirons que ceux qui l'attribuent à Robert Greene nous paraissent avoir touché la vérité. Pour quiconque a lu seulement vingt pages de quelqu'un des drames de Greene, *le frère Bacon et le frère Bungay*, *Le miroir pour Londres et l'Angleterre*, ou tout autre, ce premier *Henri VI* porte incontestablement la marque de son facile et aimable esprit. Greene possède un talent tout particulier que nous retrouvons dans *Henri VI*, il est prosaïque à l'excès sans être ennuyeux. Nous trouvons dans ce premier *Henri VI* tout ce qui caractérise Greene, la rapidité, le mouvement, une certaine vie factice qui est due au va-et-vient des personnages qui semblent pressés de vite finir, alors même qu'ils ont à peine commencé, l'absence de toute rêverie et de toute profondeur. A la vérité, une certaine précipitation fébrile se fait remarquer dans presque toutes les productions du théâtre anglais immédiatement antérieur à Shakespeare, ou contemporain de sa jeunesse, et on peut la regarder comme le résultat même de l'agitation à laquelle étaient en proie les malheureux poëtes, qui, écrivant un drame pour quelques schillings, avaient hâte de terminer leur tâche, et laissaient leur plume courir à bride abattue sans se donner le temps d'attendre l'inspiration. Cette agitation, nous avons déjà eu occasion de la mentionner chez Marlowe, poëte d'un talent brutal et d'une portée sérieuse. Mais chez Marlowe elle n'est qu'exceptionnelle et ne se rencontre que dans ses plus faibles ouvrages, tandis qu'elle est la marque générale, le caractère propre des productions de Greene.

Ce n'est pas seulement l'examen du style qui nous conduit à assigner à Greene la paternité de cette pièce. Lui-même nous a livré, à son insu, un document qui tout indirect qu'il est nous permet d'approcher de la vérité. Il résulte de ce document que Greene semble avoir eu à se plaindre du jeune Shakespeare d'une manière ou d'une autre, car voici comment il invective le futur grand poëte dans une sorte de confession de sa vie désordonnée et malheureuse, publiée immédiatement après sa mort, et intitulée : « *Un sou de bel esprit acheté par un million de repentir* (1592). » Je traduis le passage tout entier, il est instructif à beaucoup d'égards. Greene s'adresse à ses compagnons favoris, Marlowe, Peele et Lodge, et leur conseille de se tenir mieux en garde qu'il ne l'a fait, contre la race des plagiaires, frelons et imitateurs. « Vils d'âmes êtes-vous, si vous n'êtes pas avertis par mon malheur, car ces chardons n'ont jamais cherché à s'accrocher sur aucun de vous autant que sur moi; je veux parler de ces pantins qui répètent les phrases sorties de nos bouches, de ces marionnettes qui portent nos couleurs. N'est-il pas étrange de penser que si vous étiez dans le cas où je me trouve, (Greene était tombé dans une profonde misère) vous sur qui ils ont toujours les yeux fixés, comme ils les ont sur moi, vous seriez aussitôt abandonnés par eux. Oui, défiez-vous d'eux ; car il y a là un parvenu, corbeau paré de nos plumes, qui avec *son cœur de tigre recouvert d'une peau d'acteur*, se croit aussi habile à gonfler un vers blanc que le meilleur d'entre vous ; il est devenu une sorte de *Joannes factotum*, et dans son opinion, il est l'unique *Shake-scene* (agite-scène ; *Shake-speare*, agite-lance) du pays. O j'en supplie vos rares esprits, cherchez un meilleur emploi de vous-mêmes et une plus profitable direction, laissez ces singes imiter vos chefs-d'œuvre passés, et ne leur donnez jamais par avance connaissance de vos inventions admirées. Je sais que le meilleur ménager de vous trois ne sera jamais un usurier, et que le plus sensible d'entre eux ne sera jamais un bienfaiteur ; autant que vous le pourrez, cherchez-vous donc de meilleurs maîtres, car c'est pitié que des hommes d'aussi rare esprit soient soumis au bon plaisir de pareils grossiers laquais. »

Certes, voilà un passage instructif. Il nous prouve d'abord que dès cette époque (1591) Shakespeare avait une importance tout exceptionnelle dans le monde du théâtre et de la poésie, puisqu'il se croyait (à bien juste titre, ô Greene ! l'avenir l'a prouvé) un *Shake-scène* incomparable, et qu'il était un *Jean factotum*. Il prouve ensuite que les relations de Shakespeare avec Greene avaient été d'une nature assez étroite, puisque Greene se plaint clairement d'avoir été dépouillé par lui d'inventions qu'il lui avait communiquées. Maintenant en quoi consistaient ces relations et ces spoliations ? Shakespeare jeune aurait-il tout simplement recherché l'amitié du spirituel Greene, comme les jeunes auteurs aiment à s'appuyer sur quelqu'un de leurs aînés en réputation ? Greene se sera-t-il ouvert à lui de quelque projet de pièce que Shakespeare lui aura soufflé, ou lui aura-t-il lu quelque œuvre écrite que Shakespeare aura refaite de mémoire, comme certains musiciens de nos jours se sont montrés capables de restituer une œuvre d'un de leurs confrères après une première audition ? Cela n'est guère admissible ; ce qui est probable, c'est que Greene l'aura choisi pour collaborateur de *Henri VI*, non-seulement pour la première partie, mais pour les deux autres. Cette phrase insultante, *cœur de tigre recouvert d'une peau d'acteur*, est une variante d'un vers du troisième *Henri VI* qui se trouve placé dans la bouche du duc d'York invectivant Marguerite ; d'où nous sommes induits à supposer que Greene a eu la main dans le troisième *Henri VI* comme dans le premier. Une fois la collaboration achevée, Shakespeare s'est-il fait la part du lion au détriment de Greene, ou bien ce dernier toujours à court d'argent n'a-t-il pas trouvé chez son économe et pratique camarade la facile générosité qu'il espérait? Il est impossible de savoir à quoi s'en tenir à cet égard ; mais il y a cent à parier contre un que des raisons d'argent étaient au fond de cette querelle, et la fin de la citation que nous avons faite le dit assez clairement. Le fait de la collaboration étant admis, et c'est l'hypothèse la plus satisfaisante, voici comment notre imagination aime à supposer que les choses se sont passées. Le premier *Henri VI* a été composé d'abord par Greene seul ; une fois l'œuvre achevée, Shakespeare en a eu connaissance, et sans rien changer à l'économie générale du drame, il l'aura relevé en y introduisant quelques scènes et en en refaisant quelques autres. Le second *Henri VI* aura été fait par lui presque tout entier, et le troisième aura été l'objet d'une collaboration indifférente, et qui s'était fatiguée d'une trop longue tâche. Ainsi s'expliqueraient les étranges inégalités qui distinguent la première de ces pièces, l'excellence relative de la seconde, et la faiblesse de la troisième.

Un fait qui prouverait que Shakespeare n'est pas l'auteur principal de cette première pièce, c'est que les drames historiques dont la paternité n'est pas contestée à cet ignorant prétendu, respectent beaucoup mieux l'histoire que le premier *Henri VI* qui est plein d'anachronismes et d'erreurs de tout genre. Le poëte place la bataille de Patay avant la délivrance d'Orléans ; elle suivit au contraire la prise de cette ville. Il fait mourir en prison

Edmond Mortimer qui était mort en 1425 gouverneur d'Irlande. Il place le bûcher de la Pucelle après la mort de Talbot; mais lorsque Talbot rendit son dernier souffle à Castillon, il y avait bien des années que le coupable Charles VII avait oublié jusqu'à la mémoire de la noble fille qui du petit roi de Bourges avait fait le grand roi de France. Certes les anachronismes de détail que l'on peut relever çà et là dans les autres drames de Shakespeare sont de bien légères peccadilles à côté d'aussi énormes erreurs.

Quant aux critiques qui s'autorisent du personnage de Jeanne d'Arc pour déclarer que cette pièce n'est pas de Shakespeare, qu'ils me permettent de leur dire que leur opinion part d'un zèle très-louable, mais que s'il n'y avait pas d'autres raisons pour refuser au poëte la paternité exclusive de cette œuvre, celle qu'ils allèguent serait absolument sans valeur. Shakespeare, disent-ils, avait l'esprit trop noble, pour concevoir la Pucelle sous la forme d'une gourgandine. Eh sans doute, mais là n'est pas la question. Il s'agit de savoir si des spectateurs bourrés des passions aveugles de la chair et du sang, et des préjugés violents de leur nation, avaient, eux, l'esprit assez noble pour la comprendre autrement. Voyez-vous Shakespeare créant une Jeanne d'Arc à la Schiller, et la présentant sous cette forme immaculée à un public tout vibrant encore des souvenirs de la guerre de Cent ans, et dont les rangs contenaient certainement plus d'un chimérique patriote qui nourrissait encore l'espoir vague d'une conquête de la France? J'imagine qu'un pareil spectacle aurait enrichi à tout jamais les marchandes de pommes cuites et crues de Londres, et nettoyé de trognons de choux tous les ruisseaux de la capitale et de ses faubourgs. L'auteur quel qu'il soit de ce premier *Henri VI* a tout simplement suivi, relativement au personnage de Jeanne, la tradition populaire anglaise. Dès la première apparition de Jeanne, deux courants d'opinion s'établirent à son égard; dans le camp français, on cria : c'est une messagère de Dieu ; dans le camp anglais, on cria : c'est une esclave du démon; mais d'aucun côté on ne songea à rapporter ses exploits à leur véritable cause, la noblesse de la nature. Jeanne était une ennemie des Anglais, les Anglais en firent une sorcière. Quoi d'étonnant à cela? Reconnaître qu'elle était le bras de Dieu visible, c'était se condamner eux-mêmes, avouer que leur cause était hors de la protection de Dieu; ce que jamais certes peuple ne fit et ne fera, quelque injuste que soit sa cause. Dans leur opinion, c'étaient eux qui au contraire avaient le bon droit, et qui par conséquent devaient être les favoris de Dieu; la résistance exceptionnelle qu'ils avaient rencontrée en Jeanne ne pouvait donc s'expliquer autrement que par l'action de l'enfer ligué contre le ciel. Oserai-je dire que cette opinion, tout absurde qu'elle soit, calomniait le caractère de Jeanne sans méconnaître sa nature. Pour les Anglais comme pour les Français, Jeanne restait un personnage surnaturel, inexplicable par la seule raison.

Avant de blâmer Shakespeare pour le caractère qu'il a prêté à Jeanne, et de crier à la profanation, nous ferions bien de jeter les yeux sur nous-mêmes, et de faire à l'égard de l'héroïque fille un examen de conscience national. Le roi Charles VII laissa mourir Jeanne avec indifférence et perdit bientôt son souvenir ; mais la France tout entière a, pour ainsi dire, suivi l'exemple de son roi. On peut dire que la mémoire de Jeanne a dormi pendant de longs siècles. Quel parti le génie poétique de notre nation a-t-il su tirer de cette étonnante apparition si bien faite pour tenter un grand poëte? Quelle page mémorable (avant nos jours bien entendu) a-t-elle inspirée à nos publicistes et à nos historiens? Un brave homme du nom de Chapelain s'avisa au dix-septième siècle de se prendre d'enthousiasme pour ce sujet dédaigné de tous nos beaux esprits; vous savez le résultat : il accoucha d'une rhapsodie, et faillit rendre ce nom de Pucelle ridicule à tout jamais. Enfin un jour, un des plus beaux esprits de la France, celui que beaucoup appellent le Français par excellence, s'empare de ce sujet, et c'est pour commettre un véritable crime national, et faire subir à la mémoire de Jeanne un supplice plus cruel certes que ne le fut le bûcher pour son corps. Les compatriotes de Shakespeare n'avaient brûlé qu'une héroïne française ; un des nôtres a trouvé bon de salir gratuitement, on ne sait pourquoi, une vierge française, et cela trois siècles passés après sa mort. Soyons donc modestes et humbles sur ce chapitre de Jeanne, et pardonnons à Shakespeare ou à l'auteur quel qu'il soit de ce premier *Henri VI* le caractère qu'il a prêté à la libératrice de la France. Savez-vous quel est de tous les Français celui qui a le mieux parlé de Jeanne? eh bien c'est un enfant des ruisseaux de Paris. Villon le sacripant, le vaurien, le pendard, le coureur, a seul parlé de la noble fille avec émotion, piété et *chasteté!!* Vous connaissez cette charmante ballade, où Villon tout ému regarde passer en imagination les ombres des belles dames du temps jadis, et où la simple énumération atteint à un effet poétique si délicieux :

> La royne blanche comme un lys
> Qui chantait à voix de syrène,
> Berthe aux grands pieds, Biétrix, Alis
> Harembourge qui tint le Maine,
> *Et Jeanne la bonne Lorraine,*
> *Que Anglais brûlèrent à Rouen;*
> Où sont, ô Vierge souveraine?
> Mais où sont les neiges d'autan.

Cette rapide mention où la *bonne* Jeanne a été sentie dans ce qu'elle a de plus accessible au cœur populaire, est ce qui, avant nos jours, a été écrit parmi nous de plus digne de la noble fille.

La vérité est que c'est nous, contemporains, qui avons pour ainsi dire inventé et découvert Jeanne, car c'est nous qui avons enfin compris la source de sa grandeur, qui est l'inspiration personnelle. Le noble Frédéric Schiller, qui avait l'œil ouvert sur tout ce qui était héroïque, a le premier senti la grandeur de cette âme, mais il n'a nullement compris combien cette grandeur était naturelle, simple et populaire. Le véritable honneur d'avoir découvert Jeanne appartient tout entier à M. Michelet, qui ce jour-là ne fit pas œuvre seulement de pénétrant historien et de ravissant poëte, mais acte de véritable grand citoyen. Le premier il nous a ouvert le cœur de Jeanne, et nous a montré la source profonde de son inspiration. Jeanne sorcière! Cette sottise vous révolte? eh bien, c'est à tort; car nul siècle avant le nôtre n'a eu un *critérium* véritable pour juger les âmes de la nature de celle de Jeanne. Nul grand esprit ne s'était encore avisé de chercher dans l'inspiration personnelle, intime, l'explication de telles personnes exceptionnelles. Aussi toutes les fois qu'un de ces admirables accidents se présentait, grand était l'embarras des doctes et facile la crédulité stupide du vulgaire. Cette inspiration était tenue pour extérieure; qu'était-elle alors? Un souffle de Dieu ou une suggestion du diable? Elle pouvait être l'un ou l'autre, et elle était l'un ou l'autre selon les passions qui prononçaient le jugement. Un cas fort curieux et fort instructif, fut au siècle qui suivit Jeanne, celui de sainte Thérèse d'Avila. Lorsque la noble personne commença sa carrière de visions, elle se sentit fort troublée et s'ouvrit à son directeur, un dominicain d'esprit prudent, qui n'avait pas de clef pour comprendre de telles âmes. Le dominicain écouta, et ne sachant que penser, lui conseilla de considérer ses visions comme des machinations de l'enfer pour l'induire au péché d'orgueil, et de les chasser par la prière. Thérèse pria, mais en vain; les visions revinrent avec acharnement. Il me semblait bien, avoue-t-elle, que les visions venaient de Dieu et non du diable; mais je n'osais m'élever contre le jugement de mon directeur. Enfin, un jour, elle s'avisa de s'adresser à saint Jean de la Croix, et celui-ci, homme de rare esprit et versé dans la connaissance des secrets de la vie mystique, comprit aussitôt à quelle âme il avait affaire, et la rassura sur ses visions. Or si de pareilles erreurs pouvaient se produire pour une sainte orthodoxe, à propos de visions qui ne troublaient que son repos, qu'était-ce lorsque la visionnaire était mêlée au monde, lorsque ses visions avaient une portée politique, enflammaient les passions des partis, ou blessaient à mort les intérêts des nations ? Shakespeare, ou l'auteur inconnu du premier *Henri VI*, en représentant Jeanne comme une sorcière n'a pas erré davantage que l'humanité de son temps, car ses contemporains n'avaient pas d'autre manière de juger de tels caractères.

Nous assistons dans cette première partie de *Henri VI* à un spectacle consolant pour celui qui croit à l'infaillible loi de la compensation. Avec ce drame commence, on peut le dire, la revanche de la France. O juste retour des choses d'ici-bas! Le règne de Henri VI, fils du vainqueur d'Azincourt, sera pour l'Angleterre, ce que le règne de Charles VI fut pour la France. A moins d'une génération de distance, les rôles sont retournés. La mort du duc Humphroy de Glocester vaut le meurtre de Jean sans Peur ; la faiblesse imbécile de Henri vaut la folie de Charles ; Jack Cade et ses sauvages insurgés valent le bourreau Capeluche, les Cabochiens et les Jacques ; Marguerite d'Anjou vaut la reine Isabeau de Bavière ; York vaut Armagnac ; Clifford vaut Tanneguy-Duchâtel. Même spectacle de démence, d'ambition, de sottise et de terreur ; mêmes scènes anarchiques et sanglantes. Cela, c'est l'expiation divine ; il y en a une autre moins grandiose, plus cachée, plus indirecte, mais plus amusante à découvrir. La France prit véritablement sa revanche de ses vainqueurs d'une façon toute française, et par les agents les plus gracieux du monde, ses princesses. La princesse Catherine, épouse de Henri V et fille d'Isabeau, nous vengea doublement du traité de Troyes, en donnant à son mari un enfant qui, conçu sans amour, naquit avec une âme trop faible pour soutenir le fardeau que son père lui léguait, et en engendrant par sa passion pour Owen Tudor une race d'admirables tyrans qui devait faire peser sur les orgueilleux nobles d'Angleterre toute l'oppression qu'ils avaient voulu faire peser sur nous. Et Marguerite d'Anjou, *la louve de France*, que nous voyons à la fin de ce drame, mariée à Henri VI, elle fera périr sur les champs de bataille de Saint-Albans, de Wakefield, de Towton et de Tewkesbury, plus de nobles anglais qu'il ne périt de chevaliers français à Azincourt, et délivrera à jamais la France, en employant toutes les forces de l'Angleterre à la furieuse guerre civile des deux Roses. Charmante reine Catherine dont les sens furent si patriotes en restant froids pour le vainqueur d'Azincourt, notre ennemi; fière Marguerite d'Anjou, brave louve de France, vous comptez parmi les agents les plus efficaces de notre délivrance; et si vos âmes sont bien loin de celle de Jeanne, vos services valent vraiment presque les siens.

PERSONNAGES DU DRAME.

Le roi HENRI VI.
Le duc de GLOCESTER, oncle du roi et protecteur du royaume.
Le duc de BEDFORD, oncle du roi et régent de France.
THOMAS BEAUFORT, duc d'Exeter, grand-oncle du roi.
HENRI BEAUFORT, évêque de Winchester, par la suite cardinal, grand-oncle du roi.
JOHN BEAUFORT, comte, par la suite duc de Somerset.
RICHARD PLANTAGENET, fils aîné de RICHARD, le feu comte de Cambridge, par la suite duc d'York.
Le comte de WARWICK.
Le comte de SALISBURY.
Le comte de SUFFOLK.
Lord TALBOT, par la suite comte de Shrewsbury.
JOHN TALBOT, son fils.
EDMUND MORTIMER, comte des Marches.
Sir JOHN FALSTOFFE.
Sir WILLIAM LUCY.
Sir WILLIAM GLANSDALE.
Sir THOMAS GARGRAVE.
Le lord maire de Londres.
WOODVILLE, lieutenant de la Tour.
VERNON, de la Rose blanche ou faction d'York.
BASSET, de la Rose rouge ou faction de Lancastre.
Un légiste.
Les gardiens de Mortimer.

CHARLES, dauphin, et par la suite roi de France.
RENÉ, duc d'Anjou, roi titulaire de Naples.
Le duc de BOURGOGNE.
Le duc d'ALENÇON.
LE BATARD D'ORLÉANS.
Le gouverneur de Paris.
Un maître canonnier d'Orléans.
Son fils.
Le général des troupes françaises a Bordeaux.
Un sergent français.
Un portier.
Un vieux berger, père de JEANNE LA PUCELLE.
Démons aux ordres de LA PUCELLE.

MARGUERITE, fille de RENÉ, mariée par la suite au roi HENRI VI.
La comtesse d'AUVERGNE.
JEANNE LA PUCELLE, communément appelée JEANNE DARC.

Lords, Gardes de la Tour, Hérauts, Officiers, Soldats, Messagers et comparses français et anglais.

Scène. — En partie en Angleterre, en partie en France.

LE
ROI HENRI VI.

(PREMIÈRE PARTIE.)

ACTE I.

SCÈNE PREMIÈRE.

L'abbaye de Westminster.

Marche funèbre. Le corps du roi HENRI V *est exposé à découvert sur un catafalque, entouré par les* ducs de BEDFORD, de GLOCESTER *et* d'EXETER, *par* le comte de WARWICK, l'évêque de WINCHESTER, *des* hérauts, *etc.*

Bedford. — Que les cieux se tendent de noir[1], que le jour cède à la nuit! Comètes, qui annoncez les changements des temps et des États, brandissez dans le ciel vos tresses de cristal, et servez-vous d'elles pour flageller les méchantes étoiles révoltées qui ont consenti à la mort de Henri, de Henri le Cinquième, trop glorieux pour vivre longtemps! L'Angleterre ne perdit jamais un roi d'un tel mérite.

Glocester. — L'Angleterre, jusqu'à lui, n'eut jamais un vrai roi. Il avait cette vertu à laquelle est dû le commandement; son épée, lorsqu'il la brandissait, aveuglait les hommes de ses éclairs ; ses bras, quand ils s'ouvraient, mesuraient plus d'espace que les ailes d'un dragon ; ses yeux étincelants, brûlant du feu de la colère, éblouissaient et faisaient reculer ses ennemis plus sûrement que le soleil de midi frappant d'aplomb sur leurs visages. Que dirai-je? ses actes sont au-dessus de tout discours : il ne leva jamais la main sans conquérir.

Exeter. — Nous portons le deuil en noir ; pourquoi ne le portons-nous pas en sang? Henri est mort et ne revivra plus ; nous entourons un cercueil de bois, et nous glorifions par nos présences princières la déshonnête victoire de la mort, comme des captifs liés à un char de triomphe. Que croire? devons-nous maudire les planètes de malheur qui ont ainsi comploté la chute de notre gloire? ou bien devons-nous penser que les Français à l'esprit subtil, nécromanciens et sorciers, par suite de la crainte dont il les remplissait, ont amené sa fin par des vers magiques[2]?

L'évêque de Winchester. — C'était un roi béni du Roi des rois. Le terrible jour du jugement ne sera pas si terrible aux Français que sa vue leur était terrible. Il combattit les batailles du Dieu des armées : ce sont les prières de l'Église qui le firent si prospère.

Glocester. — L'Église! où est-elle? si les gens d'Église n'avaient pas prié, la trame de sa vie ne se serait pas si vite rompue. Tous tant que vous êtes, le prince que vous aimez, c'est le prince efféminé que vous pouvez dominer comme un écolier.

L'évêque de Winchester. — Glocester, quel que soit ce que nous aimons, tu es protecteur, et tu vises à commander au prince et au royaume. Ta femme est orgueilleuse, et elle te maîtrise plus que ne le peuvent Dieu ou les pieux ministres de la religion.

Glocester. — Ne parle pas de religion, car tu aimes la chair, et dans tout le cours de l'année, tu ne vas jamais à l'église, à moins que ce ne soit pour prier contre tes ennemis.

Bedford. — Cessez, cessez ces querelles, et tenez vos

ACTE I, SCENE I.

esprits en paix! Marchons à l'autel : — hérauts, accompagnez-nous : — pour offrande, en place d'or, présentons nos armes, puisque les armes ne nous sont d'aucune utilité, maintenant que Henri est mort. Postérité, attends-toi à des années malheureuses, à des années où les enfants à la mamelle tetteront des pleurs aux yeux humides de leurs mères, où notre île sera un marais de larmes salées, et où il ne restera que les femmes pour pleurer les morts. Henri le Cinquième! j'invoque ton ombre; fais prospérer ce royaume; préserve-le des guerres civiles! combats contre nos planètes ennemies, dans le ciel où ton âme fera une bien plus glorieuse étoile que Jules César ou le brillant[3]....

Entre UN MESSAGER.

LE MESSAGER. — Mes honorables Lords, santé à vous tous! Je vous apporte de France de tristes nouvelles, des nouvelles de ruine, de massacre, de défaite : la Guyenne, la Champagne, Reims, Orléans, Paris, Gisors, Poitiers sont à peu près perdus.

BEDFORD. — Que dis-tu là, l'ami, devant le corps inanimé de Henri? Parle doucement, ou bien la perte de ces grandes villes va lui faire secouer la mort et briser le plomb de son cercueil.

GLOCESTER. — Paris est-il perdu? Rouen s'est-il rendu? Si Henri était rappelé à la vie, ces nouvelles lui feraient rendre l'âme une seconde fois.

EXETER. — Comment ces villes ont-elles été perdues? Quelle trahison s'y est employée?

LE MESSAGER. — Il n'y a pas eu trahison, mais bien manque d'hommes et d'argent. Il se murmure parmi les soldats que vous êtes divisés ici en plusieurs coteries, et qu'alors que vous devriez ordonner et livrer une bataille, vous êtes à disputer sur vos généraux. L'un voudrait une guerre d'escarmouches qui coûterait peu ; un autre voudrait fuir bien vite, mais manque d'ailes pour cela ; un troisième croit que, sans aucune dépense, la paix pourrait être obtenue par de belles paroles dorées. Réveillez-vous, réveillez-vous, nobles d'Angleterre! ne permettez pas à la lenteur de ternir les gloires que vous avez récemment acquises; les fleurs de lis sont moissonnées sur vos armes; la moitié du blason d'Angleterre est coupée.

Exeter. — Si les larmes nous avaient manqué pour ces funérailles, ces nouvelles les auraient appelées à flots.

Bedford. — C'est moi que ces nouvelles concernent; je suis régent de France. Donnez-moi ma cotte d'acier! je vais combattre pour reprendre la France. Arrière ces honteux vêtements de deuil! Je ferai aux Français des blessures par où, mieux que par leurs yeux, ils pourront pleurer leurs malheurs un instant suspendus.

Entre un second messager.

Second messager. — Lords, parcourez ces lettres pleines de mauvaises nouvelles. La France est presque tout entière révoltée contre les Anglais, sauf quelques petites villes sans importance : le dauphin Charles est couronné roi à Reims; le bâtard d'Orléans s'est joint à lui; René, duc d'Anjou, prend son parti; le duc d'Alençon épouse sa cause.

Exeter. — Le Dauphin couronné roi! Tous courent vers lui! Et nous, où courrons-nous pour éviter cette honte?

Glocester. — Nous ne courrons nulle part qu'à la gorge de nos ennemis. Bedford, si tu hésites, j'irai combattre.

Bedford. — Glocester, pourquoi doutes-tu de ma résolution? J'ai en pensée rassemblé une armée dont la France est déjà inondée.

Entre un troisième messager.

Le troisième messager. — Mes gracieux Seigneurs, pour augmenter les larmes dont vous mouillez à cette heure le catafalque du roi Henri, il me faut vous informer d'un sinistre combat entre le vaillant Lord Talbot et les Français.

ACTE I, SCÈNE I.

L'ÉVÊQUE DE WINCHESTER. — Comment! un combat où Talbot a vaincu, n'est-ce pas?

LE TROISIÈME MESSAGER. — Oh non ; un combat où Lord Talbot a été vaincu, et dont je vais vous donner le récit détaillé. Le dix d'août dernier, ce redouté Lord, en se retirant du siège d'Orléans, avec à peine six mille hommes de troupes en tout, s'est trouvé surpris et enveloppé par vingt-trois mille Français. Il n'eut pas le loisir de ranger ses hommes en ordre de bataille; il manquait de piques pour les mettre devant ses archers, et en place, il fallut se contenter de pieux pointus arrachés des haies, et fichés en terre en toute hâte pour empêcher les cavaliers de briser ses rangs. Le combat a duré plus de trois heures : Talbot, vaillant au-dessus de tout ce qu'on peut penser, a fait des merveilles avec son épée et sa lance : il a envoyé des centaines d'hommes à l'enfer, et personne n'osait tenir devant lui; ici, là, partout, il tuait dans le courroux dont il était plein. Les Français criaient que le diable avait pris les armes, et toute l'armée le regardait faire avec étonnement : ses soldats, en voyant son courage indomptable, se mirent à crier tout d'une voix : *Talbot! Talbot!* et se précipitèrent au cœur de la bataille. A ce moment, la victoire aurait été pleinement remportée, si Sir John Falstoffe n'avait pas joué le rôle d'un lâche[4]; il était dans le corps de réserve, placé derrière, afin de suivre et de soutenir les premiers rangs[5]; mais il a fui lâchement sans donner un seul coup d'épée. Alors il s'en est suivi un désastre général et un massacre; nos soldats furent enveloppés par leurs ennemis; un vil Wallon, pour gagner les bonnes grâces du Dauphin, frappa d'une lance dans le dos ce Talbot que toute la France, avec toutes ses forces réunies, n'osa pas regarder une seule fois en face.

BEDFORD. — Talbot est-il tué? Si cela est, je vais me tuer moi-même, pour être ici à vivre paresseusement dans la pompe et l'aisance, pendant qu'un si digne chef, manquant de secours, est livré à ses lâches ennemis.

TROISIÈME MESSAGER. — Oh! non, il vit; mais il est fait

prisonnier et avec lui ont été pris Lord Scales et Lord Hungerford : la plupart des autres ont été également pris ou massacrés.

Bedford. — Personne autre que moi ne payera sa rançon. Je précipiterai le Dauphin de son trône, et sa couronne sera la rançon de mon ami : j'échangerai quatre de leurs Seigneurs contre un des nôtres. Adieu, Milords; je cours à ma tâche : je vais de ce pas allumer en France des feux de joie pour fêter notre grand saint Georges. Je prendrai avec moi dix mille soldats dont les exploits sanglants feront trembler toute l'Europe.

Troisième messager. — Vous en aurez besoin; car Orléans est assiégé; l'armée anglaise a diminué et s'est affaiblie : le comte de Salisbury réclame des renforts, et parvient à peine à empêcher ses soldats de se révolter, parce qu'ils sont trop peu pour garder de telles multitudes.

Exeter. — Rappelez-vous, Lords, les serments que vous avez prêtés à Henri : vous avez promis, ou bien d'étouffer entièrement le Dauphin, ou bien de l'amener obéissant à subir votre joug.

Bedford. — Je me le rappelle, moi, et je prends ici congé pour aller faire mes préparatifs. (*Il sort.*)

Glocester. — Je m'en vais à la Tour avec toute la diligence qui me sera possible pour inspecter l'artillerie et les munitions, et puis je proclamerai roi le jeune Henri. (*Il sort.*)

Exeter. — Je m'en vais à Eltham, où se trouve le jeune roi dont je suis nommé le gouverneur particulier, et là je prendrai les meilleures mesures que je pourrai pour sa sécurité. (*Il sort.*)

L'évêque de Winchester. — Chacun a sa place et ses fonctions à remplir : moi je suis laissé de côté; pour moi, il ne reste rien : mais je ne jouerai pas longtemps le rôle de Jacques sans emploi; j'entends faire partir le roi d'Eltham, et m'asseoir principal pilote au gouvernail de l'État. (*Il sort.*)

SCÈNE II.

En France. — Devant Orléans.

Entrent CHARLES, le duc d'ALENÇON, RENÉ D'ANJOU *et autres, avec les troupes françaises.*

Charles. — Le véritable mouvement de Mars, jusqu'à présent, n'est pas plus connu sur la terre qu'il ne l'est dans le ciel; dernièrement il brillait du côté des Anglais; maintenant c'est nous qui sommes les vainqueurs, c'est sur nous qu'il sourit. Quelles sont les villes de quelque importance que nous ne possédions pas? Nous séjournons ici agréablement près d'Orléans, tandis que les Anglais affamés, comme de pâles fantômes, nous assiégent mollement une heure par mois.

Le duc d'Alençon. — Ils soupirent après leur soupe et leurs grasses tranches de bœuf : il faut qu'ils soient nourris comme des mulets, et qu'ils portent leur provende pendue au cou, sinon ils vous ont un air piteux comme des souris noyées.

René d'Anjou. — Faisons lever le siège : pourquoi restons-nous ici à ne rien faire? ce Talbot, qui faisait l'objet de nos craintes habituelles, il est pris : il ne reste que Salisbury à la cervelle détraquée, et il peut dépenser sa bile en agitations tant qu'il voudra; il n'a ni hommes ni argent pour faire la guerre.

Charles. — Sonnez, sonnez la charge! nous allons les attaquer. Relevons aujourd'hui l'honneur des Français humiliés! Je lui pardonne ma mort, à celui qui me tuera, lorsqu'il me verra reculer d'un pas ou fuir. (*Ils sortent.*)

Alarmes. Sorties, puis retraite. Rentrent CHARLES, le duc d'ALENÇON, RENÉ D'ANJOU, *et autres.*

Charles. — Qui vit jamais rien de semblable? Quels hommes est-ce que j'ai avec moi! chiens! lâches! poltrons! Je n'aurais jamais fui s'ils ne m'avaient pas laissé au milieu de mes ennemis.

René d'Anjou. — Salisbury tue en désespéré ; il a combattu comme un homme fatigué de la vie. Les autres Lords, pareils à des lions qui manquent de pâture, se précipitent sur nous comme sur une proie dont ils ont faim.

Le duc d'Alençon. — Froissart, un de nos compatriotes, rapporte que sous le règne d'Édouard III, l'Angleterre n'enfantait que des Rolands et des Oliviers [6]. Ce dire est plus justement vérifié par ce qui vient de se passer, car l'Angleterre n'a envoyé à ce dernier combat que des Samsons et des Goliaths. Un contre dix ! de maigres canailles qui n'ont que les os ! Qui aurait jamais supposé qu'ils eussent un tel courage et une telle audace ?

Charles. — Laissons cette ville, car ces manants sont des fous furieux, et la faim ne les rendra que plus forcenés ; je les connais depuis longtemps ; ils démoliront les murailles avec les dents plutôt que d'abandonner le siége.

René d'Anjou. — Je crois vraiment que leurs armes sont disposées de manière à frapper d'elles-mêmes, comme des horloges, par le moyen de quelques rouages singuliers ou de quelque invention ; sans cela, ils ne pourraient jamais tenir autant qu'ils font. Mon avis est que nous devons les laisser tranquilles.

Le duc d'Alençon. — Soit.

Entre LE BÂTARD D'ORLÉANS [7].

Le bâtard. — Où est le prince Dauphin ? J'ai des nouvelles pour lui.

Charles. — Bâtard d'Orléans, vous êtes trois fois le bienvenu parmi nous.

Le bâtard. — Il me semble que vos physionomies sont tristes et vos attitudes celles de l'effroi : est-ce le dernier échec qui vous a jetés dans ce désespoir ? Ne vous découragez pas, car j'ai un secours tout prêt : j'amène avec moi une sainte fille qui, par une vision qui lui a été envoyée du ciel, est ordonnée pour faire lever ce siége insupportable, et pour chasser les Anglais hors des frontières de France. Elle a en elle un profond esprit de prophétie qui dépasse celui des neuf Sibylles de l'ancienne Rome[8] : elle peut révéler le passé et l'avenir. Répondez, l'introduirai-je ? Croyez-en mes paroles, car elles sont certaines et infaillibles.

CHARLES. — Allez, appelez-la. (*Sort le bâtard.*) Mais auparavant, pour éprouver son génie, René, joue à ma place le rôle de Dauphin : questionne-la avec hauteur ; donne à tes regards un caractère sévère ; par ce moyen, nous découvrirons quelle est l'étendue de son génie. (*Il se retire à l'écart.*)

Rentre LE BÂTARD D'ORLÉANS *avec* LA PUCELLE.

RENÉ D'ANJOU. — Belle fille, est-ce toi qui accomplis ces choses merveilleuses ?

LA PUCELLE. — René, est-ce toi qui penses me tromper ? où est le Dauphin ? — Sors, sors de là où tu es : je te connais bien, quoique je ne t'aie jamais vu avant cette heure. Ne sois pas étonné, rien ne m'est caché. Je veux te parler en particulier. — Reculez-vous, Messeigneurs, et laissez-nous un instant ensemble.

RENÉ D'ANJOU. — Elle va bien dès le premier coup.

LA PUCELLE. — Dauphin, je suis par naissance la fille d'un berger, mon esprit n'a été cultivé par aucune espèce d'art. Il a plu au ciel et à notre gracieuse Vierge de jeter leurs regards sur mon état misérable. Voici ! pendant que je gardais mes tendres agneaux, et que je livrais mes joues à la brûlante chaleur du soleil, la mère de Dieu a daigné m'apparaître, et, dans une vision pleine de majesté, m'a commandé de laisser mes basses occupations et de délivrer mon pays de ses calamités. Elle me promit son aide, m'assura du succès, se révéla elle-même au sein d'une gloire complète, et grâce à la lumière de ses clairs rayons qu'elle fit pénétrer en moi, elle me donna cette beauté dont je suis bénie et que vous pouvez voir, moi qui étais auparavant noire et hâlée. Adresse-moi telle question que tu voudras, et j'y répondrai spontanément ;

fais par le combat l'épreuve de mon courage, si tu l'oses, et tu découvriras que je suis au-dessus de mon sexe. Tiens-toi pour bien certain de ceci, c'est que tu seras heureux, si tu m'acceptes pour ta compagne de guerre.

CHARLES. — Tu m'as étonné par tes paroles altières. Je ne veux soumettre ta valeur qu'à cette seule épreuve; tu lutteras avec moi en combat singulier ; si tu triomphes, tes paroles sont véridiques ; autrement je perds toute confiance.

LA PUCELLE. — Je suis prête ; voici mon épée au tranchant affilé, ornée de cinq fleurs de lis de chaque côté, que j'ai choisie dans le cimetière de Sainte-Catherine, en Touraine, dans un énorme tas de vieilles ferrailles.

CHARLES. — Alors, par le nom de Dieu, viens ; je ne crains pas une femme.

LA PUCELLE. — Et moi, tant que je vivrai, je ne fuirai pas devant un homme. (*Ils combattent.*)

CHARLES. — Arrête, retiens tes mains ! Tu es une Amazone et tu combats avec l'épée de Déborah.

LA PUCELLE. — La mère du Christ me soutient, sans cela, je serais trop faible.

CHARLES. — Quel que soit celui qui t'aide, c'est toi qui dois m'aider. Je brûle du désir impatient de t'avoir ; tu as à la fois subjugué mon cœur et mes mains. Excellente Pucelle, si tel est ton nom, je veux être ton serviteur et non ton souverain ; c'est le Dauphin de France qui t'adresse cette requête.

LA PUCELLE. — Je ne dois consentir à aucun des rites de l'amour, car ma vocation sacrée me vient d'en haut : lorsque j'aurai chassé d'ici tous tes ennemis, alors je penserai à une récompense.

CHARLES. — En attendant, jette un gracieux regard sur ton esclave prosterné.

RENÉ D'ANJOU. — Il me semble que Monseigneur cause bien longtemps.

LE DUC D'ALENÇON. — Sans doute il confesse cette femme jusqu'au cotillon ; sans cela il ne prolongerait pas si longtemps l'entretien.

RENÉ D'ANJOU. — L'interrompons-nous, puisqu'il n'a plus l'air de penser à rien?

LE DUC D'ALENÇON. — Peut-être pense-t-il à plus de choses que nous ne le croyons, nous, pauvres gens : ces femmes sont de rusées tentatrices avec leurs langues.

RENÉ D'ANJOU. — Monseigneur, en quel pays êtes-vous donc maintenant? Que décidez-vous? abandonnons-nous Orléans, ou non?

LA PUCELLE. — Pardi, je vous dis non, moi, poltrons défiants! Combattez jusqu'au dernier souffle, je serai votre sauvegarde.

CHARLES. — Ce qu'elle dit, je le confirme; nous livrerons combat.

LA PUCELLE. — Je suis marquée pour être le fléau des Anglais. Cette nuit, je ferai sûrement lever le siége. Puisque j'entreprends de me mêler de cette guerre, espérez un été de la Saint-Martin[8], des jours d'alcyon[10]. La gloire est pareille à un cercle fait sur l'eau qui ne cesse de s'élargir jusqu'à ce qu'il disparaisse à force de s'étendre. Le cercle de l'Angleterre a fini avec la mort de Henri, et les gloires qu'il contenait dans sa circonférence se sont dispersées : maintenant je suis pareille à ce navire altier et insultant qui portait à la fois César et sa fortune.[11]

CHARLES. — Si Mahomet fut inspiré par une colombe[12], tu es, toi, inspirée par un aigle. Ni Hélène, la mère du grand Constantin, ni les filles de saint Philippe[13] ne t'égalaient. Brillante étoile de Vénus, tombée sur la terre, comment ferai-je pour t'adorer avec un respect suffisant?

LE DUC D'ALENÇON. — Ne mettons aucun retard et faisons lever le siége.

RENÉ D'ANJOU. — Femme, fais ce que tu pourras pour sauver nos honneurs. Chasse-les d'Orléans, et sois immortalisée.

CHARLES. — Nous allons tenter l'épreuve immédiatement; allons, marchons à cette entreprise : je ne croirai jamais à aucun prophète, s'il se trouve qu'elle ment.
(*Ils sortent.*)

SCÈNE III.

LONDRES. — TOWER HILL.

Entre devant les portes LE DUC DE GLOCESTER *avec ses* SERVITEURS *en livrée bleue.*

GLOCESTER. — Je viens aujourd'hui pour inspecter la Tour; je crains qu'il n'y ait là depuis la mort de Henri, une administration peu sûre. Où sont ces gardiens qui ne se tiennent pas ici à leur poste? Ouvrez les portes, c'est Glocester qui appelle. (*Les serviteurs frappent.*)

PREMIER GARDIEN, *de l'intérieur.* — Qui donc frappe ici si impérieusement?

PREMIER SERVITEUR. — C'est le noble duc de Glocester

SECOND GARDIEN, *de l'intérieur.* — Qu'il soit ce qu'il voudra, vous ne pouvez pas entrer.

PREMIER SERVITEUR. — Scélérats, c'est ainsi que vous répondez au Lord protecteur?

PREMIER GARDIEN, *de l'intérieur.* — Le Lord Dieu le protége! Voilà comment nous lui répondons. Nous ne pouvons faire autrement qu'il ne nous est ordonné.

GLOCESTER. — Qui vous a donné des ordres? et quelle est la volonté qui passe avant la mienne? Il n'y a d'autre protecteur du royaume que moi. Brisez ces portes, je vous y autorise : vais-je me laisser railler de la sorte par des valets et des gens de rien?

Les gens de GLOCESTER *se précipitent sur les portes de la Tour;* WOODVILLE, *le lieutenant de la Tour, parle de l'intérieur.*

WOODVILLE, *de l'intérieur.* — Quel est ce bruit? Quels traîtres avons-nous ici?

GLOCESTER. — Lieutenant, est-ce vous dont j'entends la voix? Ouvrez les portes; c'est Glocester qui voudrait entrer.

WOODVILLE, *de l'intérieur.* — Prenez patience, noble

ACTE I, SCÈNE III.

duc, je ne dois pas ouvrir; le cardinal de Winchester le défend. J'ai de lui exprès commandement de ne laisser entrer ni vous, ni aucun des vôtres.

GLOCESTER. — Cœur tremblant de Woodville, est-ce que tu places plus haut que moi l'arrogant Winchester, cet altier prélat que Henri, notre feu Souverain, ne put jamais souffrir? Tu n'es l'ami ni de Dieu ni du roi; ouvre les portes, ou je vais te mettre dehors promptement.

LES SERVITEURS. — Ouvrez les portes au Lord protecteur, ou nous allons les briser si vous n'obéissez pas promptement.

Les serviteurs de GLOCESTER *se précipitent de nouveau sur les portes de la tour. Entre* L'ÉVÊQUE DE WINCHESTER *avec ses* SERVITEURS *en livrée brune.*

L'ÉVÊQUE DE WINCHESTER. — Qu'est-ce donc, ambitieux Humphroy? que veut dire cela?

GLOCESTER. — Tonsuré de prêtre, est-ce toi qui ordonnes de me fermer les portes?

L'ÉVÊQUE DE WINCHESTER. — Oui, c'est moi, abusif *trahisseur*, et non protecteur du roi et du royaume.

GLOCESTER. — Arrière, conspirateur manifeste, toi qui as comploté pour assassiner notre défunt Souverain; toi qui donnes des indulgences aux catins pour pécher : je m'en vais te berner sous ton chapeau de cardinal, si tu persistes dans ton insolence.

L'ÉVÊQUE DE WINCHESTER. — Non, recule, toi; je ne bougerai pas d'un pouce : que ce point de terre soit Damas, et toi, sois Caïn le maudit[14]. Tu peux tuer ton frère Abel, si tu le veux.

GLOCESTER. — Je ne te tuerai pas, mais je te chasserai, et je me servirai pour t'emporter d'ici, de ta robe écarlate, comme on se sert de langes pour emporter un enfant.

L'ÉVÊQUE DE WINCHESTER. — Fais, si tu l'oses, je te défie en face!

GLOCESTER. — Comment, je suis bravé et défié en face!

Dégainez, amis, pour savoir à qui appartiendra cette place privilégiée ; habits bleus contre habits bruns. Prêtre, prenez garde à votre barbe ; je vous la tirerai, et je vous souffletterai solidement : je foulerai sous mes pieds ton chapeau de cardinal; en dépit du pape et des dignités de l'Église, je te traînerai ici, de long en large, par les oreilles.

L'évêque de Winchester. — Glocester, tu auras à répondre de cela devant le pape.

Glocester. — Oie de Winchester! Je crie, moi, une corde, une corde[15]! Allons, chassez-les d'ici ; pourquoi les y laissez-vous? Je vais te chasser d'ici, loup revêtu de la peau de l'agneau. Arrière, habits bruns! Arrière, hypocrite en robe écarlate !

Ici GLOCESTER *et ses* SERVITEURS *attaquent l'autre parti. Au milieu du tohu-bohu, entrent* LE LORD MAIRE DE LONDRES *et* SES OFFICIERS.

Le lord maire. — Fi, Milords, osez-vous, vous qui êtes les magistrats suprêmes, troubler outrageusement ainsi la paix publique !

Glocester. — Paix, maire ! tu connais peu les affronts que j'ai reçus : voici Beaufort qui n'a d'égards ni pour Dieu, ni pour le roi, et qui a détourné la Tour de son usage pour son profit particulier.

L'évêque de Winchester. — Et voilà Glocester, l'ennemi des citoyens, l'homme qui perpétuellement pousse à la guerre et jamais à la paix, qui impose vos bourses indépendantes de taxes énormes, qui cherche à renverser la religion, parce qu'il est protecteur du royaume ; il voudrait retirer les armes de la Tour pour se couronner roi et supprimer le prince.

Glocester. — Je te répondrai, non par des mots, mais par des coups. (*Nouvelle rixe.*)

Le lord maire. — Il ne me reste plus, dans cette lutte tumultueuse, qu'à faire une proclamation publique : avance, officier, et parle aussi haut que tu pourras.

L'officier, *lisant*. — « Nous commandons et ordonnons, au nom de Son Altesse, à tous hommes ici assemblés en armes aujourd'hui contre la paix de Dieu et du roi, de se rendre à leurs logis respectifs, et de ne porter, employer, ou manier désormais d'épée, d'arme, ou de poignard, sous peine de mort. »

GLOCESTER. — Cardinal, je ne veux pas être un violateur de la loi : mais nous nous retrouverons, et nous nous ouvrirons amplement nos âmes.

L'ÉVÊQUE DE WINCHESTER. — Glocester, nous nous retrouverons ; à tes dépens, sois-en sûr. J'aurai le sang de ton cœur pour l'affaire d'aujourd'hui.

LE LORD MAIRE. — Je vais faire crier : *aux bâtons*[16]! si vous ne vous en allez pas. Ce cardinal est plus altier que le diable.

GLOCESTER. — Maire, adieu : tu ne fais que ton devoir.

L'ÉVÊQUE DE WINCHESTER. — Abominable Glocester! garde bien ta tête ; car je prétends l'avoir avant longtemps. (*Sortent, chacun de son côté, Glocester et l'évêque de Winchester avec leurs serviteurs.*)

LE LORD MAIRE. — Veillez à faire évacuer la place, et puis nous partirons. Bon Dieu, quel orgueil vous ont ces nobles! moi, je ne me bats pas une fois en quarante ans. (*Ils sortent.*)

SCÈNE IV.

En FRANCE. — Devant ORLÉANS.

Entrent sur les remparts LE MAÎTRE CANONNIER *et* SON FILS.

LE MAÎTRE CANONNIER. — Maraud, tu sais comment Orléans est assiégé, et comment les Anglais ont emporté les faubourgs.

LE FILS. — Je le sais, père, et j'ai souvent tiré sur eux, quoique malheureusement mes coups aient manqué leur but.

LE MAÎTRE CANONNIER. — Mais maintenant ils ne le manqueront pas. Laisse-toi diriger par moi : je suis maître canonnier de cette ville ; il me faut faire quelque chose qui me procure honneur. Les espions du prince m'ont informé que les Anglais, fortement retranchés dans les faubourgs, ont l'habitude d'aller par une porte secrète grillée de fer, à la tour là-bas, d'où ils dominent la cité, et que de là ils découvrent les points par où leurs canonnades et leurs assauts peuvent le mieux nous nuire. Pour détruire cet inconvénient, j'ai pointé contre la tour une pièce d'artillerie, et ces trois derniers jours pleins, j'ai veillé pour savoir si je les découvrirais. Veille maintenant, toi,, mon garçon, car je ne peux rester plus longtemps. Si tu aperçois quelqu'un, cours vite m'en informer ; tu me trouveras chez le gouverneur. (*Il sort.*)

Le fils. — Je vous le promets, père ; ne prenez pas souci, je n'aurai pas besoin de vous importuner si je puis les apercevoir.

Entrent dans l'appartement supérieur d'une tour les Lords SALISBURY *et* TALBOT, Sir WILLIAM GLANSDALE, Sir THOMAS GARGRAVE *et autres*.

Salisbury. — Talbot, ma vie, ma joie est de retour ! Comment as-tu été traité pendant que tu étais prisonnier ? et par quels moyens as-tu retrouvé ta liberté ? apprends-le-moi, je t'en prie, sur le sommet de cette tour.

Talbot. — Le duc de Bedford avait un prisonnier appelé le brave Seigneur Ponton de Saintrailles : j'ai été échangé et racheté contre lui. Mais auparavant, par mépris, ils avaient voulu me troquer contre un homme d'armes de beaucoup inférieur à celui-là, proposition que j'ai refusée avec dédain, en demandant la mort plutôt que d'être si bassement estimé. Enfin, j'ai été racheté aux conditions que je désirais. Mais que ce traître de Falstoffe fait saigner mon cœur ! je l'exécuterais de mes propres mains, si je l'avais tout à l'heure en mon pouvoir.

Salisbury. — Tu ne me dis pas toutefois comment tu as été traité.

Talbot. — Par des railleries, des mépris, d'outrageants

brocards. Ils m'ont exposé en pleine place de marché, pour être un spectacle public : Voilà, disaient-ils, la terreur des Français, le mannequin qui fait si peur à nos enfants[17]. Alors je m'échappai des mains des officiers qui me conduisaient, et, avec mes ongles, j'arrachai des pierres dans la terre, pour les jeter aux spectateurs de ma honte. Mon aspect terrible fit fuir ces gens ; nul n'osa s'approcher de moi par crainte d'une mort soudaine. Ils ne jugèrent pas que des murailles grillées fussent assez sûres pour me retenir ; car la crainte que mon nom avait répandue parmi eux était si grande, qu'ils supposaient que je pouvais briser des barres de fer et mettre en pièces des poteaux de diamant. Aussi m'avaient-ils entouré d'une garde d'hommes choisis qui était à mes côtés à toute minute, et si je faisais mine seulement de sortir du lit, ils étaient prêts à me fusiller au cœur.

SALISBURY. — Je suis affligé d'apprendre les tourments que tu as endurés ; mais nous serons suffisamment vengés. C'est maintenant l'heure du souper dans Orléans : ici, par cette grille, je puis compter jusqu'au dernier homme, et voir comment les Français se fortifient. Regardons ; c'est un spectacle qui t'amusera beaucoup. Sir Thomas Gargrave, et Sir William Glansdale, donnez-moi vos opinions les plus franches : sur quel point vaudra-t-il mieux entreprendre notre prochaine attaque?

GARGRAVE. — La porte du Nord, je crois ; car là se tiennent les Seigneurs.

GLANSDALE. — Et moi, je crois que c'est ici, sur le boulevard du pont.

TALBOT. — Si je vois bien, cette ville peut être affamée, ou bien affaiblie par de légères escarmouches. (*Une canonnade part de la ville. Salisbury et Sir Thomas Gargrave tombent.*)

SALISBURY. — O Seigneur, ayez pitié de nous, misérables pécheurs !

GARGRAVE. — O Seigneur, ayez pitié de moi, malheureux !

TALBOT. — Quel est donc cet accident qui est venu

subitement nous faire obstacle? Parle, Salisbury, si toutefois tu peux parler? A quel point te sens-tu blessé, miroir de tous les hommes de guerre? Un de tes yeux et une de tes joues enlevés! Maudite soit cette tour! maudite soit la main fatale qui a exécuté cette douloureuse tragédie! Salisbury vainquit dans treize batailles; ce fut lui qui, le premier, dressa à la guerre Henri le Cinquième : tant qu'une trompette sonnait, ou qu'un tambour battait, son épée ne cessait de frapper dans le combat. Vis-tu encore, Salisbury? Quoique la parole te manque, il te reste un œil pour chercher au ciel la miséricorde : avec un seul œil le soleil embrasse le monde entier. Ciel, ne sois miséricordieux pour aucun des vivants, si Salisbury ne peut obtenir de toi miséricorde! Emportez d'ici son corps; j'aiderai à l'ensevelir. Sir Thomas Gargrave, vis-tu encore? parle à Talbot; allons, lève sur lui tes yeux. Salisbury, console ton âme avec cette pensée; tu ne mourras pas, tant que.... il me fait signe de la main et me sourit comme pour me dire : « Quand je serai mort et parti, souviens-toi de me venger sur les Français. » Je le ferai, Plantagenet[18], et pareil à toi, Néron, je jouerai du luth en regardant brûler les villes. Rien que mon nom sera le malheur de la France. (*On entend le tonnerre, puis immédiatement après une alarme.*) Quel est ce remue-ménage? Quel est ce tonnerre dans les cieux? D'où viennent cette alarme et ce bruit?

Entre UN MESSAGER.

LE MESSAGER. — Milord, Milord, les Français ont rassemblé leurs troupes! Le Dauphin, accompagné d'une Jeanne la Pucelle, une sainte prophétesse nouvellement révélée, est venu avec de grandes forces pour faire lever le siége. (*Salisbury se relève et gémit.*)

TALBOT. — Écoutez, écoutez, comme gémit en mourant Salisbury! Cela déchire son cœur de ne pouvoir être vengé. Français, je serai pour vous un autre Salisbury. Pucelle ou puce, dauphin ou marsouin, je foulerai vos cœurs sous les sabots de mon cheval, et je ferai une marmelade de vos cervelles écrasées. Transportez-moi Salisbury sous sa tente, et ensuite nous chercherons à savoir quelle est la mesure du courage de ces poltrons de Français. (*Ils sortent, enlevant les corps.*)

SCÈNE V.

ORLÉANS. — Devant une des portes de la ville.

Alarmes. Escarmouches. Entre TALBOT *poursuivant* LE DAUPHIN. *Il le pousse dans la ville et sort. Alors entre* JEANNE LA PUCELLE *chassant les Anglais devant elle. Elle sort en les poursuivant; puis rentre* TALBOT.

TALBOT. — Où sont ma vigueur, ma valeur, ma force? Nos troupes anglaises se retirent, je ne puis les arrêter; une femme revêtue d'une armure les chasse! La voici, la voici qui vient.

Entre LA PUCELLE.

TALBOT. — Je veux avoir un bout de combat avec toi. Diable ou femelle du diable, je vais t'exorciser : je veux te tirer du sang[19], sorcière que tu es, et rendre sans délai ton âme à celui que tu sers.

LA PUCELLE. — Viens, viens, c'est moi seule qui dois te déshonorer. (*Ils combattent.*)

TALBOT. — Cieux, pouvez-vous souffrir que l'enfer prévale ainsi? Je ferai rompre ma poitrine dans mon effort pour rassembler mon courage, et je briserai mon armure par le milieu sur mes épaules, mais je châtierai cette hautaine catin. (*Ils combattent de nouveau.*)

LA PUCELLE, *se retirant.* — Adieu, Talbot; ton heure n'est pas encore venue : il faut que j'aille sans délai ravitailler Orléans. Surprends-moi, si tu peux; je méprise ta force. Va, va relever le courage de tes gens affamés; aide Salisbury à faire son testament : cette journée est à nous, comme le seront bien d'autres. (*La Pucelle entre dans la ville avec des soldats.*)

TALBOT. — Mes pensées tourbillonnent comme une roue de potier. Je ne sais ni où je suis, ni ce que je fais : une sorcière peut, comme Annibal, repousser nos troupes par la crainte, non par la force, et vaincre comme il lui plaît[20]. C'est ainsi que les abeilles sont chassées de leurs ruches par la fumée, et les colombes de leurs nids par les mauvaises odeurs. Ils nous ont appelés chiens anglais à cause de notre opiniâtreté; en effet, nous nous sauvons maintenant en criant comme des caniches. (*Courte alarme.*) Écoutez-moi, compatriotes! ou bien renouvelez le combat, ou bien arrachez les lions du manteau de l'Angleterre. Renoncez à votre patrie; prenez pour armes un mouton à la place d'un lion : le mouton ne fuit pas avec moitié autant de timidité devant le loup, ni le cheval ou le bœuf devant le léopard, que vous ne fuyez devant vos esclaves si souvent subjugués par vous. (*Alarme. Une autre escarmouche.*) Ils ne m'écoutent pas. — Retirez-vous dans vos tranchées : vous avez tous consenti à la mort de Salisbury, car nul de vous ne veut frapper un coup pour le venger. — La Pucelle est entrée dans Orléans, en dépit de nous et de tout ce que nous pouvons faire. Oh! que je voudrais mourir avec Salisbury! La honte de ce jour me forcera à cacher ma tête. (*Alarme. Retraite. Sortent Talbot et ses forces.*)

SCÈNE VI.

Même décor.

Fanfares. Entrent sur les murailles LA PUCELLE, CHARLES, RENÉ D'ANJOU, LE DUC D'ALENÇON, *et des soldats.*

LA PUCELLE. — Faites avancer sur les murailles nos étendards flottants; Orléans est délivré des loups anglais : c'est ainsi que Jeanne la Pucelle a tenu sa parole.

Charles. — Très-divine créature, fille brillante d'Astrée, comment t'honorerai-je pour ce succès? Tes promesses sont comme les jardins d'Adonis, qui un jour étaient en fleurs, et le lendemain donnaient des fruits[21]. France, triomphe dans ta glorieuse prophétesse! La ville d'Orléans est délivrée : un plus heureux succès n'échut jamais à notre État.

René d'Anjou. — Pourquoi les cloches ne sonnent-elles pas à toutes volées dans la ville? Dauphin, commande aux citoyens de faire des feux de joie, et de festoyer et de banqueter en pleine rue, pour célébrer le succès que Dieu nous a donné.

Le duc d'Alençon. — Toute la France sera transportée de bonheur et de joie, lorsqu'on apprendra quels hommes nous nous sommes montrés.

Charles. — C'est par Jeanne, et non pas par nous, que cette journée a été gagnée. Pour ce succès, je partagerai ma couronne avec elle, et tous les prêtres et moines de mon royaume chanteront en procession ses louanges sans fin. Je lui élèverai une pyramide plus belle que ne le fut jamais celle de Rhodope de Memphis[22]. En mémoire d'elle, lorsqu'elle sera morte, ses cendres, renfermées dans une urne plus précieuse que le coffre aux riches joailleries de Darius[23], seront portées, aux grandes fêtes, devant les rois et les reines de France. Nous ne combattrons pas plus longtemps au cri de *Saint-Denys*[24], c'est Jeanne la Pucelle qui sera désormais la Sainte de la France. Entrons, et allons banqueter royalement après cet heureux jour de victoire. (*Ils sortent. Fanfares.*)

ACTE II.

SCÈNE PREMIÈRE.

Devant ORLÉANS.

Entrent près des portes UN SERGENT FRANÇAIS *et* DEUX SENTINELLES.

LE SERGENT. — Messieurs, prenez vos postes, et soyez vigilants : si vous entendez quelque bruit, ou si vous apercevez quelque soldat près des remparts, faites-nous-en parvenir avis au corps de garde par quelque signal clair.

PREMIÈRE SENTINELLE. — Vous en serez averti, sergent. (*Sort le sergent.*) Voilà comment, tandis que les autres dorment tranquillement dans leur lit, nous sommes contraints, pauvres serviteurs, de veiller, sous le froid et la pluie, dans les ténèbres.

Entrent TALBOT, BEDFORD, LE DUC DE BOURGOGNE[1] *et leurs forces, avec des échelles d'escalade. Leurs tambours battent une marche funèbre.*

TALBOT. — Lord régent, et vous, duc redouté de Bourgogne, par l'alliance de qui les régions de l'Artois, de la Picardie, et du pays Wallon nous sont amies, en cette heureuse nuit les Français sont endormis dans la sécurité, après avoir toute cette journée trinqué et banqueté. Saisissons donc cette occasion, la meilleure que nous puissions trouver, pour leur rendre leur fraude, exécutée par l'artifice et la noire sorcellerie?

BEDFORD. — Lâche France! comme il fait injure à sa

renommée, en désespérant de la force de son bras, au point de s'unir à des sorcières et d'employer le secours de l'enfer.

Le duc de Bourgogne. — Les traîtres n'ont jamais d'autre compagnie. Mais qu'est-ce que cette Pucelle qu'ils prétendent si pure?

Talbot. — Une vierge, à ce qu'ils disent.

Bedford. — Une vierge! et si martiale que cela!

Le duc de Bourgogne. — Prions Dieu qu'elle ne passe pas homme avant longtemps, si elle continue à porter l'armure sous l'étendard des Français, comme elle a commencé.

Talbot. — Bon, laissons-les entretenir commerce et conversation avec les démons : Dieu est notre forteresse à nous; en son nom qui donne la victoire, prenons la résolution d'escalader leurs remparts de pierre.

Bedford. — Monte, brave Talbot; nous te suivrons.

Talbot. — Pas tous ensemble; il vaut mieux, je crois, que nous fassions notre entrée de divers côtés, afin que s'il arrive que l'un de nous succombe, un autre puisse se dresser cependant contre leur force.

Bedford. — Accordé; je passerai par ce coin là-bas.

Le duc de Bourgogne. — Et moi par celui-là.

Talbot. — Et Talbot montera par ce point-ci, ou il y trouvera son tombeau. Salisbury, cette nuit va montrer combien je suis fidèle à la fois, et à ton souvenir et au droit de Henri d'Angleterre. (*Les Anglais escaladent les remparts, en criant Saint-Georges! Talbot! et tous entrent dans la ville.*)

La sentinelle. — Aux armes! aux armes! l'ennemi donne l'assaut.

Les Français sautent en chemises sur les remparts. Entrent de divers côtés LE BATARD D'ORLÉANS, le duc d'ALENÇON *et* RENÉ D'ANJOU *à demi équipés.*

Le duc d'Alençon. — Eh bien! qu'est-ce là, Messeigneurs! quoi, comme ça, sans être habillés?

Le batard d'Orléans. — Sans être habillés! oui, et heureux de l'avoir échappé si belle.

René d'Anjou. — Il n'était que temps, je crois, de nous éveiller et de quitter nos lits, lorsque nous avons entendu ces cris d'alarmes à nos portes.

Le duc d'Alençon. — De tous les faits d'armes que j'ai vus, depuis mes débuts militaires, je n'en ai jamais vu d'aussi aventureux et d'aussi désespéré que celui-là

Le batard d'Orléans. — Je crois que ce Talbot est un diable d'enfer.

René d'Anjou. — S'il ne vient pas de l'enfer, les cieux, à coup sûr, le favorisent.

Le duc d'Alençon. — Voici venir Charles ; je m'émerveille de sa promptitude.

Le batard d'Orléans. — Bah! la sainte Jeanne était sa sentinelle.

Entrent **CHARLES** *et* **LA PUCELLE.**

Charles. — Est-ce là ta fourberie, Dame trompeuse? as-tu commencé, pour nous amorcer, par nous faire obtenir un petit gain, afin que notre perte pût être maintenant dix fois aussi grande?

La Pucelle. — Pourquoi Charles se montre-t-il impatient avec son amie? Voulez-vous que mon pouvoir soit le même à toutes les heures? Dois-je toujours vaincre, quand je dors comme quand je veille, ou bien allez-vous me blâmer et rejeter cette faute sur moi? Imprévoyants soldats! si vous aviez fait bonne garde, ce malheur soudain ne serait jamais arrivé.

Charles. — Duc d'Alençon, c'est votre faute à vous, qui étant cette nuit capitaine de la garde, n'avez pas mieux rempli cette charge si pleine de responsabilité.

Le duc d'Alençon. — Si tous vos quartiers avaient été aussi sûrement gardés que celui dont j'avais le commandement, nous n'aurions pas été ainsi honteusement surpris.

Le batard. — Le mien était sûr.

René d'Anjou. — Et le mien aussi, Monseigneur.

CHARLES. — Quant à moi, j'ai employé la plus grande partie de la nuit à passer et à repasser dans son quartier et dans le mien, pour faire relever les sentinelles : comment donc ou par quelle voie ont-ils pu pénétrer ?

La Pucelle. — Messeigneurs, ne vous demandez pas plus longtemps comment et par quelle route ce fait s'est produit : il est sûr qu'ils ont trouvé quelque point faiblement gardé par où ils ont fait brèche. Maintenant il ne nous reste d'autre parti à prendre que de rassembler nos soldats épars et dispersés, et d'arrêter de nouvelles mesures pour leur nuire.

Alarme. Entre un SOLDAT ANGLAIS, *criant : Talbot ! Talbot ! Ils s'enfuient en laissant leurs habits derrière eux.*

Le soldat anglais. — J'aurai le courage de prendre ce qu'ils ont laissé. Le cri de Talbot me vaut une épée, car je me suis fait une charge de nombreuses dépouilles, en me servant de son nom pour toute arme. (*Il sort.*)

SCÈNE II.

ORLÉANS. — Dans l'intérieur de la ville.

Entrent TALBOT, BEDFORD, LE DUC DE BOURGOGNE, UN CAPITAINE *et autres.*

Bedford. — Le jour commence à poindre, et la nuit, dont le manteau noir comme l'abîme recouvrait la terre, s'est enfuie. Sonnons ici la retraite, et cessons notre chaude poursuite. (*La retraite sonne.*)

Talbot. — Apportez le corps du vieux Salisbury, et déposez-le sur la place du Marché, au beau milieu de cette ville maudite. J'ai maintenant payé mon vœu à son âme ; cette nuit, pour chacune des gouttes de sang qui se sont écoulées de son corps, il est mort au moins cinq Français. Pour que les siècles futurs puissent contempler la ruine qui fut accomplie pour le venger, je ferai ériger dans leur principale église une tombe où son cadavre sera enterré. Sur cette tombe, pour que chacun puisse en lisant être informé, je ferai graver la relation du siége d'Orléans, la manière dont la trahison opéra sa mort lamentable, et quelle terreur il avait été pour la France. Mais, Milords, au milieu de tous nos sanglants massacres, je m'étonne que nous ne nous soyons pas rencontrés avec Sa Grâce le Dauphin, avec son champion nouveau venu, la vertueuse Jeanne Darc, ni avec aucun de ses traîtres alliés.

Bedford. — On croit, Lord Talbot, que lorsque le combat a commencé, réveillés subitement de leur épais sommeil, ils ont, au milieu du tourbillon des gens d'armes, sauté par-dessus les murailles pour chercher un refuge dans la campagne.

Le Duc de Bourgogne. — Moi-même (autant que j'ai pu le discerner parmi la fumée et les épaisses vapeurs de la nuit), je suis sûr d'avoir aperçu le Dauphin et sa donzelle courant à toutes jambes, enlacés l'un à l'autre comme un couple de colombes amoureuses qui ne peuvent vivre séparées ni le jour ni la nuit. Lorsque toutes choses seront ici en ordre, nous leur donnerons la chasse avec toutes nos forces.

Entre un messager.

Le messager. — Salut à tous, Messeigneurs ! Lequel d'entre cette société princière dois-je appeler le belliqueux Talbot, si fort renommé pour ses actions dans le royaume de France ?

Talbot. — Voici Talbot; qui veut lui parler ?

Le messager. — La comtesse d'Auvergne, cette vertueuse Dame, pleine d'une humble admiration pour ta renommée, te fait supplier par moi, puissant Lord, de lui accorder la faveur de visiter le pauvre château où elle se trouve, afin qu'elle puisse se vanter d'avoir contemplé l'homme dont la gloire remplit le monde de son bruit.

Le Duc de Bourgogne. — En est-il ainsi ? En ce cas, je crois que nos guerres vont tourner à une paisible comédie, puisque les Dames demandent à être visitées. Vous ne pouvez pas, Milord, dédaigner ses gentilles avances.

TALBOT. — Non, certes, croyez-le bien; car là où l'éloquence de tout un peuple d'hommes n'a pu prévaloir, la douceur d'une femme a su cependant triompher. En conséquence, dis-lui que je lui renvoie de grands remercîments, et que j'irai la visiter en toute obéissance. Est-ce que vos Honneurs ne me tiendront pas compagnie

BEDFORD. — Non vraiment; ce serait faire plus que n'en ordonne la politesse, et j'ai entendu dire que les hôtes qui ne sont pas invités sont surtout bienvenus quand ils s'en vont.

TALBOT. — Eh bien alors, puisqu'il n'y a pas moyen de faire autrement, j'irai seul mettre à l'épreuve la courtoisie de cette Dame. Venez ici, capitaine. (*Il parle à l'oreille de ce capitaine.*) Vous comprenez ma pensée?

LE CAPITAINE. — Oui, Milord, et j'agirai en conséquence. (*Ils sortent.*)

SCÈNE III.

En Auvergne. — La cour d'un château.

Entrent LA COMTESSE D'AUVERGNE *et son* CONCIERGE.

LA COMTESSE D'AUVERGNE. — Concierge, souviens-toi des ordres que je t'ai donnés; et lorsque tu les auras exécutés, apporte-moi les clefs.

LE CONCIERGE. — Cela sera fait, Madame.

LA COMTESSE D'AUVERGNE. — Le plan est dressé: si tout marche bien, cet exploit me rendra aussi fameuse que la mort de Cyrus rendit fameuse Thomyris de Scythie[2]. Grande est la renommée de ce terrible chevalier, et celle de ses exploits ne l'est pas moins. Mes yeux voudraient bien être mis à même, après mes oreilles, de donner leur opinion sur cette rare réputation.

Entrent LE MESSAGER *et* TALBOT.

LE MESSAGER. — Madame, selon le désir manifesté par Votre Seigneurie, Lord Talbot est venu, sollicité par votre message.

LA COMTESSE D'AUVERGNE. — Et il est le bienvenu. Quoi! est-ce là l'homme?

LE MESSAGER. — Oui, Madame.

LA COMTESSE D'AUVERGNE. — Est-ce là le fléau de la France? Est-ce là ce Talbot dont la terreur s'étend si loin, que son nom sert aux mères à calmer les cris de leurs enfants? Je vois que cette renommée était fabuleuse et fausse. Je m'attendais à voir un Hercule, un second Hector, par son aspect sévère et la large proportion de ses membres solidement liés. Hélas! c'est un enfant, un nain ridicule! Ce ne peut être ce nabot, faible et rabougri, qui frappe ses ennemis d'une telle terreur!

TALBOT. — Madame, j'ai pris la hardiesse de vous importuner; mais puisque Votre Seigneurie n'est pas de loisir, je choisirai un autre moment pour la visiter. (*Il fait quelques pas pour partir.*)

LA COMTESSE D'AUVERGNE. — Eh bien! qu'est-ce qui lui prend maintenant? Demandez-lui où il va.

LE MESSAGER. — Arrêtez, Milord Talbot, car Madame désire savoir la cause de votre brusque départ.

TALBOT. — Parbleu! comme elle ne sait que croire, je sors pour lui certifier que c'est Talbot qui est ici.

Rentre LE CONCIERGE *avec des clefs.*

LA COMTESSE D'AUVERGNE. — Si c'est toi, en ce cas tu es prisonnier.

TALBOT. — Prisonnier! de qui?

LA COMTESSE D'AUVERGNE. — De moi, Lord altéré de sang; c'est dans ce but que je t'ai attiré dans ma maison. Longtemps ton ombre a été mon esclave, car ton portrait est pendu dans ma galerie; mais c'est ta réalité qui va subir maintenant le sort de ton image. J'enchaînerai tes jambes et tes bras, à toi, dont la tyrannie, depuis tant d'années, dévaste notre pays, massacre nos citoyens, et envoie nos fils et nos maris en captivité.

TALBOT. — Ah! ah! ah!

LA COMTESSE D'AUVERGNE. — Tu ris, misérable! ta joie se changera en lamentations.

TALBOT. — Je ris de voir que Votre Seigneurie est assez infatuée pour croire qu'elle a en sa possession autre chose sur quoi exercer sa vengeance que l'ombre de Talbot.

LA COMTESSE D'AUVERGNE. — Comment, n'es-tu pas cet homme?

TALBOT. — Lui-même.

LA COMTESSE D'AUVERGNE. — Eh bien alors, j'ai aussi la réalité.

TALBOT. — Non, non, je ne suis que l'ombre de moi-même : vous vous trompez, ma réalité n'est pas ici; ce que vous voyez n'est que la plus petite partie, que la moindre portion de mon humanité : je vous le dis, Madame, si toute ma personne était ici, elle est d'une telle ampleur et d'une telle hauteur, que vos appartements ne pourraient pas la contenir.

LA COMTESSE D'AUVERGNE. — C'est un marchand d'énigmes, à coup sûr ; il est ici, et cependant il n'est pas ici : comment ces contradictions peuvent-elles s'accorder ?

TALBOT. — C'est ce que je vais vous montrer immédiatement. (*Il sonne du cor. Des tambours battent; une décharge d'artillerie retentit. Les portes sont forcées, et des soldats entrent.*) Qu'en dites-vous, Madame? Êtes-vous maintenant persuadée que Talbot n'est que l'ombre de lui-même? Voici la substance, les muscles, les bras, la force, avec lesquels il met sous le joug vos cous rebelles, rase vos cités, bouleverse et plonge, en quelques minutes, vos villes dans la désolation.

LA COMTESSE D'AUVERGNE. — Victorieux Talbot! pardonne ma fourberie : je découvre que tu n'es pas moins grand que le disait la renommée, et que tu es supérieur à ce que ta personne physique ferait croire. Que ma présomption ne provoque pas ta colère, car je suis affligée de ne pas t'avoir reçu avec respect tel que tu es.

TALBOT. — Ne soyez pas effrayée, belle Dame, et ne vous méprenez pas sur l'âme de Talbot, autant que vous vous êtes méprise sur sa personne extérieure. Ce que vous avez fait ne m'a pas offensé; je ne sollicite d'autre satisfaction que d'obtenir de vous la permission de nous laisser goûter à votre vin, et de voir quelles provisions vous avez : car les estomacs des soldats sont toujours en bonnes dispositions.

La comtesse d'Auvergne. — De tout mon cœur, et croyez-moi honorée de traiter dans ma maison un si grand guerrier. (*Ils sortent.*)

SCÈNE IV.

Londres. — Le jardin du Temple.

Entrent les comtes de SOMERSET, de SUFFOLK *et* de WARWICK; RICHARD PLANTAGENET, VERNON *et un* homme de loi.

Richard Plantagenet. — Grands Lords et gentilshommes, que signifie ce silence? Est-ce que personne n'ose répondre dans une question de vérité?

Suffolk. — Nous faisions trop de bruit dans la salle du Temple; le jardin ici nous convient mieux.

Richard Plantagenet. — Eh bien! dites une bonne fois si j'ai soutenu la vérité, ou bien si Somerset le disputeur était dans l'erreur?

Suffolk. — Sur ma foi, je me suis toujours mal conduit envers la loi, et je n'ai jamais pu encore y soumettre ma volonté; aussi ai-je pris le parti de soumettre la loi à ma volonté.

Somerset. — Alors, vous, Milord de Warwick, soyez juge entre nous.

Warwick. — Jugez entre deux éperviers, celui dont le vol monte le plus haut; jugez entre deux chiens, celui qui a la plus forte voix; jugez entre deux lames, celle qui a la meilleure trempe; jugez entre deux chevaux, celui qui a la plus belle allure; entre deux filles, celle qui a l'œil le plus éveillé; — j'ai peut-être quelque vague ombre de jugement : mais dans ces subtilités pointues et alambiquées de la loi, sur ma foi, je n'ai pas plus de sagesse qu'une grue.

RICHARD PLANTAGENET. — Ta, ta, c'est là s'excuser poliment : la vérité apparaît si nue de mon côté, que l'œil du premier myope venu la verrait.

SOMERSET. — Et de mon côté elle apparaît si bien habillée, si claire, si brillante, si évidente, qu'elle porterait la lumière dans l'œil d'un aveugle.

RICHARD PLANTAGENET. — Puisque vous avez la langue nouée, et que vous éprouvez tant de répugnance à parler, proclamez vos pensées par des signes muets : que celui qui est un gentilhomme vraiment né et qui s'appuie sur l'honneur de sa naissance, s'il suppose que j'ai plaidé la vérité, cueille avec moi une rose blanche sur cette touffe épineuse.

SOMERSET. — Que celui qui n'est ni un lâche, ni un flatteur, mais qui a le courage de soutenir le parti de la vérité, cueille avec moi une rose rouge sur cette tige épineuse.

WARWICK. — Je n'aime pas les couleurs, et sans nulle couleur de basse et insinuante flatterie, je cueille cette rose blanche avec Plantagenet.

SUFFOLK. — Et moi, je cueille cette rose rouge avec le jeune Somerset, et je dis, en outre, que je crois qu'il a soutenu la vérité.

VERNON. — Arrêtez, Lords et gentilshommes, et décidons, avant de continuer, que celui qui aura le moins de roses cueillies de son côté, tiendra pour légitime l'opinion de l'autre.

SOMERSET. — Bon Monsieur Vernon, l'objection est parfaite : si c'est moi qui en ai le moins, je me résigne en silence.

PLANTAGENET. — Et moi aussi.

VERNON. — Alors, en toute vérité et sincérité, je cueille ici ce pâle bouton virginal, et je donne mon verdict au parti de la rose blanche.

SOMERSET. — Ne piquez pas votre doigt en l'arrachant, de peur qu'en saignant, vous ne teigniez en rouge la rose blanche, et que vous ne tombiez ainsi de mon côté, malgré votre volonté.

Vernon. — Si je dois saigner pour mon opinion, Milord, cette opinion sera le médecin de ma blessure, et me conservera du côté où je me tiens résolûment.

Somerset. — Bien, bien, continuons : qui encore?

L'homme de loi *à Somerset*. — A moins que mes études et mes livres ne me trompent, la thèse que vous avez soutenue était fausse ; en signe de quoi je cueille, moi aussi, une rose blanche.

Plantagenet. — Eh bien, Somerset, où est maintenant votre thèse ?

Somerset. — Ici, dans mon fourreau, où elle médite comment elle teindra en rouge de sang votre rose blanche.

Richard Plantagenet. — En attendant, vos joues contrefont nos roses à nous ; car elles sont pâles de crainte, et témoignent que la vérité est de notre côté.

Somerset. — Non, Plantagenet, ce n'est pas de crainte qu'elles sont pâles, c'est de colère, parce que tes joues qui ne sont colorées que par la honte sont capables de contrefaire nos roses ; et cependant ta bouche ne confessera pas ton erreur.

Richard Plantagenet. — Est-ce que ta rose n'a pas un ver, Somerset?

Somerset. — Est-ce que ta rose n'a pas une épine, Plantagenet?

Richard Plantagenet. — Oui, une épine aiguë et perçante, pour maintenir la vérité qu'elle représente ; tandis que ton ver rongeur se nourrit du mensonge de la tienne.

Somerset. — Bien, je trouverai des amis pour porter mes roses sanglantes, des amis qui soutiendront que ce que j'ai dit est vrai, à une heure où le menteur Plantagenet n'osera pas se faire voir.

Richard Plantagenet. — Par le bouton virginal que je tiens à la main, je te méprise, toi et ta faction, opiniâtre bambin.

Suffolk. — Ne tourne pas tes mépris de ce côté, Plantagenet.

Richard Plantagenet. — Si, orgueilleux Poole, et je vous méprise tous deux, toi et lui.

Suffolk. — Je te ferai rentrer dans le gosier la part de mépris que tu me donnes.

Somerset. — Laisse donc, laisse donc, mon bon William de la Poole! nous faisons trop d'honneur au bourgeois en conversant avec lui.

Warwick. — Vraiment, sur la volonté de Dieu, tu lui fais outrage, Somerset; son grand-père était Lionel, duc de Clarence, troisième fils d'Édouard III, roi d'Angleterre : est-ce que les bourgeois sans blason sortent d'une si profonde racine?

Richard Plantagenet. — Il s'autorise des priviléges du lieu où nous sommes; sans cela il n'oserait pas permettre à son lâche cœur de parler ainsi.

Somerset. — Par celui qui me créa, je soutiendrai mes paroles en n'importe quel lieu de la chrétienté. Est-ce que ton père, Richard, comte de Cambridge, ne fut pas exécuté pour trahison sous le règne de notre dernier roi, et par le fait de cette trahison, ne te trouves-tu pas dépouillé, déchu, et exclu de ton ancienne noblesse? Son crime vit encore dans ton sang, et jusqu'à ce que tu sois rétabli dans tes droits, tu es un bourgeois.

Richard Plantagenet. — Mon père fut accusé, mais non convaincu; il fut condamné pour trahison, mais il ne fut pas un traître; et cela je le prouverai sur de meilleurs que Somerset, si le temps amène jamais mes desseins à maturité. Quant à votre partisan Poole, et à vous-même, je vous note tous deux dans le livre de ma mémoire pour vous châtier de cette insulte. Souvenez-vous-en, et dites-vous que vous êtes bien avertis.

Somerset. — Oui, tu nous trouveras toujours prêts à te répondre : et reconnais-nous pour tes ennemis à ces couleurs que mes amis présents ici porteront en dépit de toi.

Richard Plantagenet. — Et sur mon âme, moi et ma faction, nous porterons toujours cette rose pâle, blême symbole de colère, comme insigne de ma haine invétérée, jusqu'à ce qu'elle se flétrisse avec moi dans mon tombeau, ou qu'elle fleurisse sur les hauteurs de la condition qui m'appartient.

Suffolk. — Va donc de l'avant, et étrangle-toi avec ton ambition ! et là-dessus, adieu, jusqu'à notre prochaine rencontre. (*Il sort.*)

Somerset. — Je pars avec toi, Poole. Adieu, ambitieux Richard. (*Il sort.*)

Plantagenet. — Comme je suis bravé, et je suis obligé d'endurer cela !

Warwick. — Cette tache qu'ils reprochent à votre maison, sera essuyée dans le prochain parlement convoqué pour amener une trêve entre l'évêque de Winchester et Glocester, et si tu n'es pas alors créé duc d'York, je consens à ce qu'on ne me compte plus pour un Warwick. En attendant, en signe de mon amour pour toi, je porterai cette rose comme ton partisan, contre Somerset et l'orgueilleux William Poole : et je prophétise ici, que cette querelle d'aujourd'hui, qui a grandi jusqu'à la faction dans le jardin du Temple, enverra, tant par la rose rouge que par la rose blanche, des milliers d'âmes à la mort et à la nuit éternelle.

Richard Plantagenet. — Mon bon Monsieur Vernon, je vous suis obligé d'avoir bien voulu cueillir une rose pour ma cause.

Vernon. — Et je la porterai toujours pour votre cause.

L'homme de loi. — Et moi de même.

Richard Plantagenet. — Merci, aimable Monsieur. Venez, allons dîner tous les quatre. J'ose dire que cette querelle s'abreuvera de sang plus tard. (*Ils sortent.*)

SCÈNE V.

Londres. — Un appartement dans la Tour.

Entre MORTIMER[3], *porté dans une chaise par* deux gardiens.

Mortimer. — Affables gardiens de mon âge faible et décrépit, permettez au mourant Mortimer de se reposer ici. Le long emprisonnement a brisé mes membres comme ceux d'un homme qui vient de subir le chevalet, et ces cheveux gris, poursuivants de la mort, vieillis comme Nestor par une vie de soucis, prophétisent la fin d'Edmond Mortimer. Ces yeux, pareils à des lampes dont l'huile est épuisée, s'obscurcissent comme s'ils touchaient à leur fin. Mes faibles épaules sont courbées sous le poids du chagrin; mes bras sans force sont pareils à une vigne flétrie qui penche à terre ses branches sans sève : cependant ces pieds engourdis, incapables de faire tenir debout cette masse d'argile, me semblent avoir des ailes par leur désir de joindre une tombe, comme s'ils savaient que je n'ai pas d'autre espoir. Mais, dis-moi, gardien, mon neveu viendra-t-il?

Premier gardien. — Richard Plantagenet viendra, Milord : nous avons envoyé au Temple, à ses appartements, et on nous a rapporté la réponse qu'il viendrait.

Mortimer. — Assez : mon âme alors sera satisfaite. Pauvre gentilhomme! ses malheurs égalent les miens. Depuis le jour où Harry Monmouth (avant la gloire duquel j'étais grand par les armes,) commença son règne, j'ai subi cette odieuse captivité, et depuis cette même époque, Richard a été tenu dans l'obscurité, privé de ses honneurs et de ses droits héréditaires : mais aujourd'hui l'arbitre des désespoirs, le juste trépas, juge clément des misères des hommes, me congédie d'ici par un doux affranchissement; je voudrais que ses déboires, à lui, fussent également terminés, de façon qu'il pût recouvrer ce qui a été perdu.

Entre RICHARD PLANTAGENET.

Premier gardien. — Milord, votre affectueux neveu est arrivé.

Mortimer. — Richard Plantagenet, mon parent, est-il venu?

Richard Plantagenet. — Oui, mon noble oncle, qui êtes si ignoblement traité, voici venir votre neveu, Richard, si méprisé récemment.

Mortimer. — Dirigez mes bras afin que je puisse entourer son cou et rendre mon dernier souffle sur son sein. Oh ! avertissez-moi quand mes lèvres toucheront ses joues, afin que je puisse lui donner tendrement un faible baiser. Maintenant, explique-moi, doux rejeton du grand arbre d'York, pourquoi tu m'as dit que tu avais été récemment méprisé?

RICHARD PLANTAGENET. — Incline d'abord sur mon bras ton corps âgé, et quand tu seras ainsi à *l'aise*, je te dirai mon *malaise*. Aujourd'hui, dans la discussion d'une affaire de droit, quelques mots ont été échangés entre Somerset et moi ; et dans la chaleur de la dispute, il a lâché la bride à sa langue et m'a reproché la mort de mon père ; ce reproche m'a fermé la bouche, autrement je lui aurais rendu ce qu'il me donnait. Ainsi, mon bon oncle, au nom de mon père, au nom de l'honneur d'un vrai Plantagenet, au nom de notre parenté, dites-moi pour quelle cause mon père, le comte de Cambridge, perdit la tête.

MORTIMER. — La même cause, mon beau neveu, qui m'a fait emprisonner, et qui m'a fait passer tout le temps de ma florissante jeunesse dans un donjon infect pour y languir, fut l'instrument maudit de son trépas.

RICHARD PLANTAGENET. — Expliquez-moi plus clairement quelle fut cette cause, car je l'ignore et je ne puis deviner.

MORTIMER. — Je vais le faire, si mon souffle qui s'épuise me le permet, et si la mort ne me saisit pas avant que mon récit soit achevé. Henri le quatrième, grand-père de ce roi-ci, déposa son cousin Richard, fils d'Édouard, le premier-né et le légitime héritier du roi Édouard, le troisième de cette ligne de descendance. Durant le règne de Henri, les Percy du Nord, trouvant très-injuste son usurpation, s'efforcèrent de me faire monter au trône : la raison qui poussa à cet acte ces Lords belliqueux, fut (le jeune roi Richard ainsi déposé ne laissant pas d'héritiers engendrés de son sang) que j'étais le premier par ma naissance et ma parenté ; car par ma mère je dérive de Lionel, duc de Clarence troisième fils du roi Édouard le troisième, tandis que lui, Henri, tirait son origine de Jean de Gand, le quatrième seulement de cette ligne héroïque. Mais vois, en s'efforçant d'établir sur le trône l'héritier légitime, ils perdirent leurs vies, et je perdis, moi, ma liberté, dans cette grande et haute entreprise. Longtemps après, lorsque Henri le cinquième, succédant à son père Bolingbroke, commença son règne, ton père, le comte de Cambridge, qui dérivait de l'illustre Edmond Langley, duc d'York, ayant épousé ma sœur qui fut ta mère, ému à son tour de pitié pour ma dure détresse, leva une armée, pensant me délivrer et m'installer sur le trône; mais le noble comte succomba comme les autres, et fut décapité. C'est ainsi que les Mortimers, en qui résidait ce droit, furent supprimés.

Richard Plantagenet. — Desquels Mortimers Votre Honneur est le dernier, Milord.

Mortimer. — C'est vrai, et tu vois que je n'ai pas de postérité, et que ma voix défaillante annonce sûrement ma mort prochaine. Tu es mon héritier, je désire que tu recueilles mes droits; mais cependant sois circonspect dans ta difficile situation.

Richard Plantagenet. — Tes graves avertissements font impression sur moi : mais pourtant il me semble que l'exécution de mon père ne fut autre chose que le fait d'une tyrannie sanguinaire.

Mortimer. — Garde le silence par politique, mon neveu; la maison de Lancastre est solidement établie et ne peut pas plus être déracinée qu'une montagne. Maintenant ton oncle est sur le point de quitter ce monde, comme les princes quittent leur cour, lorsqu'ils sont ennuyés de longtemps séjourner dans une même place.

Richard Plantagenet. — O mon oncle, comme je donnerais une partie de mes jeunes années, si je pouvais à ce prix empêcher votre vieillesse de s'écouler aussi vite!

Mortimer. — Tu voudrais donc me faire souffrir, comme le meurtrier qui donne vingt blessures lorsqu'une seule suffirait pour tuer? Ne pleure pas, à moins que ce ne soit de joie pour le bonheur qui m'arrive; seulement donne des ordres pour mes funérailles, et là-dessus, adieu : que toutes tes espérances réussissent, et puisse ta vie prospérer dans la paix comme dans la guerre! (*Il meurt.*)

Richard Plantagenet. — Que la paix, et non la guerre, soit le lot de ton âme qui s'envole ! Tu as parcouru ton pèlerinage en prison, et comme un ermite tu y as dépassé le terme de tes jours. Bon, je renfermerai son conseil dans mon sein; que les choses que je médite y reposent en silence. Gardiens, emportez-le d'ici ; j'aurai soin que ses funérailles soient plus somptueuses que ne l'a été sa vie. (*Sortent les gardiens emportant le corps de Mortimer.*) Ici s'éteint la torche fumeuse de Mortimer, éteinte par l'ambition de gens moins hauts que lui : quant à ces outrages, à ces amères injures que Somerset a adressées à ma maison, je ne doute pas d'en obtenir l'honorable redressement; aussi vais-je me rendre en hâte au Parlement, ou bien pour être rétabli dans les dignités de mon sang, ou bien pour faire servir mon malheur à ma fortune. (*Il sort.*)

ACTE III.

SCÈNE PREMIÈRE.

Londres. — La chambre du Parlement [1].

Fanfares. Entrent le roi HENRI, EXETER, GLO-CESTER, WARWICK, SOMERSET, SUFFOLK, l'évêque de WINCHESTER, RICHARD PLANTA-GENET *et autres.* GLOCESTER *se met en devoir de présenter un* bill; l'évêque de WINCHESTER *le lui arrache et le déchire.*

L'ÉVÊQUE DE WINCHESTER. — Viens-tu donc avec des écrits longuement médités, avec des pamphlets studieusement élaborés, Humphroy de Glocester? Si tu peux m'accuser, et si tu as l'intention de mettre quelque chose à ma charge, fais-le sur-le-champ, sans mensonge, comme moi je me déclare prêt à répondre à ce dont tu pourras m'accuser, sur-le-champ et sans préparation.

GLOCESTER. — Prêtre présomptueux! le lieu où nous sommes me commande la modération, sans quoi je te ferais voir que tu m'as calomnié. Ne crois pas que si j'ai préféré retracer par écrit tes crimes vils et outrageants, ce soit parce que je les ai forgés, ou parce que je ne suis pas capable de répéter *verbatim* ce que ma plume a écrit : non, prélat; tels sont ton audacieuse scélératesse, ton esprit d'anarchie, ta turbulence contagieuse, que les enfants eux-mêmes jasent de ton orgueil. Tu es un très-pernicieux usurier, un homme de nature perverse, un ennemi de la paix, luxurieux, débauché, plus qu'il ne convient à un homme de ta profession et de ton rang. Quant à tes trahisons, qu'y a-t-il de plus manifeste que les embûches que tu dressas pour m'enlever la vie au pont de Londres, aussi bien qu'à la Tour? En outre, je le crains bien, si tes pensées étaient mises à nu, le roi, ton Souverain, ne se trouverait pas tout à fait exempt de l'envieuse malice de ton cœur orgueilleux.

L'ÉVÊQUE DE WINCHESTER. — Glocester, je te défie. Lords, accordez-moi la faveur d'écouter ce que j'ai à lui répondre. Si j'étais cupide, ambitieux et pervers, ainsi qu'il me représente, comment serais-je si pauvre? Comment se fait-il que je ne cherche pas à m'avancer et à me grandir, mais que je reste dans mon ministère accoutumé? Quant à l'esprit de dissension, qui donc plus que moi cherche la paix, à moins que je ne sois provoqué? Non, mes bons Lords, ce n'est pas moi qui donne offense; ce ne sont pas mes offenses qui ont irrité le noble duc : mais c'est qu'il veut que personne ne gouverne sauf lui; personne autre que lui ne doit approcher du roi : voilà ce qui engendre un tonnerre dans sa poitrine et ce qui lui fait rugir ces accusations. Mais il apprendra que je vaux autant....

GLOCESTER. — *Vaux autant!* Qu'est-ce à dire, bâtard de mon grand-père[2]?

L'ÉVÊQUE DE WINCHESTER. — Oui, très-grand Seigneur; car, qui êtes-vous, je vous prie, sinon un homme qui s'assied impérieusement sur le trône d'un autre?

GLOCESTER. — Ne suis-je pas protecteur, prêtre impertinent?

L'ÉVÊQUE DE WINCHESTER. — Et moi, ne suis-je pas un prélat de l'Église?

GLOCESTER. — Oui, tu es dans l'église comme un bandit dans un château dont il se sert pour protéger son brigandage.

L'ÉVÊQUE DE WINCHESTER. — Irrévérent Glocester!

GLOCESTER. — Tu es révérend par tes fonctions spirituelles, mais non par tes mœurs.

L'ÉVÊQUE DE WINCHESTER. — Rome corrigera cela.

ACTE III, SCÈNE 1.

WARWICK. — Allez-y alors[3].

SOMERSET. — Milord, il serait de votre devoir de vous modérer.

WARWICK. — Et vous, faites donc en sorte que l'évêque se modère.

SOMERSET. — Il me semble que Milord devrait être religieux et connaître les fonctions que remplissent de tels hommes.

WARWICK. — Il me semble que Sa Seigneurie devrait être plus humble; il ne convient pas à un prélat de disputer ainsi.

SOMERSET. — Si, lorsque sa pieuse condition est touchée de si près.

WARWICK. — Condition pie ou impie, qu'est-ce que cela fait? Est-ce que Sa Grâce n'est pas le protecteur du roi?

RICHARD PLANTAGENET, *à part*. — Plantagenet, je le vois, doit retenir sa langue, de peur qu'on ne lui dise: « Parlez, maraud, quand vous en aurez le droit : est-ce que vous osez donner votre avis sur un différend entre les Lords? » Sans cela, j'aurais déjà lancé une pierre à Winchester.

LE ROI HENRI. — Mes oncles de Glocester et de Winchester, gardiens avant tous autres de notre État d'Angleterre, j'exigerais de vous, si mes prières pouvaient exiger, que vous unissiez vos cœurs par l'affection et la concorde. Oh! quel scandale cela est pour notre couronne que ces disputes entre deux nobles pairs tels que vous! Croyez-moi, Lords, mes tendres années peuvent vous dire que la dissension civile est une vipère qui ronge les entrailles de la société.

On entend un bruit à l'extérieur et les cris de : « A bas les habits bruns! »

LE ROI HENRI. — Quel tumulte est-ce là?

WARWICK. — Un tumulte qui, j'oserais l'assurer, a commencé par la malice des hommes de l'évêque.

Nouveau bruit avec les cris de : « Des pierres! des pierres! »

Entre LE LORD MAIRE DE LONDRES *avec sa suite.*

LE LORD MAIRE. — O mes bons Lords, et vous, vertueux Henri, ayez pitié de la cité de Londres, ayez pitié de nous! Les gens de l'évêque et ceux du duc de Glocester, à qui on avait récemment défendu de porter des armes, ont rempli leurs poches de cailloux, se sont rangés en partis contraires, et se lancent des pierres à la tête avec une telle frénésie, que les folles cervelles de beaucoup sont déjà fracassées : nos fenêtres sont brisées dans toutes les rues, et la crainte nous a forcés à fermer nos boutiques.

Entrent en combattant LES GENS *de* GLOCESTER *et ceux de* WINCHESTER *avec des têtes sanglantes.*

LE ROI HENRI. — Nous vous commandons par l'obéissance que vous nous devez de retenir vos mains meurtrières et de garder la paix. Mon oncle Glocester, apaisez cette rixe, je vous prie.

PREMIER SERVITEUR. — Eh bien, si on nous défend les pierres, nous tomberons sur eux avec nos dents.

SECOND SERVITEUR. — Faites tout ce que votre courage vous dira, nous sommes aussi résolus que vous. (*Ils luttent encore.*)

GLOCESTER. — Gens de ma maison, cessez cette querelle entêtée, et laissez là ces rixes qui troublent l'ordre habituel.

TROISIÈME SERVITEUR. — Milord, nous connaissons Votre Grâce pour un homme juste et loyal, et qui n'êtes inférieur par votre naissance royale qu'à Sa Majesté seule : avant que nous souffrions qu'un tel prince, un si tendre père du peuple, soit déshonoré par un homme d'écritoire, nous, nos femmes et nos enfants, nous combattrons tous, et nous offrirons tous nos corps au fer de tes ennemis.

PREMIER SERVITEUR. — Oui, et nos ongles fouilleront le champ de bataille pour y creuser des tranchées même quand nous serons morts[4]. (*Ils se battent de nouveau.*)

GLOCESTER. — Arrêtez, arrêtez! vous dis-je. Si vous

m'aimez comme vous le dites, laissez-moi vous persuader de vous contenir un peu.

Le roi Henri. — O comme cette discorde afflige mon âme! Pouvez-vous contempler mes larmes et mes soupirs, Milord de Winchester, et ne pas vous adoucir? Qui sera clément, si vous ne l'êtes pas? Et qui s'efforcera de maintenir la paix, si les saints ecclésiastiques prennent plaisir aux querelles?

Warwick. — Cédez, Milord protecteur; cédez, Winchester; à moins que vous n'ayez l'intention, par vos refus obstinés, de tuer votre Souverain et de détruire le royaume. Vous voyez quel désordre, et aussi quel massacre ont été amenés par votre inimitié; faites donc la paix, à moins que vous ne soyez altérés de sang.

L'évêque de Winchester. — Il se soumettra ou je ne céderai jamais.

Glocester. — Ma compassion pour le roi m'ordonne de m'humilier; sans cela j'arracherais le cœur de ce prêtre, avant qu'il m'arrachât à moi cette concession.

Warwick. — Voyez, Milord de Winchester, le duc a donné congé à son furieux et sombre mécontentement; cela se voit à son front rasséréné : pourquoi continuez-vous à garder une mine si farouche et si tragique?

Glocester. — Allons, Winchester, je t'offre ma main.

Le roi Henri. — Fi, mon oncle Beaufort! Je vous ai entendu prêcher que la malice était un grand et mortel péché; voulez-vous contredire ce que vous enseignez, et vous montrer coupable au premier chef du même péché?

Warwick. — Doux roi! L'évêque reçoit une leçon parfaitement bien appliquée. Par pudeur, Milord de Winchester, adoucissez-vous! Comment! est-ce qu'un enfant vous apprendra ce que vous avez à faire?

L'évêque de Winchester. — C'est bon, je te céderai, duc de Glocester; je te donne main pour main, et affection pour affection.

Glocester, *à part*. — Oui, mais je le crains bien, avec un cœur faux. — Regardez ici, mes amis et affectueux compatriotes; que ce témoignage de réconciliation serve d'étendard de paix entre nos personnes même et tous nos partisans, et que Dieu me protége, aussi vrai que je ne dissimule pas !

L'ÉVÊQUE DE WINCHESTER, *à part*. — Et que Dieu m'assiste, comme il est vrai que cette paix n'est pas dans mes intentions !

LE ROI HENRI. — O mon affectueux oncle, bon duc de Glocester, comme cette réconciliation me rend joyeux ! Allez-vous-en, Messieurs ! ne nous troublez pas davantage, mais réconciliez-vous en bonne amitié, comme l'ont fait vos maîtres.

PREMIER SERVITEUR. — J'en suis content ; je vais aller chez le chirurgien.

SECOND SERVITEUR. — Et moi aussi.

TROISIÈME SERVITEUR. — Et moi, je vais aller voir quel remède la taverne peut donner. (*Sortent le Lord maire, les serviteurs, etc.*)

WARWICK. — Très-gracieux Souverain, acceptez ce document que nous présentons à Votre Majesté en faveur des droits de Richard Plantagenet.

GLOCESTER. — Bien demandé, Milord de Warwick ; car, mon doux prince, si Votre Grâce a égard à toutes les circonstances, vous avez grande raison de faire droit à Richard, spécialement pour ces motifs que j'ai donnés à Votre Majesté, à Eltham.

LE ROI HENRI. — Et ces motifs, mon oncle, étaient puissants. En conséquence, mes affectueux Lords, c'est notre bon plaisir que Richard soit rétabli dans les titres de son sang.

WARWICK. — Que Richard soit restauré dans les titres de son sang ; ainsi seront réparées les injustices faites à son père.

L'ÉVÊQUE DE WINCHESTER. — Si tous les autres le veulent, Winchester le veut aussi.

LE ROI HENRI. — Si Richard promet de se montrer loyal, je lui fais non-seulement cette concession, mais je lui donne tout l'héritage qui revient à la maison d'York, d'où il sort en ligne directe.

RICHARD PLANTAGENET. — Votre humble serviteur vous dévoue son obéissance et son humble service jusqu'à la mort.

LE ROI HENRI. — Alors courbe-toi, mets ton genou contre mon pied, et en retour de cet hommage rendu, je te ceins avec la vaillante épée d'York : relève-toi, Richard, comme un vrai Plantagenet, et relève-toi royalement créé duc d'York.

RICHARD PLANTAGENET. — Et puisse Richard prospérer comme tes ennemis succomber ! Puissent en même temps que croîtra ma fidélité périr ceux qui méditeront une pensée contre Votre Majesté !

TOUTE L'ASSEMBLÉE. — Salut, grand prince, puissant duc d'York !

SOMERSET, *à part.* — Péris, bas prince, ignoble duc d'York !

GLOCESTER. — Maintenant il conviendrait avant tout que Votre Majesté traversât les mers et fût couronnée en France. La présence d'un roi engendre l'affection parmi ses sujets et ses loyaux amis, en même temps qu'elle décourage ses ennemis.

LE ROI HENRI. — Lorsque Glocester parle, le roi Henri marche ; car un ami de bon conseil est la mort de nombreux ennemis.

GLOCESTER. — Vos vaisseaux sont déjà prêts. (*Fanfares. Tous sortent, sauf Exeter.*)

EXETER. — Oh oui ! nous pouvons nous promener en Angleterre ou aller en France, et nous ne voyons pas ce qui va probablement arriver. Cette dernière dissension qui s'est élevée entre les pairs, brûle sous les cendres hypocrites d'une amitié menteuse, et éclatera en flammes à la fin. Comme des membres ulcérés se corrompent par degrés, jusqu'à ce que tombent les os, et la chair, et les muscles, ainsi ira en s'étendant cette basse et envieuse discorde. Et maintenant, je crains cette fatale prophétie qui, au temps de Henri nommé le cinquième, était dans la bouche de tous les enfants à la mamelle : « Henri, né à Monmouth, gagnera tout ; Henri, né à Windsor, perdra tout; » prophétie si évidente aujourd'hui, qu'Exeter souhaite que ses jours finissent avant cette malheureuse époque. (*Il sort.*)

SCÈNE II.

En France. — Devant Rouen.

Entrent LA PUCELLE *déguisée, et des* soldats *vêtus comme des paysans avec des sacs sur leur dos.*

La Pucelle. — Voici les portes de la cité, les portes de Rouen, dont il faut que notre adresse nous ouvre l'entrée. Prenez garde, faites attention aux paroles que vous laisserez échapper; parlez comme parle le commun des gens du marché qui viennent échanger leur blé contre de l'argent. Si nous entrons, et j'ai l'espérance que nous entrerons, et si nous ne trouvons qu'une garde faible et endormie, je donnerai par signal avis à nos amis que le Dauphin peut venir les attaquer[5].

Premier soldat. — Nos sacs seront un moyen de mettre la ville à sac, et nous serons les maîtres et seigneurs de Rouen; par conséquent, frappons. (*Il frappe.*)

Un garde, *de l'intérieur.* — *Qui est là?*

La Pucelle. — *Paysans, pauvres gens de France*[6], *de pauvres gens des marchés, qui viennent vendre leur blé.*

Le garde, *ouvrant les portes.* — Passez, entrez, la cloche du marché a sonné.

La Pucelle. — Maintenant, Rouen, je vais coucher tes remparts à terre. (*La Pucelle et les soldats entrent dans la ville.*)

Entrent CHARLES, LE BÂTARD D'ORLÉANS, le duc d'ALENÇON *et des troupes.*

Charles. — Que saint Denis bénisse cet heureux stratagème, et une fois encore nous dormirons à Rouen en sécurité.

Le bâtard d'Orléans. — La Pucelle et sa bande sont entrées par là; maintenant qu'elle est dans la ville, comment nous indiquera-t-elle où est le meilleur et le plus sûr passage?

Le duc d'Alençon. — En secouant une torche de cette tour qui est là-bas; dès que nous la verrons, nous comprendrons qu'elle veut dire que le point le plus faible est celui par où elle est entrée.

Entre LA PUCELLE *sur un rempart, en secouant une torche allumée.*

La Pucelle. — Regardez, c'est la torche de l'heureux mariage qui unit Rouen à ses compatriotes, et qui ne brûle fatale que pour les partisans de Talbot!

Le Bâtard d'Orléans. — Voyez, noble Charles, le signal de notre armée; la torche allumée apparaît dans la petite tour qui est là-bas.

Charles. — Qu'elle brille à cette heure comme une comète vengeresse, et prophétise la chute de tous nos ennemis!

Le duc d'Alençon. — Ne perdez pas de temps, les retards ont des résultats dangereux; entrez immédiatement au cri de: *le Dauphin!* et ensuite égorgez la garde. (*Ils entrent dans la ville.*)

Alarme. Entrent TALBOT *et des soldats anglais*

Talbot. — France, tu payeras cette trahison par tes larmes, si Talbot peut survivre à ta fourberie. La Pucelle, cette magicienne, cette maudite sorcière, a ourdi si inopinément ce diabolique stratagème que nous avons échappé à grand'peine à l'orgueil de la France. (*Ils sortent.*)

Alarme. Escarmouches. Entrent BEDFORD *apporté malade sur un fauteuil,* TALBOT, le duc de BOURGOGNE, *et les troupes anglaises. Puis entrent sur les remparts* LA PUCELLE, CHARLES, LE BÂTARD D'ORLÉANS, le duc d'ALENÇON *et autres.*

La Pucelle. — Bonjour, mes braves! avez-vous besoin de blé pour votre pain? Je crois que le duc de Bourgogne jeûnera avant d'en acheter de nouveau à un tel prix: il était plein de paille; en aimez-vous le goût?

Le duc de Bourgogne. — Raille, vile diablesse et courtisane effrontée ! j'espère avant peu de temps t'étouffer avec ton propre blé et te forcer à maudire la moisson qui l'a porté.

Charles. — Votre Grâce mourra peut-être de faim avant ce temps-là.

Bedford. — Oh ! que ce ne soient pas des mots mais des actes qui vengent cette trahison !

La Pucelle. — Que ferez-vous, bonne barbe grise ? Briserez-vous une lance, et courrez-vous une joute à mort dans votre fauteuil ?

Talbot. — Hideuse diablesse de France, sorcière qui n'es qu'opprobre, toi qu'entourent tes impudiques amants, te sied-il de railler sa vaillante vieillesse, et de taxer de couardise un homme à demi mort ? Demoiselle, j'aurai encore une passe avec vous, ou que Talbot périsse avec cette honte.

La Pucelle. — Vous êtes si chaud que cela, Monsieur ? Tiens-toi en paix cependant, Pucelle ; si Talbot se met seulement à tonner, la pluie va s'ensuivre. (*Talbot et les autres se consultent.*) Dieu bénisse le parlement ! quel sera l'orateur ?

Talbot. — Oseriez-vous venir et vous mesurer avec nous en champ clos ?

La Pucelle. — Sans doute Votre Seigneurie nous croit fous, pour venir nous proposer de décider si ce qui est à nous est nôtre.

Talbot. — Je ne parle pas à cette railleuse Hécate, mais à toi, Alençon, et aux autres ; voulez-vous venir et vous battre avec nous comme des soldats ?

Le duc d'Alençon. — Non, *Signor*.

Talbot. — Va te faire pendre, *Signor !* Bas muletiers de France ! ils restent sur leurs remparts comme des paysans valets de pied, et n'osent pas prendre les armes comme des gentilshommes.

La Pucelle. — Partons, capitaines ! quittons les remparts ; car les regards de Talbot ne veulent rien dire de bon. Dieu soit avec vous, Milord ! nous n'étions venus que pour vous dire que nous sommes ici. (*La Pucelle et les autres se retirent des remparts.*)

Talbot. — Et nous y serons, nous aussi, avant qu'il soit longtemps, ou je veux bien que l'opprobre soit toute la renommée de Talbot! Bourgogne, jure sur l'honneur de ta maison blessée par les outrages publics qu'elle a reçus en France, ou de reprendre cette ville, ou de périr. Et moi, aussi sûrement que vit Henri d'Angleterre et que son père fut ici un conquérant, aussi sûrement que le cœur du grand Cœur de Lion fut enseveli dans cette ville récemment trahie, je jure d'enlever la ville ou de mourir.

Le duc de Bourgogne. — Mes vœux sont en plein accord avec tes vœux.

Talbot. — Mais avant de partir, donnons nos soins à ce prince mourant, le vaillant duc de Bedford. Venez, Milord, nous vous transporterons à quelque meilleure place, plus convenable pour la maladie et l'âge débile.

Bedford. — Lord Talbot, ne me déshonorez pas ainsi : je resterai ici, devant les remparts de Rouen, pour partager vos succès ou vos revers.

Le duc de Bourgogne. — Courageux Bedford, laissez-nous vous persuader.

Bedford. — Non pas de me laisser transporter d'ici; car j'ai lu autrefois que le vaillant Pendragon, malade, dans sa litière, se fit transporter sur le champ de bataille et vainquit ses ennemis [7] : il me semble que je relèverais les cœurs des soldats, car je les ai toujours trouvés dans des dispositions pareilles aux miennes.

Talbot. — Ame indomptée dans un corps mourant! Eh bien, qu'il en soit ainsi! que les cieux veillent sur la sécurité du vieux Bedford! Et maintenant, plus de bavardage, brave Bourgogne, mais rassemblons toutes nos forces, et lançons-les contre cet ennemi qui s'enorgueillit à nos dépens. (*Sortent Talbot, le duc de Bourgogne et leurs troupes en laissant Bedford et autres.*)

Alarme. Escarmouches. Au milieu d'un de ces combats entrent Sir JOHN FALSTOFFE *et un* capitaine.

Le capitaine. — Où allez-vous, en si grande hâte, Sir John Falstoffe?

Falstoffe. — Où je vais? je vais sauver ma vie en fuyant : nous sommes sur le point d'être mis encore en déroute.

Le capitaine. — Comment, vous allez fuir et abandonner Lord Talbot?

Falstoffe. — Oui, et tous les Talbots de la terre pour sauver ma vie. (*Il sort.*)

Le capitaine. — Lâche chevalier! que la mauvaise fortune t'accompagne! (*Il sort.*)

Retraite. Escarmouches. Rentrent LA PUCELLE, le duc d'ALENÇON, CHARLES *et autres, puis ils s'enfuient.*

Bedford. — Maintenant, mon âme, pars paisiblement quand il plaira au ciel, car j'ai vu la déroute de nos ennemis. Combien petite est la force des fous humains, et combien petite doit être leur confiance! Ceux qui tout récemment nous bravaient de leurs mépris, sont maintenant presque joyeux de pouvoir se sauver par la fuite. (*Il meurt et est emporté dans son fauteuil.*)

Alarme. Rentrent TALBOT, le duc de BOURGOGNE *et autres.*

Talbot. — Vaincus et vainqueurs dans le même jour! c'est là un double honneur, Bourgogne : cependant c'est au ciel qu'il faut rapporter la gloire de cette victoire.

Le duc de Bourgogne. — Martial et guerrier Talbot, Bourgogne t'enchâsse dans son cœur, et il y érige tes nobles actes comme des monuments de valeur.

Talbot. — Je te remercie, gentil duc. Mais où est maintenant la Pucelle? Je suppose que son vieux démon familier est endormi. Où sont maintenant les bravades du bâtard et les railleries de Charles? Quoi! silence de mort? Rouen baisse la tête de chagrin, de ce qu'une aussi vaillante compagnie se soit enfuie. Maintenant nous allons prendre quelques mesures pour cette ville et y placer quelques officiers expérimentés; puis nous irons à Paris rejoindre le roi; car le jeune Henri y est déjà avec ses nobles.

Le duc de Bourgogne. — Ce que veut Lord Talbot plaît à Bourgogne.

Talbot. — Cependant, avant de partir, n'oublions pas le noble duc de Bedford qui vient de décéder, mais veillons à ce que ses obsèques soient célébrées à Rouen : un plus brave soldat ne brandit jamais la lance, un cœur plus doux ne régna jamais sur une cour; mais les rois et les plus puissants potentats doivent mourir, car c'est là la fin de la misère humaine. (*Ils sortent.*)

SCÈNE III.

Les plaines près de Rouen.

Entrent CHARLES, LE BÂTARD D'ORLÉANS, le duc d'ALENÇON, LA PUCELLE, *et leurs forces.*

La Pucelle. — Princes, ne vous laissez pas abattre par cet accident, et ne vous affligez pas que Rouen ait été ainsi repris : le chagrin, loin d'être un remède, est bien plutôt un corrosif, lorsqu'il s'adresse à des choses sur lesquelles on ne peut revenir. Laissez le frénétique Talbot triompher quelque temps et déployer sa queue comme un paon; nous arracherons ses plumes et nous lui enlèverons sa queue, si le Dauphin et les autres veulent seulement se laisser diriger.

Charles. — Nous nous sommes laissé guider par toi jusqu'ici, et nous n'avons pas eu défiance de ton pouvoir. Ce n'est pas un échec inattendu qui pourra jamais cesser de nous faire croire en toi.

Le bâtard d'Orléans. — Cherche dans ton esprit quelque ingénieux stratagème, et nous te rendrons fameuse dans le monde entier.

Le duc d'Alençon. — Nous élèverons ta statue à quelque place consacrée, et nous te révérerons comme une sainte bienheureuse ; emploie-toi donc pour notre bien, douce sainte.

La Pucelle. — Alors voici ce qu'il faut faire ; voici ce que Jeanne imagine : par de belles raisons enveloppées dans des paroles mielleuses, nous persuaderons au duc de Bourgogne de laisser Talbot et de suivre notre parti

Charles. — Oui, parbleu, ma chérie, si nous pouvions faire cela, la France ne serait plus tenable pour les guerriers de Henri ; cette nation ne pourrait plus se vanter de nous posséder, mais serait extirpée de nos provinces.

Le duc d'Alençon. — Ils seraient pour toujours expulsés de France, et n'y garderaient plus le titre d'un seul comté.

La Pucelle. — Vos Honneurs vont voir comment je vais travailler à mener les choses à cette fin désirée. (*On entend un tambour dans le lointain.*) Ecoutez ! le son de ce tambour vous permet de reconnaître que leurs troupes marchent vers Paris. (*On entend une marche anglaise. Passe à distance Talbot avec ses troupes.*) Voici Talbot qui marche avec ses étendards déployés et toutes les forces anglaises derrière lui. (*Une marche française. Entre le duc de Bourgogne avec ses forces.*) Maintenant voici venir à l'arrière-garde le duc et ses troupes ; une fortune favorable l'a fait traîner en arrière. Demandez une conférence ; nous allons parlementer avec lui. (*Les trompettes sonnent pour demander un pourparler.*)

Charles. — Un pourparler avec le duc de Bourgogne !

Le duc de Bourgogne. — Qui sollicite un pourparler avec le Bourguignon ?

La Pucelle. — Le royal Charles de France, ton compatriote.

Le duc de Bourgogne. — Qu'as-tu à dire, Charles ? il faut que je parte d'ici.

ACTE III, SCÈNE III.

Charles. — Parle, Pucelle, et enchante-le par tes paroles.

Le Pucelle. — Brave Bourgogne, espoir incontestable de la France! arrête, permets à ton humble servante de te parler.

Le duc de Bourgogne. — Parle; mais ne sois pas trop ennuyeuse.

La Pucelle. — Jette les yeux sur ton pays, jette les yeux sur la fertile France, et vois ses villes et ses cités effacées par les ravages dévastateurs du cruel ennemi! Contemple, contemple la maladie sous laquelle expire la France, avec les regards dont la mère couvre son pauvre enfant lorsque la mort ferme ses tendres yeux éteints! Regarde ses blessures, ces blessures contre nature que tu as faites toi-même à son malheureux sein! Oh! tourne d'un autre côté la pointe de ton épée! frappe ceux qui nous blessent, et ne blesse pas ceux qui nous secourent! Une goutte de sang tirée du sein de ton pays devrait t'affliger beaucoup plus que des torrents de sang étranger répandu; opère donc ton retour avec un flot de larmes, et sers-toi de ces larmes pour laver les taches de ta patrie!

Le duc de Bourgogne. — Ou bien elle m'a ensorcelé avec ses paroles, ou bien c'est la nature qui cause en moi ce subit attendrissement.

La Pucelle. — En outre tu es l'objet de l'étonnement de tous les Français et du roi de France qui mettent en doute ta naissance et ta légitime procréation. Avec qui as-tu fait alliance, sinon avec une nation impérieuse qui n'aime en toi que le profit qu'elle peut en tirer? Lorsque Talbot aura le pied solidement établi en France et se sera servi de toi pour accomplir ce malheur, qui donc alors sera maître, sinon l'Anglais Henri? quant à toi, tu seras chassé comme un fugitif. Rappelle-toi, et prends comme avertissement le fait que je vais te dire. Est-ce que le duc d'Orléans n'était pas ton ennemi? et n'était-il pas prisonnier en Angleterre? mais lorsqu'ils apprirent qu'il était ton ennemi, ils le mirent en liberté, sans lui faire payer de rançon, et cela malgré Bourgogne et tous ses amis.

Considère donc que tu combats contre tes compatriotes et que tu t'allies avec ceux qui seront tes bourreaux. Viens, viens, retourne à nous; retourne à nous, Seigneur égaré; Charles et les autres te serreront dans leurs bras.

Le duc de Bourgogne. — Je suis vaincu; ses fières paroles m'ont ébranlé comme le tonnerre d'un coup de canon, et m'ont fait presque tomber à genoux. Pardonnez-moi, patrie, et vous aussi, doux compatriotes! et vous, Seigneurs, acceptez cette affectueuse et cordiale embrassade : mes forces et mon pouvoir sont à vous. Là-dessus, bonsoir, Talbot; je ne me fierai pas plus longtemps à toi.

La Pucelle. — C'est agir comme un Français; tourne, et retourne encore!

Charles. — Sois le bienvenu, brave duc! ton amitié nous rafraîchit l'âme.

Le Bâtard. — Et fait naître dans nos cœurs un nouveau courage.

Le duc d'Alençon. — La Pucelle a bravement joué son rôle dans cette affaire et mérite un cimier d'or.

Charles. — Maintenant, partons, Messeigneurs; allons rejoindre nos troupes et cherchons comment nous pourrons nuire à l'ennemi. (*Ils sortent.*)

SCÈNE IV.

Paris. — Un appartement dans le palais.

Entrent le roi HENRI, GLOCESTER *et autres* Lords, VERNON, BASSET. TALBOT *marche à leur rencontre avec quelques-uns de ses* officiers.

Talbot. — Mon gracieux prince, et vous, honorables pairs, en apprenant votre arrivée dans ce royaume, j'ai mis pour un temps trêve à mes combats, afin de rendre à mon Souverain l'hommage de ma fidélité : en signe de cette fidélité, ce bras qui a conquis à votre obéissance cinquante forteresses, douze cités, sept villes fortifiées, outre cinq cents prisonniers de renom, laisse tomber son épée aux pieds de Votre Altesse, en même temps que mon cœur, avec une soumission loyale, se plaît à attribuer la gloire des conquêtes accomplies, d'abord à mon Dieu, puis à Votre Grâce.

Le roi Henri. — Oncle Glocester, est-ce là le Lord Talbot qui a si longtemps résidé en France?

Glocester. — Oui, mon Souverain, plaise à Votre Majesté.

Le roi Henri. — Soyez le bienvenu, brave capitaine et Lord victorieux! Lorsque j'étais jeune, et je ne suis pas encore bien vieux, il me souvient de la façon dont mon père disait que jamais un plus vigoureux champion n'avait brandi une épée. Depuis longtemps nous connaissons votre fidélité, vos loyaux services, vos exploits guerriers, et cependant vous n'avez reçu de nous aucune récompense, pas même celle de nos remercîments, parce que, jusqu'à ce jour, nous n'avions pu vous voir en face. Donc, relevez-vous; pour vos grands mérites, nous vous créons ici comte de Shrewsbury, et prenez votre place dans la cérémonie de notre couronnement. (*Fanfares. Tous sortent, sauf Vernon et Basset.*)

Vernon. — Maintenant je suis à vous, Monsieur, vous qui, sur mer, mettiez tant d'ardeur à bafouer les couleurs que je porte en honneur de mon noble maître d'York. Oserais-tu maintenir les paroles que tu as prononcées précédemment?

Basset. — Oui, Monsieur, aussi bien que vous osez maintenir les aboiements envieux de votre langue impertinente contre mon maître, le duc de Somerset.

Vernon. — Maraud, j'honore ton maître pour ce qu'il est.

Basset. — Eh bien, qu'est-il? C'est un homme qui vaut bien York.

Vernon. — Non pas, voyez-vous, et pour preuve attrapez cela. (*Il le frappe.*)

Basset. — Scélérat, tu sais que la loi des armes est telle qu'il y a peine de mort immédiate pour quiconque tire une épée ; sans cela ce coup t'aurait valu l'effusion de ton plus précieux sang. Mais je vais aller trouver Sa Majesté, et solliciter la permission de venger cet outrage : tu verras alors que lorsque je te rencontrerai, ce sera à tes dépens.

VERNON. — Bien, mécréant, j'y serai aussitôt que vous, et ensuite je vous retrouverai plus tôt que vous ne voudrez. (*Ils sortent.*)

ACTE IV.

SCÈNE PREMIÈRE.

PARIS. — Une salle d'apparat.

Entrent LE ROI HENRI, GLOCESTER, EXETER, YORK, SUFFOLK, SOMERSET, L'ÉVÊQUE DE WINCHESTER, WARWICK, TALBOT, LE GOUVERNEUR DE PARIS *et autres.*

GLOCESTER. — Lord évêque, placez la couronne sur sa tête.

L'ÉVÊQUE DE WINCHESTER. — Dieu protége le roi Henri, le sixième de ce nom!

GLOCESTER. — Maintenant, gouverneur de Paris, prêtez le serment, (*le gouverneur s'agenouille*) que vous n'élirez pas d'autre roi que lui, que vous n'estimerez pour amis que ceux qui seront ses amis, et que vous n'aurez pour ennemis que ceux qui méditeront des projets malicieux contre son pouvoir. Voilà ce que vous vous engagez à faire, et que le juste Dieu vous assiste! (*Sortent le gouverneur et sa suite.*)

ACTE IV, SCENE I.

Entre Sir JOHN FALSTOFFE.

Falstoffe. — Mon gracieux Souverain, comme je venais de Calais, me hâtant pour votre couronnement, une lettre écrite à Votre Grâce par le duc de Bourgogne a été remise entre mes mains.

Talbot. — Honte sur le duc de Bourgogne et sur toi ! J'avais juré, vil chevalier, que la première fois que je te rencontrerais, j'arracherais la jarretière de ta jambe de couard, (*il la lui arrache*), ce que je fais, parce que tu as été à tort élevé à cette haute dignité. Pardonnez-moi, royal Henri, pardonnez, vous tous : à la bataille de Patay, alors que je n'avais en tout que six mille hommes et que les Français étaient presque dix contre un, ce lâche, avant même que la bataille fût engagée et qu'on eût donné un seul coup, s'est enfui comme un valeureux champion qu'il est : dans cette attaque nous perdîmes douze cents hommes ; et moi-même, ainsi que divers gentilshommes, nous fûmes alors surpris et faits prisonniers. Vous pouvez juger, puissants Lords, si j'ai agi à tort, et si de tels lâches doivent porter, ou non, cet ornement de la chevalerie.

Glocester. — Pour dire la vérité, ce fait fut infâme, et déshonorerait n'importe quel homme vulgaire ; combien plus un chevalier, un capitaine, un commandant.

Talbot. — Lorsque cet ordre fut établi à l'origine, Milords, les chevaliers de la Jarretière étaient de noble naissance, vaillants et vertueux, pleins d'un altier courage ; c'étaient des hommes dont le crédit avait grandi au milieu des guerres, qui ne craignaient pas la mort, ne tremblaient pas devant la détresse, mais restaient résolus dans les situations les plus désespérées. Celui-là donc en qui ne se rencontrent pas ces qualités ne fait qu'usurper le nom sacré de chevalier, profane cet ordre très-honorable, et mérite, (si je suis digne d'être juge) d'être dégradé comme un paysan né derrière une haie qui oserait se vanter d'un sang noble.

Le roi Henri. — Toi qui es une souillure pour tes compatriotes, tu entends ton jugement ! en conséquence pars, toi qui fus un chevalier; nous te bannissons d'ici sous peine de mort. (*Sort Falstoffe.*) Et maintenant, Milord protecteur, lisez cette lettre envoyée par notre oncle le duc de Bourgogne [1].

Glocester, *lisant l'adresse.* — Que veut dire Sa Grâce, avec ce changement de style? Rien que tout simplement et tout crûment, « *Au roi* »? A-t-il oublié qu'il est son Souverain? ou bien cette grossière suscription annoncerait-elle quelque altération de son bon vouloir? Qu'y a-t-il ici? (*Il lit.*) « Par des raisons spéciales, touché de compassion pour les maux de ma patrie, en même temps qu'ému par les tristes plaintes de ceux que dévore votre oppression, j'ai abandonné votre pernicieuse faction, et je me suis joint à Charles, le légitime roi de France. » O trahison monstrueuse! se peut-il que d'aussi hypocrites et menteuses intentions se cachent sous l'alliance, l'amitié et la foi jurée?

Le roi Henri. — Quoi! est-ce que mon oncle de Bourgogne se révolte?

Glocester. — Oui, Monseigneur, et il est devenu votre ennemi.

Le roi Henri. — Est-ce là ce que sa lettre contient de pire?

Glocester. — C'est non-seulement le pire, c'est le tout de ce qu'il écrit, Milord.

Le roi Henri. — Ah bien, en ce cas, Lord Talbot, ici présent, ira lui parler, et le châtiera pour ce méfait. Qu'en dites-vous, Milord? n'en êtes-vous pas content?

Talbot. — Content, mon Suzerain? certes: n'était que vous m'avez prévenu, je vous aurais supplié de m'accorder cette fonction.

Le roi Henri. — Alors, rassemblez vos forces et marchez droit contre lui : faites-lui voir comme nous prenons mal sa trahison, et quelle offense cela est de se moquer de ses amis.

Talbot. — J'y vais, Monseigneur, et le vœu constant de mon cœur est que vous puissiez contempler la confusion de vos ennemis. (*Il sort.*)

ACTE IV, SCÈNE I.

Entrent VERNON *et* BASSET.

Vernon. — Accordez-moi le combat, mon gracieux Souverain !

Basset. — Et à moi aussi, Monseigneur, accordez-moi le combat !

York. — Cet homme est mon serviteur : écoutez-le, noble prince !

Somerset. — Et celui-là est le mien : mon doux Henri, accordez-lui votre faveur !

Le roi Henri. — Lords, prenez patience, et donnez-leur la permission de parler. Dites-moi, Messieurs, pourquoi ces exclamations ? Pourquoi demandez-vous le combat, et contre qui le demandez-vous ?

Vernon. — Je le demande contre lui, Monseigneur, car il m'a fait outrage.

Basset. — Et moi contre lui, car il m'a fait outrage.

Le roi Henri. — Quel est cet outrage dont vous vous plaignez tous deux ? Faites-le-moi d'abord connaître et puis je vous répondrai.

Basset. — Pendant la traversée d'Angleterre en France, ce compère-ci à la langue envieuse et méchante, me railla à propos de la rose que je porte, en me disant que la couleur de sang de ses feuilles représentait la rougeur des joues de mon maître, le jour où il résistait opiniâtrément à la vérité, relativement à une certaine question de droit qui s'était élevée entre le duc d'York et lui ; il s'est servi encore d'autres expressions viles et ignominieuses : pour punir ce grossier outrage, et pour défendre la dignité de mon maître, je sollicite le bénéfice de la loi des armes.

Vernon. — Et je vous fais la même demande, mon noble Seigneur ; car bien qu'il affecte, par ses explications subtiles et menteuses, de jeter un vernis sur son audacieuse conduite, sachez, cependant, Monseigneur, que j'ai été provoqué par lui, et c'est lui qui le premier a trouvé à redire au signe que je porte, en déclarant que la pâleur de cette fleur trahissait la lâcheté du cœur de mon maître.

York. — Cette malice durera-t-elle toujours, Somerset?

Somerset. — Votre animosité personnelle percera toujours, Milord d'York, avec quelque adresse que vous l'étouffiez.

Le roi Henri. — Bon Dieu! quelle folie gouverne donc le cerveau malade des hommes, que pour une cause si légère et si frivole de si factieuses rivalités puissent s'élever! Mes bons cousins d'York et de Somerset, apaisez-vous, je vous prie, et tenez-vous en paix.

York. — Que cette querelle soit d'abord vidée par les armes, et puis Votre Altesse pourra nous ordonner la paix.

Somerset. — La querelle ne regarde que nous seuls; laissez-nous la décider entre nous par conséquent.

York. — Voici mon gage; accepte-le, Somerset.

Vernon. — Non, que la querelle reste là où elle a commencé d'abord.

Basset. — Consentez à cela, mon honorable Seigneur!

Glocester. — Consentez à cela! Au diable soit votre querelle! et puissiez-vous crever avec votre audacieux bavardage! Vassaux présomptueux! n'avez-vous pas honte de venir ennuyer et troubler le roi et nous par ces récriminations bruyantes et indécentes? Et vous, Milords, il me semble que vous n'agissez pas bien en leur permettant ces querelles malignes, et moins bien encore, en prenant occasion de leurs injures pour en venir à une dispute entre vous: laissez-moi vous persuader de suivre une meilleure conduite.

Exeter. — Cette affaire chagrine Son Altesse; mes bons Lords, soyez amis.

Le roi Henri. — Venez ici, vous qui voulez vous battre: je vous commande, si vous tenez à notre faveur, d'oublier tout à fait cette querelle et sa cause. Quant à vous, Milords, rappelez-vous où vous êtes : vous êtes en France, chez une nation versatile et inconstante : s'ils découvrent la dissension sur vos physionomies; s'ils s'aperçoivent que le désaccord s'est mis parmi nous, comme leurs cœurs pleins de ressentiments vont être provoqués à la désobéissance opiniâtre et à la révolte! Et quelle infamie ce sera, en outre, lorsque les princes étrangers auront la certitude que, pour une bagatelle, une chose de nulle importance, les pairs du roi Henri et les principaux membres de sa noblesse se sont détruits eux-mêmes, et ont perdu le royaume de France! Oh, pensez à la conquête de mon père, pensez à mes tendres années, et n'allons pas pour une futilité perdre ce qui fut gagné avec du sang! Laissez-moi être l'arbitre de cette équivoque querelle. Je ne vois pas de raison, si je porte cette rose (*il prend une rose rouge*), pour qu'on suppose que j'incline plus du côté de Somerset que du côté d'York; tous deux sont mes parents, et je les aime tous deux : on serait aussi bien venu à me reprocher ma couronne, en me donnant pour raison que le roi d'Écosse en porte une aussi. Mais vos sagacités vous donneront de meilleurs conseils que tous ceux que je pourrais vous proposer ou vous donner : par conséquent, de même que nous sommes venus ici en paix, continuons à vivre en paix et en bonne amitié. Cousin d'York, nous nommons Votre Grâce, notre régent de ces provinces de France; et vous, mon bon Milord de Somerset, unissez vos troupes de cavaliers à ses bandes de fantassins, et comme de loyaux sujets et de vrais fils de vos pères, marchez joyeusement ensemble et faites passer votre colère furieuse sur nos ennemis. Nous-même, Milord le protecteur, ainsi que les autres, nous retournerons à Calais après quelque temps de répit, et de là nous irons en Angleterre, où j'espère que, grâce à vos victoires, vous nous présenterez bientôt Charles, Alençon, et cette bande de traîtres. (*Fanfares. Sortent le roi Henri, Glocester, Somerset, Winchester, Suffolk et Basset.*)

WARWICK. — Milord d'York, il me semble que le roi a joliment bien joué à l'orateur.

YORK. — Oui, en vérité; mais cependant je n'aime pas qu'il porte les couleurs de Somerset.

WARWICK. — Bah! ce n'était qu'une fantaisie, ne le blâmez pas; j'oserais jurer qu'il ne pensait pas à mal, le doux prince!

YORK. — Si je croyais qu'il y eût pensé!... mais laissons

cela en repos; d'autres affaires nous réclament pour l'instant. (*Sortent York, Warwick et Vernon.*)

Exeter. — Bien as-tu fait, Richard, d'arrêter tes paroles; car si les passions de ton cœur s'étaient fait jour, je crains que nous n'eussions vu à découvert plus de haine rancuneuse, plus de querelleuse fureur, plus de violence, qu'on n'en peut imaginer ou supposer. Quoi qu'il en soit, il n'est pas d'homme, aussi simple qu'on veuille le supposer, qui, en voyant ces discordes criardes de la noblesse, ces intrigues des courtisans se prêtant l'épaule les uns aux autres, cette enrégimentation factieuse de leurs favoris, ne puisse présager que cela finira mal. C'est une chose bien grave, lorsque les sceptres se trouvent entre des mains d'enfants; mais c'est une chose bien plus grave encore, lorsque la haine engendre une discorde dénaturée; alors arrive la ruine, alors commence la confusion. (*Il sort.*)

SCÈNE II.

Devant Bordeaux.

Entre TALBOT *avec ses forces.*

Talbot. — Allez aux portes de Bordeaux, trompette; mandez leur général au rempart.

Un trompette sonne un pourparler. Entrent sur les remparts, LE GÉNÉRAL DES FORCES FRANÇAISES, *et autres.*

Talbot. — John Talbot, l'Anglais, serviteur sous les armes de Henri, roi d'Angleterre, vous appelle, capitaines, pour vous parler ainsi : Ouvrez les portes de votre ville; soyez humbles envers nous, appelez mon Souverain le vôtre, rendez-lui hommage comme des sujets obéissants, et je me retirerai, moi et mes troupes meurtrières : mais si vous faites fi de la paix que je vous offre ainsi, vous tentez la fureur des trois serviteurs qui me suivent, c'est-à-dire, la maigre famine, l'acier tranchant, le feu à la course rapide [2], fléaux qui en un instant mettront à ras de

ACTE IV, SCÈNE II.

terre vos tours superbes et qui bravent le ciel, dans le cas où vous refuseriez l'offre de notre amitié.

Le général. — Hibou sinistre et prophète de mort, terreur et fouet sanglant de notre nation, le terme de ta tyrannie approche. Tu ne peux entrer chez nous que par la mort, car, je le déclare, nous sommes bien fortifiés, et nous sommes assez nombreux pour sortir et livrer combat. Si tu te retires, le Dauphin, qui est bien entouré, t'attend pour t'enlacer dans les piéges de la guerre : des deux côtés, des escadrons sont placés de manière à t'enlever la liberté de la fuite; tu ne peux te retourner d'aucun côté pour obtenir secours; la mort t'oppose de toutes parts une ruine évidente, et la pâle destruction te regarde en face. Dix mille Français ont fait le serment de ne décharger leur meurtrière artillerie sur aucune autre âme chrétienne que l'Anglais Talbot. Te voilà encore debout, plein de vie et de vaillance, d'une âme invincible et inconquise! cette louange que je te donne, moi ton ennemi, est la dernière que recevra ta gloire; car avant que le sablier qui maintenant commence à s'écouler ait achevé de laisser couler son sable régulateur de l'heure, ces yeux qui te contemplent maintenant avec les couleurs de la vie, te verront flétri, sanglant, pâle et mort. (*Un tambour bat au loin.*) Écoute! écoute! le tambour du Dauphin, glas d'avertissement, fait entendre à ton âme inquiète une sinistre musique, et le mien va sonner ton fatal trépas. (*Le général et les autres se retirent des remparts.*)

Talbot. — Il ne ment pas, j'entends l'ennemi; que quelques hommes de la cavalerie légère aillent reconnaître leurs ailes. Oh! quelle discipline négligente et étourdie! Comme nous voilà parqués et renfermés dans une palissade, petit troupeau de timides daims anglais environné par toute une meute aboyante de chiens français! Si nous sommes des daims anglais, soyons au moins de la bonne race, non de cette race efflanquée de daims qu'une chiquenaude renverse, mais de celle de ces cerfs qui, désespérés et fous de rage, décousent les limiers sanglants avec des cornes dures comme acier, et forcent les lâches à se tenir à distance. Que chaque homme vende sa vie aussi cher que je vendrai la mienne, et ils s'apercevront, mes amis, que nous sommes des *cerfs* peu faits pour être *serfs*. Dieu, et saint Georges! Talbot et le droit de l'Angleterre! que nos couleurs prospèrent dans ce dangereux combat! (*Ils sortent.*)

SCÈNE III.

Des plaines en GASCOGNE.

Entre YORK *avec ses forces.* UN MESSAGER *vient à lui.*

YORK. — Les éclaireurs agiles qu'on avait lancés à la piste de la puissante armée du Dauphin, ne sont-ils pas de retour?

LE MESSAGER. — Ils sont de retour, Milord, et ils rapportent que le Dauphin marche sur Bordeaux avec son armée pour offrir le combat à Talbot. Pendant qu'il poursuivait sa marche, vos espions ont découvert qu'il avait été rejoint par deux autres corps d'armée plus considérables encore que celui qu'il conduisait, et que ces renforts se dirigeaient aussi sur Bordeaux.

YORK. — La peste soit de ce scélérat de Somerset, qui retarde ainsi le renfort de cavaliers qu'on avait levé pour ce siége, et qui m'avait été promis! L'illustre Talbot attend mon secours, et voilà qu'un scélérat de traître me laisse dans le pétrin, et que je ne puis venir en aide au noble chevalier. Que Dieu l'assiste dans cette extrémité! S'il est vaincu, adieu les guerres en France.

Entre SIR WILLIAM LUCY.

LUCY. — O vous, chef princier de nos forces anglaises, vous ne fûtes jamais aussi nécessaire qu'aujourd'hui sur la terre de France! Marchez en toute hâte à la rescousse du noble Talbot qui est, à l'heure présente, entouré par une ceinture de fer, et cerné de tous côtés par une affreuse destruction. A Bordeaux, vaillant duc! à Bordeaux, York!

sinon, adieu à Talbot, à la France et à l'honneur de l'Angleterre!

York. — O Dieu! pourquoi Somerset, qui par orgueilleuse jalousie me retient ma cavalerie, n'est-il pas à la place de Talbot! nous sauverions ainsi un vaillant gentilhomme en perdant un traître et un lâche. Oh! je pleure de folle rage et de fureur, en voyant que nous périssons ainsi, tandis que des traîtres s'endorment en sécurité.

Lucy. — Oh! envoyez quelques secours au Lord en détresse!

York. — Il meurt, nous perdons la partie; je manque à ma parole de soldat : nous pleurons, mais la France sourit; nous perdons, mais chaque jour ils gagnent davantage; et tout cela est le fait de ce vil traître Somerset.

Lucy. — Alors Dieu fasse miséricorde à l'âme du brave Talbot et à celle de son jeune fils John que j'ai rencontré, il y a deux heures, faisant route pour rejoindre son vaillant père! Talbot n'avait pas vu son fils de ces sept dernières années, et maintenant ils se rencontrent lorsque leurs vies vont finir.

York. — Hélas! quelle joie aura le noble Talbot a souhaiter la bienvenue à son jeune fils au bord de sa tombe? Assez l'irritation me suffoque presque en pensant à ces parents séparés qui se rencontrent à l'heure de la mort. Adieu, Lucy : tout ce que ma fortune peut faire, c'est de maudire la cause qui m'empêche d'aider cet homme. Le Maine, Blois, Tours, Poitiers, nous sont enlevés, et tout cela par la faute de Somerset et de ses retards!. (*Il sort avec ses forces.*)

Lucy. — Ainsi, tandis que le vautour de la sédition se nourrit du cœur de ces puissants chefs, l'indolence endormie laisse perdre les conquêtes de notre héros à peine refroidi, de cet homme d'immortelle mémoire, Henri le cinquième. Tandis qu'ils se font obstacle les uns aux autres, existences, honneurs, possessions, courent à une ruine précipitée. (*Il sort.*)

SCÈNE IV.

Autres plaines en GASCOGNE.

Entre SOMERSET *avec ses forces.* UN OFFICIER *de Talbot est avec lui.*

Somerset. — Il est trop tard; je ne puis les envoyer maintenant : cette expédition a été trop témérairement entreprise par York et Talbot; toutes nos forces pourraient se trouver enveloppées par une sortie de la ville même qui est assiégée : l'intrépide Talbot a terni tout l'éclat de sa gloire précédente par cette aventure étourdie, désespérée, téméraire : c'est York qui l'a poussé à combattre, pour qu'il mourût dans la honte, et qu'une fois Talbot mort, le nom de grand pût revenir à York.

L'officier. — Voici Sir William Lucy, qui a quitté avec moi notre armée trop inégale en forces, pour venir demander des secours.

Entre Sir WILLIAM LUCY.

Somerset. — Eh bien, Sir William! qui vous a envoyé?

Lucy. — Qui, Milord? mais, Talbot le trahi et le trompé, Talbot qui, entouré par un danger écrasant, crie aux nobles York et Somerset de repousser de ses faibles légions les assauts de la mort. Tandis que l'honorable capitaine sue le sang de tous ses membres épuisés par la guerre, et retarde la ruine par les efforts de sa vaillance, afin de donner aux renforts le temps d'arriver, vous deux, en qui il a placé follement son espoir, vous deux à qui l'Angleterre a confié son honneur, vous vous tenez à l'écart, mus par une indigne rivalité. Ne permettez pas que vos discordes privées retiennent les recrues qui pourraient lui donner aide, tandis que lui, le noble et illustre gentilhomme, rend sa vie à un monde de mauvaises chances. Le bâtard d'Orléans, Charles, Bourgogne, Alençon, René, l'entourent de tous côtés, et Talbot périt faute de votre assistance.

Somerset. — York l'a poussé en avant, York aurait dû lui porter assistance.

Lucy. — Et York récrimine avec la même vivacité contre Votre Grâce, jurant que vous lui retenez le corps de cavalerie qui avait été levé pour cette expédition.

Somerset. — York ment; s'il avait envoyé, il aurait eu la cavalerie. Je lui dois peu de déférence, et encore moins d'amitié, et je rougirais de le flatter en envoyant un secours qu'il n'a pas sollicité.

Lucy. — C'est la fraude de l'Angleterre, et non la force de la France, qui a creusé la trappe où est tombé maintenant le noble Talbot; jamais il ne retournera vivant en Angleterre, mais il meurt ici trahi par votre discorde.

Somerset. — Allons, marchons, je vais dépêcher immédiatement les cavaliers; d'ici à six heures, ils lui porteront secours.

Lucy. — Trop tard vient le secours; il est pris ou tué : car le voulût-il, il ne pourrait fuir, et Talbot ne fuira jamais, quand même il le pourrait.

Somerset. — S'il est mort, eh bien, brave Talbot, adieu!

Lucy. — Sa gloire vit dans le monde, sa honte vit en vous. (*Ils sortent.*)

SCÈNE V.

Le camp anglais près de Bordeaux.

Entrent TALBOT, *et* JOHN TALBOT, *son fils.*

Talbot. — O jeune John Talbot, je t'avais envoyé chercher pour te dresser aux stratagèmes de la guerre, afin que le nom de Talbot pût revivre en toi, lorsque l'âge sans séve et la faiblesse de mes membres impuissants auraient condamné ton père à rester cloué sur son fauteuil. Mais, — ô malignes et funestes étoiles! — voici que tu tombes au milieu d'une fête de la mort, d'un danger terrible et inévitable : par conséquent, mon cher enfant, monte sur mon cheval le plus agile, et je vais t'enseigner comment tu peux échapper en faisant bonne diligence : allons, ne tarde pas, pars.

John Talbot. — Mon nom est Talbot, je suis votre fils, et je fuirais? Oh! si vous aimez ma mère, ne déshonorez pas son honorable nom en faisant de moi un bâtard et un esclave! Le monde dira : il n'était pas du sang de Talbot, celui qui bassement a fui, alors que restait le noble Talbot.

Talbot. — Fuis, afin de venger ma mort, si je suis tué.

John Talbot. — Celui qui fuirait ainsi ne reviendrait certes jamais.

Talbot. — Si nous restons tous deux, nous sommes tous deux sûrs de mourir.

John Talbot. — Alors laissez-moi rester; et vous, mon père, fuyez. Grande serait votre perte, grand doit donc être votre soin de vous-même; mon mérite est inconnu, et si je meurs, on ne se sentira d'aucune perte. Les Français tireront peu d'orgueil de ma mort; mais ils en tireront un grand de la vôtre; en vous perdant, nous perdons toutes nos espérances. Une fuite ne peut tacher l'honneur que vous avez gagné, mais elle tacherait le mien à moi qui n'ai encore accompli aucun exploit. Si vous fuyez, chacun jurera que c'est par tactique; moi, si je décampe, on dira que c'est par peur. Il n'y a pas à espérer que je tienne jamais ferme, si à la première heure de mes débuts je recule et je fuis. J'implore la mort ici, à genoux, plutôt que de garder la vie par une infamie.

Talbot. — Toutes les espérances de ta mère vont-elles donc se trouver couchées dans une tombe?

John Talbot. — Oui, plutôt que de faire insulte au ventre de ma mère.

Talbot. — Par ma bénédiction paternelle, je t'ordonne de marcher.

John Talbot. — Pour combattre, oui; mais non pas pour fuir l'ennemi.

Talbot. — Tu peux sauver en ta personne une partie de ton père.

John Talbot. — La partie que j'en sauverais serait un déshonneur pour moi.

Talbot. — Tu n'eus jamais de renommée et tu ne peux en perdre.

John Talbot. — Si, j'ai la renommée de votre nom; ma fuite va-t-elle l'insulter?

Talbot. — L'ordre de ton père te rendra pur de cette tache.

John Talbot. — Vous ne pourrez me servir de témoin, une fois que je serai mort; si la mort est tellement inévitable, alors fuyons tous deux.

Talbot. — Et je laisserais ici mes compagnons combattre et mourir? Ma vieillesse ne fut jamais souillée d'une telle honte.

John Talbot. — Et ma jeunesse serait coupable d'une action si blâmable? Je ne puis pas plus être séparé de vous que vous ne pouvez vous couper vous-même en deux : restez, partez, faites ce que vous voudrez; je ferai ce que vous ferez; car si mon père meurt, je ne vivrai pas.

Talbot. — Alors, je prends ici congé de toi, mon beau fils, né pour voir ta vie s'éclipser dans cette après-midi. Viens, nous vivrons et nous mourrons ensemble, et nos deux âmes fuiront ensemble de France au ciel. (*Ils sortent.*)

SCÈNE VI.

Un champ de bataille.

Alarmes. Combats. Le fils de Talbot *est enveloppé*, TALBOT *vient à son secours.*

Talbot. — Saint Georges et victoire! au combat, soldats, au combat! Le régent a faussé parole à Talbot, et nous a laissés à la rage des épées françaises. Où est John Talbot? — Repose-toi, et reprends haleine; c'est moi qui t'ai donné la vie, et c'est moi qui t'ai arraché à la mort.

John Talbot. — O toi qui es deux fois mon père, je suis

deux fois ton fils : la vie que tu m'avais donnée une première fois était perdue et finie, si ta vaillante épée n'était venue en dépit de la destinée donner un nouveau délai à ma fin inévitable.

Talbot. — Lorsque ton épée a fait jaillir le feu du cimier du Dauphin, le cœur de ton père s'est senti échauffé de l'orgueilleux désir de la victoire au front hautain. Alors ma vieillesse de plomb, revivifiée par une passion juvénile et une rage belliqueuse, a repoussé Alençon, Orléans, Bourgogne, et t'a délivré des menaces de l'orgueil de la Gaule. Ce colérique bâtard d'Orléans, qui t'a tiré du sang, mon garçon, et qui a eu la virginité de ton premier combat, je l'ai bien vite abordé, et après un échange de coups, j'ai fait jaillir quelques gouttes de son sang bâtard ; alors, pour l'humilier, je lui ai parlé ainsi : « Je fais couler ton sang souillé, bas, illégitime, faible et misérable compensation pour ce sang pur de mes veines que tu as tiré à Talbot, mon brave enfant. » A ce moment je me proposais de détruire le bâtard, lorsqu'un puissant secours lui arriva. Parle, sollicitude de ton père ; n'es-tu pas fatigué, John ? Comment te trouves-tu ? Ne veux-tu pas consentir à laisser le combat et à fuir, maintenant que tu es un des fils de la chevalerie ? Fuis, afin de venger ma mort quand je ne serai plus ; le secours d'un bras de plus ou de moins ne peut guère me sauver. Oh c'est une trop grande folie, je le reconnais bien, de hasarder toutes nos existences dans un seul petit bateau ! Si je ne meurs pas aujourd'hui de la rage des Français, je mourrai demain d'extrême vieillesse. Ils ne gagnent rien, en me tuant, si je reste ; ils ne font que raccourcir ma vie d'un jour : mais avec toi, ta mère meurt, ainsi que l'honneur de notre maison, la vengeance de ma mort, ta jeunesse et le renom de l'Angleterre : voilà ce que nous hasardons, et bien plus encore, si tu restes ; mais si tu fuis, tout cela est sauvé.

John Talbot. — L'épée d'Orléans ne m'a pas causé de souffrance, mais vos paroles font jaillir le sang vital de mon cœur : avant que le jeune Talbot fuie des côtés du vieux Talbot pour acheter cet avantage, le salut d'une vie misérable, par une telle honte, le meurtre d'une brillante renommée, que le lâche cheval qui me porte tombe et meure! et que je sois égalé aux enfants des paysans de France pour être un modèle de honte et un objet d'opprobre! Par toute la gloire que vous avez conquise, si je fuis, je ne suis pas le fils de Talbot : ne me parlez donc plus de fuir, cela ne sert à rien ; si je suis le fils de Talbot, je dois mourir aux pieds de Talbot.

TALBOT. — Eh bien alors, Icare que tu es, suis ton désespéré Crétois de père[3]; ta vie m'est chère : puisque tu veux combattre, combats aux côtés de ton père, et mourons fièrement après avoir bien montré qui nous sommes. (*Ils sortent.*)

SCÈNE VII.

Une autre partie du champ de bataille.

Alarme. Excursions. Entre TALBOT *blessé, soutenu par* UN SERVITEUR.

TALBOT. — Où est mon autre vie? la mienne à moi est éteinte. O, où est le jeune Talbot? où est mon vaillant John? O mort triomphante, bien que tu m'aies imposé la flétrissure de ta captivité, la valeur du jeune Talbot me force à te sourire! Lorsqu'il m'a vu reculer et tomber à genoux, il a brandi au-dessus de moi son épée sanglante, et, pareil à un lion affamé, il a commencé à donner des marques de terrible colère et de farouche impatience ; mais lorsque mon défenseur courroucé s'est vu seul, n'assistant que ma ruine, n'ayant affaire à nul assaillant, alors les yeux étincelants de fureur et le cœur plein de rage, il s'est arraché subitement à mes côtés et s'est rué au plus épais des bataillons français : c'est dans cette mer de sang que mon enfant a noyé son âme sublime ; c'est là que dans tout l'orgueil de sa jeunesse est mort mon Icare, ma fleur [4].

LE SERVITEUR. — O mon cher Seigneur! voyez, voici qu'on porte votre fils.

Entrent des SOLDATS *portant le corps de* JOHN TALBOT.

TALBOT. — O toi, mort grotesque qui nous insultes ici de ton rire, deux Talbots enchaînés l'un à l'autre par des liens éternels, fuyant ton outrageante tyrannie, prendront tout à l'heure leur vol dans le ciel libre, et en dépit de toi échapperont au néant. O toi dont les blessures embellissent la mort aux traits hideux, parle à ton père avant de rendre le souffle ! Brave le trépas en me parlant, qu'il le veuille ou non; imagine que c'est un Français et ton ennemi. Pauvre enfant! il sourit, me semble-t-il, comme s'il voulait dire : si le trépas avait été français, le trépas serait mort aujourd'hui. Avancez, avancez, et déposez-le dans les bras de son père; mon âme ne peut plus longtemps supporter ces douleurs. Soldats, adieu : j'ai ce que j'aurais souhaité; maintenant mes vieux bras sont la tombe du jeune John Talbot. (*Il meurt.*)

Alarmes. Sortent LES SOLDATS *et* LE SERVITEUR *laissant les deux corps. Entrent* CHARLES, LE DUC DE BOURGOGNE, LE DUC D'ALENÇON, LE BÂTARD D'ORLÉANS, LA PUCELLE *et leurs troupes.*

CHARLES. — Si York et Somerset avaient amené des renforts, cette journée aurait pu nous coûter cher.

LE BÂTARD D'ORLÉANS. — Avec quelle rage furieuse le jeune louveteau de Talbot faisait faire dans le sang français ses débuts à son épée d'enfant !

LA PUCELLE. — Une fois je l'ai rencontré, et je lui ai dit : « O toi, jeune homme vierge, sois vaincu par une vierge : » mais lui, avec un mépris hautain et un orgueil majestueux, il m'a répondu : « Le jeune Talbot n'est pas né pour être le trophée d'une coureuse : » et alors, se précipitant au plus épais des rangs français, il m'a laissée fièrement, comme indigne d'être combattue.

LE DUC DE BOURGOGNE. — Il eût fait incontestablement

un noble chevalier : voyez comme il est enseveli dans les bras du très-cruel auteur de sa mort !

Le Bâtard d'Orléans. — Coupez-les en pièces ! hachez les os de ceux qui vivants étaient la gloire de l'Angleterre et la terreur de la France !

Charles. — Oh non ! je le défends ! n'outrageons pas mort celui que nous avons fui vivant.

Entre Sir WILLIAM LUCY *avec une escorte;*
un héraut français *le précède*.

Lucy. — Héraut, conduis-moi à la tente du Dauphin pour savoir à qui doit appartenir la gloire de cette journée.

Charles. — Quel message de soumission es-tu chargé de nous apporter?

Lucy. — La soumission, Dauphin ! c'est un pur mot français; nous, guerriers anglais, nous ignorons ce qu'il veut dire. Je viens pour savoir quels prisonniers tu as faits, et pour reconnaître les corps des morts.

Charles. — Ce sont des prisonniers que tu me demandes? c'est l'enfer qui est notre prison. Mais dis-moi, qui cherches-tu ?

Lucy. — Où est le grand Alcide des champs de bataille, le vaillant Lord Talbot, comte de Shrewsbury, créé pour ses rares succès dans les armes grand comte de Washford[5], de Waterford et de Valence, Lord Talbot de Goodrig et Urchinfield, Lord Strange de Blackmere, Lord Verdun d'Alton, Lord Cromwell de Wingfield, Lord Furnival de Sheffield, le trois fois victorieux Lord de Faulconbridge, chevalier du noble ordre de Saint-Georges, l'égal des ordres de Saint-Michel et de la Toison d'or, grand maréchal de Henri VI pendant toutes ses guerres dans le royaume de France?

La Pucelle. — Voilà ma foi un style bien sottement emphatique ! Le grand Turc, qui possède cinquante-deux royaumes, n'écrit pas d'un style aussi ennuyeux que celui-là. Celui que tu glorifies de tous ces titres, gît là à nos pieds, puant et piqué des mouches.

Lucy. — Est-il tué ce Talbot, qui était par excellence le fléau de la France, la terreur et la noire Némésis de votre royaume? Oh! si mes yeux pouvaient se changer en boulets, comme je vous les bombarderais de rage au visage! Oh! si je pouvais rappeler seulement ces morts à la vie! ce serait assez pour effrayer le royaume de France. Si son portrait restait seulement parmi vous, il suffirait pour épouvanter le plus fier de vous tous. Donnez-moi leurs corps, afin que je puisse les emporter, et leur donner la sépulture qui convient à leur dignité.

La Pucelle. — Je crois que ce gueux est le spectre du vieux Talbot, tant il parle avec une âme fière et impérieuse. Au nom de Dieu, donnez-lui les corps; les garder ici ne servirait qu'à nous empuantir et à corrompre l'air.

Charles. — Allez, emportez leurs corps.

Lucy. — Je vais les emporter; mais de leurs cendres sortira un phénix qui fera trembler toute la France.

Charles. — Pourvu que nous en soyons débarrassés, fais-en ce que tu voudras. Et maintenant, à Paris, pendant que nous sommes dans cette veine de victoire. Tout sera nôtre, maintenant que le sanguinaire Talbot est tué.

(*Ils sortent.*)

ACTE V.

SCÈNE PREMIÈRE.

Londres. — Un appartement dans le palais.

Entrent LE ROI HENRI, GLOCESTER *et* EXETER.

Le roi Henri. — Avez-vous parcouru les lettres du pape, de l'empereur, et du comte d'Armagnac?

Glocester. — Oui, Monseigneur, et leur teneur consiste à prier humblement Votre Excellence de conclure une heureuse paix entre les royaumes de France et d'Angleterre.

Le roi Henri. — Et dans quelle mesure Votre Grâce approuve-t-elle leur proposition?

Glocester. — Je l'approuve tout à fait, mon bon Seigneur, et je la regarde comme l'unique moyen d'arrêter l'effusion du sang chrétien et d'établir le bon accord des deux côtés.

Le roi Henri. — Je suis exactement de votre avis, mon oncle, car j'ai toujours pensé qu'il était impie et contre nature, que des luttes aussi barbares et aussi sanglantes régnassent entre les croyants d'une même foi.

Glocester. — En outre, Monseigneur, pour former plus rapidement et pour resserrer plus solidement ce nœud d'amitié, le comte d'Armagnac, proche parent de Charles, homme de grande autorité en France, offre à Votre Grâce sa fille unique en mariage, avec un douaire considérable et somptueux.

Le roi Henri. — Un mariage ! Hélas, mon oncle, je suis bien jeune encore ! je suis mieux fait pour mes études et mes livres que pour badiner amoureusement avec une fiancée. Cependant, faites entrer les ambassadeurs, et rendez à chacun la réponse qui vous plaira : je serai content de tout choix qui tendra à la gloire de Dieu et au bien de ma patrie.

Entrent un LÉGAT *et deux* AMBASSADEURS *avec* L'ÉVÊQUE DE WINCHESTER, *maintenant* CARDINAL BEAUFORT, *revêtu du costume de sa dignité.*

Exeter, *à part.* — Quoi ! voilà Milord de Winchester appelé au cardinalat et installé dans sa dignité ! Je vois bien alors qu'elle sera vérifiée cette prophétie que faisait quelquefois Henri V : « S'il arrive une fois à être cardinal, il fera de son chapeau l'égal de la couronne. »

Le roi Henri. — Messeigneurs les ambassadeurs, vos diverses propositions ont été examinées et discutées. Elles sont justes et raisonnables, et en conséquence nous sommes fermement résolu à rédiger les conditions d'une paix honorable, lesquelles vous seront sans délai portées en France par Milord de Winchester.

Glocester. — Et pour ce qui est de l'offre de Monseigneur votre maître, j'en ai si amplement entretenu Son Altesse, que goûtant fort les vertueuses qualités de la Dame, sa beauté, et la valeur de son douaire, il se propose de la faire reine d'Angleterre.

Le roi Henri, *à l'ambassadeur.* — Et comme preuve et assurance de mon agrément, portez-lui ce joyau, gage de mon affection. — Là-dessus, Milord protecteur, voyez à les faire escorter et conduire en sécurité jusqu'à Douvres, où ils s'embarqueront, et où vous les remettrez à la fortune de la mer. (*Sortent le roi Henri, Glocester, Exeter et les ambassadeurs.*)

Le cardinal Beaufort. — Arrêtez, Monseigneur le légat ; vous devez d'abord recevoir la somme d'argent que j'ai promis de faire remettre à Sa Sainteté pour m'avoir revêtu de ce grave costume.

LE LÉGAT. — J'attendrai le loisir de Votre Seigneurie. (*Il sort.*)

LE CARDINAL BEAUFORT. — J'espère maintenant que Winchester n'aura plus à se soumettre et ne sera plus inférieur au plus orgueilleux des pairs. Humphroy de Glocester, tu verras bien que l'évêque ne te cède ni en naissance, ni en autorité : je te ferai courber et plier le genou, ou j'abîmerai ce pays dans une révolte. (*Il sort.*)

SCÈNE II.

EN FRANCE. — Des plaines en ANJOU.

Entrent CHARLES, LE DUC DE BOURGOGNE, LE DUC D'ALENÇON, LA PUCELLE *et leurs forces en marche.*

CHARLES. — Ces nouvelles, Messeigneurs, sont bien faites pour relever nos courages abattus. On dit que les fiers Parisiens se révoltent et tournent du côté des belliqueux Français.

LE DUC D'ALENÇON. — En ce cas, marchez droit sur Paris, royal Charles de France, et ne laissez pas vos troupes traîner derrière vous à ne rien faire.

LA PUCELLE. — La paix soit avec eux, s'ils viennent à nous ; sinon, que la ruine renverse leurs palais !

Entre un MESSAGER.

LE MESSAGER. — Succès à notre vaillant général, et bonheur à ses alliés !

CHARLES. — Quelles nouvelles envoient nos éclaireurs ? Parle, je t'en prie.

LE MESSAGER. — L'armée anglaise qui était divisée en deux corps, est maintenant réunie en un seul, et se propose de vous présenter immédiatement la bataille.

CHARLES. — Cet avertissement, Messeigneurs, nous arrive un peu trop soudainement ; mais nous allons prendre immédiatement nos mesures contre eux.

Le duc de Bourgogne. — Le fantôme de Talbot n'est pas avec eux, j'espère; maintenant qu'il n'est plus, Monseigneur, vous n'avez rien à craindre.

La Pucelle. — De toutes les basses passions, la crainte est la plus maudite : commande à la victoire, Charles, et elle t'obéira ; que Henri en trépigne, et que tout l'univers en pleure !

Charles. — Eh bien donc, en avant, Messeigneurs, et bonheur à la France ! (*Ils sortent.*)

SCÈNE III.

Fᴀɴᴄᴇ. — Devant Aɴɢᴇʀs.

Alarmes. Combats. Entre LA PUCELLE.

La Pucelle. — Le régent triomphe et les Français fuient. Maintenant venez à mon aide, sortiléges et amulettes[1]; et vous, esprits puissants qui m'avertissez et me donnez les signes des futurs événements (*tonnerre*), vous, auxiliaires agiles qui êtes les lieutenants du souverain monarque du Nord[2], apparaissez et aidez-moi dans cette entreprise !

Entrent ᴅᴇs ᴅÉᴍᴏɴs.

Cette prompte et vive apparition est une preuve nouvelle de la diligence avec laquelle vous êtes habitués à m'obéir. Esprits familiers, qui êtes choisis d'entre les puissantes légions souterraines, secourez-moi encore aujourd'hui afin que la France obtienne la victoire. (*Les démons marchent à travers la scène sans parler.*) Oh ! ne me laissez pas dans ce silence trop prolongé ! j'avais coutume de vous nourrir de mon sang, mais aujourd'hui je couperai un de mes membres et je vous le donnerai comme récompense d'un nouveau bienfait; ainsi consentez à venir maintenant à mon aide. (*Ils baissent la tête.*) Pas d'espérance d'obtenir secours? Mon corps sera votre salaire, si vous voulez m'accorder ma demande. (*Ils se-*

couent la tête.) Mon corps et le sacrifice de mon sang ne peuvent-ils obtenir de vous le secours que vous m'accordiez d'ordinaire? eh bien alors, prenez mon âme, — prenez mon corps, mon âme, et tout, avant que l'Angleterre inflige la défaite aux Français. (*Ils partent.*) Voyez, ils m'abandonnent! Maintenant, le temps est venu où la France doit abaisser son cimier à l'aigrette élevée, et laisser tomber sa tête dans le sein de l'Angleterre. Mes anciennes incantations sont trop faibles, et l'enfer est trop puissant pour que je puisse me mesurer avec lui. Maintenant, France, ta gloire tombe en poudre. (*Elle sort.*)

Alarme. Entrent en combattant Anglais et Français. LA PUCELLE *et* YORK *combattent ensemble.* LA PUCELLE *est prise. Les Français fuient.*

YORK. — Je crois que je vous tiens bien cette fois, Damoiselle de France. Déchaînez maintenant vos esprits par vos sortiléges, et essayez un peu de voir s'ils pourront vous remettre en liberté. Voilà une précieuse prise et faite pour plaire au diable! Voyez, la hideuse sorcière fronce ses sourcils, comme si, pareille à Circé, elle voulait me métamorphoser!

LA PUCELLE. — Tu ne peux être changé en une pire forme que la tienne.

YORK. — Oh! le Dauphin Charles est un bel homme; sa personne seule peut plaire à votre œil difficile.

LA PUCELLE. — Que la malédiction tombe sur Charles et sur toi! et puissiez-vous être tous deux surpris à l'improviste par des mains meurtrières, lorsque vous dormirez dans vos lits!

YORK. — Féroce sorcière, à la bouche chargée de malédictions, enchanteresse, retiens ta langue!

LA PUCELLE. — Je t'en prie, donne-moi permission de maudire un instant.

YORK. — Maudis, mécréante, lorsque tu marcheras au bûcher. (*Ils sortent.*)

Alarme. Entre SUFFOLK *conduisant*
MARGUERITE.

SUFFOLK. — Qui que tu sois, tu es ma prisonnière. (*Il la regarde.*) O beauté incomparable, ne crains point et ne t'enfuis pas! car je ne te toucherai qu'avec des mains respectueuses : j'embrasse mes doigts en signe d'éternelle paix, et je les pose doucement sur ta jeune taille. Qui es-tu? dis-le-moi, afin que je puisse t'honorer.

MARGUERITE. — Marguerite est mon nom, et je suis la fille d'un roi, le roi de Naples, quelque personnage que tu sois.

SUFFOLK. — Je suis un comte, et on m'appelle Suffolk. Ne sois pas chagrine, miracle de la nature, que ton lot t'ait fait tomber entre mes mains : c'est ainsi que le cygne, pour sauver ses petits au tendre duvet, les tient prisonniers sous ses ailes. Pourtant, si cette captivité t'offense, pars et sois libre, comme amie de Suffolk. (*Elle se détourne et s'apprête à partir.*) Oh, arrête! Je n'ai pas la force de la laisser partir : ma main voudrait la délivrer, mais mon cœur me dit non. Aussi splendide m'apparaît cette beauté qu'est splendide le soleil, lorsque jouant sur l'onde argentée, il y fait étinceler une image de lui-même. Je voudrais bien la courtiser; mais je n'ose pas lui parler : je vais faire demander une plume et de l'encre, et lui écrire mes sentiments. Fi, de La Poole! ne te déapprécie pas toi-même. N'as-tu pas de langue? N'est-elle pas ta prisonnière? Vas-tu être abattu par l'aspect d'une femme? Oui, la majesté de la beauté princière est telle, qu'elle confond la langue et frappe les sens de paralysie.

MARGUERITE. — Dis-moi, comte de Suffolk, puisque c'est là ton nom, quelle rançon dois-je payer avant de partir? Car je m'aperçois que je suis ta prisonnière.

SUFFOLK, *à part*. — Comment peux-tu dire qu'elle rejettera ta requête, avant d'avoir fait l'épreuve de son amour?

MARGUERITE. — Pourquoi ne parles-tu pas? Quelle rançon dois-je payer?

SUFFOLK, *à part.* — Elle est belle, et par conséquent faite pour être courtisée : elle est femme, et par conséquent capable d'être conquise.

MARGUERITE. — Veux-tu accepter rançon, oui ou non ?

SUFFOLK, *à part.* — Insensé ! rappelle-toi que tu as une femme ; et alors comment Marguerite peut-elle être ton amante ?

MARGUERITE. — Je ferais mieux de le laisser, car il n'entendra pas.

SUFFOLK, *à part.* — Tout est détruit par là ; voilà la mauvaise carte.

MARGUERITE. — Il parle au hasard ; à coup sûr l'homme est fou.

SUFFOLK, *à part.* — Et cependant on peut obtenir une dispense.

MARGUERITE. — Et cependant je voudrais bien que tu me répondisses.

SUFFOLK, *à part.* — Je conquerrai cette Dame Marguerite. Mais pour qui ? Eh parbleu ! pour mon roi. Bah ! c'est là un projet de carton.

MARGUERITE, *qui l'a entendu.* — Il parle de carton ; c'est quelque tapissier[3].

SUFFOLK, *à part.* — Cependant, par ce moyen, ma passion pourrait être satisfaite en même temps que la paix établie entre ces royaumes. Mais il reste encore une difficulté ; car bien que son père soit roi de Naples, et duc d'Anjou et du Maine, il est cependant pauvre, et notre noblesse aura cette alliance en mépris.

MARGUERITE. — M'entendez-vous, capitaine ? N'avez-vous pas le loisir de m'écouter ?

SUFFOLK, *à part.* — Qu'ils l'aient en mépris tant qu'ils voudront, ce mariage se fera. Henri est jeune, et cédera aisément. — Madame, j'ai un secret à vous révéler.

MARGUERITE, *à part.* — Qu'importe que je sois prisonnière ? Il a l'air d'un chevalier, et il ne voudra en aucune façon me déshonorer.

SUFFOLK. — Madame, veuillez écouter ce que j'ai à dire.

MARGUERITE, *à part.* — Peut-être serai-je délivrée par

les Français, et alors je n'ai pas besoin de solliciter sa courtoisie.

Suffolk. — Douce Madame, veuillez m'écouter pour certaine raison....

Marguerite, *à part*. — Bah! d'autres femmes ont été prisonnières avant moi.

Suffolk. — Madame, pourquoi parlez-vous ainsi?

Marguerite. — Je vous demande pardon, ce n'est qu'un *quid* pour un *quo*.

Suffolk. — Dites-moi, charmante princesse, ne trouveriez-vous pas que votre captivité est une chance heureuse, si elle vous rendait reine?

Marguerite. — Être une reine dans l'esclavage est une condition plus vile que d'être esclave dans la plus basse servitude; car les princes doivent être libres.

Suffolk. — Et libre serez-vous aussi, si le souverain roi de l'heureuse Angleterre est libre.

Marguerite. — Comment! que me fait sa liberté?

Suffolk. — J'entreprendrai de te faire la reine de Henri, de placer dans ta main un sceptre d'or, de poser sur ta tête une précieuse couronne, si tu veux condescendre à être ma....

Marguerite. — Quoi?

Suffolk. — *Sa* bien-aimée.

Marguerite. — Je suis indigne d'être l'épouse de Henri.

Suffolk. — Non, charmante Madame; c'est moi qui suis indigne de prier une si belle Dame d'être sa femme, sans avoir moi-même aucune part dans ce choix. Qu'en dites-vous, Madame, cela vous plaît-il?

Marguerite. — Si cela plaît à mon père, j'y consens.

Suffolk. — Alors faites avancer nos capitaines et nos drapeaux! nous allons sonner un pourparler sous les murs du château de votre père, afin de conférer avec lui, Madame. (*Les troupes s'avancent. On sonne un pourparler.*)

ACTE V, SCÈNE III.

RENÉ D'ANJOU *paraît sur les remparts.*

Suffolk. — Vois, René, vois, ta fille est prisonnière !
René d'Anjou. — De qui ?
Suffolk. — De moi.
René d'Anjou. — Suffolk, quel remède ? Je suis un soldat, incapable de pleurer ou de m'exclamer sur l'inconstance de la fortune.
Suffolk. — Oui il y a un remède fort efficace, Monseigneur. Consens (et consens-y pour ta gloire), à donner en mariage à mon roi, ta fille que j'ai décidée et convaincue avec peine, et cette captivité si douce aura valu à ta fille une liberté princière.
René d'Anjou. — Est-ce que Suffolk parle comme il pense ?
Suffolk. — La belle Marguerite sait que Suffolk ne flatte, ne feint, ni ne ment.
René d'Anjou. — Sur ta garantie seigneuriale, je descends pour donner réponse à ton équitable demande.
Suffolk. — Et je vais attendre ici ton arrivée.

Les trompettes sonnent. RENÉ *paraît au pied des remparts.*

René d'Anjou. — Soyez le bienvenu sur nos territoires, brave comte. Que Votre Honneur commande en Anjou comme il lui plaira.
Suffolk. — Merci, René, béni par une si charmante fille faite pour être la compagne d'un roi ! Quelle réponse fait Votre Grâce à ma requête ?
René d'Anjou. — Puisque tu daignes solliciter sa peu digne personne pour en faire la fiancée royale d'un tel Seigneur, ma fille sera à Henri, s'il la veut, sous cette condition que je posséderai tranquillement mon bien, les comtés d'Anjou et du Maine, sans avoir à redouter l'oppression ou les coups de la guerre.
Suffolk. — Voilà sa rançon. Je la délivre, et je me charge de faire que Votre Grâce jouisse tranquillement de ces deux comtés.

René d'Anjou. — Et moi, au nom royal de Henri, je te donne sa main, comme au lieutenant de ce roi gracieux, en signe de la foi jurée.

Suffolk. — René de France, je te rends de royaux remercîments, car c'est une affaire pour le compte d'un roi : (à part) et cependant, il me semble que je serais très-content d'être dans ce cas-ci mon propre avocat. (A René) Je vais partir pour l'Angleterre avec ces nouvelles, et faire préparer les solennités de ce mariage. Là-dessus, adieu, René ; mets ce diamant en sûreté, dans des palais d'or, comme il lui convient.

René d'Anjou. — Je t'embrasse, comme j'embrasserais ce prince chrétien, le roi Henri, s'il était ici.

Marguerite. — Adieu, Milord : Suffolk aura toujours de Marguerite, ses bons vœux, ses louanges et ses prières. (Elle fait un mouvement pour partir.)

Suffolk. — Adieu, douce Madame : mais écoutez, Marguerite, n'avez-vous pas de compliments princiers à faire transmettre à mon roi ?

Marguerite. — Dites-lui que je lui présente les compliments qui conviennent à une jeune fille, à une vierge, et à sa servante.

Suffolk. — Douces paroles, d'un gentil à-propos, et pleines de mesure et de modestie. Mais, Madame, il me faut vous importuner encore. N'avez-vous pas de cadeau d'amour pour Sa Majesté ?

Marguerite. — Oui, mon bon Lord, j'envoie au roi un cœur pur et sans tache que n'a encore souillé aucun amour.

Suffolk. — Et ceci en outre. (Il l'embrasse.)

Marguerite. — Garde cela pour toi-même ; je n'oserais pas envoyer à un roi de si misérables cadeaux. (Sortent René et Marguerite.)

Suffolk. — Oh ! que n'es-tu pour moi-même ! Mais arrête, Suffolk ; tu ne dois pas t'égarer dans ce labyrinthe ; là rôdent les Minotaures [1] et les vilaines trahisons. Pique Henri par les louanges que tu feras de cette merveille ; grave dans ta pensée ses vertus supérieures, et ces grâces naturelles qui éteignent l'art ; évoque souvent leur image sur mer, afin que lorsque tu viendras t'agenouiller aux pieds de Henri, tu puisses le priver de sa raison à force de l'étonner. (*Il sort.*)

SCÈNE IV.

Le camp du DUC D'YORK en ANJOU.

Entrent YORK, WARWICK *et autres*.

YORK. — Faites avancer cette sorcière condamnée à être brûlée.

Entrent LA PUCELLE *sous garde ;*
et UN BERGER.

LE BERGER. — Ah! Jeanne, cela fend de part en part le cœur de ton père! Ai-je donc au loin et au près fouillé toutes les campagnes, et maintenant que j'ai eu la chance de te découvrir, me faut-il contempler ta mort cruelle et prématurée? Ah! Jeanne, ma douce fille Jeanne, je mourrai avec toi!

LA PUCELLE. — Gueux décrépit! bas et ignoble malheureux! je suis descendue d'un sang plus noble; tu n'es ni mon père, ni aucun de mes parents.

LE BERGER. — Allons, allons donc! Messeigneurs, ne vous en déplaise, il n'en est pas ainsi. Je l'ai engendrée, toute la paroisse le sait. Sa mère vit encore, et peut témoigner qu'elle fut le premier fruit de ma jeunesse.

WARWICK. — Fille sans honneur! oses-tu nier ta parenté?

YORK. — Cela montre bien le genre de vie misérable et vile qu'elle a mené, et sa mort en est la conclusion naturelle.

LE BERGER. — Fi, Jeanne! peux-tu être si obstinée! Dieu sait que tu es de ma chair, et que pour toi j'ai versé bien des larmes. Ne me renie pas, je t'en prie, ma gentille Jeanne.

La Pucelle. — A bas, paysan! — Vous avez suborné cet homme exprès pour ternir l'éclat de ma noble naissance.

Le berger. — C'est vrai; je donnai un noble au prêtre, le matin du jour où je me mariai à sa mère. — Agenouille-toi et reçois ma bénédiction, ma bonne fille. Ne veux-tu pas t'incliner? Eh bien, maudite soit l'heure de ta nativité! Je voudrais que le lait que te donna ta mère, lorsque tu suçais son sein, eût été pour toi du poison! ou bien je voudrais qu'un loup affamé t'eût mangée, lorsque tu gardais mes moutons dans les champs! Oses-tu renier ton père, maudite coureuse? Oh brûlez-la, brûlez-la! la pendaison est trop bonne pour elle. (*Il sort.*)

York. — Emmenez-la; car elle n'a vécu que trop longtemps pour infecter le monde de ses vices.

La Pucelle. — Laissez-moi vous dire auparavant qui vous avez condamné. Je n'ai pas été engendrée par un paysan, mais je suis sortie de la race des rois; vertueuse et sainte, je fus choisie d'en haut, pour accomplir d'étonnants miracles sur la terre par inspiration de la grâce céleste. Je n'eus jamais affaire à des esprits maudits; mais vous qui êtes souillés par vos péchés, tachés du sang pur des innocents, corrompus et salis de mille vices, parce que vous manquez de la grâce que d'autres possèdent, vous jugez que c'est une chose impossible que d'accomplir des miracles sans le secours des démons. Non, Jeanne d'Arc, la mal jugée, a été une vierge dès sa tendre enfance, chaste et immaculée dans toutes ses pensées, et son sang virginal si cruellement répandu par vous criera vengeance aux portes du ciel [5].

York. — Certes, certes; emmenez-la, procédez à son exécution!

Warwick. — Et écoutez, Messieurs; comme c'est une vierge, n'épargnez pas les fagots, mettez-en beaucoup : placez des barils de poix sous le fatal bûcher, afin que ses tortures puissent être abrégées.

La Pucelle. — Rien ne peut-il attendrir vos cœurs sans pitié? Eh bien, Jeanne, dévoile alors ton état que la

ACTE V, SCÈNE IV.

loi garantit d'un privilége. Je suis enceinte, sanguinaires homicides : si vous voulez me traîner à une mort violente, n'assassinez pas au moins le fruit de mes entrailles.

York. — Le ciel le défende! la sainte Pucelle enceinte!

Warwick. — C'est le plus grand miracle que vous ayez jamais fait. Est-ce là que sont venus aboutir tous vos scrupules de vertu?

York. — Elle et le Dauphin ont joué ensemble : je me doutais que ce serait sa dernière ressource.

Warwick. — Bon, allez; nous ne voulons pas laisser vivre de bâtards; surtout si Charles doit en être le père.

La Pucelle. — Vous vous trompez; mon enfant n'est en rien de son fait; c'est Alençon qui a joui de mon amour.

York. — Alençon, ce notoire Machiavel[6]! ton bâtard mourra quand il serait mille fois vivant.

La Pucelle. — Oh! excusez-moi, je vous ai trompés; ce ne furent ni Charles, ni le duc que j'ai nommé, ce fut René, roi de Naples, qui triompha de moi.

Warwick. — Un homme marié! cela n'en est que plus intolérable.

York. — Eh bien, voilà une fille! je suppose qu'elle est un peu dans l'embarras; elle en a eu tant qu'elle ne sait lequel elle doit accuser.

Warwick. — C'est une preuve qu'elle a été libérale et facile.

York. — Et cependant c'est une vierge pure. Prostituée, tes paroles te condamnent toi et ton marmot; ne supplie pas, car ce serait vain.

La Pucelle. — En ce cas, emmenez-moi d'ici, en votre compagnie, vous à qui je laisse ma malédiction : puisse le glorieux soleil ne jamais refléter ses rayons dans le pays qui est votre séjour! mais que les ténèbres et les ombres épaisses de la mort vous environnent jusqu'à ce que le malheur et le désespoir vous poussent à briser vos cous ou à vous pendre! (*Elle sort sous garde.*)

York. — Va te briser en pièces et te consumer en cendres, infâme et maudite servante de l'enfer!

Entre LE CARDINAL BEAUFORT *avec sa suite.*

LE CARDINAL BEAUFORT. — Lord régent, j'aborde Votre Excellence avec des lettres de commission du roi; car sachez, Milords, que les États de la chrétienté, émus de pitié par ces guerres meurtrières, ont imploré avec insistance une paix générale entre notre nation et les Français vainqueurs; le Dauphin est ici tout proche avec sa suite et vient pour conférer de cette affaire.

YORK. — Quoi! tous nos travaux vont aboutir à cette conclusion! Après que tant de pairs, de capitaines, de gentilshommes et de soldats, ont été consumés par cette guerre, et ont vendu leur corps au profit de leur pays, nous allons conclure une paix efféminée? N'avons-nous pas perdu par trahison, défection et fourberie, la plus grande partie des villes que nos grands ancêtres avaient conquises? O Warwick, Warwick! je prévois avec douleur la perte finale de tout le royaume de France.

WARWICK. — Prends patience, York : si nous concluons une paix, les conventions en seront si strictes et si sévères que les Français y gagneront peu.

Entrent CHARLES *avec sa suite*, LE DUC D'ALENÇON, LE BATARD D'ORLÉANS, RENÉ D'ANJOU *et autres.*

CHARLES. — Lords d'Angleterre, puisqu'il est arrêté qu'une trêve de paix doit être proclamée en France, nous venons pour apprendre de vous-mêmes quelles doivent être les conditions de ce traité.

YORK. — Parlez, Winchester, car ma colère bouillante arrête ma voix emprisonnée dans le canal de mon gosier, à la vue de ces hommes, nos ennemis invétérés.

LE CARDINAL BEAUFORT. — Charles et vous tous, voici ce qui est arrêté: par pure compassion et bonté d'âme, le roi Henri consent à délivrer votre pays des calamités de la guerre, et vous permet de jouir des fruits de la paix; mais en retour vous vous montrerez de fidèles sujets envers sa couronne, et toi Charles, à condition que tu jureras de lui payer tribut et de te soumettre, tu exerceras sous lui les fonctions de vice-roi et tu conserveras ta dignité royale.

Le duc d'Alençon. — Ne doit-il donc alors être que l'ombre de lui-même ? lui faudra-t-il, en même temps qu'il ceindra ses tempes d'une couronne, ne conserver cependant en réalité et en autorité que les priviléges d'un simple particulier ? Cette proposition est absurde et déraisonnable.

Charles. — Il est bien connu que je possède déjà plus de la moitié des territoires français et que j'y suis respecté comme le roi légitime. Irai-je pour l'appât de ce qui n'est pas encore conquis, diminuer cette prérogative pour n'être appelé que le vice-roi du tout ? Non, Lord ambassadeur, j'aime mieux garder ce que j'ai que de risquer de tout perdre pour avoir désiré davantage.

York. — Insolent Charles ! Comment ! par des moyens secrets tu fais solliciter la paix, et lorsqu'il faut traiter de l'affaire, tu refuses en comparant ce que tu as à ce qu'on t'offre ? Ou bien accepte de tenir ce titre que tu usurpes comme un bienfait octroyé par notre roi et non comme un droit qui t'appartient légitimement, ou bien nous te ruinerons par d'incessantes guerres.

René, à part, à Charles. — Monseigneur, vous avez tort de vous obstiner à empêcher par vos chicanes ce traité de se conclure : si on laisse perdre cette occasion, je gage dix contre un que nous n'en trouverons pas une pareille.

Alençon, à part, à Charles. — Pour dire la vérité, il est de votre politique de sauver vos sujets de ces massacres et de ces exterminations atroces que chaque jour verra, si nous continuons les hostilités : acceptez donc les conditions de cette trêve que vous briserez lorsque votre intérêt le demandera.

Warwick. — Que réponds-tu, Charles ? acceptes-tu nos conditions ?

Charles. — Je les accepte avec cette seule condition

que vous ne réclamerez aucun privilége sur aucune de nos villes de garnison.

York. — Alors jure allégeance à Sa Majesté; jure sur ta foi de chevalier que ni toi, ni tes nobles, vous ne serez ni désobéissants, ni rebelles envers la couronne d'Angleterre. (*Charles et les autres donnent les signes de féauté.*) Maintenant licenciez votre armée quand il vous plaira; repliez vos drapeaux, faites taire vos tambours, car nous célébrons ici une paix solennelle. (*Ils sortent.*)

SCÈNE V.

Londres. — Un appartement dans le palais.

Entre LE ROI HENRI *en conférence avec* SUFFOLK; GLOCESTER *et* EXETER *viennent après eux.*

Le roi Henri. — Votre rare et merveilleuse description de la belle Marguerite m'a étonné, noble comte. Ses vertus ornées de ses dons extérieurs éveillent dans mon cœur les passions endormies de l'amour : et de même que malgré sa force, le plus puissant navire est poussé contre le courant par la violence des trombes de la tempête, ainsi je me sens poussé, par le vent de sa renommée, ou bien à faire naufrage, ou bien à arriver à un port où je puisse jouir de son amour.

Suffolk. — Bah, mon bon Seigneur, ma description superficielle n'est que la préface de l'apologie qu'elle mérite : les principales des perfections de cette aimable Dame, si j'avais assez d'habileté pour les exprimer, fourniraient un volume de pages enchanteresses, capables de transporter l'imagination la moins vive. Mais ce qui est plus encore, c'est que toute divine qu'elle est, tout ornée à l'excès qu'elle est des perfections les plus rares, son âme est d'une modestie assez humble, pour être heureuse de vous obéir, d'obéir à vos vertueuses et chastes intentions s'entend, c'est-à-dire d'obéir à Henri en l'aimant et en l'honorant comme son Seigneur.

Le roi Henri. — Et Henri n'aura pas d'autres intentions que vertueuses. Donc, Milord protecteur, consentez à ce que Marguerite soit la reine de l'Angleterre.

Glocester. — Je consentirais ainsi à être le complaisant d'une faute. Vous savez, Monseigneur, que Votre Altesse est fiancé à une autre Dame très-estimée : comment pourrons-nous donc nous dédire de cet engagement sans entacher votre honneur d'un reproche?

Suffolk. — Nous agirons comme agit un maître avec les serments illégaux, ou comme agit un homme qui, dans un tournoi, après avoir promis d'essayer sa force, se retire de l'arène, à cause de l'infériorité de son adversaire. La fille d'un pauvre comte est une alliance inégale et qui, par conséquent, peut être rompue sans donner offense.

Glocester. — Comment donc, je vous prie? Est-ce que Marguerite est une alliance plus haute que l'autre? Son père n'est pas au-dessus de la qualité de comte, malgré les titres pompeux dont il se pare.

Suffolk. — Pardon, mon bon Lord, son père est un roi, le roi de Naples et de Jérusalem, et son autorité est si grande en France, que son alliance assure notre paix et tiendra les Français dans l'obéissance.

Glocester. — Celle du comte d'Armagnac peut nous rendre le même service, car il est proche parent de Charles.

Exeter. — En outre, sa fortune nous garantit un douaire opulent, tandis que René recevra plutôt qu'il ne donnera.

Suffolk. — Un douaire, Milord! n'avilissez pas votre roi au point de le rendre assez abject, assez bas, assez misérable, pour prendre une épouse pour l'argent et non pour le pur amour. Henri est à même d'enrichir sa reine, et n'en est pas à chercher une reine qui le fasse riche : c'est aux paysans sans noblesse à tirer profit de leurs femmes, comme les gens des marchés tirent profit des bœufs, des moutons et des chevaux. Le mariage est chose de trop grande dignité pour qu'on le traite ainsi comme une affaire : ce n'est pas celle que nous voudrions, mais celle qu'il aime le plus, qui doit être la compagne du lit nuptial de Sa Grâce. Puisque Marguerite est celle qu'il aime le plus, c'est une raison suffisante pour nous déterminer à ce qu'elle soit la préférée. Qu'est-ce qu'un mariage contraint, sinon un enfer, une vie de discorde et de perpétuelles querelles ? Au rebours, un mariage d'inclination est béni, et présente un modèle de paix céleste. Qui pouvons-nous marier à Henri qui est roi, sinon Marguerite qui est la fille d'un roi ? Sa beauté sans égale unie à sa naissance la désignent pour être la compagne d'un roi seul ; son vaillant courage et son esprit indomptable, plus grand, qu'on ne les voit d'ordinaire chez les femmes, nous promet un successeur royal, car Henri, fils d'un conquérant, ne peut manquer d'engendrer d'autres conquérants, s'il est uni par l'amour à une Dame de si ferme caractère que la belle Marguerite. Ainsi, cédez, Milords, et concluez avec moi que Marguerite sera reine et qu'elle seule le sera.

Le roi Henri. — Je ne sais si c'est à cause de la force éloquente de votre rapport, mon noble Lord de Suffolk, ou si c'est parce que ma tendre jeunesse n'a pas été encore atteinte des flammes de l'amour, mais ce dont je suis sûr, c'est que je sens dans mon cœur de si cruelles batailles, de si terribles combats entre la crainte et l'espérance, que je n'ai plus la force de supporter mes pensées. Embarquez-vous donc en poste pour la France, Milord ; arrêtez toutes les conditions, et obtenez que Madame Marguerite consente à passer la mer et à venir en Angleterre, pour y être ointe et couronnée reine et compagne fidèle du roi Henri ; pour vos dépenses et pour les frais nécessaires, levez une taxe du dixième sur le peuple. Partez, dis-je, car jusqu'à votre retour, je resterai en proie à mille soucis. Quant à vous, mon bon oncle, bannissez toute pensée d'offense : si vous me jugez par ce que vous fûtes et non par ce que vous êtes, je sais que vous excuserez cette exécution précipitée de ma volonté. Maintenant conduisez-moi en quelque endroit, où, loin de toute compagnie, je puisse retourner et ruminer ma tristesse. (*Il sort.*)

Glocester. — Tristesse! oui, je crains que ce ne soit tristesse du commencement à la fin. (*Sortent Glocester et Exeter.*)

Suffolk. — C'est ainsi que Suffolk l'a emporté et c'est ainsi qu'il part, comme autrefois le jeune Pâris pour la Grèce, dans l'espérance de trouver la même fortune en amour, mais d'être plus heureux que ne le fut le Troyen. Marguerite va être reine et gouvernera le roi; mais moi je gouvernerai Marguerite, le roi et le royaume. (*Il sort.*)

COMMENTAIRE.

ACTE I.

1. Les commentateurs prétendent qu'ici Shakespeare fait allusion aux décorations de la partie supérieure du théâtre qui s'appelaient *heavens*, cieux, et qui étaient de couleur noire, lorsque la pièce était une tragédie. Mais nous croyons, et la suite du discours de Bedford le prouve bien, que Shakespeare a voulu parler des cieux véritables qui, de temps immémorial, ont donné des signes de deuil à la mort d'un grand homme.

2. Nous avons déjà rencontré dans *Comme il vous plaira* cette superstition qui attribuait aux vers un pouvoir magique capable de donner la mort. Sir William Temple croit, et son opinion semble fondée, que cette superstition, quoiqu'elle fût surtout populaire en Irlande, tirait son origine du pouvoir magique que les peuples de l'ancienne Scandinavie et les tribus germaines du Nord attribuaient aux *runes* ou lettres.

3. On ne sait pas au juste si la phrase de Bedford est interrompue à dessein par l'arrivée du messager, ou s'il n'y a pas ici une lacune provenant d'une omission du copiste. Bedford nommait-il un second héros passé à l'état d'astre? Nous croyons que la phrase a été interrompue à dessein.

4. Il est assez difficile de croire que Sir John Falstoffe, lieutenant général, député régent du duc de Bedford en Normandie, chevalier de la Jarretière, ait été le lâche que nous présente ici Shakespeare, sur l'autorité des deux chroniqueurs Hall et Hollinshed. Ce qui est certain, c'est que les plus lourdes accusations pesèrent sur lui, et qu'après la bataille de Patay, le duc de Bedford lui enleva les insignes du *Georges* et de *la Jarretière*. Cependant il parvint à se réhabiliter et fut plus tard rétabli dans ces honneurs, mais, il est vrai, malgré l'opposition de Lord Talbot.

5. Faut-il lire ici *vanguard*, avant-garde, ou *rear-guard*, arrière-garde, comme le veulent quelques commentateurs? Nous adoptons la dernière opinion.

6. Noms de deux pairs de Charlemagne. Dans une note ingénieuse, Warburton nous apprend l'origine de cette locution anglaise que l'on rencontre quelquefois dans Shakespeare, *donner à quelqu'un un Roland pour un Olivier*. Cela équivalait à dire : payer un mensonge par un autre mensonge, les exploits des deux chevaliers, tels qu'ils étaient racontés par les vieux romanciers, étant si incroyables, qu'on ne savait lesquels l'emportaient en exagération, de ceux d'Olivier ou de ceux de Roland.

7. On sait qu'il ne s'attachait parmi la noblesse aucune idée de déshonneur à ce titre de bâtard. L'évêque Hurd, dans un rapprochement entre les mœurs héroïques des anciens et les mœurs barbares des peuples gothiques, remarque que la bâtardise était également en honneur chez les uns et chez les autres. Il y avait dans cette estime dont jouissaient les bâtards d'illustre extraction, un sentiment vraiment grand et élevé. La noblesse avait parfaitement compris que mépriser ses bâtards, c'était mépriser son propre sang. Le bâtard était fier d'un titre qui lui reconnaissait la réalité de la noblesse et qui rejetait sur le seul hasard l'irrégularité de sa naissance. Le bâtard d'Orléans dont il est ici question, et qui est Dunois, fils de Louis de France, duc d'Orléans, s'en parait comme du titre le plus fier. Au moment où commence ce drame, il était très-jeune et déjà très-illustre, et contribua plus que personne à la victoire de Patay, placée à tort par Shakespeare avant la mission de Jeanne. Cette pièce fourmille du reste d'anachronismes du genre de celui-là. Ainsi, dans la première scène, il nous est dit que Charles a été couronné roi à Reims, tandis qu'il est bien connu qu'il ne fut sacré qu'après la prise d'Orléans.

8. Il n'y a jamais eu neuf Sibylles à Rome, mais il est probable, ainsi que le conjecture Warburton, que Shakespeare a confondu les livres sibyllins présentés à Tarquin l'Ancien avec les Sibylles.

9. C'est-à-dire le retour de la prospérité après l'adversité, comme la Saint-Martin, dont la date est le 11 décembre, est un retour des beaux jours après le commencement de l'hiver.

10. On prétendait que l'alcyon couvait sur l'eau, et que pendant son incubation la mer était toujours calme. De là l'origine de cette expression, *jours d'alcyon*.

11. Allusion à la parole bien connue de Jules César au pilote qui dirigeait sa barque pendant une tempête : N'aie peur, tu portes César et sa fortune.

12. On sait que Mahomet avait habitué une colombe à venir becqueter dans son oreille des grains de blé qu'il y cachait, et qu'il se servait de cette ruse assez vulgaire pour faire croire aux Arabes que cette colombe lui chuchotait tout bas les messages du ciel.

13. Ces prophétesses, filles de Philippe, étaient au nombre de quatre et habitaient Césarée. Il en est fait mention au vingt-unième chapitre des *Actes des Apôtres*.

14. La légende voulait que Damas fût l'endroit où Caïn avait tué son frère. — A environ quatre milles de Damas est une haute colline qu'on prétend être celle sur laquelle Caïn tua son frère. (POPE.)

COMMENTAIRE.

15. Il y a ici une plaisanterie intraduisible qui roule sur les deux mots *pope*, pape, et *rope*, corde. Beaufort menace de se plaindre au pape, *pope*; Glocester lui répond en le renvoyant à la corde, *rope*.

16. *Aux bâtons! Aux bâtons!* était le cri qu'on employait pour appeler main forte dans les cas de tumulte ou d'attroupements populaires séditieux.

17. Comme autrefois les mères sarrasines se servaient du nom de Richard pour effrayer leurs enfants, ainsi faisaient du nom de Talbot les mères françaises du quinzième siècle, tant était grande la terreur que le général anglais avait répandue dans notre pays.

18. Le vrai nom de Salisbury était Thomas Montacute. Il mourut comme le rapporte Shakespeare, mais il survécut de huit jours à son horrible blessure, avec une moitié de visage.

19. On croyait autrefois que si l'on parvenait à tirer du sang d'une sorcière, tout son pouvoir s'évanouissait. Nos paysans des provinces d'Aquitaine ont encore la même croyance, non par rapport aux sorcières, mais par rapport au loup-garou.

20. Allusion probable au fameux stratagème par lequel Annibal, selon Tite-Live, jeta le désordre dans l'armée romaine en attachant des torches allumées aux cornes de bœufs qu'il lâcha dans les légions. On sait qu'Annibal était passé maître en fait de stratagèmes et de ruses de guerre, en sorte que si ce n'est pas à ce fait que Shakespeare fait allusion, c'est à quelque autre du même genre.

21. Il aurait été plus vrai de dire que les jardins d'Adonis étaient en fleur un jour et flétris le lendemain, car ces fameux jardins se composaient de pots de terre où croissaient certaines fleurs et certains légumes, des laitues, des fenouils, etc., que portaient les femmes aux autels d'Adonis, le jour de sa fête, et qui étaient jetés au rebut le lendemain.

22. La plus petite des pyramides d'Égypte fut, dit-on, bâtie par une riche courtisane égyptienne, nommée Rhodope, qui, selon la tradition épousa par la suite le roi Psammetichus.

23. Allusion au coffre qu'Alexandre se réserva parmi les dépouilles opimes enlevées à Darius, à la prise de Gaza, et dans lequel le conquérant fit placer les poëmes d'Homère.

24. Saint Denys était, comme on sait, le patron de la France.

ACTE II.

1. Le duc de Bourgogne, dont il est ici question, est le troisième duc de la maison de Valois, Philippe le Bon. Il passa dans le parti anglais par ressentiment de l'assassinat commis par le Dauphin sur son père, Jean sans Peur, à la célèbre entrevue de Montereau. Il devint le beau-frère du duc de Bedford qui épousa sa sœur en 1423, et cette circonstance contribua encore à l'attacher aux ennemis de son pays et de sa famille.

2. Thomyris, reine des Massagètes, après la mort de son mari et de son fils, marcha contre Cyrus, le vainquit, et le tua sur le champ de bataille.

3. Il n'est pas toujours facile de se reconnaître dans cette multitude de Mortimers dont il est fait mention à cette époque. Les chroniqueurs anglais les ont pris les uns pour les autres plus d'une fois, et Shakespeare a fait comme eux. Le Mortimer dont il est ici question ne fut pas Edmond Mortimer, fils de Roger, et frère d'Anne, mère de Richard Plantagenêt; mais un de ses parents, Sir Edmond Mortimer. Edmond Mortimer, l'oncle de Richard, n'avait que trente ans lorsqu'il mourut, et il mourut gouverneur d'Irlande, en 1425.

ACTE III.

1. Ce parlement fut tenu en 1426, à Leicester, et non pas à Londres, comme le montre Shakespeare. Henri VI était alors dans sa cinquième année. Un autre parlement avait en effet été tenu à Londres, peu de temps après la mort de Henri V, et la reine Catherine l'avait présidé sur le trône placé dans la salle, son enfant entre ses bras. (*Extrait de* MALONE.) Le roi Henri n'a donc pu y jouer le rôle que Shakespeare lui attribue.

2. Beaufort, évêque de Winchester, était fils illégitime de Jean de Gand par Catherine Swynford.

3. Il y a ici un jeu de mots intraduisible. Beaufort menace de Rome; *Roam thither*, répond Warwick, allez-y.

4. Avant une bataille, les archers et autres corps d'infanterie avaient coutume de planter en terre des palissades de pieux pour se garantir contre la cavalerie ennemie; c'est à cette habitude que fait allusion le partisan de Glocester.

5. Selon Hall et Hollinshed, les Anglais avaient employé quelque temps auparavant le même stratagème que nous voyons employer à la Pucelle dans cette scène, pour délivrer quelques prisonniers anglais retenus dans une forteresse.

6. En français dans l'original.

7. Cette action d'Uther Pendragon, père aux trois quarts fabuleux d'Arthur à demi fabuleux, est rapportée dans la *Chronique* d'Harding.

ACTE IV.

1. Henri IV donne le titre d'oncle au duc de Bourgogne, parce que le duc de Bedford avait épousé sa sœur.

2. Passage emprunté par Shakespeare à l'historien Hall : « La déesse de la guerre, appelée Bellone, a ces trois demoiselles de service né-

cessaire qui l'accompagnent toujours : *Meurtre, Incendie* et *Famine*, lesquelles demoiselles sont d'une telle force et d'une telle puissance, qu'une seule des trois est capable de tourmenter et d'affliger un grand prince, et toutes trois ensemble suffisent pour détruire la région la plus peuplée et la plus riche du monde. » Ce passage de Hall semble avoir beaucoup frappé Shakespeare, car le prologue de *Henri V* contient quelques vers qui en sont une traduction plus fidèle encore, s'il est possible.

3. Talbot se compare à Dédale qui eut l'imprudente faiblesse de consentir à la demande téméraire de son fils. Icare se noya dans la mer Égée par juvénile ambition, comme nous allons voir le jeune Talbot mourir par juvénile courage.

4. Ce jeune John Talbot était le fils aîné du comte par une femme du second lit, et avait été créé vicomte de Lisle, en 1451, deux ans avant la bataille où il perdit la vie en même temps que son père. L'engagement qui nous est ici présenté par Shakespeare est la bataille de Castillon, près Bordeaux, dernière bataille de Talbot (1453). Hall, l'historien, décrit exactement comme Shakespeare les morts chevaleresques du père et du fils.

5. *Wahsford*, nom ancien de Wexford, en Irlande.

ACTE V.

1. *Periapts*, dit le texte. Les *periapts* étaient des formules d'enchantement, écrites sur parchemin, et que l'on portait sur soi pour se préserver de certains dangers ou de certaines maladies. C'était, comme on le voit, une variété des amulettes. La plus efficace de ces amulettes écrites était, paraît-il, le premier chapitre de l'Évangile de saint Jean.

2. Le monarque du Nord était Zimimar, un des quatre grands démons invoqués par les sorcières et magiciens. Les trois autres étaient Amaimon, roi de l'Est (nous l'avons déjà rencontré invoqué par M. Ford, dans les *Joyeuses commères de Windsor*), Gorson, roi du Sud, et Goap, roi de l'Ouest. Ils avaient sous eux toute une hiérarchie de ducs, marquis, prélats, chevaliers, présidents, et comtes d'enfer. Ils sont énumérés dans la *Découverte de la sorcellerie* de Reginald Scott, d'après le livre de De Wier, *De præstigiis dæmonum*. (DOUCE.)

3. Il y a ici un jeu de mots difficile à traduire qui porte sur le mot *wood*. « Bah! c'est un projet en l'air, dit Suffolk, un projet *de bois, wooden thing*, comme nous dirions un projet de carton, dans notre argot moderne. Marguerite entend le mot *wooden*, et en prend occasion de cette plaisanterie : il parle de bois, c'est quelque charpentier. Il est possible aussi que Suffolk emploie ce mot *wooden* dans l'ancien sens saxon, qui était synonyme de *crazy*, fou, imbécile, et qu'il fasse allusion au caractère du roi qui était d'une faiblesse voisine de l'imbécillité.

4. Il est inutile de faire remarquer, je pense, quel sens Suffolk attache ici au nom du Minotaure.

5. Ceux qui accusent Shakespeare d'avoir calomnié Jeanne, feront bien de méditer ce discours de l'héroïne auquel nos modernes jugements n'ont rien ajouté, et qui contient évidemment l'opinion ésotérique de Shakespeare sur Jeanne. Ce qu'il ne pouvait dire en son nom devant son public anglais, il l'a fait dire par Jeanne elle-même; c'est au critique à le découvrir.

6. Il y a ici un anachronisme, la célébrité de Machiavel étant postérieure de plus de trois quarts de siècle à la mort de Jeanne.

LE
ROI HENRI VI

DATE DE LA PREMIÈRE ÉDITION, 1594; DATE PROBABLE
DE LA REPRÉSENTATION, 1593.

AVERTISSEMENT.

La seconde et la troisième parties de *Henri VI* furent publiées pour la première fois sous la forme définitive où nous les lisons dans l'édition de 1623; mais, auparavant, elles avaient été publiées à plusieurs reprises sous des titres divers et avec des différences de composition et de forme assez considérables. La seconde partie, celle qui nous occupe maintenant, parut, en 1594, avec ce titre long et compliqué : « *La première partie de la dissension entre les deux fameuses maisons d'York et de Lancastre, avec la mort du bon duc Humphroy, le bannissement et la mort du duc de Suffolk, la fin tragique de l'orgueilleux Cardinal de Winchester, et la notable rebellion de Jack Cade.* » La troisième partie parut, en 1595, sous ce titre : « *La vraie tragédie de Richard, duc d'York, avec la mort du bon roi Henri VI.* » Enfin, en 1619, un libraire nommé Pavier réunit ces deux pièces sous ce titre synthétique : *L'entière dissension* (*The whole dissention*; c'est-à-dire les deux pièces roulant sur la guerre des deux Roses, réunies en un seul volume) *entre les deux fameuses maisons d'York et de Lancastre.*

On a beaucoup discuté pour savoir si ces pièces sous leur première forme étaient ou non l'œuvre de Shakespeare. Malone, en particulier, n'a pas craint d'avancer que les pièces, publiées en 1594 et 1595, étaient l'œuvre non du grand poëte, mais d'un de ses contemporains.

M. Halliwell, si versé dans la connaissance de tout ce qui concerne Shakespeare, a mis les curieux du monde entier à même de juger la question, sans perdre leur temps à d'inutiles recherches, en publiant les deux pièces primitives pour la *société de Shakespeare* (1843). Après les avoir lues et comparées avec soin aux pièces définitives de l'édition de 1623, nous nous rangeons complétement à l'opinion de ceux qui veulent que ces pièces primitives soient simplement les premières esquisses, ou mieux encore, les premières éditions des deuxième et troisième parties de *Henri VI*. Cette opinion porte, en effet, toutes les marques de la plus incontestable évidence. La composition de ces deux drames est la même, exactement la même, que celle des drames définitifs; le style, à quelques nuances près, est le même; enfin, les modifications, toutes de détail, que ces pièces ont subies, sont de celles qu'un auteur fait subir à ses propres œuvres lorsqu'il les corrige, et non de celles qu'il fait subir aux œuvres d'autrui, lorsqu'il les arrange ou les refait. Si Shakespeare avait mis son nom aux pièces définitives, sans être l'auteur des pièces de 1594 et 1595, il ne serait que le plus impudent des plagiaires.

Mais Shakespeare est-il l'auteur de ces deux pièces? On ne saurait le contester, surtout pour cette seconde partie, qui porte partout la marque du maître, et dont il n'est, pour ainsi dire, pas une page qui ne soit signée de son nom. Peu s'en est fallu, en effet, que cette pièce, dont on lui conteste la paternité, ne fût un chef-d'œuvre, et si elle n'est pas estimée à sa juste valeur, on doit s'en prendre moins à l'infériorité de son mérite, qu'à ce qu'on peut appeler sa situation désavantageuse. Un anneau d'un travail exquis disparaîtra dans une chaîne d'un travail vulgaire, et tel a été le sort de cette seconde partie de *Henri VI*. Elle ne se présente pas comme un tout complet, mais comme une des parties d'un tout, et dans ce tout, elle occupe justement la position la plus désavantageuse, celle du milieu; son commencement et sa fin sont ailleurs. Ce n'est pas seulement cette position intermédiaire qui lui nuit, c'est encore la faiblesse réelle des deux pièces entre lesquelles elle est enchâssée. Nous avons vu que le premier *Henri VI* ne doit être attribué au poëte que pour quelques scènes, et quant au troisième, nous verrons que, malgré l'éclat et la beauté de quelques morceaux, cette pièce doit être regardée comme la plus faible des productions authentiques de Shakespeare. Son mérite n'est donc pas en bonne lumière, et le lecteur la lit avec l'impression défavorable que lui laissent les parties qui la précèdent et qui la suivent. Enfin, troisième et dernier défaut : par suite de sa situation intermédiaire, cette pièce n'offre pas d'unité de composition; elle n'a pas de personnage central autour duquel toutes les situations et tous les incidents viennent se grouper. Trois personnages, sinon davantage, se partagent également l'intérêt et l'attention du lecteur : le duc Humphroy de Glocester, le duc de Suffolk, et le duc d'York. Trois tragédies, sinon quatre, pourraient être tirées de cette seule pièce : l'histoire de la duchesse, et subsidiairement celle du duc de Glocester, l'histoire des amours de la reine Marguerite et du duc de Suffolk, la révolte de Jack Cade. C'est donc, non pas un drame, mais un panorama que parcourt l'imagination du lecteur; la multitude des figures et des scènes nuit à l'intensité de la sympathie et de l'intérêt : mais cela dit, chacune de ces figures et de ces scènes sort de la main d'un maître.

Nous ferons cependant une exception pour le cinquième acte, où sont présentés le retour d'Irlande du factieux duc d'York et la première bataille de Saint-Albans. Ce cinquième acte, singulièrement *lâché*, comme on dit dans l'argot littéraire d'aujourd'hui, est écrit presque tout entier dans le style et dans la manière de la troisième partie de *Henri VI*; c'est la même précipitation et le même entassement d'événements, la même violence et la même emphase de langage. On sent que le soin qui a présidé aux quatre premiers actes n'a pas présidé à ce dernier, ou qu'il n'est pas de la même main que les autres. Mais le fait n'a plus rien d'étonnant quand on admet que ces trois drames ont été faits en collaboration, et que la part de Shakespeare dans cette œuvre commune se trouve inégalement répartie entre les trois pièces. C'est tantôt la collaboration de Shakespeare qui l'emporte, tantôt celle de son associé. Dans la première partie de *Henri VI*, sa collaboration s'est, selon toute apparence, bornée à un travail de révision. Les quatre premiers actes du présent drame sont l'œuvre authentique de son génie ; le dernier acte et la troisième partie de *Henri VI* sont le fruit d'une collaboration déjà lassée, et où Shakespeare, selon toute apparence, aura passé la main à son collègue.

Une preuve que Shakespeare, sans être l'auteur du premier *Henri VI*, a cependant eu une part quelconque à sa création, c'est que ce second *Henri VI*, qui est bien son œuvre authentique, prend exactement les événements au point où les a laissés le premier. A la fin du premier, Suffolk part pour aller épouser Marguerite par procuration de Henri. Au commencement du second, il reparaît présentant Marguerite au roi. Même chose pour le troisième *Henri VI*, qui s'ouvre par le parlement orageux, qui fut la conséquence naturelle de la victoire d'York à Saint-Albans. Ce ne sont donc pas, comme certains l'ont prétendu, trois drames séparés, mais trois parties d'un même tout. Il y a bien eu chez leurs auteurs intention réelle de trilogie.

La pièce abonde en beautés de premier ordre, qui ne sont pas assez remarquées, peut-être par l'unique raison qu'elles se rapportent à des événements et à des personnages fort loin de nous et peu familiers au commun des lecteurs. Quelle scène, par exemple, que la mort de Suffolk, et le dialogue violent entre le duc et le capitaine du vaisseau corsaire ! Mais que la violence est différente, selon qu'elle s'exprime par l'organe de l'un ou de l'autre de ces deux personnages; d'un côté, c'est la violence de la révolte; de l'autre, la violence de l'orgueil. Shakespeare a été rarement un peintre plus exact des différences radicales que les conditions sociales impriment à un même élément moral. La description du cadavre de Glocester, faite par Warwick, pour démontrer que le duc est bien mort de mort violente, est un morceau de premier ordre, et d'une telle exactitude, que des médecins anglais n'ont pas craint de le citer comme un modèle de description physiologique. Les monologues d'York, de celui que Marguerite appelle le morose York, sont fidèles à la nature jusqu'à faire frémir, et à l'histoire jusqu'à étonner. C'est la nature humaine dans ce qu'elle a de plus général, et en même temps dans ce qu'elle eut de plus individuel à une minute donnée de la durée. Ces monologues sont les frémissements sourds, les orages contraints de toute âme ambitieuse; voilà bien ce que pense, ce que sent, ce qu'étouffe en lui tout factieux, au risque de s'étouffer lui-même : mais en même temps, à une certaine couleur sombre, à une certaine chaleur de ton, à une certaine frénésie bilieuse, on reconnaît le morose York, celui de tous les ambitieux d'Angleterre qui porta le plus, dans les passions propres aux factieux, le tempérament orageux, la chaude violence, et ce que nous appellerions, malgré l'étrangeté de l'association de ces deux mots, la véhémence taciturne des natures italiennes. Cette lugubre famille des York eut en effet dans ses qualités, dans ses vices, dans ses crimes, quelque chose de tout italien. Richard Plantagenêt, duc d'York, par son audace et son énergie, fait penser sans trop de désavantage aux illustres tyranneaux que le siècle précédent, et celui où il vivait, virent surgir sur le sol d'Italie. Malgré sa naissance royale, Richard, héritier de droits douteux, et chef d'une entreprise qui n'espérait que dans la force, n'est que l'égal des aventuriers heureux que vit l'Italie des quatorzième et quinzième siècles. Édouard IV, son fils aîné, gai, rieur, de tempérament amoureux, faiseur de mots vifs et égrillards, qui ne seraient pas indignes d'un compatriote de Boccace, protecteur des poëtes, eut dans ses mœurs et son caractère quelque chose de la sensualité généreuse et de la mâle bonne humeur italienne. On sait enfin que son frère Richard III eût été digne de serrer la main de César Borgia et de poser devant Machiavel. Les York eurent quelque chose d'italien, et on ne s'en étonnera pas si l'on sait — circonstance physiologique à réjouir d'aise M. Michelet — que leur aïeul maternel, ce Lionel, duc de Clarence, troisième fils d'Édouard III, dont ils réclamaient les droits comme héritiers des Mortimers, avait épousé la fille de Galéas Visconti, le magnifique seigneur de Milan.

Humphroy, duc de Glocester, n'est pas peint, pour qui connaît certaines particularités historiques, d'un pinceau moins exact. Il y a dans ce drame une scène dont beaucoup de lecteurs ne remarqueront peut-être pas l'importance, ou qu'ils prendront pour un épisode inutile, la scène du faux aveugle et du faux boiteux Simpcox, guéri par un faux miracle de la première de ses infirmités, et de la seconde par une réelle volée de coups de fouet ordonnée par Glocester. Glocester n'a pas voulu accepter le miracle auquel le roi, son pieux neveu, ne demandait pas mieux que de croire, et il a fait fustiger Simpcox, non par caprice de grand seigneur tout-puissant qui a découvert une fourberie dont il ne lui plaît pas d'être dupe, mais par principe de rationaliste et de sceptique. « Milord de Glocester a fait un miracle aujourd'hui, » dit son oncle le cardinal Beaufort, insinuant par là qu'il est fort piquant de voir opérer des miracles par quelqu'un qui prétend n'y pas croire. Glocester fut en effet un quasi-rationaliste. Dans cette famille des Lancastre, les opinions religieuses furent singulièrement divergentes, allant selon ses membres, de l'orthodoxie persécutrice, ou de la foi la plus pieuse, aux opinions les plus latitudinaires. Humphroy de Glocester, sur ce chapitre de la religion, n'eut ni les sentiments de son père Bolingbroke, ni ceux de Henri V son frère, mais ceux de son grand-père Jean de Gand. Ainsi cette scène de Simpcox, qui en apparence fait longueur, n'est qu'un trait de caractère développé avec ampleur, une manière de mettre en lumière toute une partie de l'âme de Glocester, prince éclairé et généreux, qui mérite que, nous lettrés, nous ayons encore à cette heure pour lui quelques-uns des sentiments qui le faisaient appeler par le peuple le bon duc Humphroy. Il compta parmi les promoteurs les plus zélés de la science, à cette aube encore grise de la Renaissance en Angleterre, et Oxford lui doit toute une bibliothèque de manuscrits transcrits à ses frais. La scène de Simpcox a, outre cette portée historique, une portée dramatique et morale. Elle est faite pour enseigner la charité, et elle est un commentaire en action du mot de l'Évangile sur l'homme qui voit une paille dans l'œil de son voisin, et qui ne voit pas une poutre dans le sien. Glocester est un aveugle véritable qui fait châtier un faux aveugle, et qui pourrait se réserver pour lui-même quelques-uns des coups de fouet qu'il fait administrer si libéralement à ce malheureux. Au moment même où il se montre si clairvoyant à l'endroit d'un pauvre fourbe, on vient lui porter la nouvelle écrasante des miracles, autrement offensifs, que la duchesse de Glocester méditait d'accomplir par sortilèges et maléfices diaboliques. Quelle honte! sortir à peine de faire fouetter Simpcox avec la dureté d'un homme tout-puissant, qui croit n'avoir rien à craindre, et apprendre que la duchesse s'est rendue coupable d'un crime qui l'obligera à l'humiliation de la pénitence publique. Pauvre Humphroy de Glocester! les femmes ne lui portèrent pas bonheur. Sa première femme avait été cette charmante et romanesque Jacqueline de Bavière, fille du dernier comte de Hainaut, et dont vous verrez le joli visage dans l'hôtel de ville de Harlem, parmi ceux des anciens maîtres du pays, si vous vous arrêtez jamais dans cette ville à la physionomie mixte, mélangée de Hollande et d'Espagne. Elle le jeta dans de terribles déboires avec les affaires compliquées de sa succession, et celles plus compliquées encore de son divorce, en lui mettant sur les bras l'inimitié d'un premier mari qui ne voulait pas lâcher prise malgré la dispense du pape, et l'hostilité plus redoutable de Philippe le Bon, duc de Bourgogne. Cependant il y avait à ces déboires une compensation ; la charmante Jacoba l'avait au moins aimé éperdument ; l'ingrat l'abandonna. Il en fut cruellement puni, car celle dont l'amour lui fit rompre son mariage avec Jacoba fut cette Éléonore Cobham, qui lui infligea la douleur dont Shakespeare vous présente le tableau.

La guerre civile n'éclate en réalité qu'à la fin de ce drame, qui est consacré tout entier à nous en montrer les symptômes précurseurs. Rarement tableau a été plus complet. Nous assistons à la naissance, et pour ainsi dire à la préparation de l'effroyable orage ; nous en voyons fabriquer les pièces, naître et grandir les acteurs; nous en comptons les éclairs avant-coureurs, de plus en plus fulgurants et précipités ; nous entendons les sourds grondements de son tonnerre ; nous voyons se former son atmosphère irritante et son jour crépusculaire plus sombre que la nuit. Chaque scène ajoute à la scène qui précède un flot nouveau d'électricité, jusqu'à ce qu'enfin la tempête éclate par la révolte de Jack Cade, peinture merveilleuse de l'émeute triomphante, et qui suffirait seule à signer la pièce du nom de Shakespeare. De cet épisode remarquable, nous pouvons dire ce que nous disions il y a un instant des monologues du duc d'York ; c'est une peinture à la fois éternelle et historique : les révoltés de Jack Cade sont les contemporains de nos Jacques, et ont à peu près le même degré de lumières, mais sous ce costume historique vivent les passions éternelles que l'émeute met en action. Nous paraissons bien loin sans doute des jours où de pauvres gens égarés pouvaient égorger un greffier parce qu'il savait lire, et un Lord parce qu'il parlait français et citait du latin. Réfléchissons cependant qu'il y a quelques mois à peine, les paysans d'un de nos départements du centre ont pris un tableau pour une menace de dîme et de corvée, comme au dernier siècle les paysans bretons prirent les horloges pour des impôts, et rappelons-nous toujours, sans cesse, le mot de Voltaire sur la mort de la maréchale d'Ancre accusée de sorcellerie.

PERSONNAGES DU DRAME.

Le roi HENRI VI.
HUMPHROY, duc de Glocester, son oncle.
Le cardinal BEAUFORT, évêque de Winchester, son grand-oncle.
RICHARD PLANTAGENET, duc d'York.
ÉDOUARD, \
RICHARD, } ses fils.
Le duc de SOMERSET, \
Le duc de SUFFOLK, \
Le duc de BUCKINGHAM, } du parti du Roi.
Lord CLIFFORD, \
Le jeune CLIFFORD, son fils, /
Le comte de SALISBURY, \
Le comte de WARWICK, } du parti d'York.
Lord SCALES, gouverneur de la Tour.
Sir HUMPHROY STAFFORD.
WILLIAM STAFFORD, son frère.
Sir JOHN STANLEY.
WALTER WHITMORE.
Un capitaine de vaisseau.
Un maître d'équipage et le second du maître.
VAUX.
MATTHEW GOUGH.
Deux gentilshommes, prisonniers avec SUFFOLK.
HUME, \
SOUTHWELL, } prêtres.
BOLINGBROKE, magicien.
Un esprit évoqué par lui.
THOMAS HORNER, armurier.
PIERRE, son ouvrier.
Le clerc de Chatam.
Le maire de Saint-Albans.
SIMPCOX, imposteur.
Deux meurtriers.
JACK CADE révolté.

GEORGES,\
JOHN,\
DICK, } compagnons de JACK CADE.\
MICHEL,\
SMITH, le tisserand,\
ALEXANDRE IDEN, gentilhomme du Kent.

MARGUERITE, épouse d'HENRI VI.\
ÉLÉONORE, duchesse de Glocester.\
MARGERY JOURDAIN, sorcière.\
La femme de Simpcox.

Lords, Ladies, Gens de la suite, Pétitionnaires, Aldermen, un Héraut, un Huissier, un Shériff, Officiers, Citoyens, Apprentis, Fauconniers, Gardes, Soldats, Messagers.

Scène. — En diverses localités de l'Angleterre.

LE
ROI HENRI VI.

(DEUXIÈME PARTIE.)

ACTE I.

SCÈNE PREMIÈRE.

LONDRES. — Une salle d'État dans le palais [1].

Fanfares de trompettes; puis des hautbois jouent. Entrent d'un côté LE ROI HENRI, LE DUC DE GLOCESTER, SALISBURY, WARWICK *et* LE CARDINAL BEAUFORT; *de l'autre,* LA REINE MARGUERITE, *conduite par* SUFFOLK; YORK, SOMERSET, BUCKINGHAM, *et autres, les suivent.*

SUFFOLK. — Chargé, à mon départ pour la France, par votre haute Majesté Impériale, d'épouser pour le compte de Votre Grâce, en qualité de tenant lieu de votre Excellence, la princesse Marguerite, j'ai dans Tours, cette cité ancienne et fameuse, en présence des rois de France et de Sicile, des ducs d'Orléans, de Calabre, de Bretagne, et d'Alençon, de sept comtes, de douze barons, et de vingt révérends évêques, accompli mon office et célébré le mariage; et maintenant je viens humblement courbant le genou, en présence de l'Angleterre et de ses puissants Seigneurs, remettre mon titre d'époux de la reine entre les très-gracieuses mains de Votre Majesté, réalité de la grande ombre que j'ai représentée ; c'est le plus heureux cadeau que jamais marquis ait donné, c'est la plus belle reine que jamais roi ait reçue.

LE ROI HENRI. — Suffolk, lève-toi. Soyez la bienvenue, reine Marguerite : je ne puis donner de signe d'amour plus tendre que ce tendre baiser. O Seigneur, qui me prêtes la vie, prête-moi aussi un cœur plein de reconnaissance ! car avec ce beau visage tu as donné à mon âme un monde de bénédictions terrestres, si nos pensées peuvent être unies par la sympathie de l'amour.

LA REINE MARGUERITE. — Grand roi d'Angleterre et mon gracieux Seigneur, mon âme a déjà tant conversé avec vous, mon Souverain très-chéri, et de jour, et de nuit, et durant la veille, et dans mes rêves, et en noble compagnie, et pendant mes prières, que je me sens très-enhardie à saluer mon roi, avec les mots sans apprêt que mon esprit me présente, et que la plénitude de joie de mon cœur me permet.

LE ROI HENRI. — Son aspect me ravit ; mais la grâce de son discours, ses paroles revêtues de la majesté de la sagesse, me font passer des pleurs de l'émerveillement à ceux de la joie, si grande est la plénitude de contentement de mon cœur. Lords, que toutes vos voix s'unissent en une même joyeuse acclamation pour saluer mon amour.

Tous, *s'agenouillant*. — Longue vie à la reine Marguerite, bénédiction de l'Angleterre ! (*Fanfares.*)

LA REINE MARGUERITE. — Nous vous remercions tous.

SUFFOLK. — Milord protecteur, voici, s'il plaît à Votre Grâce, les articles de la paix conclue, d'un commun accord, pour dix-huit mois, entre notre Souverain et le roi français Charles.

GLOCESTER, *lisant*. — « *Imprimis*, il est convenu entre le roi français Charles, et William de la Poole, marquis de Suffolk, ambassadeur de Henri, roi d'Angleterre, que ledit Henri épousera Madame Marguerite, fille de René, roi de Naples, de Sicile et de Jérusalem, et la couronnera reine d'Angleterre, avant le trente du mois de mai prochain. *Item,* il est convenu que le duché d'Anjou et le comté du Maine seront abandonnés et remis au roi son père.... »

Le roi Henri. — Eh bien, mon oncle, qu'est-ce donc?

Glocester. — Pardonnez-moi, mon gracieux Seigneur; une défaillance soudaine m'a saisi au cœur, et m'a voilé les yeux de telle sorte que je ne puis lire davantage.

Le roi Henri. — Oncle de Winchester, continuez la lecture, je vous prie.

Le cardinal Beaufort, *lisant.* — « *Item*, il est en outre convenu entre eux que les duchés d'Anjou et du Maine seront abandonnés et remis au roi son père, et qu'elle sera envoyée au roi d'Angleterre, aux propres frais et charges du dit roi, sans aucun douaire. »

Le roi Henri. — Ces articles nous laissent satisfait. Lord Marquis, agenouille-toi : nous te créons ici premier duc de Suffolk, et nous te ceignons de l'épée. Cousin d'York, nous dispensons Votre Grâce, de ses fonctions de régent en France, jusqu'à pleine expiration de ce terme de dix-huit mois. Merci, mon oncle Winchester; Glocester, York, Buckingham, Somerset, Salisbury, et Warwick, nous vous remercions tous pour la grande faveur que vous nous avez conférée par l'accueil fait à notre seigneuriale reine. Allons, entrons; et faisons en toute hâte nos préparatifs pour son couronnement. (*Sortent le roi, la reine, et Suffolk.*)

Glocester. — Braves pairs d'Angleterre, colonnes de l'État, le duc Humphroy doit vous découvrir sa douleur, — sa douleur qui est la vôtre, qui est la douleur de tout le pays. Quoi! c'est pour cela que mon frère Henri aura dépensé dans la guerre, sa jeunesse, sa valeur, son argent, ses hommes; qu'il aura si souvent logé à ciel ouvert, sous le froid de l'hiver et la chaleur brûlante de l'été, afin de conquérir la France, son légitime héritage? Quoi! mon frère Bedford aura fait suer son esprit pour conserver par politique ce que Henri avait conquis; quoi! vous tous,

Somerset, Buckingham, Salisbury, vous, victorieux Warwick, vous, brave York, vous aurez reçu de profondes blessures en France et en Normandie ; quoi ! mon oncle Beaufort et moi-même, avec tout le sage conseil du royaume, nous aurons passé notre temps en études, nous serons restés assis dans la chambre du conseil de la première heure du matin jusqu'au soir bien tard, à discuter les moyens de tenir en respect la France et les Français ; quoi ! Son Altesse aura été couronnée à Paris dans son enfance, en dépit de tous ses ennemis, et il faudra perdre tous ces travaux et renoncer à tous ces honneurs ? Les conquêtes de Henri, la vigilance de Bedford, vos exploits de guerre, nos fatigues du conseil, tout cela sera perdu ? O pairs d'Angleterre, honteux est ce traité ! fatal ce mariage, qui annule votre gloire, efface vos noms des livres de mémoire, détruit les titres de votre renommée, rase les monuments qui racontaient la conquête de la France, et réduit tout à néant, absolument comme si rien n'avait jamais existé !

Le cardinal Beaufort. — Neveu, que signifie ce discours passionné, cette harangue si circonstanciée ? La France est à nous, et nous continuerons à la garder.

Glocester. — Oui, mon oncle, nous la garderons si nous pouvons ; mais maintenant, il est impossible que nous le puissions. Suffolk, le nouveau duc qui tient la queue de la poêle [2], a rendu les duchés d'Anjou et du Maine au pauvre roi René, dont les titres pompeux sont mal d'accord avec sa bourse maigre.

Salisbury. — Par la mort de celui qui est mort pour nous tous, ces comtés étaient les clefs de la Normandie ! Mais pourquoi pleure Warwick, mon vaillant fils ?

Warwick. — Je pleure de douleur qu'il soit impossible de les recouvrer ; car s'il y avait espoir de les recouvrer, mon épée répandrait du sang chaud, et mes yeux ne répandraient pas de larmes. L'Anjou et le Maine ! c'est moi qui les avais conquis tous deux ; ces deux provinces, ce sont ces bras qui les avaient soumises, et il faut maintenant que ces cités que j'avais gagnées avec des blessures, on les rende avec des mots pacifiques. *Mort Dieu*³!

York. — Quant au duc de Suffolk, puisse-t-il *suffoquer*, lui qui ternit l'honneur de cette île guerrière! La France m'aurait arraché et mangé le cœur avant que j'eusse consenti à cette paix. J'avais toujours lu que les rois d'Angleterre avaient reçu avec leurs femmes des douaires et de grandes sommes d'or, et maintenant voilà notre roi Henri qui donne son bien pour épouser une femme qui ne lui apporte aucun avantage.

Glocester. — Une jolie plaisanterie, et comme on n'en avait jamais connu avant ce jour, que Suffolk demandant l'impôt du quinzième pour les frais et charges de son transport! Elle aurait bien pu rester en France et crever de faim en France, avant....

Le cardinal Beaufort. — Milord de Glocester, maintenant vous allez trop loin; c'était le bon plaisir de Monseigneur le roi.

Glocester. — Milord de Winchester, je connais votre cœur; ce ne sont pas mes discours qui vous déplaisent, c'est ma présence qui vous importune. Ta rancune va crever; sur ton visage je vois ta fureur, orgueilleux prélat: si je reste plus longtemps, nous allons recommencer nos anciennes querelles. Lords, adieu; lorsque je ne serai plus, rappelez-vous que j'ai prophétisé que la France serait perdue avant longtemps. (*Il sort.*)

Le cardinal Beaufort. — Voilà notre protecteur qui s'en va furieux. Il vous est connu qu'il est mon ennemi, bien plus, qu'il est votre ennemi à tous, et qu'il n'est pas, je le crains fort, un grand ami du roi. Considérez, Milords, qu'il est son plus proche par le sang, et qu'il est héritier présomptif de la couronne d'Angleterre; Henri aurait acquis par son mariage un empire et tous les opulents royaumes de l'Occident, que Glocester aurait eu ses raisons pour en être encore mécontent. Réfléchissez-y, Lords; que ses paroles flatteuses n'ensorcèlent pas vos cœurs; soyez sages et circonspects. Bien qu'il soit aimé du bas peuple, qu'il soit appelé par lui « Humphroy, le bon duc de Glocester, » qu'il entende les applaudissements de leurs mains, et leurs voix crier à plein gosier : « Jésus maintienne Votre Royale Excellence! » et « Dieu protége le bon duc Humphroy! » malgré tout cet éclat de popularité flatteuse, je crains bien, Lords, qu'il ne se découvre un dangereux protecteur.

Buckingham. — Pourquoi d'ailleurs protégerait-il notre Souverain, qui est d'âge à se gouverner lui-même? Cousin de Somerset, unissez-vous avec moi, unissons-nous tous ensemble avec le duc de Suffolk, et nous aurons bien vite enlevé le duc Humphroy de son siège.

Le cardinal Beaufort. — Cette importante affaire ne souffrira pas de retard; je me rends immédiatement auprès du duc de Suffolk. (*Il sort.*)

Somerset. — Cousin de Buckingham, quoique l'orgueil d'Humphroy et la grandeur de sa situation nous soient pénibles à supporter, surveillons toutefois ce hautain cardinal; son insolence est plus intolérable que celle de tous les princes du royaume : si Glocester perd sa place, c'est lui qui sera protecteur.

Buckingham. — C'est toi qui seras protecteur, Somerset, ou bien c'est moi qui le serai, en dépit du duc Humphroy ou du cardinal. (*Sortent Buckingham et Somerset.*)

Salisbury. — L'orgueil est sorti le premier, voilà l'ambition qui le suit. Pendant que ces hommes travaillent à leur avancement, il serait bien à nous de travailler pour le royaume. J'ai toujours vu Humphroy, duc de Glocester, se comporter comme un noble gentilhomme; mais souvent j'ai vu le hautain cardinal, plus semblable à un soldat qu'à un homme de l'Église, aussi orgueilleux et dominateur que s'il était maître de tout, jurer comme un ruffian, et tenir une conduite indigne d'un des gouvernants d'une nation. Warwick, mon fils, consolation de ma vieillesse! tes exploits, ta franchise, ta maison ouverte, t'ont conquis dans la nation une popularité qui n'a d'égale que celle du bon duc Humphroy; et toi, mon frère York[4], tes actes en Irlande, la manière dont tu as soumis son peuple à la discipline civile, tes récents exploits au centre de la France, alors que tu étais régent au nom de notre Souverain, t'ont fait craindre et honorer dans le peuple : unissons-nous ensemble, pour le bien public, afin de brider et de réduire à néant autant qu'il sera en nous l'orgueil de Suffolk et celui du cardinal, en même temps que l'ambition de Somerset et de Buckingham, et favorisons autant que nous le pourrons les actes du duc Humphroy tant qu'ils tendront au profit du royaume.

WARWICK. — Dieu protége Warwick, autant qu'il aime sa patrie et l'avantage général de son pays!

YORK. — Et York fait le même vœu, car il a pour le faire la plus grande raison.

SALISBURY. — Alors faisons hâte, et prenons les choses en main.

WARWICK. — En *main!* ô mon père, le *Maine* est perdu[5], le *Maine* que Warwick avait enlevé de *main* forte, et qu'il aurait conservé aussi longtemps que le souffle lui serait resté! Vous vouliez dire, prendre en *main* l'occasion, mon père; mais moi j'entendais le Maine, et je l'arracherai à la France, ou bien je périrai. (*Sortent Warwick et Salisbury.*)

YORK. — L'Anjou et le Maine sont donnés aux Français; Paris est perdu; la situation de la Normandie est des plus périlleuses, maintenant qu'ils sont partis : Suffolk a conclu ces articles, les pairs y ont accédé, et Henri a été charmé d'échanger deux duchés contre la jolie fille d'un duc. Je ne puis les blâmer tous tant qu'ils sont : qu'est-ce que cela leur fait? c'est ton bien qu'ils donnent et non le leur. Des pirates peuvent prodiguer les fruits de leurs pillages, s'acheter des amis, donner aux courtisanes, et festoyer perpétuellement comme des Lords jusqu'à ce que tout soit dépensé; et cependant l'impuissant propriétaire de ces biens pleure sur eux, et tord ses mains infortunées, et secoue la tête, et se tient tremblant à l'écart, prêt à mourir de faim sans oser toucher à ce qui est sien, pendant que tout est partagé et tout emporté. C'est ainsi que York doit se tenir coi, trépigner, mordre sa langue, tandis que ses propres biens sont marchandés et vendus. Il

me semble que les royaumes d'Angleterre, de France et
d'Irlande, ont sur ma chair et mon sang les mêmes effets
que le fatal tison d'Althée sur le cœur du prince de Calydon qu'il brûlait[6]. L'Anjou et le Maine donnés tous deux
aux Français! ce sont là des nouvelles qui me font froid,
car j'espérais la France autant que j'espère le sol fertile
de l'Angleterre. Un jour viendra où York réclamera son
bien, et c'est pourquoi je vais suivre la résolution des
Nevils, et montrer une apparence d'affection à l'orgueilleux duc Humphroy; puis, lorsque je verrai un moment
opportun, je réclamerai la couronne, car c'est là le point
de mire doré que je cherche à toucher. L'orgueilleux
Lancastre n'usurpera pas mon droit, il ne tiendra pas le
sceptre dans sa main enfantine, il ne portera pas le
diadème sur sa tête que disposent mal à ceindre une
couronne ses inclinations de dévot. Donc, York, tiens-toi
en repos, jusqu'à ce que ton temps arrive; veille et ob-
serve, pendant que les autres dorment, afin de pénétrer les
secrets de l'État, jusqu'à ce que Henri, épuisé des joies
de l'amour avec sa jeune épouse, sa reine d'Angleterre
si chèrement achetée, Humphroy et les pairs arrivent à
se quereller : alors j'élèverai bien haut la rose blanche
comme lait dont la douce odeur parfumera l'air, et sur
mon étendard je placerai les armes d'York pour lutter
avec la maison de Lancastre, et de gré ou de force, je
ferai céder la couronne à ce roi dont le gouvernement
de clerc a fait déchoir la belle Angleterre. (*Il sort.*)

SCÈNE II.

Londres. — Un appartement dans la demeure du duc
de Glocester.

Entrent GLOCESTER *et* la duchesse
de GLOCESTER.

La duchesse de Glocester. — Pourquoi mon Seigneur
s'affaisse-t-il comme le blé trop mûr qui penche la tête

sous l'abondant fardeau de Cérès? Pourquoi le puissant duc Humphroy fronce-t-il ses sourcils comme s'il regardait avec courroux les faveurs du monde? Pourquoi tes yeux sont-ils fixés sur la morne terre y contemplant je ne sais quoi qui semble assombrir ta vue? Qu'y vois-tu? est-ce le diadème de Henri enchâssé dans tous les honneurs du monde? Si c'est cela, continue à regarder, et tiens ton visage prosterné jusqu'à ce que ta tête soit ceinte de cette couronne. Avance ton bras, atteins à cet or glorieux. Quoi! est-ce que ton bras serait trop court? je l'allongerai avec le mien, et quand nous aurons à nous deux soulevé ce diadème, nous élèverons ensemble nos têtes vers le ciel, et jamais plus nous ne porterons nos yeux assez bas pour accorder un regard à la terre.

GLOCESTER. — O Nell, ma douce Nell, si tu aimes ton Seigneur, arrache de ton âme le ver des pensées ambitieuses; et puisse l'heure où la pensée me viendra de nuire à mon roi et à mon neveu, le vertueux Henri, être la dernière où je respirerai dans ce monde mortel! Ce qui m'a rendu triste, ce sont mes rêves inquiétants de cette nuit.

LA DUCHESSE DE GLOCESTER. — Qu'a rêvé mon Seigneur? qu'il me le dise, et je l'en récompenserai par le doux récit de mon rêve de ce matin.

GLOCESTER. — Il m'a semblé que ce bâton, insigne de mon office à la cour, était brisé en deux; par qui, je l'ai oublié, mais je crois que c'était par le cardinal; et sur les sommets des deux morceaux de la verge brisée furent placées les têtes d'Edmond, duc de Somerset, et de William de la Poole, premier duc de Suffolk. Voilà quel était mon rêve; ce qu'il présage, Dieu le sait.

LA DUCHESSE DE GLOCESTER. — Bah! cela n'était rien, si ce n'est la démonstration que quiconque brisera une verge dans le bosquet de Glocester, perdra la tête pour sa présomption. Mais écoute-moi, mon Humphroy, mon doux duc : il me semblait que je m'asseyais sur un siége de majesté, dans l'église cathédrale de Westminster, sur ce siége où les rois et les reines sont couronnés, et que Henri et Madame Marguerite, s'agenouillant devant moi, plaçaient le diadème sur ma tête.

GLOCESTER. — Ah, Éléonore, je vais maintenant me fâcher pour tout de bon. Présomptueuse Dame! Éléonore à l'âme mal disciplinée! N'es-tu pas la seconde femme du royaume? n'es-tu pas l'épouse du protecteur, et bien aimée de lui? n'as-tu pas à volonté plus des plaisirs du monde que ta pensée ne peut en imaginer et en atteindre? et tu veux malgré cela, en complotant la trahison, précipiter ton époux et toi-même du sommet de l'honneur dans l'abîme de la disgrâce? Éloigne-toi de moi, et que je n'en entende pas davantage!

LA DUCHESSE DE GLOCESTER. — Comment, comment, mon Seigneur! vous vous mettez en telle colère contre Éléonore pour un simple rêve qu'elle vous raconte? Une autre fois, je garderai mes rêves pour moi seule et je ne serai pas grondée.

GLOCESTER. — Allons, ne sois pas fâchée, je redeviens de bonne humeur.

Entre UN MESSAGER.

LE MESSAGER. — Milord protecteur, c'est le bon plaisir de Son Altesse, que vous vous prépariez à monter à cheval pour Saint-Albans, où le roi et la reine ont l'intention de chasser.

GLOCESTER. — J'y vais. Allons, Nell, veux-tu monter à cheval avec nous?

LA DUCHESSE DE GLOCESTER. — Oui, mon bon Seigneur, je vous suivrai tout à l'heure. (*Sortent Glocester et le messager.*) Suivre, je le dois; car je ne puis passer devant, tant que Glocester aura cette âme humble et basse. Si j'étais un homme, un duc, et le premier du sang royal, j'écarterais ces ennuyeuses souches qui font obstacle, et je me frayerais un chemin tout uni sur leurs cous dépourvus de têtes : mais toute femme que je sois, je ne serai pas négligente à jouer mon rôle dans ce drame de la Fortune. — Où êtes-vous par ici, Messire John? voyons, ne crains rien, mon ami, nous sommes seuls; il n'y a ici que toi et moi.

Entre HUME.

HUME. — Jésus conserve Votre Royale Majesté!

LA DUCHESSE DE GLOCESTER. — Que dis-tu là, *Majesté!* je ne suis que *Grâce*.

HUME. — Oui, mais par la grâce de Dieu et les conseils de Hume, les titres de Votre Grâce seront multipliés.

LA DUCHESSE DE GLOCESTER. — Que dis-tu, l'ami? as-tu déjà conféré avec Margery Jourdain, l'habile sorcière [7], avec Roger Bolingbroke, l'évocateur, et peuvent-ils entreprendre de me rendre service?

HUME. — Ils ont promis de montrer à Votre Altesse un esprit évoqué des profondeurs souterraines qui répondra à telles questions qui lui seront posées par Votre Grâce.

LA DUCHESSE DE GLOCESTER. — C'est assez; je penserai à ces questions. Lorsque nous serons revenus de Saint-Albans, nous verrons à exécuter complétement la chose. Tiens, Hume, prends cette récompense; divertis-toi, l'ami, ainsi que tes associés dans cette affaire importante. (*Elle sort.*)

HUME. — Hume doit se divertir avec l'or de la duchesse? c'est pardi ce qu'il fera. Mais attention, Messire John Hume! scellez vos lèvres, et ne prononcez d'autres mots que *chut;* l'affaire demande une silencieuse discrétion. Madame Éléonore donne de l'or pour faire venir la sorcière; l'or ne peut manquer son effet, fût-elle un diable. Cependant j'ai d'autres mouches dorées d'une autre région; je n'ose pas dire du côté du riche cardinal et du nouveau et tout-puissant duc de Suffolk; cependant il se trouve qu'il en est ainsi: car pour être clair, ces derniers, connaissant l'humeur ambitieuse de Madame Éléonore, m'ont payé pour miner sourdement la duchesse, et pour lui fourrer la pensée de ces évocations magiques dans la tête. C'est un dicton proverbial qu'un habile coquin n'a pas besoin d'intermédiaire; cependant je suis l'intermédiaire de Suffolk et du cardinal. Hume, si vous n'y prenez pas garde, vous êtes bien près de les appeler un couple de rusés coquins. Bon, voilà la situation, et je crains bien qu'à la fin la coquinerie de Hume ne détermine le naufrage de la duchesse, et que sa culpabilité à elle ne soit la chute d'Humphroy : mais que les choses se passent comme elles voudront, j'aurai de l'or de tout le monde. (*Il sort.*)

SCÈNE III.

Londres. — Un appartement dans le palais.

Entrent PIERRE *et autres avec des pétitions.*

Premier pétitionnaire. — Mes maîtres, restons ici sans bouger ; Milord le protecteur va passer tout à l'heure par ici, et alors nous pourrons lui remettre nos pétitions couchées par écrit, les uns après les autres.

Second pétitionnaire. — Morbleu, que le Seigneur le protége, car c'est un brave homme ! Jésus le bénisse !

Premier pétitionnaire. — Le voilà qui vient, je crois, et la reine avec lui : je serai le premier pour sûr.

Entrent SUFFOLK *et* la reine MARGUERITE.

Second pétitionnaire. — Recule-toi, imbécile ! c'est le duc de Suffolk, et non Milord le protecteur.

Suffolk. — Qu'y a-t-il, mon ami ? Est-ce que tu me veux quelque chose ?

Premier pétitionnaire. — Je vous en prie, pardonnez-moi, Milord ! je vous prenais pour Milord le protecteur.

La reine Marguerite, *lisant la suscription.* — *A Milord le protecteur.* Est-ce que vos pétitions sont pour Sa Seigneurie ? Laissez-les-moi voir : quelle est la tienne ?

Premier pétitionnaire. — La mienne, plaise à Votre Grâce, est contre John Goodman, un des gens de Milord le cardinal, qui me détient ma maison, mes terres, ma femme et tout.

SUFFOLK. — Ta femme aussi! c'est vraiment un grief sérieux. — Quelle est votre pétition à vous? — Eh bien, qu'est-ce là! (*Il lit.*) « Contre le duc de Suffolk pour avoir enclos dans ses terres les communaux de Melford. » Qu'est-ce à dire, Monsieur le drôle?

SECOND PÉTITIONNAIRE. — Hélas, Milord, je ne suis qu'un pauvre pétitionnaire qui représente notre commune entière.

PIERRE, *présentant sa pétition.* — « Contre mon maître, Thomas Horner, pour avoir dit que le duc d'York était l'héritier légitime de la couronne. »

LA REINE MARGUERITE. — Que dis-tu? Est-ce que le duc d'York a dit qu'il était le légitime héritier de la couronne?

PIERRE. — Que mon maître était l'héritier de la couronne? non vraiment; c'est mon maître qui a dit que le duc l'était, et que le roi était un usurpateur.

SUFFOLK. — Y a-t-il ici quelqu'un? (*Entrent des valets.*) Faites entrer ce garçon, et envoyez chercher immédiatement son maître par un poursuivant d'armes : — nous écouterons plus au long votre affaire devant le roi. (*Sortent les valets avec Pierre.*)

LA REINE MARGUERITE. — Et quant à vous qui aimez à être protégé sous les ailes de Sa Grâce, notre protecteur, écrivez une seconde fois vos suppliques et allez pétitionner auprès de lui. (*Elle déchire la pétition.*) Arrière, vils gueux! Suffolk, faites-les sortir.

TOUS ENSEMBLE. — Allons, partons. (*Sortent les pétitionnaires.*)

LA REINE MARGUERITE. — Dites-moi, Milord de Suffolk, est-ce là la façon, est-ce là la mode à la cour d'Angleterre? Est-ce là le gouvernement de l'île de Bretagne? Est-ce là la royauté d'un roi d'Albion? Quoi, le roi Henri sera-t-il toujours un pupille sous la tutelle du morose Glocester? et moi, reine seulement de titre et d'étiquette, me faudra-t-il être la sujette d'un duc? Je te le dis, Poole, alors que dans la cité de Tours tu courus en l'honneur de mon amour cette joute où tu enlevas les cœurs des Dames de France, je croyais que le roi Henri te ressemblait par le courage, la courtoisie et la beauté : mais toute son âme est tendue vers la dévotion, tout son temps occupé à égrener des *Ave Maria* sur son chapelet : ses champions sont les prophètes et les apôtres ; ses armes les saintes sentences de l'Écriture ; l'arène de ses joutes est son cabinet d'études, et les objets de son amour les statues de bronze des saints canonisés. Je voudrais que le collége des cardinaux le choisît pour pape, l'emmenât à Rome, et plaçât sur sa tête la triple couronne ; ce serait une condition vraiment conforme à sa piété.

Suffolk. — Madame, prenez patience : comme je suis cause que Votre Altesse est venue en Angleterre, je ferai en sorte que Votre Altesse ait sa pleine satisfaction en Angleterre.

La reine Marguerite. — Outre le hautain protecteur, nous avons Beaufort, l'impérieux cardinal, Somerset, Buckingham, et ce grommeleur d'York : et le moindre de ceux-là peut faire plus en Angleterre que ne peut faire le roi.

Suffolk. — Et celui de tous ceux-là qui peut faire le plus ne peut faire davantage en Angleterre que les Nevils : Salisbury et Warwick ne sont pas de simples pairs.

La reine Marguerite. — Et cependant tous ces Seigneurs ensemble ne me causent pas la moitié du déplaisir que me donne cette Dame orgueilleuse, la femme du Lord protecteur. Elle balaye la cour entourée de troupes de Dames, plus semblable à une impératrice qu'à la femme du duc Humphroy. Ceux qui sont étrangers à la cour la prennent pour la reine : elle porte le revenu d'un duc sur son dos, et au fond de son cœur méprise notre pauvreté. Ne pourrai-je en ma vie me venger d'elle ? Ne se vantait-elle pas l'autre jour parmi ses favoris, la méprisante mégère[8] de basse extraction qu'elle est, que la queue de la plus modeste de ses robes avait une plus grande valeur que toutes les terres de mon père, jusqu'au jour où Suffolk lui avait donné deux duchés en échange de sa fille ?

Suffolk.— Madame, j'ai moi-même disposé, pour elle,

des gluaux sur un buisson autour duquel j'ai assemblé un chœur d'oiseaux si séduisants, qu'elle ne pourra manquer d'être assez légère pour écouter leurs chants, et qu'elle ne remontera plus pour vous importuner. Ainsi laissez-la faire, et suivez mes conseils, Madame; car je prends la hardiesse de vous conseiller sur ce point. Malgré notre peu de goût pour le cardinal, nous devons nous unir à lui et aux Lords, jusqu'à ce que nous ayons amené la disgrâce du duc Humphroy. Quant au duc d'York, cette plainte qui vient d'être portée est peu faite pour lui faire du bien. Ainsi, un par un, nous les extirperons tous jusqu'au dernier, et vous-même vous dirigerez l'heureux gouvernail.

Entrent LE ROI HENRI, YORK, SOMERSET, LE DUC *et* LA DUCHESSE DE GLOCESTER, LE CARDINAL BEAUFORT, BUCKINGHAM, SALISBURY *et* WARWICK.

LE ROI HENRI. — Pour ma part, nobles Lords, il m'importe peu de choisir entre vous; ou Somerset, ou York, cela m'est égal.

YORK. — Si York s'est mal comporté en France, alors que la régence lui soit refusée.

SOMERSET. — Si Somerset est indigne de cette place, eh bien qu'York soit régent; je lui céderai.

WARWICK. — Que Votre Grâce en soit digne ou non, là n'est pas la question : ne niez pas que York est le plus digne.

LE CARDINAL BEAUFORT. — Ambitieux Warwick, laisse parler tes supérieurs.

WARWICK. — Le cardinal n'est pas mon supérieur sur le champ de bataille.

BUCKINGHAM. — Tous ceux qui sont dans cette assemblée sont tes supérieurs, Warwick.

WARWICK. — Warwick peut vivre assez pour être le supérieur de tous.

SALISBURY. — Paix, mon fils ! et vous Buckingham, donnez-nous quelque raison qui prouve que Somerset doit être préféré en cette affaire.

La reine Marguerite. — Parce que le roi veut qu'il en soit ainsi, parbleu.

Glocester. — Madame, le roi est d'âge à donner son opinion lui-même : ce ne sont pas là des affaires de femmes.

La reine Marguerite. — Si le roi est d'âge, où est la nécessité pour que Votre Grâce soit le protecteur de Son Excellence ?

Glocester. — Madame, je suis protecteur du royaume, et je résignerai ma place quand il lui fera plaisir.

Suffolk. — Résigne-la alors, et mets fin à ton insolence. Depuis que tu es roi, (car qui est roi si ce n'est toi?) l'État a couru chaque jour à sa ruine. Le Dauphin a prévalu au delà des mers, et tous les pairs et les nobles du royaume ont été les esclaves de ta souveraineté.

Le cardinal Beaufort. — Tu as pressuré les communes, et les bourses du clergé sont flasques et maigres par suite de tes extorsions.

Somerset. — Tes bâtiments somptueux et les parures de ta femme ont enlevé une masse d'or au trésor public.

Buckingham. — Ta cruauté dans l'exécution des délinquants a excédé la loi, et te laisse toi-même à la merci de la loi.

La reine Marguerite. — Tes ventes d'offices et de villes en France, si elles étaient aussi nettement connues qu'elles sont fortement soupçonnées, te feraient bientôt gambader sans tête. (*Sort Glocester. La reine laisse tomber son éventail.*) Donnez-moi mon éventail. Eh bien, mignonne ! est-ce que vous ne le pouvez pas ? (*Elle donne à la duchesse de Glocester une tape sur l'oreille.*) Je vous demande pardon, Madame ; était-ce vous?

La duchesse. — Était-ce moi? oui, c'était moi, orgueilleuse Française : si je pouvais approcher de votre beauté avec mes ongles, je vous imprimerais mes dix commandements sur le visage.

Le roi Henri. — Ma bonne tante, apaisez-vous ; c'était contre sa volonté.

La duchesse de Glocester. — *Contre sa volonté !* bon

roi, prends-y garde à temps; elle t'entortillera et te fera sauter comme un enfant. Quoique dans ce lieu-ci, le souverain maître ne porte pas culottes, elle ne frappera pas impunément Dame Éléonore[9]. (*Elle sort.*)

BUCKINGHAM. — Lord cardinal, je vais suivre Éléonore, et m'enquérir d'Humphroy pour savoir ce qu'il se dispose à faire. Elle est piquée au vif maintenant; sa colère n'a pas besoin de l'éperon; elle galopera bien assez vite d'elle-même à sa ruine. (*Il sort.*)

Rentre GLOCESTER.

GLOCESTER. — Maintenant, Lords, qu'une promenade dans le quadrangle a dissipé ma colère, je viens pour parler des affaires de l'État. Quant à vos accusations fausses et haineuses, prouvez-les, et je suis prêt à me livrer à la loi; mais puisse Dieu agir envers mon âme avec autant de miséricorde que j'ai agi avec loyauté et affection envers mon roi et mon pays! Mais arrivons à l'affaire que nous avions en discussion : je dis, mon Souverain, que York est l'homme qui convient le mieux pour être votre régent dans le royaume de France.

SUFFOLK. — Avant que nous fassions l'élection, permettez-moi de vous donner quelques raisons d'une force suffisante pour vous prouver que York est de tous les hommes celui qui convient le moins.

YORK. — Je vais te dire, Suffolk, pourquoi je ne conviens pas : d'abord, parce que je ne sais pas flatter ton orgueil; ensuite, parce que si je suis nommé à ce poste, Milord de Somerset me laissera sans munitions, sans argent, sans fournitures, jusqu'à ce que la France reconquise soit retombée entre les mains du Dauphin. Dans ma récente régence, il m'a fallu attendre son bon plaisir, tantôt sur un pied, tantôt sur l'autre, jusqu'à ce que Paris ait été assiégé, affamé, et perdu.

WARWICK. — Je puis témoigner de cela, et jamais traître ne commit dans le royaume un acte plus ignoble.

SUFFOLK. — Paix, téméraire Warwick!

WARWICK. — Image de l'orgueil, pourquoi me tairais-je?

Entrent DES SERVITEURS *de* SUFFOLK *introduisant* HORNER *et* PIERRE.

Suffolk. — Parce que voici un homme accusé de trahison ; prie Dieu que le duc d'York puisse s'excuser !

York. — Quelqu'un accuse-t-il York d'être traître ?

Le roi Henri. — Que veux-tu dire, Suffolk ? Dis-moi, quels sont ces hommes ?

Suffolk. — Plaise à Votre Majesté, voici un homme qui accuse son maître de haute trahison : ce maître a dit que Richard, duc d'York, était légitime héritier de la couronne d'Angleterre et que Votre Majesté était un usurpateur.

Le roi Henri. — Dis-moi, mon ami, est-ce que tu as prononcé ces paroles ?

Horner. — Plaise à Votre Majesté, je n'ai jamais dit ou pensé rien de pareil. Dieu m'est témoin que je suis faussement accusé par le scélérat.

Pierre, *élevant ses mains au ciel*. — Par ces dix doigts, Milords, il m'a dit ces paroles, un soir, dans le grenier, comme nous étions occupés à fourbir l'armure de Milord d'York.

York. — Bas scélérat, fumier d'artisan, j'aurai ta tête pour ce discours de traître. Je supplie Votre Royale Majesté de lui faire appliquer toute la rigueur de la loi.

Horner. — Hélas, Milords, faites-moi pendre si j'ai jamais prononcé ces paroles. Mon accusateur est mon apprenti, et comme je l'avais corrigé l'autre jour pour une faute, il a juré à genoux qu'il me le rendrait ; j'ai de bons témoins du fait. Par conséquent, j'en supplie Votre Majesté, ne perdez pas un honnête homme pour l'accusation d'un scélérat.

Le roi Henri. — Mon oncle, quelle mesure légale pouvons-nous prendre en cette affaire ?

Glocester. — S'il m'est permis de juger, Monseigneur, voici mon avis : que Somerset soit régent de France, à cause du soupçon que ce fait-ci jette sur York ; quant à ces gens, qu'on leur assigne un jour et une place convenable pour un combat singulier, car cet homme a des témoins de la malice de son apprenti : telle est la loi, et tel est le jugement du duc Humphroy.

Le roi Henri. — Qu'il en soit ainsi. Milord de Somerset, nous faisons Votre Grâce régent des Français.

Somerset. — Je remercie humblement Votre Majesté Royale.

Horner. — Et j'accepte volontiers le combat.

Pierre. — Hélas! Monseigneur, je ne puis pas me battre! au nom de Dieu, ayez pitié de ma situation! La haine de cet homme prévaut contre moi. O Seigneur, ayez pitié de moi! je ne serai jamais capable de porter un seul coup. O Seigneur, mon cœur!

Glocester. — Maraud, vous vous battrez, ou vous serez pendu.

Le roi Henri. — Qu'on les conduise en prison; le jour du combat sera le dernier du prochain mois. — Viens, Somerset, nous allons voir à te faire embarquer. (*Fanfares. Ils sortent.*)

SCÈNE IV.

Londres. — Le jardin du duc de Glocester.

Entrent MARGERY JOURDAIN, HUME, SOUTHWELL *et* BOLINGBROKE.

Hume. — Venez, mes maîtres; la duchesse, je vous le dis, attend l'exécution de vos promesses.

Bolingbroke. — Maître Hume, nous avons pris nos mesures en conséquence : Sa Seigneurie voudra-t-elle contempler et écouter nos exorcismes?

Hume. — Oui, sans cela que demanderait-elle? Ne craignez pas qu'elle manque de courage.

Bolingbroke. — J'ai entendu dire qu'elle était une femme d'une invincible énergie : mais il sera convenable, maître Hume, que vous restiez avec elle en haut, pendant que nous serons occupés en bas; et là-dessus, je vous en prie, allez au nom de Dieu, et laissez-nous. (*Sort Hume.*) Mère Jourdain, prosternez-vous et rampez à terre ; vous, John Southwell, lisez les conjurations, et mettons-nous à l'œuvre.

Entre LA DUCHESSE *au-dessus du jardin.*

La duchesse de Glocester. — Fort bien, mes maîtres ; soyez tous les bienvenus. Pour cette affaire, le plus tôt n'est que le mieux.

Bolingbroke. — Patience, noble Dame ; les sorciers connaissent leur heure : la nuit profonde, la nuit noire, la nuit silencieuse, l'heure où Troie fut livrée aux flammes, où les chats-huants crient, où les chiens de garde aboient, où errent les esprits, et où les fantômes brisent leurs tombes, c'est l'heure la plus convenable pour l'affaire que nous avons en train. Asseyez-vous, Madame, et soyez sans crainte ; l'esprit que nous évoquerons, nous saurons l'enchaîner dans un cercle magique.

(*Ici ils accomplissent les cérémonies nécessaires, et tracent un cercle.* BOLINGBROKE *ou* SOUTHWELL *lit* Conjuro te, *etc. Tonnerre et éclairs terribles. Alors* un esprit *se lève.*)

L'esprit. — *Adsum*[10].

Margery Jourdain. — *Asmath !* Par l'éternel Dieu devant le nom et la puissance duquel tu trembles, réponds à ce que je te demanderai, car jusqu'à ce que tu aies parlé, tu ne sortiras pas d'ici.

L'esprit. — Demande ce que tu voudras. Que n'ai-je répondu déjà et ne suis-je parti !

Bolingbroke, *lisant un papier.* — « D'abord, pour ce qui concerne le roi : qu'adviendra-t-il de lui ? »

L'esprit. — Le duc qui déposera Henri, est vivant ; il lui survivra, mais il mourra de mort violente. (*A mesure que l'esprit parle, Southwell écrit les réponses.*)

Bolingbroke. — « Quel destin attend le duc de Suffolk ? »

L'esprit. — Il mourra sur l'eau et ainsi prendra fin.

ACTE I, SCÈNE IV.

Bolingbroke, *lisant*. — « Qu'adviendra-t-il du duc de Somerset? »

L'esprit. — Qu'il évite les châteaux ; il sera plus en sûreté dans les plaines de sable, que là où s'élèvent les châteaux forts. Finissez vite, car je puis à peine en supporter davantage[11].

Bolingbroke. — Descends aux ténèbres et au lac brûlant : pars, démon pervers ! (*Tonnerre et éclairs. L'esprit descend.*)

Entrent YORK *et* BUCKINGHAM *précipitamment avec leur escorte.*

York. — Saisissez-vous de ces traîtres et de leur attirail. Belle Dame, j'espère que nous vous avons serrée de près. Ah ! vous êtes ici, Madame? Le roi et l'État vous sont fort redevables pour les peines que vous prenez; Milord protecteur vous verra bien récompensée, je n'en doute pas, pour ces bonnes actions-là.

La duchesse de Glocester. — Elles ne sont pas de moitié aussi mauvaises que le sont les tiennes à l'égard du roi d'Angleterre, duc insolent qui menaces sans cause.

Buckingham. — C'est vrai, Madame, il n'y a pas de cause du tout : comment appelez-vous cela? (*Il lui montre les papiers qui ont été saisis.*) Qu'on les emmène ! qu'on les tienne étroitement serrés, et qu'on les garde séparément. Vous, Madame, vous viendrez avec nous : Stafford, prends-la avec toi. Nous allons révéler tous les badinages que vous faisiez ici. Partez tous ! (*La duchesse se retire de sa fenêtre. Sortent sous garde,* Hume, Southwell, Bolingbroke, *etc.*)

York. — Lord Buckingham, vous l'avez bien épiée, me semble-t-il. Voilà un joli complot ! quel excellent terrain pour y bâtir ! Maintenant, Milord, voyons je vous en prie l'écriture du Diable. Qu'est-ce? qu'avons-nous ici? (*Il lit.*) « Le duc qui déposera Henri est vivant ; il lui survivra, mais il mourra de mort violente. » Parbleu ! c'est juste :

Aio te, Æacida, Romanos vincere posse[12].

Voyons le reste. (*Il lit.*) « Dites-moi quel sort attend le duc de Suffolk? Il mourra sur l'eau et ainsi prendra fin. — Qu'adviendra-t-il du duc de Somerset? Qu'il évite les châteaux; il sera plus en sûreté dans les plaines de sable, que là où s'élèvent les châteaux forts? » Venez, venez, Milords; ces oracles ont été difficilement surpris et difficile en est l'intelligence. Le roi est maintenant en route pour Saint-Albans, et avec lui est l'époux de cette charmante Dame. Qu'on porte à Saint-Albans ces nouvelles avec toute la diligence que peut faire un cheval; ce sera un triste déjeuner pour Milord protecteur.

Buckingham. — Votre Grâce, Milord d'York, voudra bien me donner permission de les porter, dans l'espoir que le courrier en tirera récompense.

York. — A votre plaisir, mon bon Lord. Quelqu'un, holà!

Entre un valet.

York. — Invite Milords de Salisbury et de Warwick à souper ce soir avec moi. (*Ils sortent.*)

ACTE II.

SCÈNE PREMIÈRE.

Saint-Albans.

Entrent le roi HENRI, la reine MARGUERITE, GLOCESTER, le cardinal BEAUFORT, *et* SUFFOLK, *avec des fauconniers rappelant les oiseaux.*

La reine Marguerite. — Croyez-moi, Milords, il y a

bien longtemps que je n'ai vu plus belle chasse au gibier d'eau; cependant, avec votre permission, le vent était très-fort, et il y avait dix à parier contre un que *vieux Jean* ne partirait pas[1].

Le roi Henri. — Mais quelle pointe a faite votre faucon, Milord, et à quelle hauteur il planait au-dessus des autres! Il est merveilleux de considérer l'œuvre de Dieu dans toutes ses créatures. Eh oui, hommes et oiseaux, sont ambitieux de s'élever le plus haut possible.

Suffolk. — Il n'est pas étonnant, n'en déplaise à Votre Majesté, que les faucons de Milord protecteur planent si haut; ils savent que leur maître aime l'élévation et porte ses pensées au-dessus de l'essor de son faucon.

Glocester. — Milord, il n'y a qu'un bas et ignoble esprit qui ne puisse monter plus haut que là où atteint l'essor d'un oiseau.

Le cardinal Beaufort. — J'en pensais autant; il voudrait être au-dessus des nuages.

Glocester. — Certes, Milord cardinal; qu'entendez-vous par là? Ne serait-il pas excellent que Votre Grâce pût s'envoler au ciel?

Le roi Henri. — Le trésor de la joie éternelle!

Le cardinal Beaufort. — Ton ciel à toi est sur la terre; tes yeux et tes pensées couvent une couronne, trésor de ton cœur; pernicieux protecteur, dangereux pair, qui sais si bien entortiller le roi et le peuple!

Glocester. — Oh, cardinal! comme votre prêtrise est devenue tranchante! *tantæne animis cœlestibus iræ*[2]? Comment, des gens d'église, être aussi violents! Mon bon oncle, cachez cette malice; vous convient-elle, avec votre caractère sacré?

Suffolk. — Il n'y a pas là de malice, Milord; pas plus qu'il ne convient d'en mettre dans une si bonne querelle contre un si détestable pair.

Glocester. — Quel est celui-là, Milord?

Suffolk. — Vous, parbleu, Milord; n'en déplaise à Votre Seigneurie protectrice.

Glocester. — Pardieu, Suffolk, l'Angleterre connaît ton insolence.

La reine Marguerite. — Et ton ambition, Glocester.

Le roi Henri. — Paix, je t'en prie, ma bonne reine, n'excite pas ces pairs furieux, car bénis sont sur la terre ceux qui font régner la paix.

Le cardinal Beaufort. — Que je sois béni pour la paix que je vais faire avec mon épée contre cet orgueilleux protecteur !

Glocester, *à part au cardinal*. — Sur ma foi, mon saint oncle, je voudrais que nous en fussions là !

Le cardinal Beaufort, *à part à Glocester*. — Parbleu, ce sera quand tu en auras le courage.

Glocester, *à part au cardinal Beaufort*. — N'amène pas pour cette affaire une foule factieuse; que ta personne seule me réponde de tes outrages.

Le cardinal Beaufort, *à part à Glocester*. — Je t'en répondrai en un lieu où tu n'oseras pas montrer ton nez : mais si tu l'oses, eh bien! ce soir, à l'est du bosquet.

Le roi Henri. — Eh bien! qu'y a-t-il, Milords?

Le cardinal Beaufort. — Croyez-moi, neveu Glocester, si votre valet n'avait pas lancé le faucon si soudainement, nous aurions eu une chasse plus complète. (*A part à Glocester.*) Viens avec ton épée à deux mains.

Glocester. — C'est vrai, mon oncle.

Le cardinal Beaufort. — Est-ce aussi votre avis? (*A part à Glocester.*) Le côté est du bosquet.

Glocester, *à part au cardinal Beaufort*. — Cardinal, je suis votre homme.

Le roi Henri. — Qu'y a-t-il donc, mon oncle Glocester?

Glocester. — Nous parlions de fauconnerie, de rien autre, Monseigneur. (*A part au cardinal Beaufort.*) Maintenant, prêtre, par Notre-Dame, je vous raserai votre couronne, ou j'y perdrai toute ma science d'escrime.

Le cardinal Beaufort, *à part à Glocester*. — *Medice teipsum*[3] ; protecteur, veille à te protéger toi-même.

Le roi Henri. — Le vent commence à souffler très-fort; il en est ainsi de vos colères, Milords. Comme c'est là pour mon cœur une musique intolérable! quelle espérance d'harmonie y a-t-il, lorsque de telles cordes détonnent? Je vous en prie, Milords, laissez-moi apaiser cette querelle.

Entre un HABITANT DE SAINT-ALBANS, *criant* miracle!

GLOCESTER. — Que signifie ce bruit? l'ami, quel miracle est-ce que tu proclames?

L'HABITANT DE SAINT-ALBANS. — Un miracle! un miracle!

SUFFOLK. — Approche du roi et raconte-lui ton miracle.

L'HABITANT DE SAINT-ALBANS. — Eh bien, devant la chasse de Saint-Albans, un aveugle a recouvré la vue, il n'y a pas une demi-heure; un homme qui n'y avait jamais vu de sa vie auparavant.

LE ROI HENRI. — Dieu soit loué! lui qui aux âmes croyantes donne la lumière dans les ténèbres, la consolation dans le désespoir!

Entrent LE MAIRE DE SAINT-ALBANS *et* SES CONFRÈRES; SIMPCOX *porté sur un fauteuil par deux personnes;* SA FEMME *et une grande multitude le suivent.*

LE CARDINAL BEAUFORT. — Voici les habitants de la ville qui viennent en procession présenter cet homme à Votre Altesse.

LE ROI HENRI. — Grande est sa consolation dans cette vallée terrestre, quoique en recouvrant la vue sa faculté de pécher se soit multipliée.

GLOCESTER. — Reculez-vous, mes maîtres; approchez-le du roi; le désir de Son Altesse est de lui parler.

LE ROI HENRI. — Mon bon ami, raconte-nous ici les circonstances qui doivent nous faire glorifier pour toi le Seigneur. Eh quoi! tu étais aveugle depuis longtemps, et tu es maintenant rendu à la vue?

SIMPCOX. — Aveugle-né, plaise à Votre Grâce.

LA FEMME DE SIMPCOX. — Oui, en vérité, il l'était

SUFFOLK. — Quelle est cette femme?

La femme de Simpcox. — Sa femme, plaise à Votre Honneur.

Glocester. — Si tu avais été sa mère, tu aurais pu parler avec meilleure information.

Le roi Henri. — Où es-tu né?

Simpcox. — A Berwick, dans le nord, plaise à Votre Grâce.

Le roi Henri. — Pauvre âme! La bonté de Dieu a été grande pour toi : ne laisse passer ni jour ni nuit sans prier, mais souviens-toi toujours de ce que le Seigneur a fait.

La reine Marguerite. — Dis-moi, mon bon ami, es-tu venu ici par hasard, ou est-ce la dévotion qui t'a conduit près de cette sainte chasse?

Simpcox. — Dieu sait que c'est la pure dévotion : cent fois, et plus souvent encore, j'ai été appelé dans mon sommeil par le bon saint Albans qui me disait : « Simpcox, viens; présente-toi devant ma chasse, viens, et je te soulagerai. »

La femme de Simpcox. — C'est très-vrai, sur ma foi; et souvent, et plus d'une fois, j'ai moi-même entendu une voix qui l'appelait ainsi.

Le cardinal Beaufort. — Comment, est-ce que tu es boiteux?

Simpcox. — Oui, que le Dieu tout-puissant me protége!

Suffolk. — D'où cela t'est-il venu?

Simpcox. — Je suis tombé d'un arbre.

La femme de Simpcox. — D'un prunier, Milord.

Glocester. — Combien de temps as-tu été aveugle?

Simpcox. — Oh! je suis né ainsi, Milord.

Glocester. — Comment, et tu voulais grimper à un arbre?

Simpcox. — Cela ne m'est arrivé que cette fois dans ma vie, lorsque j'étais jeune.

La femme de Simpcox. — C'est trop vrai, et il a payé cher d'y avoir grimpé.

Glocester. — Par la messe, il fallait que tu aimasses bien les prunes pour t'aventurer ainsi.

Simpcox. — Hélas, mon bon Lord, ma femme désirait quelques prunes de Damas, et elle me fit grimper au péril de ma vie.

Glocester. — Un subtil coquin ! cependant, cela ne lui servira guère. Laisse-moi voir tes yeux : ferme-les un peu ; ouvre-les maintenant : dans mon opinion, tu ne vois pas encore bien.

Simpcox. — Pardon, Milord, j'y vois clair comme le jour ; j'en remercie Dieu et saint Albans.

Glocester. — C'est là ce que tu me dis ? De quelle couleur est ce manteau ?

Simpcox. — Rouge, Milord, rouge comme le sang.

Glocester. — Bon, c'est bien dit. De quelle couleur est ma robe ?

Simpcox. — Noire, vraiment, d'un noir foncé comme le jais.

Le roi Henri. — Comment donc, tu sais de quelle couleur est le jais ?

Suffolk. — Et cependant je pense qu'il n'avait jamais vu de jais.

Glocester. — Mais il a vu des robes et des manteaux avant ce jour-ci, et cela en quantité.

La femme de Simpcox. — Jamais de toute sa vie, avant ce jour-ci.

Glocester. — Dis-moi, maraud, quel est mon nom ?

Simpcox. — Hélas, Milord, je ne sais pas.

Glocester. — Quel est son nom à celui-ci ?

Simpcox. — Je ne sais pas.

Glocester. — Tu ne sais pas non plus le nom de celui-là ?

Simpcox. — Non, en vérité, Milord.

Glocester. — Quel est ton propre nom ?

Simpcox. — Saunder Simpcox, ne vous en déplaise, Milord.

Glocester. — Eh bien, Saunder, tu peux poser ici pour le drôle le plus menteur de la chrétienté. Si tu avais été un aveugle-né, il t'aurait été aussi facile de nous connaître tous par nos noms que de nommer comme tu viens de le faire les diverses couleurs que nous portons. La vue peut bien distinguer les couleurs, mais les nommer toutes soudainement est chose impossible. Milords, saint Albans a fait ici un miracle, et ne penseriez-vous pas qu'elle serait grande l'habileté de celui qui rétablirait ce boiteux sur ses pieds?

Simpcox. — O Milord, si cela se pouvait!

Glocester. — Messieurs de Saint-Albans, n'avez-vous pas dans votre ville des bedeaux ainsi que de ces choses appelées fouets?

Le maire de Saint-Albans. — Oui, Milord, plaise à Votre Grâce.

Glocester. — Alors, envoyez-en chercher un immédiatement.

Le maire de Saint-Albans. — Va, maraud, fais venir ici le bedeau sans délai. (*Sort un assistant.*)

Glocester. — Maintenant, allez me chercher un escabeau tout de suite. (*On apporte un escabeau.*) Maintenant, maraud, si vous voulez vous éviter la peine d'être fouetté, sautez-moi par-dessus cet escabeau et enfuyez-vous.

Simpcox. — Hélas! Milord, je ne suis pas capable de me tenir debout tout seul; vous allez me torturer en vain.

Rentre l'assistant *avec* le bedeau *armé d'un fouet.*

Glocester. — Bien, Monsieur, nous allons vous faire retrouver vos jambes. Monsieur le bedeau, fouettez-le jusqu'à ce qu'il saute par-dessus cet escabeau.

Le bedeau. — Oui, Milord. Avancez, maraud, enlevez vivement votre justaucorps.

Simpcox. — Hélas! Monsieur, que ferai-je? je ne suis pas capable de me tenir debout. (*Après que le bedeau l'a frappé une fois, il saute par-dessus l'escabeau et s'enfuit; le peuple le suit en criant: un miracle*[1]*!*)

Le roi Henri. — O Dieu! as-tu pu voir cela et le supporter si longtemps?

La reine Marguerite. — J'ai ri de bon cœur en voyant courir le coquin.

Glocester. — Poursuivez le drôle, et emmenez cette gourgandine.

La femme de Simpcox. — Hélas! Milord, c'est le besoin seul qui nous a fait faire cela.

Glocester. — Qu'ils soient fouettés dans chaque ville de marché, jusqu'à ce qu'ils soient arrivés à Berwick, d'où ils sont venus. (*Sortent le maire, le bedeau, la femme de Simpcox, etc.*)

Le cardinal Beaufort. — Le duc Humphroy a fait un miracle aujourd'hui.

Suffolk. — C'est vrai; il a forcé le boiteux à sauter et à s'envoler.

Glocester. — Mais vous avez fait, vous, plus de miracles que moi; vous avez fait s'envoler en un jour des villes entières, Milord.

Entre BUCKINGHAM.

Le roi Henri. — Quelles nouvelles apporte notre cousin Buckingham?

Buckingham. — Des nouvelles que mon cœur tremble de révéler. Une bande de détestables personnes, criminellement associées, sous la faveur et la complicité de Madame Éléonore, femme du protecteur, tête et chef de toute cette clique, ont comploté dangereusement contre votre pouvoir, de concert avec des sorcières et des magiciens : nous les avons surpris sur le fait, faisant sortir de terre des esprits maudits qu'ils questionnaient sur la vie et la mort du roi Henri, ainsi que sur d'autres membres du conseil privé de Votre Altesse, comme Votre Grâce l'apprendra avec plus amples détails.

Le cardinal Beaufort, *à part à Glocester*. — Eh bien, Milord protecteur, grâce à cette histoire, votre épouse va encore faire dans Londres grande figure. Ces nouvelles, je pense, ont quelque peu émoussé le fil de votre épée, et il est probable, Milord, que vous ne viendrez pas au rendez-vous.

Glocester. — Prêtre ambitieux, laisse s'affliger mon cœur. Le chagrin et la douleur ont abattu toutes mes facultés, et vaincu comme je le suis, je te cède, comme je céderais au plus vil valet.

Le roi Henri. — O Dieu! quels malheurs les méchants s'attirent en appelant la confusion sur leurs propres têtes par leurs méfaits!

La reine Marguerite. — Glocester, vois le déshonneur de ton nid, et tâche toi-même d'être exempt de fautes, je te le conseille.

Glocester. — Madame, pour ce qui est de moi, j'en appelle au ciel comme témoin de l'amour que j'ai porté à mon roi et à l'État. Pour ce qui est de ma femme, je ne sais ce qui en est : je suis désolé d'apprendre ce que j'ai entendu. Elle est noble; mais si elle a oublié la vertu et l'honneur, et si elle a conversé avec de ces gens qui, pareils à la poix, salissent la noblesse, je la bannis de mon lit et de ma compagnie, et je livre, comme une proie, à la loi et à la honte, celle qui a déshonoré l'honnête nom de Glocester.

Le roi Henri. — Bon, pour cette nuit, nous nous reposerons ici : demain nous nous rendrons à Londres, afin d'examiner cette affaire et d'interroger ces indignes coupables; nous pèserons leur cause dans les plateaux égaux d'une justice dont le fléau sait garder l'équilibre et qui assure la victoire au droit. (*Fanfares. Ils sortent.*)

SCÈNE II.

Londres. — Le jardin du duc d'York.

Entrent YORK, SALISBURY, *et* WARWICK.

York. — Maintenant que notre modeste souper est fini, mes bons Lords de Salisbury et de Warwick, permettez-moi, en nous promenant dans l'enceinte de ce jardin, de me donner la satisfaction de vous conquérir à l'opinion que mon droit sur la couronne d'Angleterre est incontestable.

SALISBURY. — Milord, je brûle de vous entendre l'expliquer.

WARWICK. — Commence, mon aimable York, et si tes droits sont fondés, les Nevils sont entièrement à tes ordres.

YORK. — Voici donc les choses. Édouard III, Milords, eut sept fils : le premier, Édouard, le prince noir, prince de Galles; le second, William de Hatfield; le troisième, Lionel, duc de Clarence, après lequel venait Jean de Gand, duc de Lancastre; le cinquième était Edmond Langley, duc d'York; le sixième était Thomas de Woodstock, duc de Glocester; William de Windsor était le septième et le dernier. Édouard, le prince noir, mourut avant son père, en laissant un fils unique, Richard, qui, après la mort d'Édouard III, régna jusqu'au jour où Henri Bolingbroke, duc de Lancastre, fils aîné et héritier de Jean de Gand, couronné sous le nom de Henri le quatrième, se saisit du royaume, déposa le roi légitime, envoya sa pauvre reine en France d'où elle était venue, et l'envoya, lui, à Pomfret, où, comme vous le savez tous, l'inoffensif Richard fut traîtreusement assassiné.

WARWICK. — Père, le duc a dit la vérité; c'est ainsi que la maison de Lancastre a conquis la couronne.

YORK. — Laquelle ils détiennent maintenant par force, et non par droit; car Richard, l'héritier du premier fils, étant mort, c'est la postérité du fils le plus proche qui aurait dû régner.

SALISBURY. — Mais William de Hatfield mourut sans héritier.

YORK. — Le troisième fils, le duc de Clarence, par le sang duquel je prétends à la couronne, eut un rejeton, une fille, Philippe, qui épousa Edmond Mortimer, comte des Marches. Edmond eut un rejeton, Roger, comte des Marches : Roger eut pour postérité Edmond, Anne, et Éléonore.

SALISBURY. — Cet Edmond, sous le règne de Bolingbroke, éleva, ainsi que je l'ai lu, des prétentions à la couronne, et il eût été roi sans Owen Glendower, qui le tint en captivité jusqu'à sa mort. Mais voyons la suite

York. — La sœur aînée d'Edmond, Anne ma mère, héritière de la couronne, épousa Richard, comte de Cambridge, qui était fils d'Edmond Langley, cinquième fils d'Édouard III. Par elle je réclame le royaume. Elle était héritière de Roger, comte des Marches, qui était fils d'Edmond Mortimer, lequel épousa Philippe, seule héritière de Lionel duc de Clarence, en sorte que si la postérité du fils aîné doit succéder avant celle du cadet, je suis roi.

Warwick. — Qu'y a-t-il de plus clair que cette filiation? Henri détient la couronne en vertu des droits de Jean de Gand, le quatrième fils; York la réclame en vertu des droits du troisième. La postérité de Jean de Gand ne devrait pas régner avant que celle de Lionel fût éteinte; mais elle n'est pas éteinte encore, elle fleurit en toi et dans tes fils, belles branches d'un tel tronc. Ainsi, mon père Salisbury, agenouillons-nous tous les deux; et dans ce pacte secret, soyons les premiers à saluer notre souverain légitime de l'hommage qui est dû à ses droits de naissance sur la couronne.

Salisbury *et* Warwick, *ensemble*. — Longue vie à notre souverain, Richard, roi d'Angleterre!

York. — Nous vous remercions, Lords. Mais je ne suis pas votre roi jusqu'à ce que je sois couronné et que mon épée soit teinte du sang du cœur de la maison de Lancastre; or ce n'est pas soudainement que cela peut être accompli, mais par la prudence, le silence et le secret. Conduisez-vous comme moi dans ces jours dangereux : fermez les yeux sur l'insolence de Suffolk, l'orgueil de Beaufort, l'ambition de Somerset, sur Buckingham et tout le reste de leur bande, jusqu'à ce qu'ils aient pris au piège le gardien du troupeau, ce vertueux prince, le bon duc Humphroy : c'est ce qu'ils cherchent, et en cherchant cela, ils trouveront leurs morts, s'il est permis à York de prophétiser.

SALISBURY. — Milord, séparons-nous ; nous connaissons à fond votre pensée.

WARWICK. — Mon cœur m'assure que le comte de Warwick fera un jour un roi du duc d'York.

YORK. — Et Nevil, moi je t'assure en personne que Richard vivra pour faire du comte de Warwick l'homme le plus puissant de l'Angleterre après le roi. (*Ils sortent.*)

SCÈNE III.

LONDRES. — Une salle de justice.

Les trompettes sonnent. Entrent LE ROI HENRI, LA REINE MARGUERITE, GLOCESTER, YORK, SUFFOLK, *et* SALISBURY ; *puis, sous garde,* LA DUCHESSE DE GLOCESTER, MARGERY JOURDAIN, SOUTHWELL, HUME, *et* BOLINGBROKE.

LE ROI HENRI. — Avancez, Dame Éléonore Cobham, épouse de Glocester : aux yeux de Dieu et aux nôtres, votre crime est grand ; recevez la sentence de la loi, pour des péchés de telle nature que le livre de Dieu les adjuge à la mort. (*A Margery Jourdain et aux autres.*) Vous quatre, vous allez être reconduits en prison, et vous en sortirez pour aller à la place de l'exécution : la sorcière sera brûlée en cendres dans Smithfield, et vous trois vous serez étranglés sur la potence. Quant à vous, Madame, comme vous êtes plus noblement née, dépouillée de vos honneurs pendant votre vie, après trois jours de pénitence publique, vous vivrez bannie au sein de votre pays, dans l'île de Man, avec Sir John Stanley [5].

LA DUCHESSE DE GLOCESTER. — Bienvenu est cet exil, bienvenue serait ma mort.

GLOCESTER. — Éléonore, la loi, tu le vois, t'a jugée ; je ne puis justifier celle que la loi condamne. (*Sortent la duchesse et les autres prisonniers sous garde.*) Mes yeux sont pleins de larmes, mon cœur est plein de douleur. Ah ! Humphroy, ce déshonneur à ton âge te mènera de douleur au tombeau ! J'en conjure Votre Majesté, donnez-moi permission de partir ; mon chagrin voudrait soulagement, et mon âge voudrait repos.

Le roi Henri. — Arrête, Humphroy, duc de Glocester : avant de partir, remets ton bâton ; Henri sera son protecteur à lui-même, et Dieu sera mon espérance, mon soutien, mon guide, la lumière de mes pas. Pars en paix, Humphroy, et non moins aimé que lorsque tu étais protecteur de ton roi.

La reine Marguerite. — Je ne vois pas pourquoi un roi en majorité serait gouverné comme un enfant. Que Dieu et le roi Henri tiennent le gouvernail de l'Angleterre ! Rendez votre bâton, Milord, et remettez au roi son royaume.

Glocester. — Mon bâton ! le voici, mon bâton, noble Henri : je te le remets aussi volontiers que je l'acceptai lorsque ton père Henri me le confia ; je le dépose à tes pieds aussi volontiers que d'autres désireraient s'en saisir par ambition. Adieu, bon roi ; lorsque je serai mort et parti, puisse une honorable paix entourer ton trône ! (*Il sort.*)

La reine Marguerite. — Eh bien, maintenant Henri est roi, et Marguerite reine ; quant à Humphroy, duc de Glocester, il n'est plus que l'ombre de lui-même, après une si tranchante amputation ; deux secousses à la fois, — sa femme bannie et un membre coupé : quant à ce bâton d'honneur qui lui est enlevé, qu'il soit placé là où il convient le mieux, dans la main de Henri.

Suffolk. — C'est ainsi que s'affaisse ce pin à la haute cime et que pendent ses rameaux ; c'est ainsi que l'orgueil d'Éléonore meurt à son plus bel âge.

York. — Lords, laissez-le partir. Plaise à Votre Majesté, c'est le jour marqué pour le combat ; prêts sont l'appelant et le défendant, l'armurier et son apprenti, à entrer dans l'arène, s'il plaît à Votre Majesté de contempler la lutte.

La reine Marguerite. — Oui, mon bon Lord ; car j'ai quitté exprès la cour pour voir décider cette querelle.

ACTE II, SCÈNE III.

Le roi Henri. — Au nom de Dieu, voyez à faire préparer l'arène et tout ce qui est nécessaire. Qu'ils finissent ici leur querelle, et que Dieu défende le droit!

York. — Je n'ai jamais vu garçon en plus piètre état, et qui craignit plus de combattre que l'appelant, le serviteur de cet armurier, Milords.

Entrent d'un côté, HORNER, *et ses* voisins *qui boivent à son succès, et lui font boire tant de rasades qu'ils l'enivrent; il se présente portant son bâton avec un sac de sable attaché au bout; il est précédé par un tambour: de l'autre côté, entre* PIERRE *avec un bâton semblable, accompagné par les* apprentis *qui boivent à son succès* [6].

Premier voisin. — Ici, voisin Horner, je bois à votre succès avec un verre de Xérès. N'ayez crainte, voisin, vous vous en tirerez bien.

Second voisin. — Ici, voisin, voici un verre de Charneco [7].

Troisième voisin. — Et voici un pot de bonne double bière, voisin: buvez, et ne craignez pas votre homme.

Horner. — A la bonne chance, ma foi! et je vous ferai raison à tous; et nargue de Pierre!

Premier apprenti. — Ici, Pierre, je bois à ton succès; n'aie pas peur.

Second apprenti. — Allons, Pierre, de l'entrain, et ne crains pas ton maître: combats pour l'honneur des apprentis.

Pierre. — Je vous remercie tous; buvez et priez pour moi, je vous en prie; car je crois bien que j'ai bu mon dernier coup en ce monde. Ici, Robin, si je meurs, je te donne mon tablier; et toi, Will, tu auras mon marteau; et toi, Tom, approche ici, tu prendras tout l'argent que j'ai. O Seigneur, protégez-moi! je vous en prie, mon Dieu; car je ne serai jamais capable de me défendre contre mon maître, il a appris à se battre depuis si longtemps déjà.

Salisbury. — Voyons, laissez là vos rasades, et venez-en aux coups. Maraud, quel est ton nom?

Pierre. — Pierre, en vérité.

Salisbury. — Pierre, et quoi plus?

Pierre. — Pouce.

Salisbury. — *Pouce!* Alors, tâche de bien *pousser* ton maître.

Horner. — Maîtres, je viens ici, comme qui dirait, à l'instigation de mon apprenti, pour prouver qu'il est un coquin, et que je suis un honnête homme : et en ce qui touche le duc d'York, je veux bien mourir, si je lui ai jamais voulu aucun mal, ainsi qu'au roi et à la reine : par conséquent, Pierre, un bon coup de torchon ensemble!

York. — Dépêchez; — la langue de ce coquin commence à devenir épaisse. Sonnez, trompettes, donnez le signal aux combattants! (*Fanfare pour le signal. Ils combattent, et Pierre abat Horner.*)

Horner. — Arrête, Pierre, arrête! je confesse, je confesse ma trahison. (*Il meurt.*)

York. — Enlevez-lui son arme. Camarade, remercie Dieu, et aussi le bon vin qui s'est trouvé sur la route de ton maître.

Pierre. — Oh! ai-je pu renverser mon ennemi en telle présence? O Pierre, ton droit l'a emporté[8]!

Le roi Henri. — Allez, enlevez ce traître de notre vue; car sa mort nous prouve sa culpabilité, et Dieu nous a révélé par sa justice, la véracité et l'innocence de ce pauvre garçon qu'il avait cru pouvoir criminellement assassiner. Viens, camarade, suis-nous pour venir toucher ta récompense. (*Ils sortent.*)

SCÈNE IV.

Londres. — Une rue.

Entrent GLOCESTER *et* des serviteurs *en manteaux de deuil.*

Glocester. — C'est ainsi que le plus beau jour se voile souvent d'un nuage, et qu'à l'été succède toujours le stérile hiver au froid cruellement meurtrier : c'est ainsi que selon la succession des saisons, abondent les chagrins et les joies. Messieurs, quelle heure est-il ?

Un serviteur. — Dix heures, Milord.

Glocester. — C'est l'heure qu'on m'a assignée pour voir passer ma duchesse châtiée ; ses pieds délicats auront bien de la peine à fouler les durs pavés de la rue. Charmante Nell, difficilement ton âme noble supportera de voir le peuple abject qui naguère suivait les roues de ton pompeux carrosse, lorsque tu passais triomphalement dans les rues, te regarder en face, avec des regards haineux, et ricanant à ta honte. Mais, silence ! je crois qu'elle arrive : je vais préparer mes yeux obscurcis de larmes à contempler ses misères.

Entrent LA DUCHESSE DE GLOCESTER *en chemise blanche, avec un écriteau suspendu aux épaules, pieds nus, et un cierge allumé à la main ;* Sir JOHN STANLEY, un shériff *et* des officiers.

Un serviteur. — S'il plaît à Votre Grâce, nous allons l'arracher au shériff.

Glocester. — Non, tenez-vous tranquilles, sur vos existences ! laissez-la passer son chemin.

La duchesse de Glocester. — Êtes-vous venu, Milord, pour voir ma honte publique ? tu fais aussi pénitence à cette minute. Vois comme ils regardent ! vois comme cette sotte multitude te montre du doigt, et secoue ses têtes, et dirige ses yeux sur toi ! Ah ! Glocester, dérobe-toi à leurs regards haineux ; va dans ton cabinet, et là, portes closes, gémis sur ma honte, et maudis tes ennemis et les miens.

Glocester. — De la patience, ma bonne Nell ; oublie ce malheur.

La duchesse de Glocester. —Ah ! Glocester, apprends-moi à m'oublier moi-même ! car lorsque je songe que je suis ton épouse, et que tu es un prince, le protecteur de ce royaume, il me semble que je ne devrais pas être ainsi traînée, revêtue de honte, avec des affiches sur mon dos, et suivie par la canaille qui se réjouit de voir mes larmes et d'entendre mes profonds gémissements. Les durs cailloux coupent mes pieds délicats, et lorsque je tressaille, ce peuple haineux rit, et m'engage à faire attention à la manière dont je marche. Ah! Humphroy, puis-je supporter ce joug honteux? Crois-tu que jamais plus j'oserai lever mes yeux sur le monde? crois-tu que jamais plus je regarderai comme heureux ceux qui jouissent du soleil? Non, les ténèbres seront ma lumière, la nuit sera mon jour; penser à ma pompe sera mon enfer. Quelquefois je dirai, je suis l'épouse du duc Humphroy; c'est un prince et il gouverne le royaume : et cependant il gouvernait si bien, il était si bien prince, qu'il était là, immobile, pendant que moi, sa duchesse abandonnée, j'étais un spectacle et un objet de risée pour toute la canaille oisive qui me suivait. Continue cependant à être endurant, ne rougis pas de ma honte, ne fais aucun mouvement en aucune circonstance, jusqu'à ce que la hache de la mort tombe sur ta tête, comme elle y tombera sous peu; car Suffolk, cet homme qui peut faire tout ce qu'il veut de celle qui te hait et qui nous hait tous, et York, et l'impie Beaufort, ce prêtre hypocrite, ont tous posé leurs gluaux pour prendre tes ailes, et vole comme tu voudras, ils t'attraperont : mais cependant sois sans crainte, jusqu'à ce que ton pied soit pris au piége, et ne cherche jamais à prévenir tes ennemis.

Glocester. — O Nell, arrête! tu vois faussement les choses. Je ne puis être accusé avant d'être coupable, et mes ennemis seraient vingt fois plus nombreux qu'ils ne sont, et ils auraient vingt fois le pouvoir qu'ils ont, que tout cela ne pourrait me créer aucun danger aussi longtemps que je resterai loyal, fidèle, et innocent. Est-ce que tu aurais voulu que je t'enlevasse à cette honte? mais le scandale que tu as donné n'aurait pas été effacé par là, et moi j'aurais été en danger pour violation de la loi. Ton plus grand soutien est le calme, ma charmante Nell : je t'en prie, dresse ton cœur à la patience; ces quelques jours d'extrême douleur seront bien vite passés.

Entre UN HÉRAUT.

LE HÉRAUT. — Je convoque Votre Grâce pour le parlement de Sa Majesté, qui doit se tenir à Bury le premier du prochain mois.

GLOCESTER. — Et on n'a pas auparavant demandé mon consentement! Il y a là un jeu secret. — C'est bien, j'y serai. (*Sort le héraut.*) Ma bonne Nell, je prends congé de toi; et vous, Monsieur le shériff, veillez à ce que sa pénitence n'excède pas la commission du roi.

LE SHÉRIFF. — Plaise à Votre Grâce, ma commission est maintenant remplie, et c'est Sir John Stanley qui est chargé à cette heure de la conduire à l'île de Man pour l'y garder.

GLOCESTER. — Est-ce vous, Sir John, qui devez y protéger Milady?

STANLEY. — C'est l'ordre que j'ai reçu, plaise à Votre Grâce.

GLOCESTER. — Ne la traitez pas plus mal, parce que c'est moi qui vous prie de la bien traiter : le monde peut me sourire encore, et je puis vivre assez pour vous montrer ma reconnaissance, si vous agissez bien envers elle : là-dessus, Sir John, adieu.

LA DUCHESSE DE GLOCESTER. — Quoi! vous partez, Milord, et vous ne me dites pas adieu!

GLOCESTER. — Contemple mes larmes; elles te disent que je ne puis rester pour te parler. (*Sortent Glocester et ses serviteurs.*)

LA DUCHESSE DE GLOCESTER. — Te voilà parti, toi aussi! toutes mes consolations s'en vont avec toi, car il ne m'en reste aucune : ma joie est maintenant la mort, — la mort dont j'ai si souvent redouté le nom, parce que je souhaitais l'éternité de ce monde. Stanley, partons, je t'en prie; emmène-moi d'ici, peu m'importe où, car je ne demande pas de faveur; emmène-moi seulement là où il t'a été ordonné de me conduire.

STANLEY. — Eh bien, Madame, c'est à l'île de Man, où vous devez être traitée selon votre condition.

La duchesse de Glocester. — Alors c'est un dur traitement, car ma condition n'est qu'opprobre. Dois-je donc y être traitée avec opprobre?

Stanley. — Comme il convient à une duchesse et à l'épouse du duc Humphroy; voilà comment vous devez être traitée.

La duchesse de Glocester. — Shériff, adieu, et puisses-tu prospérer plus que moi, bien que tu aies été le conducteur de ma honte!

Le shériff. — C'était ma charge, et veuillez me pardonner, Madame.

La duchesse de Glocester. — Oui, oui, adieu; ton office est achevé. Allons, Stanley, partons-nous?

Stanley. — Madame, maintenant que votre pénitence est faite, dépouillez cette chemise, et venez vous habiller pour notre voyage.

La duchesse de Glocester. — Ma honte ne pourra pas être enlevée avec ma chemise : non, elle s'étalera sur mes robes les plus riches, et se laissera voir, quelque costume que je prenne. Allons, ouvrez la marche; il me tarde de voir ma prison. (*Ils sortent.*)

ACTE III.

SCÈNE PREMIÈRE.

L'abbaye, à Bury Saint-Edmond.

Fanfares d'arrivée. Entrent au parlement, LE ROI HENRI, LA REINE MARGUERITE, SUFFOLK, LE CARDINAL BEAUFORT, YORK, BUCKINGHAM, *et autres.*

Le roi Henri. — Je m'étonne que Milord de Glocester ne soit pas arrivé ; ce n'est pas sa coutume d'être ainsi le dernier ; quelle peut être la circonstance qui le tient maintenant loin de nous?

La reine Marguerite. — Ne voyez-vous pas, ou bien ne voulez-vous pas observer comme sa conduite s'est étrangement modifiée? comme il se comporte majestueusement, comme il est devenu dans ces derniers temps, insolent, orgueilleux, cassant, et différent de lui-même? Nous avons connu un temps où il était doux et affable ; où, quand il surprenait de loin un de nos regards, il accourait s'agenouiller avec une telle promptitude que toute la cour l'admirait pour sa soumission. Mais rencontrez-le maintenant, et cela aura beau être au matin, c'est-à-dire au moment où chacun vous fait des souhaits heureux pour la journée, il va froncer le sourcil, lancer un regard irrité, passer roide et sans se courber, dédaignant de nous montrer le respect qui nous est dû. On ne regarde pas les petits chiens quand ils grognent; mais les grands tremblent lorsque le lion rugit, et Humphroy n'est pas un personnage de médiocre importance en Angleterre. Notez d'abord qu'il est le plus proche de vous par le sang, et que si vous tombez, il est le premier qui montera. Il me paraît donc qu'il n'est pas politique, — si l'on tient compte des dispositions rancunières qu'il manifeste et de l'avantage qu'il retirerait de votre mort, — de le laisser approcher de votre personne royale, ou de l'admettre au conseil de Votre Altesse. Par ses flatteries, il a gagné le cœur des communes, et le jour où il lui plaira de soulever une insurrection, il est à craindre qu'elles ne le suivent toutes. Nous sommes maintenant au printemps, et les herbes n'ont que de faibles racines ; mais laissez-leur prendre force, et bientôt elles encombreront le jardin et étoufferont les plantes, faute d'avoir été sarclées. La respectueuse sollicitude que je porte à mon Seigneur, m'a permis de reconnaître chez le duc l'existence de ces dangers. Si c'est là exagération, appelez cela crainte féminine, crainte à laquelle je renoncerai si vous la dissipez par de meilleures raisons que je me déclare prête à accepter, en même temps qu'à dire que j'ai fait injure au duc. Milord de Suffolk, Buckingham, York, réfutez mes allégations, si vous le pouvez, sinon concluez que mes paroles sont fondées.

Suffolk. — Votre Altesse a parfaitement vu clair dans le jeu du duc, et si j'avais été le premier à exprimer mon opinion, je crois que j'aurais tenu le discours de Votre Grâce. Sur ma vie, c'est à son instigation que la duchesse s'est livrée à ses diaboliques pratiques ; ou s'il n'avait pas connaissance de ses fautes personnellement, il n'en est pas moins vrai que c'est l'orgueil qu'il tire de sa haute naissance, le fait d'être l'héritier possible du roi, comme premier après lui, et autres fières vanteries de sa noblesse, qui ont poussé cette folle, lunatique duchesse à comploter par des moyens pervers la chute de notre Souverain. Lorsque le ruisseau est profond, l'eau coule sans bruit, et c'est ainsi que sous son apparence de simplicité il cache la trahison. Le renard ne glapit pas lorsqu'il veut voler l'agneau. Non, non, mon Souverain, Glocester est un homme qui n'a pas été encore sondé et qui est plein de profonde duplicité.

Le cardinal Beaufort. — N'a-t-il pas, contrairement aux formes de la loi, inventé des genres de mort singuliers pour la punition de petites offenses?

York. — Et n'a-t-il pas, dans le cours de son protectorat, levé sur le royaume pour la solde de ses soldats en France de grandes sommes d'argent qu'il n'a jamais envoyées? par suite de quoi les villes se révoltaient chaque jour.

Buckingham. — Bah! ce ne sont là que de misérables peccadilles, si on les compare aux délits inconnus que le temps fera découvrir chez le doucereux duc Humphroy.

Le roi Henri. — Milords, pour répondre à tous à la fois, le souci que vous avez de faucher les épines qui blesseraient nos pieds, est digne d'éloges : mais vous parlerai-je selon ma conscience? Eh bien, notre parent Glocester est aussi innocent de méditer la trahison contre notre royale personne, qu'un agneau à la mamelle ou une inoffensive colombe. Le duc est vertueux, doux, et il a de trop nobles inclinations pour rêver le mal, ou comploter ma chute.

La reine Marguerite. — Ah! qu'y a-t-il de plus dangereux que cette folle confiance! Semble-t-il une colombe? ses plumes alors sont empruntées, car ses dispositions sont celles de l'odieux corbeau. Semble-t-il un agneau? alors sa peau lui est assurément prêtée, car ses inclinations sont celles du loup vorace. Qui donc ne peut voler une forme extérieure sous laquelle il cache la trahison? Prenez garde, Monseigneur; si vous n'arrêtez pas court cet homme artificieux, il y va de notre bonheur à tous.

Entre SOMERSET.

Somerset. — Santé parfaite à mon gracieux Souverain!

Le roi Henri. — Soyez le bienvenu, Lord Somerset. Quelles nouvelles de France?

Somerset. — Les nouvelles, c'est que votre pouvoir dans ces territoires est entièrement ruiné : tout est perdu.

Le roi Henri. — De mauvaises nouvelles, Lord Somerset : mais que la volonté de Dieu soit faite !

York, *à part*. — Mauvaises nouvelles pour moi, car j'espérais la France, aussi fermement que j'espère la fertile Angleterre. Ainsi donc, voilà que mes fleurs se flétrissent en bourgeons, et que les chenilles mangent mes feuilles : mais je réparerai cette affaire avant peu, ou j'échangerai mon titre contre un glorieux tombeau.

Entre GLOCESTER.

Glocester. — Parfait bonheur à Monseigneur le roi ! Pardonnez-moi, mon Suzerain, d'être autant en retard.

Suffolk. — Non, Glocester, sache que n'étant pas plus loyal que tu ne l'es, tu es venu encore trop tôt : je t'arrête ici comme coupable de haute trahison.

Glocester. — Bien, Suffolk, tu ne me verras pas rougir, ni changer d'aspect à cause de cette arrestation : un cœur sans tache n'est pas aisément troublé. La source la plus limpide n'est pas plus pure de boue, que mon cœur n'est net de trahison envers mon Souverain. Qui peut m'accuser ? en quoi suis-je coupable ?

York. — On croit, Milord, que vous vous êtes laissé corrompre par la France, et que pendant votre protectorat, vous avez arrêté la paye des soldats, fait par suite duquel Son Altesse a perdu la France.

Glocester. — N'est-ce que cela que l'on croit ? Quels sont ceux qui le croient ? Je n'ai jamais volé les soldats de leur paye, et je n'ai jamais reçu de la France un sou de salaire. Dieu m'assiste, comme il est vrai que j'ai passé toutes les nuits, oui, nuit sur nuit, à veiller aux intérêts de l'Angleterre ! Que tout denier que j'ai détourné du trésor de mon roi, que tout *groat* que j'ai encaissé à mon usage, servent à m'accuser au jour de mon procès ! Non, j'ai au contraire déboursé bien des livres prises sur mon propre bien pour les donner aux garnisons, parce que je craignais de taxer les communes appauvries, et je n'en ai jamais demandé la restitution.

Le cardinal Beaufort. — Il vous est utile de parler ainsi, Milord.

Glocester. — Dieu me protége, comme je dis la pure vérité !

York. — Pendant votre protectorat vous avez inventé pour les délinquants des tortures singulières, dont on n'avait jamais ouï parler jusqu'alors, si bien que vous avez fait peser sur l'Angleterre la diffamation de tyrannie.

Glocester. — Vraiment, il est bien connu que lorsque j'étais protecteur, la pitié était mon seul défaut ; car je me fondais devant les larmes des délinquants, et quelques paroles d'humilité suffisaient pour servir de rançon à leurs fautes. Jamais je n'ai infligé aux coupables le châtiment qu'ils méritaient, à moins qu'ils n'appartinssent à la classe des sanglants meurtriers, ou à celle de ces vils et lâches voleurs qui dévalisent les pauvres voyageurs : le meurtre, il est vrai, ce crime sanglant, je l'ai puni de tortures supérieures à celles dont je punissais le vol ou tout autre crime sans exception.

Suffolk. — Milord, vous vous justifiez aisément, rapidement de ces accusations ; mais on met à votre charge de plus grands crimes dont il vous est moins facile de vous purger. Je vous arrête au nom de Son Altesse, et je vous remets à Milord le cardinal qui vous tiendra sous garde jusqu'à l'époque de votre procès.

Le roi Henri. — Milord de Glocester, c'est mon plus ferme espoir que vous vous justifierez de tous ces soupçons : ma conscience me dit que vous êtes innocent.

Glocester. — O mon gracieux Seigneur, les jours que nous traversons sont dangereux ! La vertu est étouffée par l'ignoble ambition, la charité chassée par la main de la rancune, l'infâme subornation est prédominante, et l'équité est exilée du royaume de Votre Altesse. Je sais qu'ils ont comploté d'avoir ma vie ; si ma mort pouvait faire le bonheur de cette île et marquer le terme de leur tyrannie, je l'embrasserais bien volontiers : mais ma mort n'est que le prologue de leur pièce, car des milliers d'hommes qui ne soupçonnent encore aucun péril, ne termineront pas avec leurs morts la tragédie qu'ils ont complotée. Les yeux étincelants de rouge colère de Beaufort révèlent la malice de son cœur ; le front chargé de nuages de Suffolk révèle les tempêtes de sa haine ; l'âcre Buckingham laisse sa langue débarrasser son cœur du poids d'envie qui l'oppresse ; le hargneux York, qui veut atteindre la lune et dont j'ai fait baisser le bras présomptueux, vise ma vie par ses fausses accusations ; et vous, ma Dame Souveraine, de concert avec les autres, vous avez sans motif appelé les disgrâces sur ma tête, et vous avez employé vos meilleurs efforts à exciter mon très-cher Souverain à devenir mon ennemi. Oui, vous tous, vous êtes associés, — j'avais connaissance de vos conciliabules, — pour m'enlever mon innocente existence. Il ne manquera pas de faux témoins pour me condamner, on trouvera tout un magasin de trahisons pour aggraver mon accusation, et le vieux proverbe sera bientôt vérifié : « On trouve vite un bâton pour battre un chien. »

Le cardinal Beaufort. — Mon Suzerain, ses railleries sont intolérables : si ceux qui ont souci de préserver votre royale personne du poignard secret de la trahison et de la rage du traître, sont ainsi calomniés, gourmandés, insultés, et si l'on accorde à l'offenseur une telle liberté de parole, cela refroidira le zèle de vos amis pour Votre Grâce.

Suffolk. — N'a-t-il pas lancé sur notre souveraine Dame, ici présente, des censures ignominieuses, quoique habilement exprimées, tout comme si elle avait suborné quelqu'un pour jurer de fausses allégations afin de renverser son pouvoir ?

La reine Marguerite. — Oui, mais je donne au perdant permission de gronder.

Glocester. — Vous avez parlé plus vrai que vous ne le vouliez : je perds en vérité, et maudits soient les gagnants, car ils ont joué faux jeu avec moi ! Des perdants comme moi doivent avoir permission de parler.

Buckingham. — Voilà qu'il va jouer sur les mots et

nous retenir ici tout le jour : Lord cardinal, il est votre prisonnier.

Le cardinal Beaufort. — Messieurs, emmenez le duc et gardez-le avec vigilance.

Glocester. — Ah! c'est donc ainsi que le roi Henri jette sa béquille avant que ses jambes soient assez fermes pour porter son corps! c'est ainsi que le berger est arraché de tes côtés, pendant que grincent des crocs les loups qui les premiers te mordront. Ah! si mes craintes pouvaient être fausses! ah! si cela pouvait être! car je crains ta ruine, bon roi Henri. (*Sortent les gardes avec Glocester.*)

Le roi Henri. — Milords, faites ou défaites, selon qu'il semblera bon à vos sagesses, absolument comme si nous étions ici.

La reine Marguerite. — Comment! est-ce que Votre Altesse va quitter le parlement?

Le roi Henri. — Oui, Marguerite; mon cœur est noyé dans une douleur dont le flot commence à s'épancher de mes yeux : ma personne est tout entourée de misères, car quel homme est plus misérable que celui qui a perdu le contentement? Ah, mon oncle Humphroy! je vois sur ton visage l'honneur, la fidélité, la loyauté! et elle est encore à venir, bon Humphroy, l'heure où j'aurais pu te trouver faux et suspecter ta fidélité. Quelle étoile niveleuse envie donc maintenant ta grandeur, pour que les puissants Lords et notre reine Marguerite cherchent à perdre ta vie innocente? Tu ne leur as jamais fait de mal, et tu n'as jamais fait de mal à personne : mais de même que le boucher emmène le veau de son étable, lie le pauvre être, et le bat quand il cherche à s'enfuir, pendant qu'il le conduit au sanglant abattoir, de même ils t'ont emmené d'ici sans pitié. Et de même que la vache beugle par monts et par vaux, regardant la route par où est parti son inoffensif petit, sans pouvoir autre chose que mugir sur la perte de son chéri, de même je gémis sur la situation du bon Glocester avec des larmes qui ne lui sont d'aucun secours; je le regarde s'éloigner avec des yeux obscurcis par mes pleurs, mais je ne puis lui faire aucun bien, si puissants sont ses ennemis jurés. Je pleurerai sa fortune, et après chaque gémissement, je dirai : « S'il y a des traîtres, Glocester n'en est pas un. » (*Il sort.*)

La reine Marguerite. — Lords, hommes libres, la froide neige fond sous les chauds rayons du soleil. Henri, mon Seigneur, est froid aux grandes affaires, trop plein d'enfantine compassion, et les dehors de Glocester le trompent, comme le crocodile gémissant trompe par le piége de sa douleur les voyageurs émus de pitié, ou comme le serpent à la peau brillante et bariolée, décrivant ses cercles sur un lit de fleurs, pique un enfant qui sur sa beauté l'avait pris pour une créature inoffensive. Croyez-moi, Lords, si personne n'était plus sage que moi, — et toutefois je regarde mon bon sens comme solide, — ce Glocester aurait bientôt débarrassé le monde de sa présence, et en ce faisant, nous débarrasserait de la crainte que nous avons de lui.

Le cardinal Beaufort. — Qu'il meure, cela est d'une bonne politique ; mais cependant il nous faut un prétexte pour sa mort : il est convenable qu'il soit condamné conformément à la loi.

Suffolk. — Mais, dans mon opinion, ce parti ne serait pas politique : le roi s'efforcera toujours de sauver sa vie ; les communes se soulèveront peut-être pour lui sauver la vie, et jusqu'à présent nous n'avons pas de meilleur prétexte pour démontrer qu'il mérite la mort, que le prétexte vulgaire de la défiance.

York. — Ainsi, à en croire vos paroles, vous ne voudriez pas qu'il mourût.

Suffolk. — Ah ! York, personne ne le désire autant que moi !

York. — C'est York qui a le plus de raisons de désirer sa mort. Mais, Milord cardinal, et vous, Milord de Sulffok, dites-moi votre opinion et parlez dans toute la sincérité de vos âmes ; donner Glocester pour protecteur au roi, ou placer un aigle affamé parmi des poulets pour les préserver d'un milan vorace, ne serait-ce pas une seule et même chose?

La reine Marguerite. — Les pauvres poulets seraient alors bien sûrs de la mort.

Suffolk. — C'est vrai, Madame, et ne serait-ce pas folie par conséquent de faire du renard le gardien du poulailler, et d'hésiter, tout accusé qu'il est d'être un rusé meurtrier, à poursuivre la punition de son crime, sous le prétexte que son projet n'a pas été exécuté? Non, qu'il meure, avant d'avoir teint ses mâchoires de sang cramoisi, par la simple raison qu'il est un renard, reconnu par le fait seul de sa nature ennemi du troupeau, comme Humphroy est reconnu par le bon sens ennemi de mon Suzerain. Et ne faisons pas les délicats pour décider comment nous devons le tuer; que ce soit par trappes, piéges, ruses, dans son sommeil ou dans sa veille, peu importe, pourvu qu'il meure; car c'est une honnête tromperie que celle qui devance, en lui faisant échec, la ruse de l'homme qui prétendait tromper le premier.

La reine Marguerite. — Trois fois noble Suffolk, voilà qui est parler avec résolution.

Suffolk. — Les vrais résolus sont ceux qui en font autant qu'ils en annoncent, car on exprime bien souvent ce qu'on a peu l'intention d'exécuter : mais pour vous prouver que mon cœur est d'accord avec ma langue, comme je vois que cet acte est méritoire, comme par là je préserverai mon Souverain de son ennemi, dites seulement un mot et je lui servirai de confesseur.

Le cardinal Beaufort. — Mais pour ma part, Milord de Suffolk, je voudrais qu'il mourût avant que vous soyez dûment ordonné prêtre; donnez-moi votre consentement, décidez-vous avec netteté, et je me charge de lui trouver un exécuteur, tant m'est chère la sûreté de mon Souverain.

Suffolk. — Voici ma main; l'action est légitime.

La reine Marguerite. — J'en dis autant.

York. — Et moi aussi, et maintenant que nous avons

prononcé tous trois, celui-là importe assez peu qui voudrait attaquer notre sentence.

Entre un messager.

Le messager. — Puissants Lords, je suis venu d'Irlande au grand galop, pour vous avertir que les rebelles se sont soulevés et passent les Anglais au fil de l'épée : envoyez des secours, Lords, et arrêtez à temps leur furie, avant que la blessure devienne incurable ; car tant qu'elle saigne franchement, il y a grand espoir de guérison.

Le cardinal Beaufort. — Voilà une brèche qui demande une prompte réparation ! Que décidez-vous dans cette importante occasion ?

York. — Que Somerset soit envoyé comme régent en Irlande : il est légitime qu'un gouverneur qui a la main si heureuse soit employé ; témoin la fortune qu'il a eue en France.

Somerset. — Si York avait été régent à ma place, avec toute sa politique tirée par les cheveux, il ne serait pas resté en France aussi longtemps que moi.

York. — Non, je ne serais pas resté aussi longtemps pour perdre tout comme tu l'as fait ; j'aurais perdu ma vie prématurément plutôt que de rapporter dans ma patrie une pareille charge de déshonneur, en restant si longtemps à attendre que tout fût perdu. Montre-moi une cicatrice gravée dans ta peau ; les hommes dont la chair est si intacte sont rarement vainqueurs.

La reine Marguerite. — Allons, cette étincelle va devenir un feu furieux, si on apporte pour la nourrir, vent et bois : — assez, mon bon York ; — reste tranquille, mon aimable Somerset ; — ta fortune, York, si tu avais été régent, aurait peut-être été pire que la sienne.

York. — Quoi ! pire que le néant ! Ah ! que la honte alors vous confonde tous !

Somerset. — Et toi avec nous, toi qui nous souhaites la honte !

Le cardinal Beaufort. — Eh bien, Milord d'York,

mettez votre fortune à l'épreuve. Les Kernes sauvages d'Irlande [1] sont sous les armes, et mouillent la terre de sang anglais : voulez-vous conduire en Irlande une bande d'hommes soigneusement choisis, pris dans chaque comté par petites fractions, et essayer votre chance contre les Irlandais?

York. — Je le veux bien, Milord, s'il plaît à Sa Majesté.

Suffolk. — Parbleu, notre autorité équivaut à son consentement; ce que nous décidons, il le confirme : ainsi donc, noble York, prends cette tâche en main.

York. — J'en suis satisfait : procurez-moi des soldats, Lords, tandis que je vais mettre ordre à mes propres affaires.

Suffolk. — C'est une charge, Lord York, que j'aurai soin de faire exécuter. Mais revenons maintenant à ce fourbe de duc Humphroy.

Le cardinal Beaufort. — Ne parlons plus de lui, car je prendrai de telles mesures à son égard que désormais il ne nous importunera plus. Là-dessus, séparons-nous ; la journée est presque finie : Lord Suffolk, vous et moi, nous avons à parler de cette affaire.

York. — Milord de Suffolk, d'ici à quatorze jours, j'attends mes soldats à Bristol ; car là je les embarquerai tous pour l'Irlande.

Suffolk. — Je veillerai à ce que cela soit exactement exécuté, Milord d'York. (*Tous sortent, excepté York.*)

York. — Maintenant, York, c'est le moment ou jamais, d'armer tes craintives pensées et de changer l'hésitation en résolution. Sois ce que tu espères être, ou bien, abandonne à la mort ce que tu es, — cela ne vaut pas la peine d'être possédé. Laisse la crainte au pâle visage loger chez les gens de basse extraction, et ne lui accorde pas d'asile dans un cœur royal. Les pensées succèdent en moi aux pensées, plus rapidement que ne se succèdent les ondées au printemps, et il n'en est pas une qui n'ait pour sujet la dignité. Mon cerveau, plus actif que la laborieuse araignée, s'épuise à tisser des toiles pour attraper mes ennemis. Bien, nobles, bien, c'est agir politiquement que de m'envoyer en expédition avec une armée de soldats : je crains, pour moi, que vous ayez simplement réchauffé le serpent engourdi, qui caressé sur vos poitrines vous piquera au cœur. C'était d'hommes que je manquais, vous voulez bien me les donner, je les prends avec reconnaissance ; mais tenez-vous pour bien assurés que vous venez de mettre des armes dangereuses entre les mains d'un fou. Pendant que je nourrirai en Irlande une bande puissante, je soulèverai en Angleterre quelque noir ouragan qui emportera dix mille âmes au ciel ou en enfer, et cette cruelle tempête ne cessera pas de souffler avant que le cercle d'or posé sur ma tête, faisant l'office des transparents rayons du glorieux soleil, calme la fureur de cette trombe insensée. Pour servir d'instrument à mes projets, j'ai séduit un énergique habitant du Kent, John Cade d'Ashford, qui, sous le titre de John Mortimer, doit soulever une rébellion aussi complète qu'il pourra. J'ai vu en Irlande cet opiniâtre Cade, tenir tête tout seul à toute une troupe de Kernes, et combattre si longtemps que ses cuisses bardées de dards ressemblaient au porc-épic aux flèches aiguës ; et lorsqu'il fut enfin secouru, je l'ai vu cabrioler en l'air, pareil à un frénétique danseur de mauresque[2], en agitant les dards ensanglantés, comme le danseur ses clochettes. Bien souvent, sous le déguisement d'un Kerne à la chevelure ébouriffée, il conversait avec l'ennemi, et sans avoir été découvert, revenait me trouver pour me donner avis de leurs scélératesses. Ce diable-là sera mon lieutenant, car par la figure, par la démarche, par le son de la voix, il ressemble à John Mortimer qui est maintenant mort. Cette rébellion me permettra de connaître l'esprit des communes ; par là je saurai quelle affection elles portent à la maison et aux prétentions d'York. Supposons qu'il soit pris, mis au chevalet et torturé, je sais que pas une des souffrances qu'on pourra lui infliger ne sera capable de lui faire avouer que c'est moi qui l'ai poussé à prendre les armes. Supposons au contraire qu'il réussisse, comme cela est très-probable, eh bien, alors, je reviens d'Irlande avec mes forces, et je récolte la moisson que ce gredin aura semée; car Humphroy mort, comme il le sera alors, et Henri mis à l'écart, c'est à moi que tout revient. (*Il sort.*)

SCÈNE II.

Bury. — Un appartement dans le palais.

Entrent des assassins *en toute hâte.*

Premier assassin. — Courons trouver Milord de Suffolk; informons-le que nous avons expédié le duc comme il nous l'avait commandé.

Second assassin. — Oh! si c'était encore à faire! qu'avons-nous fait? As-tu jamais entendu un homme si repentant?

Premier assassin. — Voici venir Milord.

Entre SUFFOLK.

Suffolk. — Eh bien, Messieurs, avez-vous expédié cette affaire?

Premier assassin. — Oui, mon bon Lord, il est mort.

Suffolk. — Bon, voilà qui est bien parler. Allez, rendez-vous à ma demeure, je vous récompenserai pour cet acte périlleux. Le roi et tous les pairs sont ici proches : avez-vous bien refait le lit; toutes les choses sont-elles conformes aux ordres que je vous avais donnés?

Premier assassin. — Oui, mon bon Lord.

Suffolk. — Partez! disparaissez! (*Sortent les assassins.*)

Les trompettes sonnent. Entrent le roi HENRI, la reine MARGUERITE, le cardinal BEAUFORT, SOMERSET, Lords, *et autres.*

Le roi Henri. — Allez, mandez immédiatement notre oncle en notre présence : dites-lui que notre intention est d'examiner aujourd'hui si Sa Grâce est coupable, comme on le proclame.

SUFFOLK. — Je vais aller le chercher immédiatement, mon noble Seigneur. (*Il sort.*)

LE ROI HENRI. — Lords, prenez vos places; et je vous en prie tous, que vos rigueurs contre notre oncle Glocester soient proportionnées à l'évidence des preuves et à la moralité des témoins qui établiront sa culpabilité.

LA REINE MARGUERITE. — Dieu défende que prévale aucune malice capable de faire condamner un noble innocent! Prions Dieu qu'il puisse s'acquitter de tout soupçon!

LE ROI HENRI. — Je te remercie, Marguerite; ces paroles me font grand plaisir.

Rentre SUFFOLK.

LE ROI HENRI. — Eh bien, qu'est-ce donc? pourquoi es-tu pâle? pourquoi trembles-tu? où est notre oncle? qu'y a-t-il, Suffolk?

SUFFOLK. — Mort dans son lit, Monseigneur! Glocester est mort!

LA REINE MARGUERITE. — Vraiment, plaise à Dieu que non!

LE CARDINAL BEAUFORT. — C'est le secret jugement de Dieu! Je rêvais cette nuit que le duc était muet et ne pouvait pas dire un mot. (*Le roi s'évanouit.*)

LA REINE MARGUERITE. — Comment se trouve Monseigneur? Au secours, Lords! le roi est mort.

SOMERSET. — Soulevez son corps; tirez-le par le nez.

LA REINE MARGUERITE. — Courez, allez; au secours! au secours! ô Henri, ouvre tes yeux!

SUFFOLK. — Il ressuscite; prenez patience, Madame.

LE ROI HENRI. — O Dieu du ciel!

LA REINE MARGUERITE. — Comment se trouve mon gracieux Seigneur?

SUFFOLK. — Du courage, mon Souverain! gracieux Henri, du courage!

LE ROI HENRI. — Quoi! c'est Milord de Suffolk qui vient me consoler? il est venu tout à l'heure me chanter une note de corbeau, dont le son lugubre m'a privé de mes esprits vitaux, et il croit que le gazouillement d'un roitelet criant courage du fond d'une poitrine vide de sentiment sincère, peut dissiper le retentissement du son premièrement perçu! n'enveloppe pas ton poison dans de tels mots sucrés. Ne pose pas tes mains sur moi; retiens-les, te dis-je; leur toucher me fait peur, comme le dard d'un serpent. Messager de malheur, hors de mes yeux! Derrière tes prunelles, j'aperçois la tyrannie meurtrière qui trône dans son affreuse majesté pour effrayer le monde. Ne me regarde pas, car tes yeux blessent : et cependant ne t'en va pas : viens ici, basilic[8], et tue par ton regard l'innocent qui te contemple; car je trouverai la joie sous l'ombre de la mort, tandis que dans la vie je ne trouverai qu'une double mort, maintenant que Glocester n'est plus.

La reine Marguerite. — Pourquoi traitez-vous ainsi Milord de Suffolk? Quoique le duc fût son ennemi, il déplore cependant très-chrétiennement sa mort. Pour ce qui est de moi, tout ennemi qu'il m'était, si les larmes liquides, ou les gémissements douloureux au cœur, ou les soupirs qui consument le sang, pouvaient le rappeler à la vie, je deviendrais aveugle à force de pleurs, malade à force de gémissements, je pâlirais comme la primevère à force de soupirs altérés de sang, et tout cela pour faire revivre le noble duc. Et ne sais-je pas ce que le monde peut croire de moi? Il est connu que nous étions de froids amis, et on pourra supposer que j'ai fait disparaître le duc : ainsi mon nom sera blessé par la langue de la calomnie, et toutes les cours des princes retentiront des accusations portées contre moi; voilà ce que je gagne à cette mort. Ah! malheureuse que je suis! être reine et se voir couronnée d'infamie!

Le roi Henri. — Ah! malheur sur moi, pour la mort de Glocester, le pauvre infortuné!

La reine Marguerite. — Que le malheur soit pour moi qui suis plus à plaindre que lui. Quoi! tu te détournes? tu caches ton visage? Je ne suis pas une dégoûtante lépreuse; regarde-moi. Quoi! es-tu devenu sourd comme l'aspic? alors sois venimeux aussi, et tue ta reine délaissée. Tout ton bonheur est-il donc enfermé dans la tombe de Glocester? Ta Dame Marguerite ne te fut donc jamais une joie? Eh bien alors, élève la statue du duc et adore-la, et fais de mon image une simple enseigne de cabaret. C'était sans doute pour cela que je faillis être noyée en mer, et que par deux fois un vent contraire me repoussa du rivage de l'Angleterre et me rejeta dans mon pays natal? Que présageait cela, sinon que le vent aux avertissements salutaires semblait me dire : ne va pas chercher un nid de scorpions, ne pose pas le pied sur ce rivage inhospitalier! Alors, je ne fis autre chose que maudire ces charitables rafales et celui qui les lâchait hors de leurs cavernes de bronze, et je les suppliai de souffler du côté du rivage béni de l'Angleterre ou de diriger notre poupe contre quelque rocher redoutable. Cependant Éole ne voulut pas être un meurtrier, et c'est à toi qu'il laissa ce détestable office : la gentille mer orageuse refusa de me noyer, sachant que ta dureté me noierait à terre dans des larmes aussi salées que la mer : les rochers, destructeurs de navires, se cachant sous les sables affaissés, refusèrent de me briser contre leurs flancs déchiquetés, parce que ton cœur de pierre, plus dur qu'eux, devait dans ton palais faire périr Marguerite. Lorsque la tempête nous repoussa de ton rivage, je me tins sous les écoutilles, au milieu de l'orage, aussi longtemps que je pus apercevoir tes falaises crayeuses, et lorsque le ciel obscurci commença à dérober la vue de ton royaume à mes yeux acharnés à regarder, je détachai de mon cou un précieux joyau, — c'était un cœur entouré de diamants, — et je le jetai vers ton pays : la mer le reçut, et je souhaitai que ta personne reçût ainsi mon cœur : à ce moment-là, je perdis de vue la belle Angleterre, et j'ordonnai à mes yeux de partir avec mon cœur, et je les appelai aveugles et myopes pour avoir perdu la vue de la côte désirée d'Albion. Combien de fois j'excitai Suffolk, l'agent de ton indigne inconstance, à s'asseoir près de moi, et à m'enchanter de son éloquence, comme le fit Ascagne lorsqu'il

ACTE III, SCÈNE II. 317

déroula aux oreilles de l'affolée Didon les actes de son père commencés à l'incendie de Troie[4]! Ne suis-je pas affolée comme elle? n'es-tu pas perfide comme lui? Hélas, je n'en puis plus! Meurs, Marguerite! car Henri pleure de ce que tu vis si longtemps.

Bruit au dehors. Entrent WARWICK *et* SALISBURY. *Les gens des communes se pressent à la porte.*

WARWICK. — On rapporte, puissant Souverain, que le bon duc Humphroy est traîtreusement assassiné par les trames de Suffolk et du cardinal Beaufort. Les communes, comme une ruche d'abeilles irritées qui sont privées de leur chef, se répandent d'ici et de là, et n'ont souci de savoir qui elles piquent dans leur fureur de vengeance. J'ai obtenu qu'elles apaisassent leurs murmures soupçonneux, jusqu'à ce qu'elles fussent informées des détails de sa mort.

LE ROI HENRI. — Il est trop vrai qu'il est mort, mon bon Warwick; mais comment il est mort, c'est Dieu qui le sait, non pas Henri. Entrez dans sa chambre, examinez son corps inanimé, et tâchez ainsi de vous expliquer sa mort soudaine.

WARWICK. — C'est ce que je vais faire, mon Suzerain. Salisbury, reste avec la furieuse multitude jusqu'à mon retour. (*Warwick passe dans une chambre de l'intérieur, et Salisbury va rejoindre les gens des communes.*)

LE ROI HENRI. — O toi qui juges toutes choses, retiens mes pensées, mes pensées qui s'efforcent de persuader à mon âme que des mains violentes ont éteint la vie d'Humphroy! Si mes soupçons sont faux, pardonne-moi, mon Dieu, car ce n'est qu'à toi qu'il appartient de juger! Volontiers j'irais échauffer ses pâles lèvres de vingt mille baisers, et noyer son visage d'un océan de larmes salées; volontiers j'irais assurer de mon affection son cadavre muet et sourd, et reconnaître par la sensibilité de mes doigts l'insensibilité de sa main; mais vaines sont toutes ces petites marques de deuil, et contempler son image terrestre et morte, que serait-ce faire, sinon rendre ma douleur plus grande ?

Les portes de la chambre intérieure s'ouvrent toutes grandes, et GLOCESTER *est découvert mort dans son lit.* WARWICK *et d'autres se tiennent à côté du lit.*

Warwick. — Venez ici, gracieux Souverain, regardez ce corps.

Le roi Henri. — C'est voir combien profonde est creusée ma tombe ; car avec son âme se sont enfuies toutes mes consolations en ce monde, car en le voyant, je vois ma vie au sein de la mort.

Warwick. — Aussi certainement que mon âme espère vivre avec ce roi redouté qui prit notre condition pour nous racheter de la malédiction courroucée de son père, je crois que des mains violentes ont éteint la vie de ce duc trois fois renommé !

Suffolk. — Une terrible affirmation, proférée avec une bien solennelle éloquence ! Quelle preuve donne Lord Warwick de son affirmation ?

Warwick. — Voyez comme le sang est figé sur son visage ! J'ai vu bien souvent des corps de personnes mortes de mort naturelle ; ils sont couleur de cendre, maigres, pâles, exsangues, le sang étant entièrement descendu au cœur qui l'avait attiré pour s'en aider contre son ennemie, dans les efforts de la lutte qu'il soutient contre la mort : descendu au cœur, le sang s'y refroidit en même temps que lui, et ne revient jamais rendre aux joues l'incarnat et la beauté. Mais, voyez, sa face est noire et infiltrée de sang ; ses yeux sortent de leur orbite plus que lorsqu'il était vivant, ils sont fixes et hagards comme ceux d'un homme étranglé ; ses cheveux sont dressés tout roides ; ses narines se sont ouvertes sous l'effort de la lutte ; ses mains sont étendues dans l'espace, comme celles de quelqu'un qui a étreint fortement, qui a disputé sa vie et qui a été vaincu par la force. Regardez les draps, sa chevelure y est collée, et sa barbe si bien peignée a été mise en désordre et emmêlée, comme la moisson de l'été quand elle est abattue par la tempête. Il ne se peut qu'il n'ait pas été assassiné ici; le moindre de ces signes est une preuve⁵.

Suffolk. — Comment, Warwick? qui aurait pu mettre le duc à mort? Moi et Beaufort nous l'avions sous notre garde, et nous ne sommes pas des meurtriers, j'espère, Milord.

Warwick. — Mais vous étiez tous deux les ennemis jurés du duc Humphroy, et vous aviez en outre le bon duc sous votre garde : il est probable que vous ne vouliez pas le traiter en ami, et il est trop visible qu'il a trouvé un ennemi.

La reine Marguerite. — Ainsi vous soupçonnez évidemment ces nobles personnes d'être coupables de la mort prématurée du duc Humphroy?

Warwick. — Celui qui trouve le veau mort et saignant d'un frais égorgement, et qui voit tout près de lui un boucher avec une hache, ne soupçonnera-t-il pas l'auteur du meurtre? Celui qui trouve la perdrix dans le nid du milan, a-t-il peine à s'imaginer comment l'oiseau est mort, quoique le milan plane sans avoir du sang au bec? Cette tragédie est tout aussi facile à deviner.

La reine Marguerite. — Est-ce vous qui êtes le boucher, Suffolk? où est votre coutelas? Est-ce Beaufort qui est le milan? où sont ses serres?

Suffolk. — Je ne porte pas de coutelas pour égorger les hommes endormis ; mais je porte une épée vengeresse qui se rouille dans l'oisiveté, et je la fourbirai dans le cœur rancunier de celui qui me déshonore ainsi en me décorant des rouges insignes du meurtre. Orgueilleux maître du Warwickshire, affirme si tu l'oses que je suis coupable de la mort du duc Humphroy. (*Sortent le cardinal, Somerset et autres.*)

Warwick. — A quoi n'est pas prêt Warwick, si le déloyal Suffolk le défie?

La reine Marguerite. — A quoi il n'est pas prêt? c'est à calmer sa véhémence outrageante, et à cesser d'être un arrogant accusateur, quand bien même Suffolk le défierait vingt mille fois.

Warwick. — Madame, avec tout le respect que je vous dois, gardez le silence ; car chacune des paroles que vous prononcez en sa faveur retombe en scandale sur votre dignité royale.

Suffolk. — Lord à l'esprit grossier, de conduite ignoble! si jamais Dame outragea à ce point son Seigneur, ce fut ta mère qui aura introduit dans son lit quelque paysan rustre et sans éducation ; sur un noble tronc fut ainsi greffé un rameau de pommier sauvage ; tu es le fruit de ce rameau, et tu ne fus jamais de la noble race des Nevils.

Warwick. — N'était que ton crime de meurtre te protége, et que je déroberais le bourreau de son dû en t'acquittant par la mort de dix mille hontes ; n'était que la présence de mon Souverain m'oblige à la douceur, je te ferais demander pardon à genoux des paroles que tu viens de prononcer, et avouer que c'est de ta mère que tu as voulu parler et que c'est toi qui es né dans la bâtardise, lâche et déloyal meurtrier, et une fois que la terreur t'aurait forcé à me rendre cet hommage, je te donnerais ton salaire et j'enverrais ton âme en enfer, perfide suceur du sang des hommes endormis !

Suffolk. — Mais toi, tu seras éveillé lorsque je répandrai ton sang, si tu oses t'éloigner avec moi de la présence royale.

Warwick. — Sortons tout de suite, ou je te traîne hors d'ici! tout indigne que tu en es, je veux me mesurer avec toi, et payer ainsi un tribut d'hommages à l'ombre du duc Humphroy. (*Sortent Suffolk et Warwick.*)

Le roi Henri. — Quelle cuirasse plus forte qu'un cœur innocent ! Il est armé trois fois, celui dont la querelle est juste ; et il est nu, quand bien même il serait revêtu d'acier, celui dont la conscience est corrompue par l'injustice. (*On entend un bruit au dehors.*)

La reine Marguerite. — Quel est ce bruit?

Rentrent SUFFOLK *et* WARWICK, *leurs épées nues à la main.*

Le roi Henri. —Eh bien, qu'est-ce donc, Lords? Quoi, vos épées tirées avec courroux, en notre présence, ici même! osez-vous être si téméraires? Quelle est cette clameur tumultueuse que nous entendons?

Suffolk. — Le traître Warwick, avec les gens de Bury, se sont tous lancés contre moi, puissant Souverain. (*Bruit de la foule à l'extérieur.*)

Rentre SALISBURY.

Salisbury, *aux gens des communes placés en dehors des portes.*—Messieurs, restez ici tranquilles; le roi connaîtra vos sentiments. — (*Il s'avance.*) Redouté Seigneur, les gens des communes m'envoient vous dire que si le déloyal Suffolk n'est pas immédiatement mis à mort, ou banni des territoires de la belle Angleterre, ils l'arracheront par la violence de votre palais, et lui infligeront la torture affreuse d'une mort à petit feu. Ils disent que le bon duc Humphroy a été assassiné par lui, ils disent que sa mort leur fait redouter celle de Votre Altesse, et que s'ils ont la hardiesse d'insister sur le bannissement de Suffolk, c'est par un pur instinct d'amour et de loyauté, exempt de toute pensée de résistance et d'opposition, comme le serait la pensée de contredire vos préférences affectueuses. Ils disent que si Votre Altesse, voulant dormir, avait défendu que personne ne troublât votre sommeil sous peine de votre déplaisir ou de la mort, leur sollicitude pour votre royal individu leur ferait nécessairement un devoir de vous réveiller, en dépit des termes stricts d'un tel édit, s'ils voyaient un serpent à la langue fourchue, se glisser furtivement vers Votre Majesté, de crainte qu'en vous laissant plongé dans ce sommeil dangereux, le reptile homicide ne le transformât en sommeil éternel : ils crient donc, que même si vous le défendez, ils vous protégeront, bon gré, mal gré, contre les cruels serpents comme Suffolk, dont le dard venimeux et fatal a, disent-ils, privé indignement de la vie votre excellent oncle, qui le valait vingt fois.

Les communes, *de l'extérieur*. — Une réponse du roi, Milord de Salisbury.

Suffolk. — Il est naturel que les gens des communes, rustres grossiers et impolis, envoient un pareil message à leur Souverain; mais vous, Milord, vous avez été heureux d'être employé pour montrer quel habile orateur vous êtes : cependant tout l'honneur que Salisbury en aura retiré, sera d'être le Lord ambassadeur d'une cohue de chaudronniers auprès du roi.

Les communes, *de l'extérieur*. — Une réponse du roi, ou nous forçons les portes!

Le roi Henri. — Allez, Salisbury, et dites-leur à tous de ma part que je les remercie pour leur tendre et affectueuse sollicitude; mon projet était de faire ce qu'ils me demandent, quand bien même ils ne m'en auraient pas ainsi pressé; car vraiment, mes pensées me prédisent à toute heure qu'il arrivera malheur à mon pouvoir par le fait de Suffolk : je jure donc par la majesté de celui dont je suis le très-indigne député qu'il ne répandra pas l'infection dans l'air que nous respirons, mais qu'il partira dans un délai de trois jours sous peine de mort. (*Sort Salisbury*.)

La reine Marguerite. — O Henri, permets-moi de plaider pour le noble Suffolk!

Le roi Henri. — Reine sans noblesse qui oses l'appeler le noble Suffolk! assez, dis-je; si tu plaides pour lui, tu ne feras qu'accroître ma colère. J'aurais gardé ma parole, quand bien même je n'aurais exprimé qu'une simple volonté; mais lorsque je fais un serment, les choses sont irrévocables. (*A Suffolk*.) Si d'ici à trois jours, tu es trouvé sur quelqu'un des territoires dont je suis le maître, le monde ne pourrait pas racheter ta vie. Allons, Warwick; allons, mon bon Warwick, viens avec moi; j'ai des choses de grande importance à te communiquer. (*Sortent le roi Henri, Warwick, Lords, etc.*)

La reine Marguerite. — Que le malheur et le chagrin

ACTE III, SCÈNE II.

aillent avec vous! Que le désenchantement du cœur et l'aigre affliction soient les camarades qui vous tiennent compagnie! Vous voilà deux ensemble, que le diable fasse le troisième, et puisse une triple vengeance accompagner vos pas!

Suffolk. — Cesse tes malédictions, charmante reine, et permets à ton Suffolk de prendre son triste congé de toi.

La reine Marguerite. — Fi, lâche femmelette! scélérat au faible cœur! n'as-tu donc pas d'énergie pour maudire tes ennemis?

Suffolk. — Peste soit d'eux! pourquoi les maudirais-je? Si les malédictions pouvaient tuer, comme les gémissements de la mandragore[6], j'inventerais des paroles d'une amertume aussi profonde, aussi pleines de fiel, aussi acerbes, aussi horribles à entendre, qu'ait jamais pu en inventer dans sa nauséabonde caverne l'Envie à la face pâle, et je les lancerais à travers mes dents serrées avec autant de signes de mortelle haine qu'elle-même : ma langue trébucherait, tant serait forte et précipitée la passion que je mettrais à maudire; mes yeux étincelleraient comme étincelle le caillou frappé; mes cheveux se fixeraient tout droits, comme ceux d'un fou ; oui, chacun de mes muscles semblerait maudire et proscrire, et à cet instant même, mon cœur oppressé se briserait si je ne les maudissais pas. Que le poison soit leur breuvage! que leur mets le plus délicat soit un fiel pire que le fiel! que leur plus aimable ombrage soit un bosquet de cyprès! que les objets qui tomberont sous leurs yeux soient de meurtriers basilics! que ce qu'ils toucheront de plus doux soit encore coupant comme la dent du lézard! que leur musique soit effrayante comme le sifflement du serpent, et que les chats-huants de sinistre augure complètent le concert! que toutes les odieuses terreurs de l'enfer, siége des ténèbres[7]....

La reine Marguerite. — Assez, cher Suffolk; tu te fais mal toi-même, et la force de ces redoutables malédictions revient contre toi-même, comme la lumière du soleil renvoyée par une glace, ou comme un fusil trop chargé!

Suffolk. — Vous m'avez ordonné de maudire, et maintenant vous m'ordonnez de cesser? Par le pays d'où je suis banni, j'aurais la force de maudire toute une longue nuit d'hiver, quand bien même je serais obligé de me tenir nu sur le sommet d'une montagne où le froid mordant n'aurait jamais permis à un brin d'herbe de croître, et je penserais encore que c'est une seule minute que j'ai passée à jouer.

La reine Marguerite. — Oh! cesse, laisse-moi t'en supplier! Donne-moi ta main, afin que je l'arrose des larmes de ma douleur, et que jamais la pluie du ciel ne mouille cette place pour y effacer le souvenir de mon affliction! (*Elle lui baise la main.*) Oh! pourquoi ce baiser ne peut-il être imprimé sur ta main; tu pourrais, grâce à ce sceau, penser aux lèvres qui l'ont posé et qui s'ouvrent pour laisser exhaler vers toi mille soupirs! Pars, afin que je puisse bien connaître ma douleur; je ne fais que la conjecturer pendant que tu es encore là, de la même façon qu'on se figure la faim lorsqu'on est rassasié. Je te ferai rappeler, ou sois bien assuré que j'oserai me faire bannir moi-même: et bannie je suis déjà, par cela seul que je suis bannie de toi. Pars, ne me parle pas: — pars tout de suite. — Oh non, ne pars pas encore! — Ainsi deux amis condamnés s'embrassent, se baisent et prennent dix mille congés, et auraient moins d'horreur de mourir qu'ils n'ont de peine à se séparer. Adieu cependant à cette heure, et adieu à la vie en même temps qu'à toi!

Suffolk. — Ainsi le pauvre Suffolk est dix fois banni, une fois par le roi, et trois fois trois par toi. Ce n'est pas ce pays que je regretterais, si tu en étais partie; un désert serait assez peuplé, si Suffolk y jouissait de ta céleste compagnie: car là où tu es, là est le monde lui-même avec tous les plaisirs du monde, et là où tu n'es pas est la désolation. Je ne puis plus rien: — vis pour jouir de ta vie; pour moi, je n'ai plus d'autre joie que de savoir que tu vis.

ACTE III, SCÈNE II.

Entre VAUX.

La reine Marguerite. — Où Vaux va-t-il si vite? quelles nouvelles, je te prie?

Vaux. — Je vais annoncer à Sa Majesté que le cardinal Beaufort touche à sa mort, car un mal grave et subit s'est abattu sur lui, mal qui le fait haleter, tressaillir et battre l'air, en blasphémant Dieu et en maudissant les hommes. Quelquefois il parle comme si le fantôme du duc Humphroy était à ses côtés : d'autres fois, il appelle le roi et chuchote à son oreiller, comme si c'était le roi, les secrets de son âme bourrelée, et je suis envoyé pour avertir Sa Majesté qu'à l'heure présente même il l'appelle à grands cris.

La reine Marguerite. — Va, porte au roi ce triste message. (*Sort Vaux.*) Hélas! qu'est-ce que ce monde! quelles nouvelles sont celles-là! Mais pourquoi est-ce que je gémis sur une perte qu'une pauvre heure effacera, tandis que j'oublie l'exil de Suffolk, de Suffolk, le trésor de mon âme? Pourquoi, Suffolk, est-ce que je ne pleure pas pour toi seul? pourquoi est-ce que je ne rivalise pas de larmes avec les nuages du sud, eux versant leur pluie pour accroître l'abondance de la terre, moi pour faire grandir ma douleur? Maintenant, pars : le roi va venir, tu le sais; tu es mort, si on te trouve avec moi.

Suffolk. — Si je te quitte, je ne puis vivre, et mourir sous tes yeux, que serait-ce autre chose que goûter sur ton sein un aimable sommeil? Ici je pourrais exhaler mon âme dans l'air, aussi doucement et aussi gentiment que l'enfant au berceau qui meurt avec le tétin de sa mère entre ses lèvres : tandis que loin de tes yeux, je deviendrai fou de rage, t'appelant à grands cris pour clore mes yeux ou pour fermer ma bouche avec tes lèvres; de la sorte, tu pourrais retenir mon âme prête à s'échapper, ou je pourrais l'exhaler en toi et la faire vivre ainsi dans un doux Élysée. Mourir près de toi, serait une volupté; mourir loin de toi, serait une torture pire que la mort : oh, laisse-moi rester, arrive que pourra!

La reine Marguerite. — Fuis! quoique la séparation soit un corrosif violent, cependant elle est appliquée à une blessure mortelle. En France, mon doux Suffolk : fais-moi savoir de tes nouvelles; en quelque lieu du globe que tu sois, j'aurai une Iris qui t'y trouvera.

Suffolk. — Je pars.

La reine Marguerite. — Et prends mon cœur avec toi.

Suffolk. — C'est un joyau qui sera renfermé dans la plus lugubre cassette qui ait jamais contenu un objet de prix. Nous nous séparons absolument comme une écorce fendue; je tombe à la mort de ce côté-ci.

La reine Marguerite. — Et moi de celui-là. (*Ils sortent de côtés différents.*)

SCÈNE III.

Londres. — La chambre à coucher du cardinal Beaufort.

Entrent le roi HENRI, SALISBURY, WARWICK *et autres*. Le cardinal BEAUFORT *est au lit entouré d'assistants*.

Le roi Henri. — Comment se porte Milord? parle à ton Souverain, Beaufort.

Le cardinal Beaufort. — Si tu es la mort, je te donnerai le trésor de l'Angleterre, un trésor suffisant pour acheter une autre île pareille à celle-ci, pourvu que tu me laisses vivre et que je ne ressente pas de souffrance [8].

Le roi Henri. — Oh! quel signe d'une vie mauvaise cela est, quand l'approche de la mort est si terrible!

Warwick. — Beaufort, c'est ton Souverain qui te parle.

Le cardinal Beaufort. — Faites-moi mon procès quand vous voudrez. N'est-il pas mort dans son lit? où pouvait-il mourir? Puis-je faire que les hommes vivent, qu'on le veuille ou non? Oh, ne me torturez pas davantage! je confesserai. Vit-il encore? En ce cas, montrez-moi où il est : je donnerai mille livres pour le contempler. — Il n'a pas d'yeux, la poussière les a aveuglés. Rabattez ses cheveux; voyez, voyez! ils se tiennent tout droits : on dirait des gluaux pour prendre mon âme au vol! Donnez-moi à boire, et dites à l'apothicaire de m'apporter le violent poison que je lui ai acheté.

Le roi Henri. — O toi, éternel moteur des cieux, jette un œil compatissant sur ce misérable! Oh! chasse le démon turbulent et enragé qui assiége si violemment l'âme de ce misérable, et purge son sein de ce noir désespoir !

Warwick. — Voyez comme les angoisses de la mort le font grimacer !

Salisbury. — Ne le troublez pas, laissez-le partir paisiblement.

Le roi Henri. — Paix à son âme, si c'est le bon plaisir de Dieu! Lord cardinal, si tu penses au bonheur du ciel, étends la main, montre-nous tes espérances par un signe. — Il meurt, et il ne fait aucun signe : ô Dieu, pardonnez-lui!

Warwick. — Une si mauvaise mort prouve une vie monstrueuse.

Le roi Henri. — Craignez de juger, car nous sommes tous des pécheurs. Fermez-lui les yeux, tirons les rideaux, et allons tous nous mettre en méditation.

(Ils sortent.)

ACTE IV.

SCÈNE PREMIÈRE.

Dans le KENT.—Le rivage de la mer près de DOUVRES.

On entend une canonnade sur mer. Puis entrent, descendus d'un bateau, UN CAPITAINE DE NAVIRE, UN MAÎTRE D'ÉQUIPAGE, UN CONTRE-MAÎTRE, WALTER WHITMORE, *et autres; avec eux* SUFFOLK, *déguisé, et d'autres* GENTILSHOMMES, *prisonniers.*

LE CAPITAINE. — Le jour joyeux, babillard, ouvert à la pitié, s'est glissé dans le sein de la mer, et maintenant les loups aux hurlements retentissants réveillent les coursiers qui traînent la nuit tragique et mélancolique, ces coursiers qui de leurs ailes endormies, lentes et sans vigueur, rasent les tombeaux des morts, et de leurs gueules humides exhalent dans l'air des ténèbres contagieuses et impures. Ainsi faites avancer les soldats que nous avons pris, car pendant que notre navire est à l'ancre dans les dunes, ils nous payeront leur rançon sur le sable, ou bien ils teindront de leur sang ce terne rivage. Maître, je te donne librement ce prisonnier, et toi qui es son second, fais butin de celui-là; quant à cet autre (*montrant Suffolk*), c'est ta part, Walter Whitmore.

PREMIER GENTILHOMME. — Quel est le taux de ma rançon, maître? apprenez-le-moi.

LE MAÎTRE D'ÉQUIPAGE. — Mille couronnes, ou bien baissez votre tête.

Le contre-maître. — Et vous en donnerez autant vous, sinon votre tête tombe.

Le capitaine. — Comment! trouvez-vous que ce soit beaucoup pour des gens qui ont nom et port de gentilshommes de payer deux mille couronnes? Coupez la gorge à ces deux scélérats : car pour mourir, vous mourrez : les vies de ceux que nous avons perdus dans le combat sont-elles compensées par une aussi petite somme?

Premier gentilhomme. — Je la donnerai, Monsieur; par conséquent, épargnez ma vie.

Second gentilhomme. — Je la donnerai, moi aussi, et je vais écrire immédiatement chez moi pour cela.

Whitmore, à Suffolk. — J'ai perdu mon œil en amenant cette prise à bord, et comme vengeance tu mourras, et il en adviendrait autant à ceux-là, si j'étais le maître.

Le capitaine. — Ne sois pas si méchant; accepte rançon, laisse-le vivre.

Suffolk. — Regarde mon insigne du *Georges*; je suis un gentilhomme : taxe-moi au taux que tu voudras, tu seras payé.

Whitmore. — Et moi aussi je suis un gentilhomme; mon nom est Walter Whitmore. Qu'est-ce donc? pourquoi tressailles-tu? est-ce que la mort t'effraye?

Suffolk. — C'est ton nom qui m'effraye, car il rend le son de la mort. Un savant homme a fait le calcul de ma nativité et m'a dit que je mourrais par *l'eau*. Cependant que cela ne te rende pas féroce; ton nom correctement prononcé est *Gaultier*[1].

Whitmore. — *Gaultier* ou *Walter*, peu m'importe, je ne m'en soucie pas; jamais un bas déshonneur ne tacha notre nom, sans que notre épée ait enlevé la tache; par conséquent lorsque je consentirai à vendre ma vengeance comme un marchand, que mon épée soit brisée, que mes armes soient effacées et mises en pièces, et que je sois proclamé lâche à travers le monde entier! (*Il pose la main sur Suffolk.*)

Suffolk. — Arrête, Whitmore; car ton prisonnier est un prince, le duc de Suffolk, William de la Poole.

WHITMORE. — Le duc de Suffolk, habillé de guenilles !

SUFFOLK. — Oui, mais ces guenilles ne font pas partie du duc : Jupiter se déguisa parfois; pourquoi n'en ferais-je pas autant?

LE CAPITAINE. — Mais Jupiter ne fut jamais tué comme tu vas l'être.

SUFFOLK. — Obscur et bas paysan, le sang du roi Henri, le sang de l'honorable maison de Lancastre, ne fut jamais fait pour être versé par un valet d'écurie tel que toi. N'as-tu pas baisé ta main en m'approchant, tenu mon étrier? N'as-tu pas respectueusement étendu, tête nue, la housse de ma mule[2], t'estimant heureux lorsque je te faisais un signe de tête? Combien de fois ne m'as-tu pas servi d'échanson, n'as-tu pas mangé à mon office, ne t'es-tu pas agenouillé devant la table quand je dînais avec la reine Marguerite? Souviens-t'en, et que cela te fasse baisser la tête; oui, que cela abatte ton orgueil avorté. Combien de fois n'es-tu pas resté dans mon vestibule à attendre mon arrivée? Ma main que voici a écrit en ta faveur, elle pourra bien avoir le pouvoir de faire taire ta langue insultante.

WHITMORE. — Dites, capitaine, tuerai-je le gredin délaissé?

LE CAPITAINE. — Laisse-moi d'abord le poignarder de mes paroles, comme il m'a poignardé des siennes.

SUFFOLK. — Vil esclave, tes paroles sont sans puissance comme toi!

LE CAPITAINE. — Emmenez-le d'ici, et faites-lui sauter la tête dans notre chaloupe.

SUFFOLK. — Tu n'oseras pas, par peur pour la tienne.

LE CAPITAINE. — Si, Poole.

SUFFOLK. — Poole?

LE CAPITAINE. — Poole! Sir Poole! Lord! oui, ruisseau-marais, cloaque[3], dont l'ordure et la boue troublent la source argentée où boit l'Angleterre, je vais tout à l'heure fermer ta bouche qui bâille, pour la punir d'avoir avalé le trésor du royaume. Tes lèvres qui baisaient la reine essuieront la poussière : tu souriais à la mort du bon duc

Humphroy, eh bien, tu feras en vain la grimace aux vents insensibles qui te rendront tes grimaces en sifflets de mépris. Puisses-tu être marié aux diablesses d'enfer pour avoir osé fiancer un puissant souverain à la fille d'un roi pour rire, qui n'a ni sujets, ni richesses, ni diadème. Tu es devenu grand par politique diabolique, et comme l'ambitieux Sylla, tu t'es gorgé de la chair du cœur saignant de ta mère. Par toi l'Anjou et le Maine ont été vendus à la France ; grâce à toi, les Normands, traîtres et rebelles, dédaignent de nous appeler maîtres ; grâce à toi, la Picardie a tué ses gouverneurs, surpris nos forts, et renvoyé dans notre pays nos soldats blessés et en guenilles. Le puissant Warwick, et tous les Nevils, dont les épées redoutables ne furent jamais tirées en vain, se lèvent en armes, poussés par la haine qu'ils te portent. A cette heure la maison d'York, exclue de la couronne par le meurtre honteux d'un roi innocent et par une tyrannie hautaine et effrontément envahissante, brûle du feu de la vengeance, et ses drapeaux d'heureux augure déploient l'image de notre soleil à demi voilé s'efforçant de briller, sous lequel est écrit : *Invitis nubibus*[4]. Les communes ici dans le Kent sont toutes sous les armes, et pour conclure, l'opprobre et le dénûment se sont glissés dans le palais de notre roi, et tout cela grâce à toi. Allons, qu'on l'emmène !

SUFFOLK. — Oh, que ne suis-je un Dieu pour lancer le tonnerre sur ces misérables, serviles, abjectes espèces ! Comme peu de chose rend orgueilleux les hommes bas ! Ce coquin que voilà, parce qu'il est maître d'un petit navire, menace plus que Bargulus, le puissant pirate illyrien[5]. Les frelons ne sucent pas le sang de l'aigle, ils se contentent de voler les ruches d'abeilles. Il est impossible que je périsse par le fait d'un aussi bas vassal que toi. Tes paroles excitent en moi la colère, mais non la peur : je suis chargé d'un message de la reine pour la France ; je t'ordonne de me transporter sain et sauf sur l'autre rive du détroit.

LE CAPITAINE. — Walter....

WHITMORE. — Viens, Suffolk, je vais te transporter sur la rive de la mort.

SUFFOLK. — *Gelidus timor occupat artus*[6]; c'est toi que je crains.

WHITMORE. — Tu auras sujet de me craindre avant que je te dise adieu. Eh bien êtes-vous dompté, maintenant? allez-vous vous humilier maintenant?

PREMIER GENTILHOMME. — Mon gracieux Lord, suppliez-le, parlez-lui en termes polis.

SUFFOLK. — La langue princière de Suffolk est sévère et inflexible; elle est habituée à commander et n'a pas appris à demander des grâces. Loin de nous la pensée d'honorer de telles gens par d'humbles sollicitations : non, que ma tête s'incline sur le billot avant que ces genoux se courbent devant d'autres personnes que le Dieu du ciel et mon roi, et qu'elle danse au-dessus d'un pieu sanglant plutôt que de se découvrir devant un vulgaire valet. La vraie noblesse est exempte de crainte : je puis en plus supporter que vous ne pouvez en oser faire.

LE CAPITAINE. — Traînez-le hors d'ici, et qu'il ne parle pas davantage!

SUFFOLK. — Venez, soldats, montrez toute la cruauté dont vous êtes capables, afin que ma mort ne soit jamais oubliée! les grands hommes ont souvent péri par le fait de vils meurt-de-faim : un coupe-jarrets romain et un bandit esclave massacrèrent l'éloquent Tullius; la main bâtarde de Brutus poignarda Jules César; de sauvages insulaires tuèrent Pompée le Grand, et Suffolk meurt par des pirates[7]. (*Sort Suffolk avec Whitmore et autres.*)

LE CAPITAINE. — Quant à ceux-ci dont nous avons fixé la rançon, c'est notre plaisir que l'un d'eux parte : par conséquent venez avec nous, vous, et que celui-là s'en aille. (*Tous sortent, excepté le premier gentilhomme.*)

Rentre WHITMORE *avec le corps de Suffolk.*

WHITMORE. — Que sa tête et son cadavre gisent là, jusqu'à ce que la reine, sa maîtresse, les fasse ensevelir. (*Il sort.*)

Premier gentilhomme. — O spectacle barbare et sanglant! Je vais porter son corps au roi; si le roi ne le venge pas, ses amis le vengeront, et ainsi fera la reine qui l'aima pendant qu'il vivait. (*Il sort emportant le cadavre.*)

SCÈNE II.

Blackheath.

Entrent GEORGES BEVIS *et* JOHN HOLLAND.

Georges Bevis. — Viens et procure-toi une arme, quand elle ne serait qu'en bois : ils ont été sur pied ces deux derniers jours.

John Holland. — Alors, ils n'en ont que plus besoin de dormir maintenant.

Georges Bevis. — Je te le dis, Jack Cade le drapier a l'intention d'habiller l'État, de le retourner, et de le mettre à neuf.

John Holland. — Il a bien raison, car on en voit la corde. Bon, je dis moi qu'il n'y a plus eu de joyeux temps en Angleterre depuis que les gentilshommes l'ont emporté.

Georges Bevis. — Oh! quel temps malheureux! On ne fait aucun cas de la vertu chez les gens *capables* de leurs mains.

John Holland. — Les nobles croient que c'est un déshonneur d'aller en tablier de cuir.

Georges Bevis. — Oui, et il y a bien pis que cela; les gens du conseil du roi sont de mauvais ouvriers.

John Holland. — C'est vrai, et cependant on a dit : « Travaille dans ta vocation; » ce qui est tout autant que dire que les magistrats devraient être des travailleurs; par conséquent c'est nous qui devrions être magistrats.

Georges Bevis. — Tu as touché juste, car il n'y a pas de meilleur signe d'un brave esprit qu'une main calleuse.

John Holland. — Je les vois! je les vois! Voici le fils de Best, le tanneur de Wingham....

Georges Bevis. — Il prendra les peaux de nos ennemis pour en faire du cuir de chien.

John Holland. — Et Dick le boucher....

Georges Bevis. — Aussi le crime sera-t-il assommé comme un bœuf et l'iniquité saignée comme un veau.

John Holland. — Et Smith le tisserand....

Georges Bevis. — *Argo*[8], la corde de leur vie est filée.

John Holland. — Viens, viens, joignons-nous à eux.

Bruit de tambour. Entrent JACK CADE, DICK *le boucher*, SMITH *le tisserand, et autres rebelles en grand nombre.*

Cade. — Nous, John Cade, ainsi nommé du nom de notre père supposé....

Dick, *à part*. — Ou plutôt parce qu'il s'est fait un *cadeau* de harengs-saurs[9] en les volant.

Cade. — Et bien nommé ainsi, car nous serons la *décadence*[10] de nos ennemis, — inspiré par l'esprit qui renverse les rois et les princes.... Commandez le silence.

Dick. — Silence !

Cade. — Mon père était un Mortimer....

Dick, *à part*. — C'était un honnête homme et un bon maçon.

Cade. — Ma mère une Plantagenet.

Dick, *à part*. — Je l'ai connue parfaitement ; elle était sage-femme.

Cade. — Ma femme descendait des Lacy.

Dick, *à part*. — C'était en effet la fille d'un colporteur et elle a vendu bien des *lacets*.

Smith, *à part*. — Mais dans ces derniers temps, n'étant plus capable de voyager avec sa balle en peau de truie, elle fait les lessives ici, dans son canton.

Cade. — Je suis donc d'une honorable maison.

Dick, *à part*. — Oui sur ma foi, la campagne est honorable, et c'est là qu'il est né sous une haie, car son père n'eut jamais d'autre maison que le violon.

Cade. — Je suis vaillant.

Smith, *à part*. — Il le faut bien ; la misère est vaillante.

Cade. — Je suis capable d'endurer beaucoup.

Dick, *à part*. — Cela est hors de doute, car je l'ai vu fouetté pendant trois jours de marché, l'un sur l'autre.

Cade. — Je ne crains ni l'épée, ni le feu.

Smith, *à part*. — Il n'a pas besoin de craindre l'épée, car son habit a fait ses preuves.

Dick, *à part*. — Mais il me semble qu'il devrait un peu craindre le feu, car il a été brûlé à la main pour avoir volé des moutons.

Cade. — Donc, soyez braves, car votre capitaine est brave, et jure de tout réformer. Les pains de sept sous seront vendus deux sous en Angleterre ; les brocs de trois mesures[11] en contiendront dix, et je ferai un cas de félonie de boire de la petite bière ; tout sera en commun dans le royaume, et mon cheval ira paître dans Cheapside. Lorsque je serai roi, car je serai roi...

Tous. — Dieu protége Votre Majesté !

Cade. — Je vous remercie tous, braves gens. Lorsque je serai roi, il n'y aura plus de monnaie ; tous mangeront et boiront à mes frais, et je les habillerai tous d'une même livrée, afin qu'ils puissent tous s'entendre comme des frères et m'honorer comme leur Seigneur.

Dick. — La première chose que nous avons à faire, c'est de tuer tous les gens de loi.

Cade. — Parbleu ! c'est ce que je me propose de faire. N'est-ce pas une chose lamentable que la peau d'un innocent agneau puisse devenir du parchemin ? que le parchemin une fois rempli d'écriture puisse ruiner un homme ? Quelques-uns disent que l'abeille pique, moi je dis que c'est la cire de l'abeille ; je n'ai été scellé qu'une fois à une certaine chose, et depuis je n'ai plus été mon maître. Qu'est-ce ? qui vient ici ?

Entrent quelques rebelles amenant le clerc de Chatham[12].

Smith. — Le clerc de Chatham : il sait lire, écrire et compter.

Cade. — Oh, monstrueux !

Smith. — Nous l'avons pris faisant des modèles d'écriture pour les enfants.

Cade. — Voilà un scélérat !

Smith. — Il a dans sa poche un livre où il y a des lettres rouges.

Cade. — Eh bien alors c'est un sorcier.

Dick. — De plus il peut écrire des billets d'affaires et des écritures de tribunal

Cade. — Je suis fâché de la chose : l'homme est un homme convenable, sur mon honneur; à moins que je ne le trouve coupable, il ne mourra pas. Viens ici, maraud, il faut que je t'examine. Quel est ton nom ?

Le clerc. — Emmanuel.

Dick. — On a coutume de l'écrire en tête des lettres[13]. Cela se passera mal pour vous.

Cade. — Laissez-moi lui parler seul. Écris-tu ton nom d'habitude, ou bien as-tu une marque pour le signer, comme il convient à un honnête homme sans méchantes intentions ?

Le clerc. — Monsieur, j'en remercie Dieu, j'ai été si bien élevé que je puis écrire mon nom.

Tous. — Il a confessé : qu'on l'emmène ! c'est un scélérat et un traître.

Cade. — Qu'on l'emmène, dis-je ! Qu'on le pende avec sa plume et son encrier au cou[14] ! (*Quelques rebelles sortent avec le clerc.*)

Entre MICHAEL.

Michael. — Où est notre général ?

Cade. — Ici, mon *particulier*.

Michael. — Fuyez, fuyez, fuyez ! Sir Humphroy Stafford et son frère sont tout près d'ici, avec les forces du roi.

Cade. — Tiens-toi tranquille, scélérat, tiens-toi tranquille, ou je te flanque à terre. Il va avoir affaire à un homme qui le vaut. Ce n'est qu'un chevalier, n'est-ce pas ?

Michael. — Oui.

Cade. — Afin de l'égaler, je vais faire de moi sur-le-champ un chevalier. (*Il s'agenouille.*) Relève-toi, Sir John Mortimer. (*Il se relève.*) Maintenant sus à lui!

Entrent Sir HUMPHROY STAFFORD *et* WILLIAM STAFFORD, *son frère, avec troupes et tambours.*

Stafford. — Paysans rebelles, boue et écume du Kent, marqués pour les potences, déposez vos armes, retournez à vos chaumières, abandonnez ce valet : le roi veut être miséricordieux, si vous vous soumettez.

William Stafford. — Mais il sera courroucé, irrité, et disposé à verser le sang, si vous allez plus loin : donc, cédez ou mourez.

Cade. — Pour ce qui est de ces esclaves en habits de soie, je ne leur prête aucune attention; c'est à vous que je parle, bonnes gens, à vous sur qui j'espère régner dans un temps à venir; car je suis le légitime héritier de la couronne.

Stafford. — Scélérat; ton père était un gâcheur de mortier; et toi-même, tu es un tondeur de draps, n'est-ce pas?

Cade. — Et Adam était un jardinier [15].

William Stafford. — Eh bien, que suit-il de là?

Cade. — Ceci, parbleu! Edmond Mortimer, comte des Marches, épousa la fille du duc de Clarence, n'est-ce pas?

Stafford. — Oui, Monsieur.

Cade. — Par elle, il eut deux enfants en un seul accouchement.

William Stafford. — Cela est faux.

Cade. — Oui, voilà la question; mais je dis, moi, que c'est vrai. L'aîné ayant été mis en nourrice, fut volé par une mendiante, et dans l'ignorance où il était de sa naissance et de sa parenté, il devint maçon lorsqu'il fut grand. Je suis son fils; niez cela si vous pouvez.

Dick. — Parbleu, c'est trop vrai; par conséquent il sera roi.

Smith. — Monsieur, il fit une cheminée dans la maison de mon père, et les briques y sont encore aujourd'hui pour en témoigner ; ne niez donc pas cela.

STAFFORD. — Et vous voulez prêter crédit aux paroles de ce vil goujat qui parle sans savoir ce qu'il dit?

TOUS. — Oui, parbleu, nous le croyons ; par conséquent, allez-vous-en.

WILLIAM STAFFORD. — Jack Cade, c'est le duc d'York qui t'a soufflé cela.

CADE, *à part.* — Il ment, car je l'ai inventé moi-même. (*Haut.*) Allez, maraud, et dites au roi de ma part, qu'en considération de son père Henri V sous le règne duquel les enfants jouaient au palet avec des écus français, je consentirai à le laisser régner ; mais je serai son protecteur.

DICK. — Et en outre, nous voulons avoir la tête de Lord Say, parce qu'il a vendu le duché du Maine.

CADE. — Et ce sera justice, car par son fait l'Angleterre est estropiée, et elle sera obligée d'aller sur des béquilles, si ma puissance ne la soutient pas. Rois, mes camarades, je vous dis que Lord Say a châtré l'État et en a fait un eunuque ; il y a mieux que cela ; il sait parler français, c'est donc un traître.

STAFFORD. — O grossière et misérable ignorance!

CADE. — Allons, répondez, si vous pouvez : les Français sont nos ennemis ; eh bien alors, je vous demande seulement ceci : celui qui parle avec la langue d'un ennemi peut-il être un bon conseiller, oui ou non?

TOUS. — Non, non ; par conséquent nous aurons sa tête.

WILLIAM STAFFORD. — Eh bien, puisque vous voyez que les bonnes paroles ne peuvent prévaloir, attaquez-les avec l'armée du roi.

STAFFORD. — Partez, héraut, et dans toutes les villes, proclamez traîtres ceux qui marchent avec Cade, afin que ceux qui fuiront avant la fin de la lutte puissent être pendus comme exemple, à leurs propres portes, sous les yeux mêmes de leurs femmes et de leurs enfants ; et vous qui êtes les amis du roi, suivez-moi. (*Sortent les deux Stafford avec leurs troupes.*)

CADE. — Et vous qui aimez les communes, suivez-moi. Maintenant, montrez-vous des hommes ; vous vous battez pour la liberté. Nous ne laisserons pas un Lord, un seul gentilhomme ; n'épargnez que ceux qui portent des souliers ferrés, car ceux-là sont d'honnêtes gens laborieux, et des gens qui, s'ils osaient, prendraient notre parti.

DICK. — Ils sont tous en ordre et marchent sur nous.

CADE. — Mais nous, nous sommes surtout en ordre quand nous sommes le plus en désordre. Allons, en avant ! (*Ils sortent.*)

SCÈNE III.

Une autre partie de BLACKHEATH.

Alarmes. Les deux partis entrent et combattent, et les deux STAFFORD *sont tués.*

CADE. — Où est Dick, le boucher de Ashford?

DICK. — Ici, Monsieur.

CADE. — Ils sont tombés devant toi comme des moutons et des bœufs, et tu t'es conduit comme si tu avais été dans ton propre abattoir : voici donc comment je te récompenserai ; le carême sera une autre fois aussi long qu'il l'est maintenant, et pendant tout ce temps-là, tu auras licence de tuer pour cent personnes moins une, par semaine[16].

DICK. — Je ne demande pas davantage.

CADE. — Et pour dire la vérité, tu ne mérites pas moins. (*Il revêt une partie de l'armure de Sir Humphrey Stafford.*) Je porterai ce monument de ma victoire[17], et quant aux corps, ils seront traînés à la queue de mon cheval jusqu'à Londres, où nous ferons porter devant nous l'épée du maire.

DICK. — Si nous voulons prospérer et bien faire, ouvrons les prisons et mettons les prisonniers en liberté.

CADE. — Ne t'inquiète pas, je te garantis que cela sera fait. Allons, marchons sur Londres. (*Ils sortent.*)

SCÈNE IV.

Londres. — Un appartement dans le palais.

Entrent LE ROI HENRI *lisant une supplique*, LE DUC DE BUCKINGHAM *et* LORD SAY; LA REINE MARGUERITE *se tient à distance pleurant sur la tête de* SUFFOLK.

La reine Marguerite. — J'ai souvent entendu dire que la douleur affaiblit l'âme, la remplit de craintes et la fait dégénérer : cessons donc de pleurer, et pensons à la vengeance. Mais qui peut cesser de pleurer en contemplant ce spectacle? Sa tête repose bien ici contre mon sein qui sanglote, mais où est le corps que je voudrais embrasser?

Buckingham. — Quelle réponse fait Votre Grâce à la supplique des rebelles?

Le roi Henri. — J'enverrai quelque saint évêque pour les exhorter, car Dieu défende que tant d'âmes simples périssent par l'épée! Et j'irai moi-même parlementer avec Jack Cade leur général, plutôt que de consentir à les faire anéantir par la guerre sanglante : mais attendez, je vais la relire encore.

La reine Marguerite. — Ah! barbares scélérats! Eh quoi! cette tête charmante a pu me gouverner comme une planète mouvante, et elle n'a pu attendrir ceux qui étaient indignes de la contempler?

Le roi Henri. — Lord Say, Jack Cade a juré d'avoir ta tête.

Say. — Oui, mais j'espère que Votre Majesté aura la sienne.

Le roi Henri. — Eh bien, qu'est-ce donc, Madame? Vous voilà encore pleurant sur la mort de Suffolk? Je le crains, ma chérie, si j'étais mort à sa place, tu n'aurais pas autant pleuré sur moi.

La reine Marguerite. — Non, mon amour, je ne pleurerais pas, mais je mourrais pour toi.

ACTE IV, SCÈNE IV.

Entre UN MESSAGER.

LE ROI HENRI. — Eh bien, qu'y a-t-il? quelles nouvelles? Pourquoi viens-tu en telle hâte?

LE MESSAGER. — Les rebelles sont dans Southwark : fuyez, Monseigneur. Jack Cade se proclame Lord Mortimer, se prétend descendu de la maison du duc de Clarence, appelle ouvertement Votre Grâce usurpateur, et jure de se couronner lui-même à Westminster. Son armée se compose d'une multitude déguenillée de rustres et de paysans brutaux et impitoyables. Les morts de Sir Humphroy Stafford et de son frère leur ont donné cœur et audace pour marcher en avant : ils appellent chenilles traîtresses tous les savants, hommes de loi, courtisans, gentilshommes, et se proposent de les mettre à mort.

LE ROI HENRI. — O les vilains méchants! ils ne savent pas ce qu'ils font.

BUCKINGHAM. — Mon gracieux Seigneur, retirez-vous à Kenilworth jusqu'à ce qu'on ait levé des troupes pour les écraser.

LA REINE MARGUERITE. — Ah! si le duc de Suffolk vivait à cette heure, ces rebelles du Kent seraient bientôt soumis.

LE ROI HENRI. — Lord Say, les rebelles te haïssent; par conséquent viens avec nous à Kenilworth.

SAY. — La personne de Votre Grâce pourrait, si je faisais cela, se trouver en danger; ma vue est odieuse à leurs yeux; par conséquent je resterai dans cette ville, et je m'y tiendrai caché aussi secrètement que je pourrai.

Entre UN SECOND MESSAGER.

SECOND MESSAGER. — Jack Cade vient d'atteindre le pont de Londres; les citoyens fuient et abandonnent leurs maisons; la canaille qui a soif de pillage se joint au traître, et tous jurent de concert qu'ils pilleront la ville et votre royale cour.

BUCKINGHAM. — En ce cas, ne vous attardez pas, Monseigneur; partez, prenez des chevaux.

Le roi Henri. — Viens, Marguerite; Dieu qui est notre espérance nous défendra.

La reine Marguerite. — Mon espoir s'est envolé, maintenant que Suffolk est mort.

Le roi Henri, *à Lord Say*. — Adieu, Milord : ne vous fiez pas à ces rebelles du Kent.

Buckingham. — Ne vous fiez à personne de crainte d'être trahi.

Say. — Ma confiance repose dans mon innocence, et c'est pourquoi je reste ferme et résolu. (*Ils sortent.*)

SCÈNE V.

Londres. — La Tour.

Entrent Lord SCALES *et autres sur les remparts. Puis des* citoyens *apparaissent au pied de la Tour.*

Scales. — Eh bien, Jack Cade est-il tué ?

Premier citoyen. — Non, Milord, et il n'est pas probable qu'il le sera; car ils ont emporté le pont en tuant tous ceux qui leur résistaient : le Lord maire supplie Votre Honneur de lui envoyer aide de la Tour pour défendre la cité contre les rebelles.

Scales. — Je mettrai à vos ordres les forces dont je pourrai me passer; mais je suis moi-même ici sur le qui-vive, car les rebelles ont essayé d'emporter la Tour. Mais rendez-vous à Smithfield, réunissez-y vos forces, et je vous enverrai là Mathieu Gough[48] : combattez pour votre roi, votre pays, et vos existences, et là-dessus adieu; car il faut que je me retire. (*Ils sortent.*)

SCÈNE VI.

Londres. — Cannon Street.

Entrent JACK CADE *et ses compagnons.* JACK CADE *frappe de son bâton de commandement la pierre de Londres.*

Cade. — Maintenant Mortimer est maître de cette ville, et ici, assis sur la pierre de Londres, j'ordonne et commande que la fontaine, pendant cette première année de notre règne, ne pisse que du vin clairet, et cela aux frais de la ville. En outre, ce sera désormais un cas de trahison pour tout le monde de m'appeler autrement que Lord Mortimer.

Entre un soldat *en courant.*

Le soldat. — Jack Cade ! Jack Cade !
Cade. — Assommez-le ici. (*Les rebelles tuent le soldat.*)
Smith. — Si ce camarade est sage, il ne vous appellera plus Jack Cade ; je crois qu'il a reçu un bon avertissement.
Dick. — Monseigneur il y a une armée rassemblée dans Smithfield.
Cade. — En ce cas, allons les combattre : mais d'abord allez mettre le feu au pont de Londres[19], et brûlez aussi la Tour, si vous pouvez. Allons, partons. (*Ils sortent.*)

SCÈNE VII.

Londres. — Smithfield.

Alarmes. Entrent d'un côté JACK CADE *et ses compagnons ; de l'autre des citoyens et les troupes du roi, commandés par* MATHIEU GOUGH. *Ils combattent ; les citoyens sont mis en déroute et* MATHIEU GOUGH *est tué.*

Cade. — C'est cela, Messieurs. Maintenant que quelques-uns aillent mettre à bas le collége de Savoie [20] ; que d'autres aillent aux cours de loi; jetez tout cela par terre.

Dick. — J'ai une requête à présenter à Votre Seigneurie.

Cade. — Elle te sera accordée pour ce mot, quand bien même elle aurait pour but une seigneurie.

Dick. — C'est seulement ceci, que les lois d'Angleterre émanent de votre bouche.

John, *à part*. — Par la messe, ce seront alors des lois malades ; car il a reçu à la bouche un coup de lance, et les chairs ne sont pas encore reprises.

Smith, *à part*. — Certes, John, et ce seront aussi des lois puantes ; car son haleine pue le fromage grillé qu'il a mangé.

Cade. — J'y ai pensé, et il en sera ainsi. Allez, brûlez toutes les archives du royaume ; ma bouche sera le Parlement d'Angleterre [21].

John, *à part*. — En ce cas, nous aurons des lois qui mordront solidement, à moins qu'on ne lui arrache les dents.

Cade. — Et désormais toutes choses seront en commun.

Entre un messager.

Le messager. — Monseigneur, une prise, une prise ! voici Lord Say qui vendait les villes en France; celui qui nous a fait payer vingt et un quinzièmes [22], et le shilling par livre, pour le dernier subside.

Entre GEORGES BEVIS *avec* Lord SAY.

Cade. — Bon, il sera décapité pour cela dix fois. Eh bien, te voilà Say, Sayon, Lord de bougran (*a*) ! maintenant tu es sur les domaines de notre royale juridiction. Que peux-tu répondre à Ma Majesté pour avoir rendu la Normandie à Monsieur *Basimecu* [23], le Dauphin de France ? Qu'il te soit donc connu, en présence des personnes ici rassemblées, en présence même de Lord Mortimer, que

---

(*a*) Cade joue sur le nom de Say qui lui rappelle le sayon gaulois et par suite l'étoffe appelée bougran.

je suis le balai chargé de nettoyer la cour d'ordures telles que toi. Tu as fort traîtreusement corrompu la jeunesse du royaume en érigeant une école de grammaire, et tandis que jusqu'à ce jour, nos ancêtres n'avaient eu d'autres livres que la coche et la taille, tu es cause qu'on a employé l'imprimerie, et contrairement au roi, à sa couronne et à sa dignité, tu as fait construire une manufacture de papier. Il te sera prouvé à ta face que tu as dans ta compagnie des hommes qui parlent habituellement d'un nom et d'un verbe, et autres mots abominables qu'aucune oreille chrétienne ne peut supporter d'entendre. Tu as nommé des juges de paix pour qu'ils citassent devant eux de pauvres gens à propos d'affaires sur lesquelles ils ne pouvaient pas répondre. En outre, tu as fait mettre ces pauvres gens en prison, et parce qu'ils ne savaient pas lire, tu les as fait pendre, tandis que rien que pour cette raison, ils auraient mérité de vivre. Tu vas à cheval sur une housse, n'est-ce pas?

Say. — Eh bien, que s'ensuit-il?

Cade. — Pardi, que tu ne devrais pas permettre à ton cheval de porter un manteau, tandis que de plus honnêtes gens que toi vont en manches de chemise et en gilet.

Dick. — Oui, et travaillent aussi en manches de chemise, comme moi, par exemple, qui suis boucher.

Say. — Hommes du Kent....

Dick. — Que dis-tu du Kent?

Say. — Rien que ceci : le Kent est *bona terra, mala gens*.

Cade. — Qu'on l'emmène! qu'on l'emmène! il parle latin.

Say. — Écoutez-moi parler, et puis vous m'entraînerez où vous voudrez. Le Kent, dans les Commentaires écrits par César, est appelé le district le plus policé de toute cette île[24]. Le pays est agréable, parce qu'il est plein de richesses : le peuple est libéral, vaillant, actif et riche, ce qui me donne l'espérance que vous n'êtes pas dénués de pitié. Je n'ai pas vendu le Maine, je n'ai pas perdu la Normandie, et malgré cela pour recouvrer ces provinces, je consentirais à perdre la vie. J'ai toujours rendu la justice avec clémence ; les prières et les larmes ont pu m'émouvoir, jamais les dons. Quand donc ai-je exigé de vous un impôt qui ne fût pas destiné à défendre le roi, le royaume, à vous défendre vous-mêmes? J'ai fait de grandes largesses aux clercs instruits, parce que je devais à ma science l'avancement que le roi m'a donné. Si vous considérez que l'ignorance est la malédiction de Dieu et que la science est l'aile avec laquelle nous volons au ciel, à moins que vous ne soyez possédés par des esprits diaboliques, vous n'oserez pas m'assassiner ; cette langue a parlementé avec des rois étrangers pour vos intérêts....

CADE. — Ta, ta! quand donc as-tu frappé un coup sur un champ de bataille?

SAY. — Les hommes puissants ont des mains qui atteignent loin ; souvent j'ai frappé ceux que je ne vis jamais, et je les frappai à mort.

GEORGES BEVIS. — O le monstrueux lâche! Comment! venir frapper les gens par derrière?

SAY. — Ces joues sont pâles des veilles que je me suis imposées pour vos intérêts!

CADE. — Donnez-lui un soufflet sur l'oreille, ça les fera redevenir rouges.

SAY. — Mes longues séances pour juger les causes des pauvres gens m'ont rempli d'infirmités et de maladies.

CADE. — Eh bien, nous vous donnerons un bon bouillon de chanvre et l'assistance de la hache.

DICK. — Pourquoi trembles-tu, l'ami?

SAY. — C'est la paralysie qui me fait trembler, et non la crainte.[25]

CADE. — Parbleu, il nous fait des signes avec sa tête, comme s'il voulait nous dire : je vous la revaudrai. Je veux voir si sa tête se tiendra, ou non, plus ferme au bout d'un pieu. Emmenez-le et coupez-lui la tête.

SAY. — Dites-moi en quoi je suis coupable? Parlez : est-ce que j'ai aimé l'argent et les honneurs? est-ce que mes coffres sont remplis d'or extorqué? est-ce que mes vêtements sont somptueux à voir? Lequel d'entre vous qui cherchez ma mort ai-je jamais outragé? ces mains sont pures de sang innocent versé, ce cœur ne donna jamais asile à d'ignobles pensées de trahison. O laissez-moi vivre!

CADE, *à part*. — Je sens la compassion qui s'éveille en moi pendant qu'il parle; mais je vais la brider : il mourra, ne fût-ce que pour si bien plaider pour sa vie. Qu'on l'emmène! il a sous sa langue un démon familier, il ne parle pas au nom de Dieu. Allez, emmenez-le, dis-je, et puis entrez dans la maison de son gendre, Sir James Cromer, et coupez-lui la tête, et puis apportez-les-moi ici toutes deux sur deux perches.

TOUS. — Cela sera fait.

SAY. — Ah! mes compatriotes, si lorsque vous faites vos prières, Dieu se montrait aussi dur envers vous, qu'adviendrait-il de vos âmes après la mort? Ayez donc pitié et épargnez ma vie.

CADE. — Qu'on l'emmène! et faites ce que je vous ai commandé [26]. (*Sortent quelques rebelles avec Lord Say.*) Le pair le plus fier du royaume ne conservera pas sa tête sur ses épaules, s'il ne me paye tribut; pas une fille ne se mariera sans qu'elle me donne son pucelage avant qu'on le prenne [27] : les hommes relèveront de moi *in capite* [28], et quant à leurs femmes, nous ordonnons et exigeons qu'elles soient aussi libres que le cœur peut le souhaiter, ou la langue l'exprimer [29].

DICK. — Milord, quand irons-nous à Cheapside enlever les marchandises qui nous sont nécessaires sur la caution de nos piques?

CADE. — Pardi, immédiatement.

TOUS. — Oh! voilà qui est bon!

Rentrent les REBELLES *avec les têtes de* LORD SAY *et de son gendre*.

CADE. — Mais est-ce que cela n'est pas encore meilleur? Faites-les s'embrasser l'un l'autre, car ils s'aimaient bien quand ils étaient en vie. Maintenant séparez-les, de peur qu'ils ne se consultent pour rendre encore quelques autres villes à la France. Soldats, différez le pillage de la cité jusqu'à la nuit : car nous allons faire porter ces têtes devant nous en place de masses, pendant que nous chevaucherons à travers les rues, et à chaque coin de rue nous les ferons se baiser. En avant! (*Ils sortent.*)

SCENE VIII.

SOUTHWARK.

Alarmes. Entre CADE *avec toute sa canaille.*

CADE. — Remontez Fish Street! descendez par le coin de Saint-Magnus! tuez et assommez! jetez-les dans la Tamise! (*On sonne un pourparler, puis une retraite.*) Quel est ce bruit que j'entends? est-ce qu'il y a des gens assez audacieux pour sonner une retraite ou un pourparler, lorsque je leur commande de tuer?

Entrent BUCKINGHAM *et le vieux* CLIFFORD
avec des troupes.

BUCKINGHAM. — Oui, voici ceux qui osent et veulent te déranger. Sache, Cade, que nous venons comme ambassadeurs du roi auprès des communes que tu as égarées, et ici nous prononçons le pardon pour tous ceux qui consentiront à t'abandonner et à retourner chez eux en paix.

CLIFFORD. — Que dites-vous, mes compatriotes? voulez-vous revenir à de meilleures dispositions et accepter l'indulgence pendant qu'elle vous est offerte, ou bien préférez-vous qu'un rebelle vous mène à la mort? Que quiconque aime le roi et veut accepter son pardon, jette son bonnet en l'air et crie : *Dieu protége Sa Majesté!* Que quiconque le hait et n'honore pas son père, Henri le cinquième qui fit claquer des dents à toute la France, brandisse son arme contre nous et passe.

TOUS. — Dieu protége le roi! Dieu protége le roi!

CADE. — Quoi! êtes-vous donc si braves, Buckingham et Clifford? Et vous, vils paysans, est-ce que vous le croyez? voulez-vous donc être pendus avec vos pardons au cou? Mon épée s'est-elle ouvert les portes de Londres pour que vous m'abandonniez à White Hart dans Southwark? Je croyais que vous n'auriez jamais rendu ces armes avant d'avoir reconquis votre ancienne liberté, mais vous êtes tous des poltrons et des lâches, et vous êtes heureux de vivre dans l'esclavage de la noblesse. Qu'ils écrasent donc vos échines sous les fardeaux, qu'ils enlèvent vos toits sur vos têtes, qu'ils ravissent vos femmes et vos filles sous vos yeux : quant à moi, j'en connais un que je saurai bien défendre; et là-dessus que la malédiction de Dieu tombe sur vous tous!

Tous. — Nous suivrons Cade! nous suivrons Cade!

Clifford. — Cade est-il donc le fils de Henri le cinquième pour vous écrier tous que vous le suivrez? vous conduira-t-il à travers le cœur de la France, et fera-t-il les plus humbles de vous comtes et ducs? Hélas, il n'a ni demeure, ni place où se réfugier, et il ne sait comment vivre autrement que par la maraude, autrement qu'en volant vos amis et nous. Ne serait-ce pas une honte, si pendant que vous vivez à l'état de révolte, les timides Français que vous avez récemment vaincus, faisaient un bond par-dessus la mer et venaient vous vaincre? Je les vois paradant en maîtres à travers les rues de Londres et criant *goujat*[30] ! à tous ceux qu'ils rencontrent. Mieux vaut que dix mille Cade de basse extraction périssent, que si vous baissiez la tête sous la merci d'un seul Français. En France, en France, et regagnez ce que vous avez perdu! épargnez l'Angleterre, car c'est votre terre natale. Henri a de l'argent, vous êtes forts et virils; Dieu est de notre côté, ne doutez pas de la victoire.

Tous. — Clifford! Clifford! nous suivrons le roi et Clifford.

Cade, *à part*. — Jamais plume fut-elle soufflée çà et là plus facilement que ne l'est cette multitude? Le nom de Henri V les traîne à cent sottises, et les fait me laisser désespéré. Je les vois qui se consultent les uns les autres pour me saisir : mon épée va m'ouvrir une route; car il n'y a pas à s'attarder. En dépit des diables et de l'enfer, je passerai au milieu de vous ! Les cieux et l'honneur me soient témoins que si je suis obligé de me confier à mes talons, ce n'est pas faute de résolution, mais seulement par suite de la basse et ignominieuse trahison de mes compagnons. (*Il sort.*)

Buckingham. — Comment, il s'est enfui ? Que quelques-uns courent le poursuivre : celui qui portera sa tête au roi recevra en récompense mille couronnes. (*Quelques rebelles sortent.*) Suivez-moi, soldats ; nous trouverons un moyen de vous réconcilier tous avec le roi. (*Ils sortent.*)

SCÈNE IX.

Kenilworth-Castle.

Fanfares de trompettes. Entrent sur la terrasse du château le roi HENRI, la reine MARGUERITE, *et* SOMERSET.

Le roi Henri. — Fut-il jamais roi en possession d'un trône terrestre qui pût aussi peu commander au bonheur que moi ? A peine me fus-je glissé hors de mon berceau, que je fus roi, à l'âge de neuf mois. Jamais sujet n'aspira à être roi d'aussi bon cœur que j'aspire à être sujet.

Entrent BUCKINGHAM *et* le vieux CLIFFORD.

Buckingham. — Santé et heureuses nouvelles à Votre Majesté !

Le roi Henri. — Eh bien, Buckingham, le traître Cade est-il pris, ou bien s'est-il retiré pour se fortifier ?

Entrent au bas de la terrasse un certain nombre des compagnons de CADE *avec des cordes à leurs cous.*

Clifford. — Il s'est enfui, Monseigneur, et toutes ses forces cèdent ; et ceux que voici, dans cette humble attitude, la corde au cou, attendent de Votre Altesse sentence de vie ou de mort.

Le roi Henri. — En ce cas, ciel, ouvre tes portes éternelles pour recevoir mes remercîments et mes louanges! Soldats, aujourd'hui vous avez racheté vos vies, et montré combien vous aimiez votre prince et votre pays : persévérez dans d'aussi bons sentiments, et soyez sûrs que Henri, quelque malheureux qu'il soit, ne sera jamais ingrat; et là-dessus, je vous renvoie tous à vos comtés respectifs avec mes remercîments et mon pardon.

Tous. — Dieu protége le roi! Dieu protége le roi!

Entre un messager.

Le messager. — Qu'il plaise à Votre Grâce d'être avertie que le duc d'York est nouvellement venu d'Irlande, et qu'il arrive ici, en fière ordonnance, avec une puissante et redoutable armée de *Gallowglasses*[31] et de *Kernes* robustes, et il proclame partout à mesure qu'il s'avance, que le seul but de cette levée d'armes est d'éloigner de vous le duc de Somerset qu'il appelle traître.

Le roi Henri. — Ainsi va mon État à la dérive entre Cade et York, pareil à un navire qui, après avoir échappé à la tempête, est abordé par un pirate au moment même où le calme s'est fait. Maintenant que Cade est repoussé et que ses hommes sont dispersés, voilà York en armes qui vient le remplacer. Je t'en prie, Buckingham, marche à sa rencontre, et demande-lui quelle est la raison de cet armement. Dis-lui que j'enverrai le duc Edmond à la Tour, et nous t'y confinons, Somerset, jusqu'à ce qu'il soit séparé de son armée.

Somerset. — Monseigneur, pour le bien de mon pays, je puis consentir volontiers à la prison ou à la mort.

Le roi Henri. — Quoi qu'il arrive, évite de te servir de termes trop violents, car il est fier et ne peut supporter un dur langage.

Buckingham. — Vos ordres seront exécutés, Monseigneur; et, n'en doutez pas, j'arrangerai les choses de telle sorte qu'elles tourneront à votre bien.

Le roi Henri. — Viens, ma femme, rentrons, et apprenons à mieux gouverner; car l'Angleterre pourrait bien maudire mon malheureux règne. (*Ils sortent.*)

SCÈNE X.

Le Kent. — Le jardin d'Iden

Entre CADE.

Cade. — Fi de l'ambition! fi de moi-même qui porte une épée et qui suis prêt à mourir de faim! Voilà cinq jours que je me cache dans ces bois et que je n'ose pas montrer le bout du nez, parce que tous les gens de ces campagnes sont à mes trousses; mais à cette heure, je suis si affamé que quand bien même je devrais faire avec la vie un bail de mille années, je ne pourrais pas y tenir plus longtemps. Aussi ai-je sauté par-dessus un mur de briques dans ce jardin, pour voir si je puis manger de l'herbe ou cueillir une salade ici où là, ce qui n'est pas mauvais pour rafraîchir l'estomac par ces grandes chaleurs. Et je crois vraiment que le mot de salade a été inventé pour me porter bonheur, car bien des fois le pot de ma cervelle eût été fendu par une pertuisane sans la *salade*[32] qui me servait de casque; et bien des fois, quand je marchais bravement et que j'étais altéré, une *salade* m'a tenu lieu d'un quart de pot pour boire, et c'est maintenant une salade qui doit me nourrir.

Entre IDEN *avec des valets.*

Iden. — Seigneur, qui donc, pouvant jouir de promenades aussi paisibles que celles-ci, voudrait vivre ballotté dans le tohu-bohu de la cour? Ce petit héritage que mon père m'a laissé me contente et vaut une monarchie. Je ne cherche pas à grandir par la ruine des autres; je ne me soucie pas d'accumuler des richesses pour qu'on me les envie; il me suffit d'avoir de quoi soutenir mon rang, et de renvoyer de ma porte le pauvre le cœur content[33].

Cade, *à part.* — Voici le maître du jardin qui vient me

saisir comme un vagabond, pour être entré dans sa propriété sans sa permission. (*A Iden.*) Ah! scélérat, tu veux me trahir et gagner du roi mille couronnes en lui portant ma tête! mais je te ferai manger du fer comme une autruche et avaler mon épée comme une grosse épingle, avant que nous nous séparions.

Iden. — Qu'est-ce à dire, grossier compagnon? qui que tu sois, je ne te connais pas; pourquoi donc alors te trahirais-je? N'est-ce pas assez d'entrer par effraction dans mon jardin, et de venir comme un larron voler ma terre, en escaladant mes murailles en dépit de moi le propriétaire, sans encore me braver en ces termes insolents?

Cade. — Te braver! oui, par le meilleur sang qui ait jamais été répandu, et te tirer par la barbe aussi! Regarde-moi bien : je n'ai pas mangé depuis cinq jours; viens cependant, toi avec tes cinq hommes, et si je ne vous laisse pas tous morts comme des clous dans une porte, je prie Dieu de ne jamais plus me permettre de manger d'herbe.

Iden. — Non certes, on ne dira jamais, tant qu'il y aura une Angleterre, qu'Alexandre Iden, un *esquire* du Kent, prit avantage d'une inégalité de forces pour combattre un pauvre homme affamé. Regarde-moi fermement en face : vois un peu si tes regards peuvent me faire baisser les yeux. Compare tes membres aux miens, et tu verras que tu es de beaucoup le plus faible : ta main n'est qu'un doigt comparé à mon poing; ta jambe n'est qu'une baguette comparée à la poutre que voilà; mon pied suffirait à avoir raison de toute ta force, et si je lève le bras en l'air, ta tombe est déjà creusée en terre. Au lieu de mots qui puissent répondre dignement à tes fanfaronnades, je vais charger mon épée de dire ce que ne dira pas ma bouche.

Cade. — Par ma valeur, voilà le plus accompli champion que j'aie jamais entendu. Acier, si tu refuses ton tranchant, et si tu ne coupes pas ce compère colossal en tranches de bœuf avant d'aller dormir dans ton fourreau, je supplie Dieu à genoux de te faire transformer en clous de fer à cheval. (*Ils combattent. Cade tombe.*) Oh! je suis tué! c'est la famine qui me tue et rien d'autre : que dix mille diables viennent m'assaillir, et si vous me donnez les dix repas que j'ai perdus, je les défierai tous. Dessèche-toi, jardin, et sers de cimetière à tous ceux qui habitent cette maison, puisque l'âme inconquise de Cade s'est envolée.

IDEN. — Est-ce Cade que j'ai tué, ce monstrueux traître? Épée, je te consacrerai pour ton exploit, et je te ferai suspendre au-dessus de ma tombe quand je serai mort. Jamais ce sang ne sera essuyé de ta pointe; mais tu le porteras comme l'habit d'un héraut, comme le blason de l'honneur conquis par ton maître.

CADE. — Adieu, Iden ; enorgueillis-toi de ta victoire. Dis au Kent de ma part qu'il a perdu son meilleur homme, et exhorte tous les gens à être lâches; car moi qui n'ai jamais craint personne, je suis vaincu par la famine, non par la valeur. (*Il meurt.*)

IDEN. — A quel degré tu me fais outrage, que Dieu en soit juge. Meurs, misérable damné, malédiction de celle qui te porta! et de même que j'ai envoyé ton corps à la mort par mon épée, je souhaiterais de pouvoir envoyer ton âme à l'enfer. Je vais te traîner par les pieds, tête contre terre, jusqu'à un fumier qui sera ta tombe, et là je couperai ta monstrueuse tête que je porterai au roi comme trophée, en laissant ton tronc en pâture aux corbeaux. (*Il sort traînant le corps de Cade.*)

ACTE V.

SCÈNE PREMIÈRE.

Le Kent. — La campagne entre Dartford et Blackeath

Le camp du roi HENRI *d'un côté; de l'autre entre* YORK *avec sa suite, tambours battants et drapeaux déployés; ses troupes sont à quelque distance.*

York. — C'est ainsi que York vient d'Irlande pour réclamer son droit et arracher la couronne à la tête du faible Henri. Sonnez à pleines volées, cloches; brûlez clairs et brillants, feux de joie, pour fêter le roi légitime de la grande Angleterre. Ah, *sancta majestas*[1]! qui ne t'achèterait cher? Que ceux-là obéissent qui ne savent pas commander; cette main-ci ne fut faite que pour s'appuyer sur l'or: je ne puis donner à mes paroles leur légitime réalisation, à moins que cette main n'agite une épée ou un sceptre. Aura-t-elle un sceptre? — ai-je une âme? — Oui, elle aura un sceptre, sur lequel je rétablirai les fleurs de lis de France.

Entre BUCKINGHAM.

York. — Qui vient ici? Buckingham qui vient me troubler? Le roi l'a envoyé, à coup sûr: il me faut dissimuler.

Buckingham. — York, si tes intentions sont droites, je te présente mes meilleures salutations.

York. — Humphroy de Buckingham, j'accepte tes salutations. Viens-tu comme messager, ou viens-tu de toi-même?

Buckingham. — Je viens comme messager de Henri, notre redouté Suzerain, pour connaître la raison de ces armements en pleine paix; pour savoir pourquoi, étant un sujet tout comme moi, tu te permets, contre ton serment et la loyale obéissance que tu as jurée, de lever sans sa permission une si grande armée, et pourquoi tu oses amener tes forces si près de la cour.

York, *à part.* — Je puis à peine parler tant ma colère est grande. Oh! j'arracherais des rochers et je me battrais avec des cailloux, tant ces expressions abjectes m'irritent! Comme Ajax, fils de Télamon, que ne puis-je en ce moment faire passer ma fureur sur des bœufs et des moutons! Je suis beaucoup mieux né que le roi; je suis plus roi que lui, plus royal dans mes pensées; mais il me faut maintenir le beau temps encore un peu, jusqu'à ce que Henri soit plus faible et que je sois plus fort. (*A haute voix.*) Buckingham, je t'en prie, pardonne-moi, de t'avoir fait attendre ma réponse; mon âme est troublée par une profonde mélancolie. La raison pour laquelle j'ai conduit ici cette armée, est d'éloigner du roi l'orgueilleux Somerset, qui est séditieux envers Sa Grâce et envers l'État.

Buckingham. — C'est une trop grande présomption de ta part; mais si ta levée d'armes n'est pas à autre fin, le roi a déjà cédé à ta demande; le duc de Somerset est à la Tour.

York. — Sur ton honneur, est-ce qu'il est prisonnier?

Buckingham. — Sur mon honneur, il est prisonnier.

York. — En ce cas, Buckingham, je licencie mes troupes. Soldats, je vous remercie tous; dispersez-vous: venez me retrouver demain au champ de Saint-Georges, vous aurez votre solde et tout ce que vous pouvez désirer. Que mon souverain, le vertueux Henri, commande à l'aîné de mes fils, et à tous mes fils, parbleu; je les lui enverrai comme otages de ma féauté et de mon affection, avec autant de plaisir que j'en ai à vivre. Terres et biens, cheval et armure, tout ce que j'ai est à sa disposition, pourvu que Somerset meure.

Buckingham. — York, je te fais compliment de cette soumission déférente : nous allons nous rendre ensemble à la tente de Son Altesse.

Entre le roi HENRI avec sa suite.

Le roi Henri. — Buckingham, York n'a donc pas de mauvaises intentions contre nous, puisqu'il marche ainsi bras dessus bras dessous avec toi ?

York. — York se présente devant Votre Altesse en toute soumission et humilité.

Le roi Henri. — Alors que signifient ces forces que tu amènes ?

York. — Ces forces avaient pour but de déplanter d'ici Somerset, et de combattre ce monstrueux rebelle, Cade, qui, je l'ai appris depuis, a été défait.

Entre IDEN avec la tête de CADE.

Iden. — Si un homme aussi peu façonné et d'aussi humble condition que moi peut paraître en présence d'un roi, j'oserai présenter à Votre Grâce la tête de Cade que j'ai tué en combat.

Le roi Henri. — La tête de Cade ! Grand Dieu, comme tu es juste ! O laisse-moi voir son visage maintenant qu'il est mort, lui qui de son vivant me donna de si terribles inquiétudes. Dis-moi, mon ami, es-tu l'homme qui l'a tué ?

Iden. — Oui, n'en déplaise à Votre Majesté.

Le roi Henri. — Comment t'appelles-tu, et quelle est ta condition ?

Iden. — Alexandre Iden, voilà mon nom ; un pauvre *esquire* du Kent qui aime son roi.

Buckingham. — Sous votre plaisir, Monseigneur, il ne serait pas mal à propos qu'il fût créé chevalier pour son bon service.

Le roi Henri. — Iden, agenouille-toi. (*Iden s'agenouille.*) Relève-toi chevalier. Nous te donnons pour récompense mille marcs, et nous voulons que désormais tu fasses partie de notre suite.

Iden. — Puisse Iden vivre assez pour reconnaître une telle générosité, et ne vivre qu'autant qu'il sera fidèle à son Suzerain! (*Il se lève.*)

Le roi Henri. — Vois, Buckingham! Somerset vient avec la reine. Va, invite la reine à le cacher bien vite au duc.

Entrent la reine MARGUERITE *et* SOMERSET.

La reine Marguerite. — Y eût-il cent mille York, il ne cachera pas sa tête, mais il restera résolûment et l'affrontera en face.

York. — Qu'est-ce donc? Somerset est en liberté? En ce cas, York, déchaîne tes pensées longtemps emprisonnées, et que ta parole soit à la hauteur de ton cœur. Endurerai-je la vue de Somerset? Roi déloyal! pourquoi as-tu brisé promesse avec moi, sachant à quel point je souffre peu les insultes? T'appellerai-je roi? non, tu n'es pas roi, tu n'es pas fait pour gouverner et régir des multitudes, toi qui n'oses pas, qui ne peux pas arrêter un traître. La couronne ne convient pas à ta tête; ta main est faite pour tenir un bâton de pèlerin et non pour honorer un sceptre imposant et royal. C'est mon front, dont la sérénité et la colère peuvent, comme la lance d'Achille, tuer et guérir tour à tour, que doit ceindre cette couronne d'or. Voici une main qui peut tenir un sceptre, une main qui peut lancer des décrets qu'elle saura faire exécuter. Cède la place; par le ciel, tu ne gouverneras pas plus longtemps celui que le ciel créa pour te gouverner.

Somerset. — O monstrueux traître! Je t'arrête, York, comme coupable de trahison capitale envers le roi et la couronne : obéis, traître audacieux; agenouille-toi pour obtenir grâce.

York. — Tu voudrais que je m'agenouillasse? laisse-moi d'abord apprendre de ceux-ci s'ils supporteraient que je courbasse le genou devant un homme. Maraud, va me chercher mes fils pour qu'ils soient ma caution. (*Sort un assistant.*) Je sais qu'avant de me laisser aller en pri-

ACTE V, SCÈNE I.

son, ils engageront leurs épées pour mon affranchissement.

La reine Marguerite. — Appelez ici Clifford ; ordonnez-lui de venir sur-le-champ, pour dire si les enfants bâtards d'York seront une garantie pour leur traître père. (*Sort Buckingham.*)

York. — O Napolitaine souillée de sang, proscrite de Naples, fléau sanglant de l'Angleterre ! les fils d'York, tes supérieurs par la naissance, seront la garantie de leur père ; et malheur à ceux qui refuseront mes garçons pour ma garantie ! Voyez, les voici, et je vous réponds que leur caution sera bonne.

La reine Marguerite. — Et voici venir Clifford pour refuser leur caution.

Entrent d'un côté ÉDOUARD *et* RICHARD PLANTAGENET *avec des troupes ; de l'autre* LE VIEUX CLIFFORD *et* LE JEUNE CLIFFORD *également avec des troupes.*

Clifford, *s'agenouillant*. — Santé et bonheur à Monseigneur le roi !

York. — Je te remercie, Clifford : dis, quelles nouvelles m'apportes-tu ? Voyons, ne nous effarouche pas avec tes regards irrités : nous sommes ton souverain, Clifford ; agenouille-toi de nouveau : nous te pardonnons pour t'être ainsi mépris.

Clifford. — Voici mon roi, York : je ne me suis point mépris ; mais c'est toi qui te méprends beaucoup en pensant que je me suis mépris. Qu'on l'emmène à Bedlam[2] ; est-ce que cet homme est devenu fou ?

Le roi Henri. — Oui, Clifford ; une humeur folle et ambitieuse le pousse à s'élever contre son roi.

Clifford. — C'est un traître ; qu'on le conduise à la Tour, et qu'on lui tranche sa factieuse caboche.

La reine Marguerite. — Il est arrêté ; mais il ne veut pas obéir ; ses fils, dit-il, donneront garantie pour lui.

York. — Ne la donnerez-vous pas, mes fils ?

Édouard. — Oui, mon noble père, si nos paroles peuvent suffire.

RICHARD. — Et si nos paroles ne peuvent y suffire, nos épées y suffiront.

CLIFFORD. — Qu'est-ce ? quelle race de traîtres avons-nous là ?

YORK. — Regarde-toi dans un miroir et appelle ainsi ton image ; je suis ton roi, et toi tu es un traître au cœur déloyal. Appelez ici au poteau mes deux braves ours, afin que par le seul cliquetis de leurs chaînes, ils puissent effrayer ces chiens cruels en arrêt ; ordonnez à Salisbury et à Warwick de venir à moi.

Tambours. Entrent WARWICK *et* SALISBURY
avec leurs forces.

CLIFFORD. — Sont-ce là tes ours ? nous harcèlerons-tes ours à mort, et nous garrotterons leur gardien avec leurs chaînes, si tu oses les mener à l'arène du combat.

RICHARD. — J'ai vu souvent un dogue ardent et présomptueux se retourner et mordre, parce qu'on lui faisait obstacle ; mais dès qu'il avait senti la cruelle patte de l'ours, il serrait sa queue entre ses jambes et criait : et c'est là la figure même que vous allez faire, si vous essayez de vous mesurer avec Lord Warwick.

CLIFFORD. — Hors d'ici, amas de mauvaises passions ! boule ignoble et difforme ! être aussi contrefait de manières que de corps !

YORK. — Allons, nous allons vous échauffer tout à l'heure de la belle façon.

CLIFFORD. — Prenez garde de vous brûler à votre propre feu.

LE ROI HENRI. — Eh quoi, Warwick ; est-ce que ton genou a désappris à se plier ? Honte à tes cheveux blancs, vieux Salisbury, guide trompeur et fou de ton fils au cerveau malade ! Comment ! vas-tu à ton lit de mort jouer le ruffian, et chercher le malheur avec tes lunettes ? Oh ! où est la foi ? où est la loyauté ? si elles sont bannies des têtes blanches, où trouveront-elles un refuge sur la terre ? Vas-tu donc aller creuser une tombe pour déterrer la guerre, et souiller par le sang ta vieillesse honorable? N'as-tu pas d'expérience, malgré ton âge? et si tu en as, pourquoi lui fais-tu violence? Fi donc! courbe par obéissance devant moi ton genou que le grand âge fait courber vers la tombe.

Salisbury. — Monseigneur, j'ai débattu en moi-même les titres de ce duc très-renommé, et, en conscience, je tiens Sa Grâce pour le légitime héritier du trône royal d'Angleterre.

Le roi Henri. — Ne m'as-tu pas juré allégeance?

Salisbury. — Oui.

Le roi Henri. — Peux-tu te dégager avec le ciel de ton serment?

Salisbury. — C'est un grand péché de jurer un péché; mais c'en est un plus grand de tenir un serment mauvais. Est-il quelqu'un qui puisse être tenu par un serment aussi solennel qu'il soit d'accomplir un acte de meurtre, de voler un homme, de forcer la chasteté sans tache d'une vierge, de frustrer l'orphelin de son héritage, d'arracher à la veuve ses droits établis par la coutume, sans avoir d'autres raisons pour commettre de tels crimes que l'obligation d'un serment solennel?

La reine Marguerite. — Un traître subtil n'a pas besoin de sophiste.

Le roi Henri. — Appelez Buckingham, et ordonnez-lui de s'armer.

York. — Appelle Buckingham et tous les amis que tu as; je suis résolu à mourir ou à régner.

Clifford. — Je te garantis la première de ces alternatives, si par hasard les rêves disent vrai.

Warwick. — Tu ferais mieux d'aller au lit et d'y rêver de nouveau, afin de te tenir à l'abri de la tempête du champ de bataille.

Clifford. — Je suis résolu à affronter une plus grande tempête qu'aucune de celles que tu peux soulever aujourd'hui, et ton casque[3] l'apprendra bien, si je puis te reconnaître aux insignes de ta maison.

Warwick. — Par le blason de mon père, le cimier du

vieux Nevil, l'ours rampant attaché au poteau noueux, je porterai haut mon panache aujourd'hui, — comme le cèdre qui, gardant ses feuilles en dépit de toutes les tempêtes, s'élève au sommet d'une montagne, — afin de t'effrayer rien que par sa vue seule.

Clifford. — Et de ton casque, moi, j'arracherai ton ours, et je le foulerai aux pieds avec un plein mépris en dépit du gardien qui protége l'ours.

Le jeune Clifford. — Et maintenant, aux armes, mon père victorieux, afin d'éteindre la rébellion et ses complices.

Richard. — Fi donc! par charité pour vous-même, craignez de prononcer des paroles de haine; car vous souperez ce soir avec Jésus-Christ.

Le jeune Clifford. — Être ignoble, marqué de la colère divine, c'est plus que tu n'en pourrais dire de toi-même.

Richard. — Si vous ne soupez pas au ciel, vous souperez sûrement en enfer. (*Ils sortent de divers côtés.*)

SCÈNE II.

Saint-Albans.

Alarmes : escarmouches. Entre WARWICK.

Warwick. — Clifford de Cumberland, c'est Warwick qui t'appelle! Si tu ne te caches pas de l'ours, à cette heure où la trompette sonne l'alarme avec fureur et où les cris des mourants remplissent l'air vide, viens, dis-je, Clifford, et combats avec moi! Orgueilleux Lord des contrées du nord, Clifford de Cumberland, Warwick s'est enroué en t'appelant aux armes.

Entre YORK.

Warwick. — Qu'est-ce donc, mon noble Lord? Comment, vous voilà à pied?

YORK. — Ce Clifford à la main meurtrière a tué mon cheval, mais je lui ai rendu la pareille, et j'ai fait de l'excellente bête qu'il aimait tant une charogne bonne à être la proie des vautours et des corbeaux.

Entre CLIFFORD.

WARWICK. — L'heure de l'un de nous, ou notre heure à tous deux, est maintenant venue.

YORK. — Arrête, Warwick, cherche quelque autre gibier, car je veux moi-même chasser à mort ce daim-là.

WARWICK. — Alors, vas-y vaillamment, York; c'est pour une couronne que tu combats. Clifford, aussi vrai que j'espère triompher aujourd'hui, je suis désolé dans l'âme de te quitter sans te combattre. (*Il sort.*)

CLIFFORD. — Que vois-tu en moi, York? Pourquoi t'arrêtes-tu?

YORK. — Je serais vraiment amoureux de ta bravoure, si tu n'étais pas mon ennemi au point où tu l'es.

CLIFFORD. — Et de mon côté, je ne refuserais ni la louange ni l'estime à ta vaillance, si tu n'en faisais pas un usage si déloyal et si ignoble.

YORK. — Eh bien, qu'elle me défende maintenant contre ton épée, comme elle est le champion de la justice et du droit légitime!

CLIFFORD. — Mon âme et mon corps à ce combat!

YORK. — Un redoutable enjeu! En garde immédiatement. (*Ils combattent et Clifford tombe*[4].)

CLIFFORD. — *La fin couronne les œuvres.* (*Il meurt*[5].)

YORK. — Ainsi la guerre t'aura conquis la paix, car te voilà bien paisible. Paix soit à son âme, si c'est ta volonté, ô ciel! (*Il sort.*)

Entre LE JEUNE CLIFFORD.

LE JEUNE CLIFFORD. — Honte et confusion! la déroute est complète; la frayeur engendre le désordre, et le désordre blesse là où il faudrait qu'il protégeât. O guerre, fille de l'enfer, dont les cieux irrités ont fait leur ministre, jette dans les cœurs gelés de crainte de notre parti les charbons ardents de la vengeance! Que nul soldat ne fuie : celui qui est vraiment soldat, n'a pas d'amour de soi; et celui qui s'aime n'a pas essentiellement, mais n'a que par accident la vertu de la vaillance. (*Il aperçoit le corps de son père.*) Oh! puisse ce vil monde périr! Puissent les flammes du dernier jugement envoyées avant leur temps unir ensemble le ciel et la terre! Que la trompette des mondes sonne l'ouragan de son appel, et étouffe tout le vacarme de nos querelles particulières et tous nos petits bruits. Eh quoi, mon cher père, étais-tu donc destiné à perdre ta jeunesse dans la paix et à revêtir la livrée argentée de la vieillesse prudente, pour mourir ainsi dans une bataille soulevée par une mauvaise cause, à l'âge vénérable où l'on garde son fauteuil? A cette vue, mon cœur s'est changé en pierre, et tant qu'il battra, il sera de pierre. Les gens d'York n'épargnent pas nos vieillards; je n'épargnerai pas davantage leurs enfants : les larmes des vierges feront sur mon cœur juste l'effet de la rosée sur la flamme, et la beauté, qui souvent fait fléchir les tyrans, sera pour le feu de ma colère huile et étoupes. Désormais je ne veux avoir rien de commun avec la pitié : que je rencontre un enfant de la maison d'York, et je le couperai en autant de menus morceaux que la sauvage Médée coupa le jeune Absyrtus [6]; je chercherai mon renom dans la cruauté. Viens, ruine nouvelle de la vieille maison de Clifford (*il enlève le corps*). Comme Énée emporta le vieil Anchise, ainsi je t'emporte sur mes épaules viriles; mais Énée emportait un fardeau vivant, tandis que rien n'est pesant comme mon douloureux fardeau à moi. (*Il sort.*)

Entrent en combattant RICHARD PLANTAGENET *et* SOMERSET; SOMERSET *est tué.*

RICHARD. — C'est bon, repose ici. Somerset aura rendu fameuse la sorcière, en venant mourir sous une misérable enseigne de cabaret : *Au château de Saint-Albans*. Épée, garde ton tranchant; cœur, garde ta colère : les prêtres prient pour les ennemis, mais les princes les tuent. (*Il sort.*)

Alarmes, escarmouches. Entrent LE ROI HENRI, LA REINE MARGUERITE, *et autres, faisant retraite.*

LA REINE MARGUERITE. — Fuyons, Monseigneur! vous êtes trop lent ; au nom de la honte, fuyons !

LE ROI HENRI. — Pouvons-nous fuir les volontés du ciel? restons, ma bonne Marguerite.

LA REINE MARGUERITE. — De quelle pâte êtes-vous donc fait? Vous ne voulez ni combattre, ni fuir : c'est maintenant force d'âme, sagesse et prudence à nous de céder devant l'ennemi, et de nous mettre de notre mieux en sûreté puisque nous ne pouvons rien faire de mieux que fuir. (*Alarme dans le lointain.*) Si vous êtes pris, nous aurons vu alors le fond de notre fortune ; tandis que si nous échappons, comme nous le pouvons, pourvu que votre négligence n'y mette pas obstacle, nous atteindrons Londres où vous êtes aimé, et où cette brèche faite aujourd'hui à notre fortune pourra être aisément réparée.

Rentre LE JEUNE CLIFFORD.

LE JEUNE CLIFFORD. — Si mon cœur n'était tout dévoué aux vengeances futures, j'aimerais mieux proférer des blasphèmes que de vous conseiller de fuir : mais il vous faut fuir : un irréparable découragement règne dans les cœurs de tous ceux de notre parti. Fuyez pour votre sûreté! et nous, nous vivrons pour voir le jour où ils nous rendront leur victoire d'aujourd'hui. Fuyez, Monseigneur, fuyez ! (*Ils sortent.*)

SCÈNE III.

La campagne près de Saint-Albans.

Alarmes. Retraite. Fanfares. Entrent, tambours battants et drapeaux déployés, YORK, RICHARD PLANTAGENET, WARWICK *et leurs soldats.*

York. — Qui peut me donner des nouvelles de Salisbury, ce vieux lion, qui dans l'entraînement du combat oublie les vieilles blessures et tous les outrages du temps, mais qui semblable à un brave dans toute la fleur de la jeunesse, se ranime à la vue du danger ? Cette heureuse journée ne mérite pas ce nom d'heureuse, et nous n'avons pas gagné un seul pouce de terrain, si nous avons perdu Salisbury.

Richard. — Mon noble père, trois fois je l'ai aidé à monter à cheval, trois fois je l'ai couvert, et trois fois je l'ai conduit hors du champ de bataille, en lui conseillant de ne plus prendre part à la lutte : mais toujours là où était le danger, toujours je le rencontrais ; comme une riche tapisserie dans une modeste maison, ainsi se montrait son âme dans son vieux et faible corps. Mais voyez, le voici qui vient, avec toute la noblesse qui le distingue.

Entre SALISBURY.

Salisbury. — Par mon épée, tu as bien combattu aujourd'hui ; et par la messe, ainsi avons-nous tous fait. Je vous remercie, Richard : Dieu sait combien il me reste encore à vivre, et il lui a plu, que trois fois aujourd'hui vous m'ayez défendu contre une mort imminente. Bien, Lords, ne croyons pas posséder ce que nous avons conquis ; ce n'est pas assez d'avoir mis aujourd'hui en fuite nos ennemis, car ce sont des adversaires de nature à repousser aisément.

York. — Je sais qu'il importe à notre sûreté de les poursuivre ; car, à ce que j'apprends, le roi s'est enfui à Londres, pour y convoquer sans délai la cour du Parlement. Poursuivons-le, avant que les mandats de convocation soient lancés. Que dit Lord Warwick ? courrons-nous derrière eux ?

WARWICK. — Derrière eux ! non, devant eux si nous pouvons. Par ma main, Lords, c'est une glorieuse journée : la bataille de Saint-Albans, gagnée par le fameux York, sera immortelle dans tous les siècles à venir. Battez, tambours, sonnez, trompettes ; marchons tous sur Londres, et puissent nous échoir de nombreuses journées comme celle-là ! (*Ils sortent.*)

COMMENTAIRE.

ACTE I.

1. On remarquera que ce drame prend les événements exactement au point où les laisse le drame précédent. C'est une preuve presque irréfutable que Shakespeare a eu d'une manière ou d'une autre la main dans le premier drame, puisque nous le voyons s'imposer la tâche d'exposer les événements dans leur suite logique et historique. C'est donc moins un second drame qui commence qu'un drame précédent qui continue.

2. *And Suffolk the new made duke that rules the roast*, mot à mot et Suffolk le duc nouvellement créé qui gouverne le rôti. Les commentateurs se mettent l'esprit à la torture pour trouver l'origine de cette expression populaire qui correspond exactement à notre expression *tenir la queue de la poêle*, et à cette expression plus près encore du texte, *qui commande le rôti*. Quelques-uns veulent que cette expression vienne de l'ancienne coutume de faire un roi aux festins; mais l'expression s'explique bien plus naturellement. Celui qui commande le rôti, ou tient la queue de la poêle, n'est-il pas le maître de la maison et du ménage?

3. Ce juron de Warwick est en français dans l'original.

4. *Brother York*, dit Salisbury. York était en effet le beau-frère du comte de Salisbury. Il avait épousé Cécile, fille de Ralph Nevil, comte de Westmoreland, et de Jeanne, fille de Jean de Gand, duc de Lancastre, par sa troisième femme Catherine Swinford; Richard Nevil, comte de Salisbury, était fils du comte de Westmoreland par une seconde femme, par conséquent demi-frère de la femme d'York. — Puisque j'en trouve l'occasion, je dirai que peut-être je me suis un peu trop pressé d'accuser Shakespeare d'un léger anachronisme dans la scène du second *Henri IV*, où le roi Henri, rappelant les détails de la déposition de Richard devant Warwick et Westmoreland, interpelle directement l'un d'eux ainsi: *cousin Nevil*. Nous avions cru que ces paroles s'adressaient au Warwick présent à cette scène, qui ne s'appelait pas Nevil, mais Beauchamp, les Nevil n'ayant pris que beaucoup plus tard le titre de comtes de Warwick; mais il est probable que Henri s'adressait à Westmoreland, qui était son neveu, puisqu'il était fils d'une fille de Jean de Gand.

5. *Unto the main, ô father, Maine is lost.* Calembour intraduisible qui roule sur la ressemblance du nom de la province du Maine avec le mot anglais *main* qui signifie la chose principale, l'important, le plus gros d'une chose ou d'une affaire.

6. Nous avons déjà rencontré une allusion à cette légende mythologique dans la seconde partie du *Roi Henri IV*. Mais dans le *Roi Henri IV*, Shakespeare a confondu le tison d'Althée avec celui dont Hécube rêva qu'elle accouchait lorsqu'elle était grosse de Pâris. Dans ce passage, au contraire, l'allusion est parfaitement conforme à la légende. Althée était femme d'OEnéus, roi de Calydon, et mère de Méléagre. A la naissance de ce prince, les Parques placèrent un tison dans le foyer, en disant qu'aussi longtemps qu'on le préserverait des flammes, la vie du prince serait conservée. Althée sauva le bois de la flamme et le garda soigneusement ; mais lorsque plus tard le prince eut tué ses oncles, Althée, pour venger la mort de ses frères, jeta le tison au feu, et Méléagre expira.

7. On lit dans les *Fœdera*, de Rymer, que le 10 de mai 1432, dixième année du règne de Henri VI, Margery Jourdain, sorcière, John Virley, clerc, et le frère John Ashwel, qui étaient enfermés sur accusation de sorcellerie au château de Windsor, furent conduits par le gouverneur du château, William Hungerford, devant le conseil de Westminster, et remis à la garde du Lord chancelier. En ce même jour, ayant trouvé cautions de leur bonne conduite, ils furent les uns et les autres remis en liberté sur l'ordre des Lords du conseil. (*Édition* STAUNTON.) Ainsi la sorcière dont il est ici question exerçait son aimable industrie dans Londres longtemps avant l'époque où commence ce drame.

8. *Callet*, dit le texte ; je traduis ce mot par mégère, sur la foi du glossaire de Nares ; mais ne serait-ce pas notre ancien mot caillette, qui ici signifierait une effrontée bavarde, une impudente ?

9. Cette scène est un anachronisme, ainsi que tout l'épisode de la duchesse de Glocester. Madame Éléonore n'a pu avoir une pareille dispute avec Marguerite, car son procès avait eu lieu trois ans avant le mariage de Henri ; mais probablement Shakespeare a commis exprès cet anachronisme, afin de grouper et de concentrer tous les faits qui conduisirent, comme autant d'étapes, à l'affreuse guerre des deux Roses, dont il veut nous présenter l'affreux tableau.

10. *Adsum*, me voici.

11. Shakespeare s'est conformé à cette ancienne croyance que les esprits évoqués apparaissaient avec résistance, et qu'ils souffraient beaucoup tant que durait la conjuration.

12. « Je te le dis, Æacide, on peut vaincre les Romains. »

ACTE II.

1. Il paraît que les faucons étaient très-sensibles au vent, s'il faut en croire un vieil auteur, Latham. (*Édition* PETER et GALPIN.)

COMMENTAIRE. 371

2. « De telles colères peuvent-elles entrer dans les esprits célestes? » hémistiche de Virgile.

3. Abrégé du proverbe latin « *Medica, medice teipsum,* » médecin, guéris-toi toi-même.

4. Cette scène singulière est rapportée par Sir Thomas More, qui dit tenir le fait de son père, exactement comme Shakespeare le présente. M. Staunton a transcrit ce curieux passage dans une des notes de son excellente édition.

5. La manière dont Shakespeare présente la conspiration de la duchesse de Glocester est exactement conforme au récit qu'en donnent l'historien Hall et le chroniqueur Grafton, à un seul détail près. La duchesse ne se contenta pas d'évoquer des esprits pour avoir des informations sur l'avenir, elle eut recours à la très-criminelle et très-dangereuse pratique de l'envoûtement, ce qui constituait bel et bien le double crime d'homicide par préméditation et de haute trahison. De concert avec ses conjurés, elle avait fait faire de petites figurines en cire du roi Henri, qu'elle exposait au feu et laissait fondre peu à peu, ce qui équivalait à dire : « ainsi diminue ton pouvoir, comme diminue petit à petit cette cire; ainsi se consume ta personne, comme se consume cette image; » or comme selon le mot de l'Évangile, le désir du crime est le crime lui-même et n'a pas besoin d'être accompli, — l'adultère, par exemple, étant déjà consommé lorsque l'œil y a consenti, — la duchesse de Glocester était réellement coupable du crime de meurtre. En outre, l'envoûtement, qui nous semble, à nous pédants modernes, une pratique fondée sur la crédulité pure et simple, pratiquée par les grands était fort bien une manière de donner la mort; car c'était l'expression d'un désir qui trouvait infailliblement un exécuteur. C'était, en outre, une indication figurée, en quelque sorte symbolique, de la manière dont la mort devait être donnée : soit d'un coup, lorsqu'on fixait une aiguille au cœur; soit lentement et par des pratiques énervantes, comme dans le cas présent, lorsqu'on exposait la figurine au feu. Tout n'était pas superstition dans de semblables pratiques, et ceux qui, sous prétexte de lumières, nient leurs effets, sont eux-mêmes souvent dans une remarquable obscurité, car ils indiquent par là qu'ils ignorent le jeu secret des passions de l'âme humaine, dont la sorcellerie n'était que l'expression la plus noire et la plus redoutable. — Les coupables furent examinés dans la chapelle de Saint-Étienne (Saint-Stephen) par l'archevêque de Canterbury. La duchesse fut condamnée à trois jours de pénitence et à l'emprisonnement dans l'île de Man, sous la garde de Sir John Stanley; Margery Jourdain, dite la sorcière d'Ély, à être brûlée dans Smithfield, et Roger Bolingbroke à être écartelé à Tyburn. Ce dernier protesta jusqu'à la fin de son innocence. Le prêtre John Hume obtint sa grâce, et Thomas Southwell, chanoine de Saint-Étienne, dans Westminster, mourut à la Tour avant son exécution.

6. Voici le second duel judiciaire que nous rencontrons dans Shakespeare. Le premier est celui de Bolingbroke et de Mowbray, dans le *Roi Richard II*. Certes les combattants sont bien divers de condition dans les deux affaires, mais les deux affaires sont identiques; car, dans

l'un et l'autre combat, c'est une accusation de trahison capitale qu'on remet au jugement de Dieu. C'est pour cette raison que le combat de l'armurier Pierre et de son apprenti est présidé par le roi en personne. Les armes étaient différentes selon la condition des combattants; les chevaliers combattaient avec la lance et l'épée; quant aux vilains, on leur donnait, comme nous le voyons ici, des armes plus inoffensives : par exemple, des bâtons avec des bouts en corne, ou bien, — mais seulement, paraît-il, lorsque la querelle n'était qu'un simple procès, — des bâtons d'ébène avec des boules de sable au bout; ces manières de casse-têtes donnaient difficilement la mort, et on décidait de la justice de la cause par la supériorité de l'escrime. Celui qui était meilleur bâtonniste était vainqueur, et celui qui était vainqueur avait le bon droit; là-dessus on arrêtait le combat, et le procès était vidé sans effusion de sang. Cette manière de rendre la justice vous fait sourire peut-être; mais elle n'est vraiment pas plus absurde qu'une autre, et ce n'est pas d'une façon bien différente que nous jugeons chaque jour dans le monde les vainqueurs et les vaincus de l'escrime sociale. — L'événement que Shakespeare met ici en scène se passa, dit-on, en décembre 1446. L'armurier se nommait John Daveys, et l'apprenti William Catour. Ces noms ont sans doute déplu à Shakespeare, qui leur a substitué ceux de Horner et de Pierre. Ce nom de Horner était le nom d'un des shériffs qui présidèrent aux préparatifs du combat, et Shakespeare le trouvant dans la chronique de Fabien à côté de celui de John Daveys, l'a changé de personnage et en a fait celui de l'armurier.

7. *Charneco*, vin qui tirait son nom d'un village près de Lisbonne. — Cette scène d'ivrognerie si caractéristique est, paraît-il, historique, et l'armurier succomba, non sous l'habileté de son adversaire, mais sous les nombreuses rasades que ses voisins et amis lui versèrent pendant le voyage de sa maison à l'arène du combat.

8. Le chroniqueur Fabien prétend que l'armurier fut tué sur le coup par son apprenti; mais un chroniqueur, Grafton, prétend qu'il fut seulement vaincu, et que, par suite de la décision du sort qui le déclarait coupable puisqu'il était le moins habile, il fut pendu et décapité le soir du combat; ce qui doit être la vérité, car ce récit s'accorde parfaitement avec la note des frais de ce combat et de ses suites, laquelle nous a été transmise. Il paraît que les frais du combat de l'imbécile armurier et de son coquin d'apprenti s'élevèrent à la somme de 10 livres sterling, 18 schillings et 6 deniers. C'est beaucoup d'argent, surtout si l'on compare les valeurs de la monnaie à cette époque et à la nôtre; mais il paraît qu'il avait fallu travailler toute une semaine pour préparer l'arène où devait se vider, en présence du roi et des grands du royaume, cette si honorable querelle; il avait fallu porter les barrières depuis Westminster jusqu'à Smithfield, lieu du combat, et ces barrières n'avaient pas occupé moins de neuf chariots; en outre, comme on était en hiver, il avait fallu balayer la neige qui encombrait le sol, et le recouvrir de nattes après y avoir étendu 168 gros tas de sable et de gravier. Mais il y a une autre note de frais, celle du soir du combat; elle est instructive, et la voici : « Payé aux of-

ficiers pour la garde de l'homme mort dans Smithfield, pendant le jour et la nuit qui suivirent le combat, et aux officiers qui ont fait l'exécution, et aussi pour le travail du bourreau, 44 schill. 6 den. — Payé en outre, pour le drap placé sur l'homme mort dans Smithfield, 8 den. — Payé en outre, pour une perche et des clous, et avoir planté la tête de l'homme mort sur le pont de Londres, 5 den. » Cette note laisse cependant subsister un doute : elle dit bien que l'armurier fut pendu et décapité, mais elle ne dit pas expressément si ce fut après ou avant sa mort; en tout cas, qu'il ait été tué ou non sur le lieu du combat, il a dû subir, comme nous le voyons, le supplice réservé à la trahison. Quant à l'apprenti, il paraît que sa victoire ne lui profita guère, car, quelque temps après, la justice de Dieu s'appesantissant sur lui, il fut tiré sur la claie, pendu et écartelé à Tyburn, pour quelque nouvel exploit qui lui réussit moins que le précédent. La découverte de ce petit fait doit causer une joie profonde à tout honnête homme, et pour notre part nous sommes charmé de découvrir qu'en l'an de grâce 1446 il y eut un drôle dont le crime légitimé par la sottise de la coutume et les intrigues politiques du temps, reçut par voie indirecte le châtiment auquel il devait échapper. Voilà un petit fait qui aurait fait plaisir au bon et grand Linnée, en lui confirmant la vérité de certaines opinions sur l'inévitable expiation des crimes les plus secrets, opinions qui lui avaient fait inscrire en tête de son cabinet d'études cette devise : « *Recte vive, numen adest;* vis droitement, une divinité te regarde. »

ACTE III.

1. Nous avons déjà dit plusieurs fois ce qu'étaient les *Kernes d'Irlande*, dont le nom revient si souvent dans Shakespeare. Pour mieux préciser encore une fois, disons que c'étaient les corps que nous appellerions d'infanterie légère. Dans un passage du livre latin de Richard Stanhurst, *de Rebus in Hibernia Gestis* (Anvers, 1584), on lit cette définition du mot *kerne* : « Kerne signifiait grêle d'enfer, parce que les soldats étaient réputés ne pas valoir mieux que des sacripants ou les gardes du corps du diable. » (HALLIWELL; *notes à la première partie de la Grande Dissension.*)

2. La mauresque, *moorish-dance*, dont le nom fut bientôt corrompu en celui de *morris-dance*, danse d'origine hispano-arabe. « Il n'est pas douteux, dit M. Staunton, qu'à l'origine les danseurs s'efforçaient, autant qu'il était en eux, d'imiter les danseurs arabes par la frénésie des gestes, par la peinture du visage, par un costume rappelant celui de l'Orient. Comme les danseurs espagnols, les danseurs de la *mauresque* s'attachaient des grelots ou clochettes aux genoux et aux coudes, et les faisaient retentir en cabriolant. Cette coutume des grelots dura aussi longtemps que la *mauresque* en Angleterre. Une autre coutume qui tomba plus promptement en désuétude était celle qui consistait à entre-choquer des épées avec véhémence. (*Édition* STAUNTON.)

3. Nous avons déjà rencontré plusieurs fois le basilic, animal qui tuait par son regard. Cet animal fabuleux avait une nombreuse famille : le *catoplebas*, le *cockatrice*, etc., etc.

4. C'ést-à-dire Cupidon revêtu de la forme d'Ascagne par Vénus, afin d'enflammer, par l'intérêt qu'il devait lui inspirer, la reine de Carthage pour le père du véritable Ascagne. On n'a jamais sous-entendu avec plus de finesse que ne le fait Marguerite dans ce passage, les sentiments que Suffolk lui avait inspirés en lui faisant la cour par procuration, et jamais femme n'a dit à ce point la vérité en face à son mari en ne lui avouant rien. Voir cet épisode de Cupidon déguisé sous la forme d'Ascagne, à la fin du premier livre de l'*Énéide* de Virgile.

5. Cette admirable description a arraché à un médecin éminent l'aveu que nul homme de sa profession ne pourrait décrire avec cette exquise perfection les signes de la mort violente par congestion et suffocation. (BELL, *Principes de chirurgie*, 1815 ; cité par M. Staunton.)

6. On sait que la mandragore, racine qui possède une vague ressemblance avec la forme humaine, passait pour être vivante et douée de propriétés magiques terribles. Dans une des très-curieuses notes que l'érudit M. Halliwell a placées à la suite de son édition de la *Dissension*, nous trouvons l'extrait suivant du livre de Bulleyne : *Boulevard de la défense contre la maladie*, 1579, extrait fait pour la première fois par le commentateur Reed : « On affirme que cette herbe naît du sperme de certains pendus, et qu'elle ne peut être arrachée de terre pour servir aux usages de l'homme sans qu'il en coûte la vie à un être vivant. C'est pourquoi ils attachent un chien ou une autre bête vivante à cette racine avec une corde, et ils creusent la terre tout autour en rond, et, en même temps, ils bouchent leurs oreilles de crainte de quelque terrible cri de la mandragore. Et avec ce cri, non-seulement la mandragore meurt, mais la terreur tue le chien ou l'animal quelconque qui l'a arrachée de terre. » Cette opinion, ainsi que le préservatif employé pour déraciner la mandragore, étaient de fort ancienne date, car voici ce que nous lisons dans le livre des *Erreurs vulgaires et communes*, de Sir Thomas Browne, le plus original des érudits et savants anglais : « La troisième opinion prétend que la mandragore fait un bruit ou jette un cri quand on la déracine, ce qui provient peut-être d'un petit bruit de déchirement résultant de la séparation des parties lorsqu'elle a de fortes racines. La dernière concerne le danger qu'il y a à les arracher, car on prétend que ceux-là sont toujours, par la suite, poursuivis par un mauvais sort, et qu'ils ne vivent pas longtemps après. C'est pourquoi on ne l'arrachait pas chez les anciens d'une façon ordinaire ; mais, ainsi que Pline nous l'apprend, lorsqu'on voulait arracher cette plante, on le faisait à distance, et après avoir tracé trois cercles avec une épée autour de la place, on la déracinait avec la pointe de cette épée, le visage tourné vers l'Orient. »

7. Stéevens a remarqué que cette partie du discours de Suffolk a été copiée, presque mot pour mot, par Nathaniel Lee, auteur dramatique de la fin du dix-septième siècle, dans sa tragédie de *César Borgia*, Londres, 1680. Voici ce passage, reproduit d'après une note de M. Halliwell.

« MACHIAVEL. — Eh bien, puisque vous me pressez, Messire, mon cœur se brisera si je ne les maudis pas! Que le poison soit leur breuvage.

BORGIA. — Le fiel, le fiel et l'absinthe! Ciguë, ciguë, abreuve-les!

MACHIAVEL. — Que leur plus riant bosquet soit une caverne de ténébreux serpents.

BORGIA. — Que leur plus bel horizon soit une campagne pleine de basilics; que ce qu'ils toucheront de plus doux les morde avec l'âpreté de la dent de la vipère.

MACHIAVEL. — Que leur musique soit horrible comme le sifflement des dragons, et qu'ils connaissent toutes les odieuses terreurs de l'enfer assis sur les ténèbres.

BORGIA. — Assez; tu es de même étoffe que moi, et maintenant je prends orgueil à me venger. » (Extrait par M. HALLIWELL.)

8. Voici, suivant Hall, quelles furent à ce moment suprême les paroles du cardinal Beaufort. Comme Mazarin, mais d'une manière plus sombre, le cardinal Beaufort aurait dit, lui aussi, *et il faut quitter tout cela.* « Pourquoi mourir possédant tant de richesses; si le royaume entier pouvait sauver ma vie, je serais capable de l'acquérir par politique, ou de l'acheter avec argent. Fi! la mort ne veut-elle pas se laisser corrompre, et l'argent ne peut-il rien faire? Lorsque mon neveu Bedford mourut, je me crus à moitié chemin du sommet de la roue; mais lorsque mon autre neveu de Glocester mourut, je me crus capable de marcher l'égal des rois, et je songeai à accroître mon trésor, dans l'espérance de porter une triple couronne; mais maintenant je vois que tout le monde m'échappe, et, ainsi donc, je vous prie tous de prier pour moi. »

ACTE IV.

1. *Walter* est en effet la traduction anglaise de *Gaultier*, ou plutôt *Gaultier* est la traduction française du nom germanique de *Walter*.

2. On sait que les mules et chevaux des grands étaient caparaçonnés et portaient des housses en velours ou en étoffes précieuses lamées d'or et semées d'insignes seigneuriaux.

3. Jeu de mots terrible, mais intraduisible, sur le nom de famille du duc de Suffolk. *Pool* signifie en anglais, étang, pêcherie, et suggère au capitaine de corsaire l'idée de marais et de cloaque.

4. *Invitis nubibus,* en dépit des nuages. C'était la devise d'Édouard III, qui portait pour emblème un soleil perçant les nuages.

5. *Bargulus* est mentionné à la fois par Plutarque, *Vie de Pyrrhus,* où il est appelé *Bardullis,* et par Cicéron, *de Officiis,* livre II, chap. XI. « *Bargullus illyrius latro, de quo loquitur apud Theopompum,* » Bargulus, voleur illyrien, dont il est parlé dans Théopompe.

6. *Gelidus timor occupat artus;* une crainte glacée paralyse les membres.

7. Le duc de Suffolk mourut à peu près comme le raconte Shakespeare, à ce détail près que son meurtrier fut non un pirate, mais un officier de la marine anglaise de l'époque, que les chroniqueurs nomment William de la Towre (de la Tour), duc d'Excester. Sa fin fut terrible, car ce fut seulement, paraît-il, au sixième coup de hache que sa tête fut séparée du tronc. C'est probablement à cette fin douloureuse que Shakespeare fait allusion dans ces paroles : « Allons! soldats, montrez toute la cruauté dont vous êtes capables. » — Signalons une très-légère erreur dans ce passage. Suffolk premier duc de ce nom, et créé tel par Henri VI, de marquis et de comte qu'il était, se vante à tort d'appartenir à la maison de Lancastre. Sa noblesse n'avait pas plus de deux générations, et s'il était premier duc, il n'était que troisième comte, son bisaïeul ou même son aïeul étant, dit-on, un marchand drapier.

8. *Argo*, corruption de *ergo*, donc.

9. Il paraîtrait, s'il faut en croire Nash dans son pamphlet intitulé : *Éloge du hareng rouge*, 1599, que le rebelle Cade imagina le premier d'enfermer les harengs dans les barils de la mesure de capacité nommés *cades*. Dans une note de Malone, on trouve l'extrait suivant des comptes de la cellerière de l'abbaye de Berking, qui donne la mesure de capacité du *cade* : « Un baril de harengs contient mille harengs, un cade six cents. »

10. Cade joue sur son nom, qu'il fait dériver du latin *cadere*.

11. *Three hooped pots*, les pots trois fois cerclés. C'étaient des mesures qui étaient en bois, cerclées comme des barils ; peut-être aussi les cercles indiquaient-ils tout simplement le nombre de mesures qu'ils contenaient, et dont chacune montait jusqu'à ce cercle, comme encore de nos jours, dans certains cafés, on a la coutume, assez peu séante, de présenter des flacons de liqueurs portant des numéros qui indiquent le nombre de petits verres qui y entrent.

12. Ritson a supposé, fort gratuitement, que ce clerc de Chatham était un certain Thomas Bayly, nécromancien de White-Chapel et ami de Cade. Douce pensait que ce personnage était de pure invention, et il a probablement raison. (HALLIWELL.)

13. C'était autrefois une coutume, qui n'est pas encore abolie chez nous, et que conservent toutes les personnes pieuses, de placer leurs lettres sous l'invocation de saints noms. Qui n'a reçu une lettre portant en tête *Jésus, Marie, Joseph*, ou simplement les initiales J, M, J ? Autrefois, en Angleterre, il paraît qu'*Emmanuel*, le nom que les anges donnèrent à Jésus, était une de ces invocations épistolaires. M. Staunton cite en exemple une longue lettre de l'historien Speed à Sir Robert Cotton, écrite vers 1609-1610, et publiée dans les *Lettres originales des littérateurs éminents*, éditées en 1843 par la Société de Cambden.

14. Une corne contenant un encrier et des plumes, ou un étui de plumes et un encrier réunis ensemble par une ficelle, étaient portés comme insignes par les gens d'une certaine profession : maîtres d'école, légistes, notaires, etc., qui sont toujours représentés dans les anciennes miniatures, peintures ou sculptures funéraires, avec cet appendice pro-

COMMENTAIRE. 377

fessionnel pendu au cou. Une bonne représentation du clerc de Chatham, tel qu'on peut se le figurer, est celle que l'on trouvera dans la *Collection des monuments de bronze* de Waller, d'après un monument du temps d'Édouard IV, dans l'église de Saint-Mary Tower, Ipswich. Un détail intimement uni au présent drame et qu'il est intéressant de connaître, c'est que l'étui à encrier et à plumes du roi Henri VI existe encore ; il est en cuir, orné des armes d'Angleterre, avec la rose de la maison de Lancastre, surmontée de la couronne. Dans l'intérieur sont trois compartiments : un pour l'encrier et deux pour les plumes. Cette curieuse relique est gravée dans l'ouvrage de Shaw : *Vêtements et décorations au moyen âge.* (Édition STAUNTON.)

15. Les révoltés, que conduisait Wat Tyler sous Richard II, avaient adopté cette espèce de dicton qui revenait souvent dans leurs bouches : « Quand Adam filait, et quand Ève bêchait, qui était gentilhomme ? »

16. A l'époque d'Élisabeth, il était strictement défendu aux bouchers de vendre de la viande pendant le carême, non dans un but de mortification, mais dans le but fort singulier d'encourager les pêcheurs et les marins en faisant vendre plus de poisson, et aussi dans l'idée encore plus singulière d'augmenter, par cette abstinence forcée de toute la population, la quantité de viande à consommer dans le reste de l'année. Mais il y a des accommodements avec les statuts les plus rigoureux, et, d'ailleurs, les malades et infirmes ne pouvant pas se passer de viande, un certain nombre de bouchers recevaient de la cour l'autorisation de tuer un nombre déterminé d'animaux par semaine durant le carême.

17. Historique. Selon Hollinshed, Jack Cade, après sa victoire sur les Stafford, revêtit la *brigandine* (cotte de mailles) de Sir Humphroy, et entra dans Londres ainsi harnaché et non sans tirer vanité, paraît-il, de son trophée.

18. Mathew Gough. Il est mentionné par Hollinshed comme homme de grand esprit et de grande expérience dans les actes de chevalerie, et comme ayant passé la plus grande partie de sa vie au service de Henri V et de Henri VI.

19. A cette époque le pont de Londres était en bois, et les petites maisons (dont nous avions autrefois l'analogue dans nos baraques du pont Neuf) qui étaient dessus furent brûlées dans cette révolte.

20. D'après Ritson, le prédécesseur de Cade en révolte, Wat Tyler, lui avait épargné cette peine, et le collége de Savoie, détruit sous Richard II, ne fut rebâti que sous Henri VII.

21. Hollinshed prête cette parole non à Cade, mais à son prédécesseur Wat Tyler. « On rapportait qu'il avait dit avec grand orgueil, en plaçant sa main sur ses lèvres, qu'avant quinze jours toutes les lois d'Angleterre émaneraient de sa bouche. »

22. La taxe du quinzième était en effet une taxe très-dure, car elle portait non sur le revenu, mais sur la propriété même, dont elle enlevait le quinzième.

23. *Basimecu.* Sobriquet ridicule sous lequel la populace anglaise dé-

signait, paraît-il, le Dauphin de France, et corruption d'une phrase que je n'ai pas besoin de transcrire pour qu'elle soit comprise.

24. Voici le passage des *Commentaires de César* qui se rapporte aux paroles de Lord Say : « *Ex his omnibus longe sunt humanissimi qui incolunt Cantium,* » de tous ces peuples, ceux qui sont de beaucoup les plus civilisés sont les habitants du Kent.

25. Chose étrange, le mot de Lord Say est exactement celui que prononça Bailli, promené sous une froide brume et tête nue dans les rues de Paris : « Oui, mon ami, mais c'est de froid. » Un commentateur trop érudit a supposé que cette réponse, si naturelle chez un homme noble, avait son origine dans un absurde charme contre le rhumatisme; mais qu'est-ce que les commentateurs ne sont pas capables d'inventer? En tout cas, ce charme est curieux comme spécimen des croyances populaires d'autrefois. Le voici tel qu'il se trouve dans un livre d'un certain Blagrave, *Pratique astrologique de la médecine*, qui le donne comme un spécifique souverain contre le rhumatisme. Ces formules écrites devaient, comme nous l'avons dit dans une note du *Roi Henri VI*, être portées par le malade jusqu'à guérison. « Lorsque Jésus vint à la croix pour être crucifié, les Juifs l'interrogèrent, lui disant : « As-tu peur, ou as-tu le rhumatisme? » Jésus répondit : « Je n'ai pas peur et je n'ai pas le rhumatisme. » Tous ceux qui portent sur eux le nom de Jésus ne devront pas avoir peur et ils n'auront pas le rhumatisme. Amen, doux Jésus ; amen, doux Jéhovah ; amen. » (HALLIWELL, *note à la première partie de la Grande Dissension*.)

26. La scène ne se passa pas tout à fait comme le raconte Shakespeare ; il y eut une parodie de jugement. « Cade, dit Hollinshed, ordonna au Lord maire et aux aldermen de s'assembler dans Guildhall pour le jugement de Lord Say ; mais Sa Seigneurie insistant pour être jugée par ses pairs, Cade l'arracha de la barre, et lui fit tomber la tête dans Cheapside ; et puis après, rencontrant Sir John Cromer qui avait épousé la fille de Lord Say, il lui coupa la tête, ordonnant qu'elle fût portée sur un pieu, ainsi que celle de Lord Say. »

27. C'est une allusion à la fameuse coutume du droit de seigneur, ou droit de jambage, de cuissage, de prélibation, coutume à demi fabuleuse, et qui ne s'explique que par les innombrables abus de pouvoir de ce genre qu'une autorité sans contrôle permettait aux seigneurs. En tout cas, il est plus que douteux qu'elle ait existé en Angleterre, et Dalrymple, qui devait le savoir, étant de la famille des Stairs, nie que cette coutume ait jamais prévalu en Écosse.

28. *In capite.* C'est l'expression féodale pour désigner que la tenure relevait immédiatement du roi.

29. Cette expression de Cade était une vieille formule anglaise de donation. Il existe diverses donations des premiers rois d'Angleterre à certains de leurs sujets, donations rédigées en vers barbares, où le roi accorde liberté à celui qu'il enrichit de jouir de sa terre aussi librement que le cœur peut l'exprimer et la langue le dire. (HALLIWELL.)

30. *Villiaco*, porte le texte. Ce mot peut venir soit de l'injure italienne

COMMENTAIRE.

viliaco, rustre, manant ; soit du mot français *villageois*, *paysan*. Mais ce mot italien n'a-t-il pas, au fond, exactement la même signification que le mot français, et n'est-ce pas le mot *villageois* qui, pris en terme de mépris par les citadins ou les nobles, est devenu synonyme de goujat ?

31. Les *gallowglasses* étaient les corps d'infanterie pesante de l'Irlande et des îles de l'ouest, comme les kernes en étaient les corps d'infanterie légère.

32. On sait que la salade était une des variétés du casque.

33. L'érudit évêque Percy, dans ses *Reliques de l'ancienne poésie populaire anglaise*, a consacré une division de son livre aux ballades citées par Shakespeare ; mais on ne s'avise jamais de tout, quelque érudit qu'on soit, et cette division aurait pu être bien plus considérable encore. Non-seulement Shakespeare se servait des anciennes ballades en les citant, mais il prenait souvent leurs thèmes pour point de départ de son inspiration. Ainsi ce passage où Iden fait l'éloge de l'*aurea mediocritas* a été imité par le poète d'une vieille ballade très-populaire au seizième siècle, intitulée *My mind to me a kingdom is*, mon âme est pour moi un royaume. Cette ballade vante comme Iden, et presque dans les mêmes termes, le bonheur d'une vie modeste. Percy, qui inséra cette ballade dans ses *Reliques*, juste après le livre consacré aux ballades pouvant servir à l'explication de Shakespeare, ne s'est pas aperçu de cette imitation, et nous-même nous ne devons cette petite découverte qu'au hasard de nos lectures.

ACTE V.

1. *O sancta majestas!* ô sainte majesté ! Voilà une exclamation bien différente de celle qu'avait prononcée Jean Huss, *ô sancta simplicitas!*

2. Bedlam existait en effet dès cette époque, car ce nom n'est qu'une corruption de celui de *Bethléem*. L'hôpital de Sainte-Marie de Bethléem avait été fondé en 1246 par Simon Fitz-Mary, shériff de Londres. Le roi Édouard III étendit sa protection sur cet hôpital et les religieux et les religieuses qui le desservaient. Il semble avoir été de temps immémorial consacré aux fous et aux lunatiques.

3. *Burgonet*, porte le texte. La burgonette ou *bourguignotte*, en France, tirait son nom des Bourguignons, dont les soldats avaient adopté cette variété de casque.

4. Clifford ne mourut pas de la main du duc d'York ; mais Shakespeare a donné cette légère entorse à l'histoire pour expliquer l'implacable cruauté dont son fils fit preuve par la suite.

5. Cette sentence est en français dans l'original.

6. On sait que Médée, en quittant la Colchide, coupa en morceaux le corps de son frère Absyrte et le sema en divers endroits, afin que son père fût trompé sur ses traces et ne pût pas la suivre dans sa fuite.

FIN DU CINQUIÈME VOLUME.

TABLE.

LE ROI HENRI V... 1
    Avertissement... 3
    Le roi Henri V... 15
    Commentaire.. 121

LE ROI HENRI VI (*première Partie*).................... 131
    Avertissement... 133
    Le roi Henri VI... 147
    Commentaire.. 244

LE ROI HENRI VI (*deuxième Partie*)................... 247
    Avertissement... 249
    Le roi Henri VI... 261
    Commentaire.. 369

FIN DE LA TABLE.

8364. — Imprimerie générale de Ch. Lahure, rue de Fleurus, 9, à Paris.

Librairie de L. HACHETTE et Cie, boulevard Saint-Germain, n° 77, à Paris.

BIBLIOTHÈQUE VARIÉE

FORMAT IN-18 JÉSUS

1re SÉRIE, A 3 FR. 50 CENT. LE VOLUME.

About (Edm.). Causeries, 2 vol. — La Grèce contemporaine. 1 vol. — Le Progrès. 1 vol. — Le Turco, 1 vol. — Madelon. 1 vol. — Salon de 1864. 1 vol. — Salon de 1866. 1 vol. — Théâtre impossible. 1 vol.
Achard (Amédée). Album de voyages. 2 vol.
Ackermann. Contes et poésies. 1 vol.
Arnould (Edm.). Sonnets et poèmes. 1 vol.
Barreau. Histoire de la Révolution française. 1 vol.
Bautain (l'abbé). La belle saison à la campagne. 1 v. — La chrétienne de nos jours. 2 vol. — Le chrétien de nos jours. 2 vol. — La religion et la liberté 1 v. — Manuel de philosophie morale. 1 vol. — Méditations sur les épîtres et les évangiles des dimanches et des fêtes. 1 vol. — Méditations sur les épîtres et les évangiles du carême. 1 vol. — Idées et plans pour la méditation et la prédication 1 vol.
Bayard (J.F.). Théâtre. 12 vol.
Bellemare (A.). Abd-el-Kader 1 vol.
Belloy (de). Le chevalier d'Ai. 1 vol. — Légendes fleuries. 2 vol.
Belot (Ad.). L'Habitude et le Souvenir. 1 vol.
Bersot. Mesmer ou le magnétisme animal. 1 vol.
Beulé. Phidias, drame antique. 1 vol.
Calemard de la Fayette (Ch.). Le poème des champs. 1 vol.
Caro. Études morales. 1 vol. — L'idée de Dieu. 1 v.
Carraud (Mme). Le Livre des jeunes filles. 1 vol.
Castellane (de). Souvenirs de la vie militaire. 1 volume.
Charpentier. Les écrivains latins de l'empire. 1 volume.
Cherbuliez (Victor). Le comte Costia. 1 vol. — Paul Méré. 1 vol. — Le Roman d'une honnête femme. 1 vol. — Le Grand-Œuvre. 1 vol.
Chevalier (M.). Le Mexique ancien et moderne. 1 v.
Chodzko. Contes slaves. 1 vol.
Crépet (E.). Le trésor épistolaire de la France. 2 v.
Dargaud (J.). Marie Stuart. 1 vol. — Voyage aux Alpes. 1 vol. — Voyage en Danemark. 1 vol.
Daumas (E.). Mœurs et coutumes de l'Algérie. 1 v.
Deschanel (Em.). Physiologie des écrivains. 1 vol. — Études sur Aristophane. 1 vol.
Devinck (F.). La pratique commerciale. 1 vol.
Duruy (V.). Causeries de voyage: De Paris à Vienne. 1 vol.
Ferry (Gabr.). Le coureur des bois. 2 vol. — Costal l'Indien. 1 vol.
Figuier (Louis). Histoire du merveilleux. 4 vol. — L'alchimie et les alchimistes. 1 vol. — L'année scientifique, 12 années (1856-1868). 12 vol.
Francklin (Benjamin). Œuvres traduites de l'anglais et annotées par M. Ed. Laboulaye. 4 vol.
Fromentin (Eug.). Dominique. 1 vol.
Garnier (Ad.). Traité des facultés de l'âme. 3 v.
Geruzez (E.). Mélanges et pensées. 1 vol.
Guizot (F.). Un projet de mariage royal. 1 vol.
Hoëfer. La chimie enseignée par la biographie de ses fondateurs. 1 vol. — Les Saisons. 1 vol.
Houssaye (A.). Histoire du 41e fauteuil. 1 vol. — Le violon de Franjolé. 1 vol. — Voyages humoristiques. 1 vol.
Hugo (Victor). Œuvres. 20 vol.
Jouffroy. Cours de droit naturel 2 vol. — Cours d'esthétique. 1 vol. — Mélanges philosophiques. 1 v. — Nouveaux mélanges philosophiques. 1 vol.
Jurien de la Gravière (l'amiral). Souvenirs d'un amiral. 2 vol. — Voyage en Chine. 2 volumes. — La marine d'autrefois. 1 vol.
La Landelle (G. de). Le tableau de la mer. 4 v.
Lamartine (A. de). Œuvres. 8 vol. — Lectures pour tous. 1 vol.
Lanoye (F. de). L'Inde contemporaine. 1 vol. — Le Niger. 1 vol.
Maugel. Études scientifiques. 1 vol.

Marmier. En Alsace: L'avare et son trésor. 1 vol. — En Amérique et en Europe. 1 v. — Gazida 1 v. — Hélène et Suzanne. 1 vol. — Histoire d'un pauvre musicien (1770-1793). 1 vol. — Le roman d'un héritier. 1 vol. — Les fiancés du Spitzberg. 1 vol. — Lettres sur le Nord. 1 vol. — Mémoires d'un orphelin. 1 vol. — Sous les sapins. 1 vol. — Un été au bord de la Baltique et de la mer du nord. 1 vol. — De l'Ouest à l'Est. 1 vol.
Martha. Les moralistes sous l'Empire romain. 1 v.
Mézières (L.). Les Charades et les homonymes. 1 v.
Michelet. La femme. 1 vol. — La mer. 1 vol. — L'amour. 1 v. — L'insecte. 1 v. — L'oiseau 1 v.
Michelet (Mme J.). Mémoires d'un enfant. 1 vol.
Monnier. L'Italie est-elle la terre des morts? 1 v.
Mortemart (baron de). La vie élégante. 1 vol.
Mouy (CH. de). Les jeunes ombres. 1 vol.
Nisard (Désiré). Études de mœurs et de critique sur les poètes latins de la décadence. 2 vol.
Nisard (Ch.). Curiosités de l'étymologie française. 1 v.
Patin. Études sur les tragiques grecs. 4 vol.
Perrens (F. T.). Jérôme Savonarole. 1 vol.
Perrot (Georges). L'Ile de Crète. 1 vol.
Pfeiffer (Mme Ida). Voyage d'une femme autour du monde. 1 vol. — Mon second voyage autour du monde. 1 vol. — Voyage à Madagascar. 1 vol.
Ponson du Terrail. Les contes du drapeau. 2 v.
Poussielgue (Achille). Voyage en Chine et en Mongolie, de M. de Bourboulon. 1 vol.
Prevost-Paradol. Études sur les moralistes français. 1 vol. — Histoire universelle. 2 vol.
Quatrefages (de). Unité de l'espèce humaine. 1 v.
Raymond (X.). Les marines de la France et de l'Angleterre. 1 vol.
Rendu (V.). L'intelligence des bêtes. 1 vol.
Roussin (A.). Une campagne au Japon. 1 vol.
Sainte-Beuve. Port-Royal. 6 vol.
Saintine (X.-B.). Le chemin des écoliers. 1 vol. — Picciola. 1 vol. — Seul! 1 vol.
Sand (George). Jean de la Roche. 1 vol.
Simon (Jules). La liberté politique. 1 vol. — La liberté civile. 1 vol. — La liberté de conscience. 1 v. — La religion naturelle. 1 vol. — Le devoir. 1 vol. — L'ouvrière. 1 vol.
Taine (H.). Essai sur Tite Live. 1 vol. — Essais de critique et d'histoire. 1 vol. — Histoire de la littérature anglaise. 4 vol. — Nouveaux essais de critique et d'histoire. 1 vol. — La Fontaine et ses fables. 1 vol. — Les philosophes français au XIXe siècle 1 vol. — Voyage aux Pyrénées. 1 vol. — Notes sur Paris: Vie et opinions de M. Graindorge. 1 vol.
Théry. Conseils aux mères sur les moyens de diriger et d'instruire leurs filles. 2 vol.
Thiercelin (le Dr). Journal d'un baleinier, voyage en Océanie. 2 vol.
Töpffer (Rod.). Nouvelles genevoises. 1 vol. — Rosa et Gertrude. 1 vol. — Le presbytère. 1 vol. — Réflexions et menus propos d'un peintre genevois. 1 vol.
Troplong. De l'influence du christianisme sur le droit civil des Romains. 1 vol.
Ulliac-Trémadeure (Mlle). La maîtresse de maison. 1 vol.
Vapereau (Gust.). L'année littéraire, 11 années.
Viennet. Fables complètes. 1 vol.
Vigneaux. Souvenirs d'un prisonnier de guerre au Mexique. 1 vol.
Vivien de St-Martin. L'année géographique. 7 années (1862-1868). 5 vol.
Wallon. Vie de N.-S. Jésus-Christ, 1 volume. — La sainte Bible. 2 vol.
Wey (Francis). Dick Moon en France. 1 volume. — La haute Savoie. 1 vol.
Widal. Études sur Homère. 1re partie: Iliade. 1 vol.

Imprimerie générale de Ch. Lahure, rue de Fleurus, 9, à Paris

www.ingramcontent.com/pod-product-compliance
Lightning Source LLC
Chambersburg PA
CBHW050436170426
43201CB00008B/694